스피노자와 정치

Spinoza et la politique
by Étienne Balibar

Copyright © 1985, Presses Universitaires de Frances.
All rights reserved.
Korean translation copyright © 2014 by Greenbee Publishing Company.
Korean translation rights arranged with Presses Universitaires de Frances through EYA(Eric Yang Agency).

"Spinoza, L'Anti-Orwell" in *La Crainte des Masses*
by Étienne Balibar

Copyright © 1997, Étienne Balibar, La Crainte des Masses, Editions Galilée.

프리즘 총서 017
스피노자와 정치

초판 1쇄 발행 2005년 5월 29일
2판 1쇄 발행 2014년 12월 30일

지은이 에티엔 발리바르 | **옮긴이** 진태원

펴낸곳 (주)그린비출판사 | **등록번호** 제313-1990-32호
주소 서울시 마포구 동교로17길 7, 4층(서교동, 은혜빌딩) | **전화** 02-702-2717 | **이메일** editor@greenbee.co.kr

ISBN 978-89-7682-420-2 93160
이 도서의 국립중앙도서관 출판시도서목록(CIP)은 서지정보유통지원시스템 홈페이지(http://seoji.nl.go.kr)와 국가자료
공동목록시스템(http://www.nl.go.kr/kolisnet)에서 이용하실 수 있습니다.(CIP제어번호: CIP2014037427)

이 책의 1부는 에티엔 발리바르의 *Spinoza et la politique*를 옮긴 것으로 한국어판 저작권은 EYA(에릭양 에이전시)를 통해 Presses
Universitaires de Frances와 독점계약한 (주)그린비출판사에 있습니다. 2부 1장은 "Spinoza, L'Anti-Orwell"을 옮긴 것으로 본 한국
어판의 저작권은 신원에이전시를 통해 Editions Galilée와 계약한 (주)그린비출판사에 있습니다. 2부 2장과 3장은 저자인 에티엔
발리바르의 허락을 받아 수록했습니다.

나를 바꾸는 책, 세상을 바꾸는 책 www.greenbee.co.kr

스피노자와 정치

에티엔 발리바르 지음 | 진태원 옮김

프리즘총서 017

2판 옮긴이 서문

프랑스의 철학자 에티엔 발리바르의 몇몇 스피노자 연구 문헌을 편역한 『스피노자와 정치』가 국내에 처음 소개된 것은 2005년이었는데, 이제 10여 년 만에 2판을 내게 되어 기쁘게 생각한다. 더욱이 2판은 옮긴이가 기획하고 있는 '프리즘 총서'의 한 권으로 출간할 수 있게 되어 개인적으로 더 감회가 깊다.

1판 「옮긴이 해제」에서 나는 2005년에 출간된 이 책이 근 10여 년 만에 국내에 소개되는 발리바르의 저작이라는 점을 지적한 바 있다. 발리바르는 1980~90년대 한국 인문사회과학에 상당히 큰 영향을 미친 철학자였지만, 사회주의 체제가 붕괴하고 역사적 맑스주의가 종언을 맞이하던 시기에 우리나라에 수입된 '포스트 담론'이 국내 인문사회과학의 전면에 등장하면서 알튀세르와 더불어 한국 인문사회과학계에서 거의 잊혀져 간 인물이었다.

학부 4학년 당시 우리나라에 막 번역·소개된 『역사유물론 연구』를 통해 발리바르의 저작을 처음 접한 뒤 철학과 정치를 보는 새로운 눈을 뜨게 되었고, 이후 그의 작업의 전개 과정을 따라가면서 그의 사상의 현재성을 여러 차례 재확인하곤 했던 옮긴이로서는 이러한 사정이 늘 안타깝고 아쉬웠다. 이런 상황에서 마침 스피노자에 관한 박사학위 논문을 준비하던

중에 마르샬 게루, 질 들뢰즈, 알렉상드르 마트롱 같은 스피노자 연구의 대가들과 더불어 옮긴이의 공부에 많은 도움을 주었던 피에르 마슈레와 에티엔 발리바르의 스피노자 연구를 번역해 볼 생각을 하게 되었다.

하지만 아직 스피노자의 철학이 인문사회과학 분야의 독자들에게 생소했던 2000년대 초반 무렵, 상업적인 성공의 가능성이 거의 없다고 할 수 있는 마슈레의 『헤겔 또는 스피노자』와 발리바르의 『스피노자와 정치』 출간을 받아줄 만한 출판사를 찾기는 쉽지 않았다. 이런 상황에서 두 권의 책을 흔쾌히 맡아 준 이가 이제이북스의 전응주 사장이었다. 그의 열정적인 관심과 도움이 없었다면, 두 권의 책이 출판되기까지 훨씬 더 많은 시간이 필요했을 것이다.

스피노자에 관한 학위논문을 마치고 고려대학교 민족문화연구원에 직장을 얻으면서 옮긴이는 학위논문을 쓰느라 오랫동안 미뤄 두었던 민주주의와 정치철학에 관한 연구를 본격적으로 시작했다. 그러면서 다른 이론가들의 저작과 더불어 자연스럽게 발리바르의 여러 저술을 다시 숙독하게 되었고, 오늘날 한국의 민주주의와 정치를 사고하는 데 그의 작업이 결정적인 중요성을 지니고 있다는 믿음 아래 그의 책을 3권 더 번역하게 되었다. 또 앞으로 그린비 출판사에서 그의 책을 몇 권 더 번역해서 출간할 예정이다. 이렇게 본다면, 지난 20여 년 동안의 옮긴이의 지적인 삶의 상당 부분은 발리바르 저작에 대한 공부와 번역이 차지해 왔다고 할 수 있다.

지난 2010~11년 발리바르는 그의 지적 이력에서 한 획을 긋는 주요 저작들을 잇달아 출간하면서 구미 학계에서 새롭게 조명을 받고 있다. 『평능자유명제』가 민주주의 정치에서 봉기와 헌정의 변증법을 깊이 있게 탐구한 저작이라면, 『폭력과 시민다움: 웰렉도서관 강의 및 다른 연구들』(이 책은 2012년 난장출판사에서 그 발췌본이 옮긴이에 의해 번역·소개된 바 있으며,

조만간 그린비 출판사에서 완역본이 출간될 예정이다)은 폭력론에 관한 새로운 지평을 여는 대작이라고 할 수 있다. 아울러 『시민 주체』는 인간과 시민의 변증법, 보편성과 차이의 정치철학에 관한 기념비적 업적이라고 평가할 수 있다. 그러니 아마도 앞으로 옮긴이의 지적 생애의 몇 년은 발리바르 저작의 번역으로 더 소비될 것 같다. 좋든 싫든 그것은 내가 외면하기 어려운 길이다.

상업성 여부와 관계없이 이 책의 초판 출간을 흔쾌히 맡아 주었던 이제이북스의 전응주 사장과, 다시 한번, 얼마 팔리지 않을 책이 분명함에도 좋은 책이라는 이유 하나만으로 이 책에 새로운 생명을 불어넣어 준 그린비 출판사의 여러분께 깊이 감사드린다.

발리바르와 스피노자를 사랑하는 독자들에게 좋은 공부의 기회가 되기를 바란다.

옮긴이 진태원

차례

2판 옮긴이 서문 4

서문 9

I부. 스피노자와 정치

1장 _ 스피노자의 입장 16

2장 _ 『신학정치론』: 민주주의 선언 47

3장 _ 『정치론』: 국가(과)학 79

4장 _ 『윤리학』: 정치적 인간학 114

II부. 스피노자, 반오웰

1장 _ 스피노자, 반오웰: 대중들의 공포 148

2장 _ 스피노자에서 개체성과 관개체성 209

3장 _ 스피노자, 루소, 맑스:
      정치적인 것의 자율성에서 정치의 타율성으로 230

부록

옮긴이 해제 _ 관개체성의 철학자 스피노자 248

용어 해설 287

참고문헌 332

연표 351

찾아보기 355

1. 이 책은 에티엔 발리바르의 스피노자에 관한 연구들을 옮긴이가 엮고 번역한 것이다. 이 책의 1부는 1985년 초판이 출간된 *Spinoza et la politique*를 완역한 것이며, 2부는 세 편의 논문 ("Spinoza, l'anti-Orwell : La crainte des masses", 1997 ; "Individualité et transindividualité chez Spinoza", 1996 ; "Le politique, la politique. De Rousseau à Marx, de Marx à Spinoza", 1995)으로 구성되어 있다. 2부에 실린 각 논문의 상세한 서지정보는 각 글 서두에 밝혀 두었다. 부록에 실린 '용어해설'은 독자들의 이해를 돕기 위해 옮긴이가 추가한 것이다.

2. 이 책의 초판은 2005년에 이제이북스에서 출간되었으며, 본서에서는 독자의 편의를 위해 본 문의 쪽수, 각주 위치 등을 가급적 이제이북스판과 일치시켰다.

3. 이 책에 인용된 스피노자 인용문은 발리바르의 번역을 주로 따랐지만, 용어라든가 몇몇 표현 등은 수정한 곳도 있다. 하지만 이를 일일이 지적하지는 않았다. 옮긴이가 사용한 스피노자 원전 및 현대어 번역본에 대해서는 책 뒤에 있는 「참고문헌」을 보기 바란다.

4. 본문에서 논의되는 책들 중 국역본이 있는 것들은 해당 번역본의 쪽수를 표시해 놓았다. 하 지만 이 경우에도 번역은 대개 발리바르의 번역을 고려하여 옮긴이가 약간씩 수정했다.

5. [ ]는 독자들의 이해를 돕기 위해 옮긴이가 보충한 부분이다. 발리바르가 덧붙인 [ ] 표시에는 "발리바르의 추가"라는 말을 덧붙였다.

6. 책이나 학술지 등의 제목은 『 』로 표시했고, 논문은 「 」로 표시했다. 그리고 독자들의 이해를 돕기 위해 외국 저서나 논문 등은 우리말로 번역하고 해당 외국어를 함께 표기했다.

7. 외국 인명이나 지명, 작품명은 2002년 국립국어원에서 펴낸 외래어표기법을 따르는 것을 원 칙으로 했다.

서문

내가 최상의 철학을 발견했다고 주장하지는 않겠네. 하지만 내가 참된 것을 인식하고 있다는 것은 알고 있네 …… 왜냐하면 참된 것은 그 자체가 참의 표시이면서 또한 거짓의 표시이기 때문일세.

스피노자, 「A. 뷔르흐에게 보내는 76번째 편지」

여기 의식의 구속을 싫어했으며, 은폐의 위대한 적이었던 한 사람이 있다.

벨,[1] 『역사적·비판적 사전』 중 「스피노자」 항목

스피노자와 정치. 처음 보기에는 단순한 이 정식에는 얼마나 많은 역설이 존재하는가! 만약 정치가 역사의 질서라면, 여기 이 철학자는 자신의 전 체계를, 인식은 신을 인식하는 것이며 "신은 곧 자연"이라는 관념의 전개로 제시한다. 만약 정치가 정념의 질서라면, 여기 이 철학자는 인간의 욕망 및 활동을 "기하학자들의 방식에 따라 …… 곡선과 평면, 입체의 문제들"(『윤리학』 3부 서문)로 인식intelligere하자고 제안한다. 만약 정치가 현재성 안에서 입장을 취하는 것이라면, 여기 이 철학자는 현자와 훌륭한 주권자란 모든 독특한 실재를 "영원성의 관점에서"sub aetrnitatis specie(『윤리학』 5부) 인식하는 사람들이라고 주장한다. 어떻게 그가 우리에게 순수한 사변이 아닌 정치에 대해 말해 줄 수 있는가?

하지만 스피노자 자신은 지성과 확신, 개념과 실천의 결합에서 어떤 모순도 발견하지 않았다. 동일한 표현들을 다시 사용하여 『정치론』을 시작하면서 그는 "수학자들이 우리에게 익숙하게 해준 동일한 정신의 자유와 함께 …… 인간본성의 조건 자체로부터 실천에 좀더 잘 부합하는 결론

들을 연역해" 낼 것을 제안하고 있으며, 이를 위해 인간의 활동을——"조롱하고 한탄하고 저주하는 대신에"——그 필연적인 원인에 따라 인식하자고 제안하고 있다(『정치론』 1장). 그리고 그의 성숙기의 위대한 저작들 중 첫번째 저작인 『신학정치론』은 논쟁적인 저서이자 하나의 철학적·정치적 선언이었으며, 우리는 여기에서 비난까지는 아니더라도 아이러니나 불안에 찬 어조들을 쉽게 발견할 수 있다. 이에 따라 몇몇 세심한 독해자들은 스피노자가 자신의 원래 의도에 충실하지 못했다든가 그가 공언하는 개념의 우위는 실제로는 극히 인간적인 정념들을 감추기 위한 가면에 불과하다는 결론을 내릴 수 있다고 믿기도 했다.

나는 이 작은 책에서 이러한 고전적인 난점으로부터 시사를 받아 다음과 같은 독서의 경험을 제시해 보려고 한다. 곧 스피노자 정치학의 문제들로부터 **출발하여** 이 문제들의 통일성을 탐구하면서 스피노자의 철학을 소개하는 것이다. 이러한 소개는 방금 언급했던 세 주요 저작에 대한 독해와 토론의 궤적이 될 것이다.

편집본, 번역본, 작업도구

스피노자 전집의 원본(라틴어 및 네덜란드어로 된)에 대한 두 개의 고전적인 편집본이 있다. 반 블로텐Van Vloten과 란트Land의 『지금까지 발견된 스피노자 저작집』*Benedict de Spinoza Opera quotquot reperta sunt, La Haye*, 1895(전4권, 이후 전2권으로 재출간)은 『히브리어 문법 개요』*Abrégé de grammaire*

---

1) [옮긴이] 피에르 벨(Pierre Bayle, 1647~1706)은 위그노 태생의 프랑스 철학자로, 종교적 관용을 주장하고 형이상학 체계에 대한 회의주의적 비판을 제기함으로써 이후 계몽주의 운동에 큰 영향을 미쳤다. 『역사적·비판적 사전』(*Dictionnaire historique et critique*, 1697)은 그의 주저로, 여러 철학자들에 대한 비판적인 지적 평전이다.

*hébraïque*를 포함하고 있지 않고 몇 가지 텍스트상의 오류를 안고 있는데, 이는 현재 주석가들이 준거로 삼는 게파르트Carl Gebhardt의 고증본 전집 『스피노자 저작집』*Spinoza Opera*, Heidelberg, 1924(전4권)에서는 교정되어 있다. 게파르트판 이후 몇 편의 서신이 이 전집에 추가되었다.[2]

손쉽게 구할 수 있는 스피노자 주요저작들의 현대 프랑스어 판본은 두 가지가 있다.

하나는 아픵Appuhn판이다(『스피노자 저작집』*Œuvres de Spinoza*, 전4권, 가르니에-플라마리옹Garnier-Flammarion 출판사에서 1965년에 재출간).

1권 『소론』, 『지성교정론』,[3] 『데카르트 철학의 원리들』 및 『형이상학적 사유』

2권 『신학정치론』

3권 『윤리학』

---

2) [옮긴이] 프랑스·네덜란드·이탈리아 연구자들을 중심으로 구성된 국제 스피노자 연구팀이 1999년 이후 새 스피노자 전집을 기획·출간하고 있다. 전8권으로 기획된 이 전집 중 『신학정치론』이 1999년 처음으로 라틴어·불어 대역본으로 출간된 이래, 2014년 현재까지 총 3권이 출간됐다. *Tractatus Theologico-Politicus/Traité Théologico-Politique*, texte établi par Fokke Akkerman, traduction et notes par Jacqueline Lagrée et Pierre-François Moreau, PUF, 1999 ; *Le Traité politique*, texte établi par Omero Proietti, traduction, introduction et notes par Charles Ramond, PUF, 2005 ; *Premiers écrits*, texte établi par Filippo Mignini, traduction par Michelle Beyssade & Joël Ganault, PUF, 2009.

3) [옮긴이] 스피노자의 최초의 미완성 저작으로 알려져 있는 *Tractatus de Emendatione Intellectus*는 우리말로 대개 『지성개선론』으로 번역된다(간혹 『오성개혁론』이나 『지성향상론』 같은 특이한 제목으로 번역하는 경우도 있긴 하다). 하지만 이 저작에서 스피노자의 목표는 지성의 능력을 양적으로 개선하거나 개량하는 데 있지 않다. 그의 목표는 대부분의 사람들이 추구하는 세 가지 대상, 곧 '재산, 명예, 욕정' 때문에 길을 잃고 '분열된' 정신을 정화하고, 한 걸음 더 나아가 기형화된 정신의 구조를 바로 세움으로써, 참된 행복이 무엇인지 분명히 인식하고 획득할 수 있는 길을 마련하려는 데 있다. 이런 의미에서 본다면 저작에서 말하는 Emendatio라는 명사, 또는 emendari/emendo라는 동사는 개선이나 개량보다는 '교정'을 뜻하는 것으로 보는 게 적합할 것이다. 따라서 『지성개선론』이라는 명칭이 이미 널리 쓰이고 있는 상황에서 새로운 명칭을 제안한다는 게 좀 부담스럽기는 하지만, 스피노자의 원래 의도를 좀더 정확히 표현해 주자는 뜻에서 『지성교정론』이라는 명칭을 사용하겠다.

4권 『정치론』 및 『서한집』

다른 하나는 마들렌 프랑세즈^{M. Francès}와 롤랑 카유아^{R. Caillois}, 로베르 미즈라이^{R. Misrahi}가 감수한 '플레이야드 총서'판^{Bibliothèque de la Pléiade, Gallimard, 1954}이며, 이 편집본에는 '스피노자 전기'가 수록되어 있다.

낱권 편집본 중에서는 코이레^{A. Koyré}가 편집한 『지성교정론』(라틴어-불어 대역본)^{Vrin, 1951}과, 하나는 실뱅 자크^{Sylvain Zac}가 편집하고^{Vrin, 1968}, 다른 하나는 피에르-프랑수아 모로^{Pierre-François Moreau}가 편집한^{Réplique,} ¹⁹⁷⁹ 두 종의 『정치론』 대역본을 언급해 두기로 하자. 이전에 '가르니에 고전 총서'로 출간되었던 라틴어 원전과 아펭의 번역이 곁들인 『윤리학』 대역본은 브랭 출판사에서 재출간되었다.[4]

『신학정치론』의 경우 나는 가르니에-플라마리옹판의 쪽수에 따라 인용했지만, 대개 아펭의 번역을 수정했다. 『정치론』의 장과 절의 구분은 모든 편집본이 동일하다. 나는 모로의 번역본을 인용했지만, 많은 경우 실뱅자크의 해결책에서 시사를 받아 일부를 수정했다. 『윤리학』의 경우는 모든 번역을 새로 했다.

나는 이 책에서 어떤 주석가의 평주도 인용하지 않았지만, 책 뒤에 선별적인 참고문헌을 달아두었다. 좀더 완전한 참고문헌은 장 프레포지에^{Jean Préposiet}의 『스피노자 연구문헌』^{Bibliographie spinoziste}, Les Belles-Lettres, 1973을 참조하고, 좀더 최근의 저작들은 테오 반 데르 베르프^{Theo Van der}

---

4) [2판 추가 주—발리바르 추가] 베르나르 포트라(Bernard Pautrat)는 1988년에 게파르트판의 라틴어 원전을 수록하고 있는 새로운 『윤리학』 대역본을 출간했다(Editions du Seuil).
[옮긴이] 기타 스피노자 저서의 현대어 번역본 및 스피노자 연구서는 이 책 말미의 「참고문헌」을 보라.

5) [옮긴이] 1979년부터 프랑스의 '스피노자 연구회'(Groupe de Recherches Spinoziste)는 프랑스의 『철학논총』(Archives de Philosophie)이라는 철학 학술지의 매년 4호에 간단한 서평이 곁들인 「스피노자 연구 문헌 목록」을 싣고 있다. 서평은 빠져 있는 문헌 목록은 인터넷에서도 검색할 수 있다(http://www.spinozaeopera.net/article-17330090.html).

Werf, 하이네 지브란트Heine Siebrand, 쿤 베스테르벤Coen Westerveen의 『최신 스피노자 연구문헌』*A Spinoza Bibliography 1971~1983*, E. J. Brill, 1984에서 찾아볼 수 있다.[5]

  마지막으로 스피노자의 중요한 이론적 용어마다 각 텍스트의 중요한 구절을 대조하고 논리적으로 분류해 놓은 에밀리아 지안코티-보셰리니 Emilia Giancotti-Boscherini의 『스피노자 어휘집』*Lexicon Spinozanum*, La Haye, Martinus Nijhoff, 1969(전2권)은 귀중한 작업도구이다(라틴어로 씌어져 있음).

1부

스피노자와 정치

Spinoza et la Politique

1장_스피노자의 입장

익명으로 유령출판사에서 출간된(하지만 곧바로 "포르뷔르흐의 무신론자 유
대인"이 저자로 지목된) 『신학정치론』은 파문을 불러일으켰으며, 이 파문은
오래 지속되었다.[6] 벨은 "해악스럽고 혐오스러운 책"이라고 말한다. 한 세
기 동안 비난과 논박의 흔적이 이어지는 것을 보게 된다. 하지만 우리는
또한 이 책의 논거들이 성서주해와 '자유사상가들의' 문학적·정치적 권
리, 그리고 전통적 권위들에 대한 비판에 따라다니는 것을 보게 된다.

　스피노자가 이 격렬한 반발들에 무방비 상태로 노출되어 있었다고 말
할 수는 없을 것이다. 오늘날에도 여전히 극단적인 긴장감이 느껴지는 이
책의 「서문」에서부터 그가 모순들과 위험들로 충만한 정세에서 자신이 무
릅써야 하는 이중적 모험을 의식하고 있는 것을 우리는 볼 수 있다. 곧 한편
으로는 그가 지적 지배의 도구들을 파괴하고 있는 적대자들에게 너무 잘
알려지게 되는 위험이 있고, 다른 한편으로는 독자 대중들, 심지어는 그가
가장 가까이하고 싶어 하는 독자들로부터 아주 잘못 이해될 위험이 있다.
왜 이러한 모험을 감행해야 하는가? 스피노자는 처음 몇 쪽에서 이에 관하
여 상세하게 서술하고 있다(『신학정치론』 「서문」, 19~28 ; 모로판, 56~76).[7]

　"내가 글을 쓰게 만든 원인들을 제시해 보겠다." 자연적이고 인간적
인 힘들에 대한 격심한 공포와 교회들의 타산적 교조주의 때문에 종교가

미신으로 타락할 위험이 바로 그 원인들이다. 이로부터 표면적이거나 잠복적인(적어도 모든 반항자들이 전제정치에 완전히 짓밟히지 않은 이상) 내전과 권력가들이 다중[8]의 정념을 조작하는 일이 일어난다. 이를 치유하기 위해서는 어떻게 해야 하는가? 두 가지 인식을 구분해야 한다(뒤에서 보겠지만, 이는 이 양자의 대립을 의미하지는 않는다). 첫번째 인식은 성경에 대한 엄밀한 독해로부터 도출될 수 있으며 "복종 이외의 다른 대상을 갖지 않는" "계시적 인식"이고, 다른 인식은 자연에만 관계하며 보편적인 인간 지성이 획득할 수 있는 "자연적 인식" ─잠정적으로 학문science 또는 이성이라고 말해 두자─이다. "이 두 가지 인식은 아무런 공통점도 없어서 서로 조금도 다툴 필요 없이, 그리고 둘 중 어느 것도 다른 것에 봉사할 필요 없이 각자의 고유한 영역을 차지할 수 있다." 여기서 우선 개인적 의견들이 실제로 이웃에 대한 사랑으로 나아가는 경향이 있다는 것을 전제로 하면 신앙의 문제에서 의견의 자유가 생겨날 것이다. 다음으로 개인적 의견들이 국가의 안전과 양립 가능하다면, 국가에 관한 개인적 의견의 자유가 존재하게 될 것이다. 특히 신과 자연에 대한, 그리고 각자가 지혜를 얻고 구원[9]에 이르는 길에 대한 철학적 탐구는 완전히 자유롭게 될 것이다. 이로부터 사회 생활의 근본 규칙에 대한 다음과 같은 정의가 나온다. 곧 '행위만이 소추될

---

6) 일생에 걸친 스피노자의 전기를 제시하지는 않겠다(스피노자의 전기에 대해서는 뒤의 「참고문헌」을 참조하라). 하지만 내가 보기에 세 가지 주요 저작이 이룩한 결정적인 계기들을 역사적 맥락과 관련하여 위치시키는 일은 필수불가결하다. 독자들은 이 책의 말미에 붙어 있는 연표를 참조하면 도움이 될 것이다.

7) [옮긴이] 『신학정치론』 인용문의 경우 발리바르는 아쾽판의 쪽수를 표시하고 있다(실제 쪽수와 약간씩 다른 경우도 있었는데, 이는 모두 바로잡았다). 이 책에서는 앞으로 피에르-프랑수아 모로의 감수 아래 1999년 출간된 『신학정치론』 새 판본의 쪽수를 아쾽판의 쪽수와 함께 표시하겠다. 그리고 발리바르는 장수와 절수를 표시하지 않고 있지만, 독자들의 편의를 위해 장수와 절수도 표시해 두었다.

8) [옮긴이] '다중'(multitude)은 라틴어 '물티투도'(multitudo)의 번역어 중 하나다. 스피노자 정치학에서 물티투도 개념의 중요성에 관해서는 이 책 2부에 수록된 「스피노자, 반오웰: 대중들의 공포」를 보고, 이 개념의 의미와 번역상의 난점에 관해서는 「용어 해설」을 참조.

수 있고, 말은 결코 처벌되지 않는다는 것'[10]이 공법이 될 것이다. 이 근본 규칙이 준수되는 국가가 바로 스피노자가 뒤에 민주정이라고 부를 국가다. 암스테르담의 '자유 공화국'은 여기에 근접한 국가형태다(이것이 당대의 조건에서 가능한 최상의 국가형태인가? 두고 보기로 하자). '절대주의' 군주론자들과 신학자들은 참된 종교와 철학을 위협하는 것과 정확히 같은 방식, 같은 이유에서 자유 공화국을 위협한다. 따라서 민주정과 참된 종교(성경이 '박애와 정의'라고 부르는 것) 및 철학은 실제로는 단 하나의 동일한 이해관계를 갖고 있다. 그것은 바로 자유다.

'자유의 당파'

하지만 이러한 조건에서 볼 때 왜 『신학정치론』의 논변은 영속적인(어떤 점에서는 미리) 오해의 대상이 되는가? 여기에는 몇 가지 이유가 존재하며, 이것들은 계속 『신학정치론』의 밑바탕에 깔려 있다.

첫째, '자유'라는 통념[11]만큼 다의적인 것은 없다. 매우 드문 예외들을 제외하면 어떤 철학, 어떤 정치(심지어 실제로는 지배가 군림하는 경우에도)도 자신을 자유화의 기획과 다른 것으로 제시하지 않는다. 바로 이 때문에 철학과 정치적 교설은 자유와 구속 또는 자유와 필연의 단순한 반정립으

---

9) [옮긴이] 스피노자는 『신학정치론』 및 『윤리학』에서 전통적인 종교적 어휘들을 사용하면서도 동시에 이 어휘들에 새로운 의미를 부여하고 있다. 'salus/salut'라는 단어도 그중 한 가지다. 이 단어는 종교적인 어법에서는 '구원'을 의미하지만, 스피노자의 의미에서는 넓은 의미의 '행복'을 의미한다.

10) [옮긴이] 이는 로마의 역사가인 타키투스(Publius Cornelius Tacitus, 약 55~117)의 『연대기』(*Annales*) 1권 29장에서 유래하는 표현이다. 좀더 자세한 내용은 모로판, 699쪽의 옮긴이주 14를 참조하라.

11) [옮긴이] '통념'(notion)은 번역하기가 상당히 까다로운 단어 중 하나다. '통념'과 '공통통념'에 관한 좀더 상세한 논의는 「용어 해설」을 참조.

로 만족하는 법이 거의 없다. 이것들은 오히려 자신이야말로 다른 것들과는 반대로 자유에 대한 '올바른' 정의를 확립(또는 재확립)하려는 시도라고 주장한다. 뒤에서 살펴보겠지만, 스피노자는 이러한 상황을 범례적인 방식으로 보여 준다.

그러나 사실이 그렇다면, 『신학정치론』에 대한 오해는 어떤 특정한 시기와 무관하게 자유라는 통념 자체가 처음부터 지니고 있는 애매성 내지는 이율배반 때문에 생겨난 것만은 아니다. 역사적 정세를 나타내는 징표들은 『신학정치론』에 편재하며, 이렇게 볼 때 『신학정치론』을 오직 한 분야의 문제에 관해서만 쓰여진 '순수하게 이론적인' 저작으로 읽을 수는 없다. 우리는 스피노자가 당대의 격렬한 신학논쟁에 개입하는 것을 보게 된다. 우리는 그가 군주파와 칼뱅주의 목사들의 '교조주의적' 선전 사이에 존재하는 공모를 단숨에 분쇄할 수 있는 수단을 제안하는 것을 보게 된다. 이러한 목표는 스피노자가 당대에 가장 가까이 하려 했고, 또 실제로 가장 가까웠던 사회집단들, 특히 홀란트 공화국[12]의 지도적 엘리트의 목표와 직접 결합된다. 사실 이들은 **스스로를 '자유의 당파'로 지칭한다**. 곧 [네덜란드] 민족해방투쟁의 후계자이자 당시 '절대주의' 유럽에서 득세하고 있던 관점과 유사한 군주제적 국가관에 맞서 시민적 자유를 옹호하는 투사이며, 개인적 양심의 자유와 지식인들의 자율성, 그리고 어느 정도까지는 자유로운 사상교류의 옹호자로 자처한 것이다. 이 얼마나 놀라운 주장인가! 뒤에서 보겠지만 스피노자는 '자유 공화국'을 위한 투쟁에 가담했음에도 불구하고, 이러한 주장을 확실한 것으로 믿지 않았다. 명료한 해결책으로 제시된 것 ——자유는 특정 집단의 정책 및 그들의 '보편적' 이해관

---

12) [옮긴이] 스피노자 당대의 네덜란드는 홀란트(Holland)를 중심으로 한 연방 형태의 연합주 국가 (Provinces-Unies)였다.

계와 동일하다는 관념을 필두로 하는——에서 문제점을 발견했기 때문에, 스피노자는 그의 친구들이라고 공언하는 사람들과 정반대의 관점에서 자유를 정의하게 된다. 곧 정당한 대의를 위해 투쟁한다는 그들의 확신이 길러 낸 환상을 암묵적으로 비판하기에 이른다. 이런 조건에서 볼 때 『신학정치론』——뒤에서 보겠지만 '혁명적'인 책이 되려고 하는 것과는 거리가 먼——이 곧바로 한편에게는 전복적인 것으로, 다른 편에게는 유용하기보다는 방해물로 나타날 수밖에 없었다는 사실이 놀라운 일인가?

그러나 오해는 좀더 심원한 원인에서 생겨난다. 『신학정치론』은 정치적인 목표를 갖고 있지만, 이 책은 또한 **철학의 요소** 안에서 자신의 테제들을 구성하고 싶어 한다. 저서 전체를 관통하는 두 가지 커다란 질문은 확실성(따라서 '진리'와 '권위'의 관계)에 관한 질문과 자유와 권리 또는 개인의 '역량' 사이의 관계에 관한 질문이다. 철학과 정치는 두 개의 구분되는 영역을 구성하는가? 철학은 하나의 '이론'이며, 이로부터 정치적 '실천'이 연역되는 것인가? 스피노자는 자유의 옹호자들 자신의 환상을 제거할 수 있는 자유에 대한 철학적 관념을 어디에서 이끌어 왔는가? 이 저서의 마지막에서 우리는 철학과 정치가 **상호함축적**이라는 점을——증명할 수는 없을지 몰라도——이해할 수 있게 된다. 스피노자가 종별적인 철학적 문제들을 제기할 때 이는 정치적 문제를 다루기 위한 우회로를 택하고 있는 것이 아니며, 또한 다른 장소 곧 '메타정치적인' 요소로 장소이동을 하고 있는 것도 아니다. 그는 정치의 쟁점들과 세력관계들을 **그 원인들에 의해** 정확하게 또는 그 자신이 말하듯 "적합하게"(『윤리학』 2부 정의 4[13]; 정리 11, 34, 38~40 ;

---

13) [옮긴이] "나는 대상과의 관계 없이 그 자체로 고려되는 한에서 참된 관념의 모든 특성 또는 내생적 특징들을 지니고 있는 관념을 적합한 관념으로 이해한다"(Per ideam adaequatam intelligo ideam, quae, quatenus in se sine relatione ad objectum consideratur, omnes verae ideae proprietates, sive denominationes intrinsecas habet).

60번째 편지를 참조) 인식할 수단을 마련하고자 한 것이다. 그러나 또한 정치적 질문들에서 출발하여 철학적 탐구를 조직하는 경우에도 우리는 철학의 본질에 대한 질문으로부터 조금도 떨어져 있지 않다. 그와는 반대로 우리는 철학적 문제들과 그 이해관계를 규정하게 해주는 방법(유일한 방법인가? 우리는 당분간 이 질문에 답변할 수 없다)을 얻게 된다. 이런 관점에서 볼 때, '사변적' 철학과 정치에 '응용된' 철학을 구분하는 데서 생기는 난점은 의미가 없을 뿐만 아니라, 아예 지혜에 대한 **중대한 장애물**이다. 그러나 [철학과 정치의] 이러한 통일성은 단순한 것도 이해하기 쉬운 것도 아니다. 스피노자 자신도 철학이 자신의 최초의 확실성(철학의 고유한 '환상들'?)을 정정하도록 강제하는 지적 작업 및 사유의 경험 이후에야 비로소 이러한 통일성에 접근할 수 있었다. 『신학정치론』은 바로 이러한 경험이다. 이는 구체적으로는 철학의 관점은 고정되어 있는 게 아니라 운동함을 의미한다. 바로 이 때문에 저자의 사상에서 하나의 전회가 일어난다. 이는 필연적인 전회이지만, 부분적으로는 예견 불가능하다. 이는 단순히 두 개의 항이 아니라 세 개(철학, 정치, 신학), 심지어 네 개의 항(철학, 정치, 신학, 종교)을 연루시키기 때문에 더욱 간파해 내기 어려운 전회다. 이를 좀더 명료하게 파악하기 위해서는 이 항들이 스피노자 자신에게 제시되는 방식을 재구성해야 한다.

종교인가 신학인가?

스피노자의 서신 교환, 특히 올덴부르크H. Oldenburg와의 서신 교환에서 『신학정치론』의 저술이 스피노자의 사상에서 이룩한 전회의 아주 분명한 흔적을 발견할 수 있다. 우리는 스피노자가 구두로 또는 문서로 유통시켰던 그의 '체계'의 요소들 때문에, 집요한 **청탁**을 받았다는 사실을 알고 있다.[14] "이제 특별히 우리와 관련된 문제에 도달하게 되었군요. 우선 선생께서 실재들의 기원 및 제일 원인에 대한 실재들의 의존, 그리고 우리 지성의 교정의 문제를 다루고 있는 아주 중요한 그 저서를 완성하셨는지 알고 싶습니다. 친애하는 선생께 말씀 드리건대, 진정한 지식인들에게는 그와 같은 저서의 출간보다 더 기쁜 일은 없을 것입니다."(「올덴부르크가 스피노자에게 보내는 11번째 편지」, 1663) 그러나 스피노자는 계속『윤리학』을 저술하고 자연학과 형이상학의 주제들에 관해 친구들과 서신교환을 해나가면서도 실제로는 이런 청탁은 회피했으며, 1665년 말에 철학에 대한 자신의 관점이 발전되었다는 점을 환기시킨 후 올덴부르크에게 다음과 같이 쓰고 있다.

저는 지금 성서를 파악하는 저의 방법에 관한 책을 쓰고 있는데, 이 일에 착수하게 된 동기는 다음과 같습니다. 첫째, 먼저 신학자들의 편견입니다. 저는 사람들이 자신들의 정신활동을 철학에 전념하지 못하도록 가로막는 것이 바로 이러한 편견이라는 점을 알고 있기 때문입니다. 그래서 저는 이 편견들을 분명하게 드러내고 사람들의 정신을 그로부터 구해 내는 것이 유익하리라고 판단하고 있습니다. 둘째, 제가 무신론자라고 계속 비난하고 있는 우중愚衆, vulgus[15]이 저에 대해 갖고 있는 속견俗見입니다. 저는 할 수 있는 한 이에 맞서 싸울 것입니다. 셋째, 철

---

14) [옮긴이] 스피노자는 1661에서 1675년에 이르기까지『윤리학』을 저술하는 기간 동안『윤리학』에 수록될 내용에 관해 자신의 가까운 친구들 및 유럽의 여러 학자들과 의견을 교환했으며, 이 의견교환이 그의 편지들의 주요 내용을 이룬다.

15) [옮긴이] 발리바르는 이 책의 1부나 특히 2부「대중들의/대중들에 대한 공포」에서 'foule'라는 단어를 여러 번 사용하고 있다. 이는 한편으로는 스피노자가 사용하는 불구스(vulgus)의 번역이기도 하고, 다른 한편으로는 흔히 사용하는 '군중', 곧 조직되어 있지 않은 사람들의 무정형의 집단을 뜻하기도 한다. 'foule'가 불구스의 번역어로 사용되는 경우에는, 라틴어 원어에 담긴 경멸적인 또는 부정적인 의미를 표현하기 위해 '우중'으로 번역했고, 발리바르 자신이 현대적인 의미로 사용하는 경우에는 '군중'으로 번역했다.

학할 자유와 우리의 생각을 말할 자유입니다. 저는 모든 방법을 동원해 서라도 이를 확립하고 싶습니다. 과도한 권위와 설교가들의 광신은 이 자유를 제거하는 경향이 있습니다.…… (「30번째 편지」)

우리는 여기서 정치적 현실에 대한 지시에 주목해 볼 수 있다(연합주 공화국 지도자들의 친구[스피노자]를 겨냥한 무신론자라는 비난은 종교적 정 통성을 강요하려는 칼뱅주의 목사들의 설교의 일부분을 이루고 있다). 그러 나 『신학정치론』 전체에 걸쳐 공언되고 있는 목적과 일치하는 주요 관념 은 **철학의 영역과 신학의 영역의 근원적인 분리**라는 관념이다. 이 지점에서 멈 춰 보기로 하자. '분리한다'는 것은 정확히 무엇을 의미하는가?

이 정식은 전혀 독창적인 것이 아니다. 예컨대 데카르트 역시 『형이 상학적 성찰』(이 책은 1641년 스피노자의 한 친구가 네덜란드어로 번역했다)에 서 이성과 신앙이라는 두 가지 '확실성'의 분리를 주장했다. 곧 그는 이성 에 대해서만 형이상학적 증명들의 권리를 남겨 두고, 교회의 권위의 전통 적인 토대인 계시의 문제는 완전히 제쳐 두고 있다.[16] 이런 사정을 감안한 다면 새로운 수학적·실험적 자연과학의 확실성을 정초할 수 있는 '제일철 학'에 관한 논고 ── 올덴부르크와 다른 사람들이 스피노자에게 기대하고 있던 것 ── 역시 이러한 관점에 속하리라고 생각할 만하다. 이 경우 신학 이 이미 효력이 상실된 교리의 이름으로 '자연철학'에 대해 검열을 행사하 고 있기 때문에, 신학과의 대결은 **부차적**이고, 이를 테면 외재적인 문제가

---

16) "나는 죄악, 곧 선과 악을 추구하면서 범하게 되는 오류에 대해서는 …… 전혀 다루지 않을 것이 며, 참과 거짓에 대한 판단과 구분에서 발생하는 오류만을 다루겠다는 점을 밝혀 둔다. 그리고 나는 신앙이나 실생활에 속하는 문제에 대해서는 전혀 말하고 싶지 않으며, 자연적 지혜의 도움 을 통해 인식되는 사변적 진리와 관련된 문제에 대해서만 말할 것이다"(데카르트, 『『성찰』 요약」 "Abrégé des Méditations"[국역본: 『성찰』 이현복 옮김, 문예출판사, 1996, 32쪽]).

될 것이다. 신학은 지적 활동에 대한 자신의 지배력과 공식적인 권위를 통해 형이상학적 진리 인식에 지장을 줄 것이다. 진리에 따라 사고하고 연구하기 위해서는 이로부터 벗어나는 것으로 또는 좀더 일반적으로 말하면 '지성을 교정하는 것'[17]으로, 곧 지성의 고유 원리들을 명료하게 언표하는 것으로 충분할 것이다.

그러나 만약 이 장애물이 진리의 명증에 '저항하고' 진리탐구의 영역을 자유롭게 열어 놓는 것을 거부한다면, 장애물 자체를 공격하는 게 낫지 않은가? 곧 사회적으로 강력한 집단의 이데올로기이면서 **동시에** 지식과 대상의 관계의 일반 형태이자 이 대상들 내부에서 표현되는 '확실성'의 일반 형태인 신학 담론을 비판하는 게 낫지 않은가? 철학자에게는 좀더 불안스러운 질문 하나가 여기에 추가된다. 곧 철학과 신학 사이의 경계선은 정확히 어디에서 그어지는가? 이성을 통해 자연의 '제일원인'과 보편 법칙들——또는 '영원 진리들'——을 규정하면서 인식이 완전히 자율적으로 자신의 이론적 원리들 및 응용들 쪽으로 전개될 때, 그것이 단지 하나의 형이상학에 의존할 뿐만 아니라 또한 명시적이거나 암시적인 신학에도 의존한다는 것을 어떻게 회피할 수 있는가? 전통적인 신학적 장애물을 멀리하는 것으로 만족하게 되면, 과학자로서의 철학자는 좀더 미묘한 **또 다른 신학**의 포로가 되어 있는 자신을 발견하게 될 것이다. …… 이는 바로 이미 데카르트에게 발생했던 일이며, 또한 나중에 뉴턴에게 발생하게 될 일이 아닌가?

그렇다면 『신학정치론』이 독자들에게 제시하는 다음과 같은 역설은 처음 보기보다 그리 놀라운 일은 아닐 것이다. 곧 신학적 전제에서 해방된 철학이 다루어야 할 주요 대상은 다름 아닌 성서적 전통의 타당성과 신앙의 진정한 내용이라는 질문이다! 끝까지 밀고 나가면 철학적 합리주의

---

17) [옮긴이] 이는 『지성교정론』의 관점을 암묵적으로 가리키는 말이다.

의 절차는 자신의 최초의 정식과 모순되는 것처럼 보이는 결과를 산출하는데, 왜냐하면 그것의 목표는 '신학'이라는 용어가 포함하고 있는 혼란을 해소하고, '참된 종교'와는 거리가 먼 철학적 '사변'으로 비난받는 **신학으로부터 신앙 자체를 해방시키는 것**이 되기 때문이다.

예수의 생애만을 이야기했던 사도들이 설교한 종교는 이성의 질서에 속하지 않긴 하지만, 모든 사람이 자신의 자연적 지혜에 따라 쉽게 파악할 수 있는 것이다. 왜냐하면 이 종교에서 본질적인 것은 예수의 가르침 전체[『신학정치론』 원주 27 : 곧 마태가 『마태복음』 5장 이하에서 서술하고 있는 예수 그리스도의 산상수훈]가 그랬던 것처럼, 사실은 도덕적 교훈들이기 때문이다(『신학정치론』 11장 7절, 210 ; 모로판, 422).
성서의 교의는 철학적 개념들도 사변들도 포함하고 있지 않으며, 가장 무지한 정신도 쉽게 파악할 수 있는 아주 단순한 것만을 포함하고 있다. 따라서 나는 …… 성서에서 어떤 언어로도 설명될 수 없는 아주 심원한 신비를 발견하면서 종교에 철학적 사변들을 잔뜩 도입하여 교회를 마치 아카데미처럼 만들고, 종교는 과학이나 또는 스콜라학으로 만들어 버리는 사람들의 정신적 성향ingenium에 감탄할 수밖에 없다. …… 성서의 목적은 학문을 가르치는 게 아니다. …… 성서는 인간들에게 복종 이외의 것은 요구하지 않으며, 무지가 아니라 불복종만을 비난한다. 그러나 신에 대한 복종은 오직 이웃을 사랑하는 데 있기 때문에 …… 성서가 권장할 만한 유일한 학문은 모든 인간이 신에게 복종하게 만드는 데 필요한 학문이다. …… 이러한 목표를 전혀 지향하지 않는 사변들은, 신에 대한 인식과 관련된 것이든 자연적 실재에 대한 인식과 관련된 것이든 성서와는 아무런 관계가 없으며, 따라서 계시종교와 분리되어야 한다. …… 이는 종교에 관해 지극히 중요한 문제다. (『신학정이런 입장은 사람들을 불편하게 하는 데 그치지 않는다. 스피노자는 신학이 반철학적일 뿐만 아니라 반종교적이라고 공격하고 있기 때문이다! 신학에 맞서 사상의 자유를 옹호하는 데서 출발해서 우리는 이번에는 철학자들까지 겨냥하고 있는 **참된 종교**(항상 계시와 연루되어 있는)를 옹호하는 데 이른 것이다! 마치 진리를 추구하는 사람들과 복종을 실천하는 사람들이 겨냥하는 **유일한 적수**가 어떤 지배적인 '형이상학적–신학적' 담론인 것처럼 말이다. 이처럼 스피노자는 단지 신학자들만이 아니라 철학자들 대부분과도 대립하는 모험을 감행한다. 신학자들을 반대하는 것은 그들이 종교의 대상에 대해 합리적으로 사변하는 것을 업으로 삼고 그리하여 이 대상을 이론적 대상으로 변형시키기 때문이며, 철학자들을 반대하는 것은 그들이 철학을 반종교적 담론으로 만들려고 하기 때문이다.

하지만 스피노자 자신도 곤란한 몇 가지 질문에서 벗어나지 못한다. 신앙을 '미신'으로 타락시키는 사변과 신앙의 차이는 정확히 무엇인가? 스피노자는 복종과 사랑, 구원의 결합을 이해하는 데서 어떤 철학적 테제들 또는 '진리'들이 필수적이지만, 또한 바로 이것들이 문제를 일으킨다는 점을 인정한다. **계시된 종교/참된 종교**라는 이중어를 사용하는 것 자체가 그 징표다. 다른 한편으로 신학의 형성은 어떻게 설명할 수 있는가? 종교에는 자신을 타락시키는 어떤 경향이 존재한다고 상정해야 하는가? 대중masse ——'우중' ——에게는 이론적 사변의 '욕구'가 존재하고 신학자들은 이로부터 자신의 권위를 얻는다고 상정해야 하는가? 아니면 이 교활한 자들이 대중을 조작하기 위해 고안해 낸 것에 불과한가? 아니면 오히려 미신에서 '우중들'의 신앙과 '지식인들'의 종교의 상호 의존 양상 ——우중들과 지식인들 모두를 사로잡고 있는 ——을 인지해야 하는가?

예정설과 자유의지 : 종교 이데올로기들의 갈등

신학, 곧 종교와 사변에 대한 신학적 혼동이 지니는 형태들에 대한 탐구는 교의적 지반과 역사적 지반 위에서 이중적으로 전개된다. 이 탐구는 '기원들'로 거슬러 올라감으로써 당대의 현실에 도달하게 된다. 이 탐구는 외면적 기술에 머무르지 않고 담론의 논리 자체에 관여하며, 그리하여 『윤리학』에서 제시되는 상상의 일반이론에 소재를 제공한다(특히 『윤리학』 1부 「부록」 참조).

우선 모세의 신학이 존재한다. 이는 창조와 기적의 우주론과 복종의 윤리학 그리고 '선민'遷民의 종말론에 기초하고 있으며, 히브리 율법의 계율을 정당화하고 당대의 자기 민족의 대중에게 이 계율을 납득시키는 데 사용되었다(『신학정치론』 2장 14~15절, 58~61 ; 모로판, 130~140/ 4장 9절, 92 ; 모로판, 194~196/ 6장 10절, 124 ; 모로판, 254 등). 이는 모세가 자신의 동료 시민들을 지배하기 위해 인위적인 이데올로기를 만들어 냈다는 의미는 아니다. 모세 자신이 자신의 신학의 계시된 진리를 믿었으며, 여기에서 거역할 수 없는 [신성함의] '징표들'을 지각했다. 바로 이 점 때문에 그는 국가와 종교의 창설자 역할을 수행할 수 있었다. 마찬가지로 어떤 신학, 또는 좀더 정확히 말하면, 예언자들의 여러 신학이 존재하는데, 이 신학들은 몇 가지 민감한 지점에서 입장이 엇갈린다(『신학정치론』 2장 17~18절, 62~63 ; 모로판, 140~142/ 7장 6절, 143 ; 모로판, 288~290). 특히 구원의 문제에서 그렇다(구원은 오직 신의 선택에 달려 있는가 아니면 가지의 신하거나 악한 행동, 법에 일치하거나 일치하지 않는 행동에도 달려 있는가? 그리고 만약 그렇다면 이는 어떤 의미에서 그런가?). 이러한 엇갈림은 신학의 본질적인 한 특징을 보여 준다. 곧 신학은 종교에 갈등을 도입한다. 원시기독교에서도 이러한 갈등은 확산되어 있었다(사도들, 특히 바울과 야고보, 요한의 교의 사이에서)(『신학정치론』 4장 10

절, 93 ; 모로판, 198/ 11장 8~9절, 212 ; 모로판, 424~426). 결국 이는 당시의 교회의 분할로 제도화된다.

알다시피 은총의 문제는 계속해서 신학논쟁을 불러일으켰다. 만약 인간이 죄인이라면 ─ 원죄에서 발원하는 이 죄악은 악에 대한 인간의 매혹에서 그리고 그가 '금지된 것을 원한다'는 사실에서 영구히 지속된다 ─ 그는 신의 자비를 통해서만 구원받을 수 있다. 인류의 구원자이자 은총의 화신化神인 예수를 중개로 역사 속에서 발현되는 것은 바로 신의 자비다. 그러나 '예수 안에서 살아가는 것'은 무엇인가? 구원의 '길'은 어떤 것인가? 은총의 '효력'은 어떻게 작용하는가? 이 오래된 문제들(이는 인간과 영원한 신 사이의 인격적 유대라는 표상 자체와 관련된 문제다)은 종교개혁 이후 신앙과 금욕, 양심의 구명究明, 그리고 올바른 기독교인의 생활에서 내면 수련과 성직자의 역할에 관한 토론에서 점점 더 긴요성을 얻게 되었다. 타락한 인간 본성에 고유한 힘들에 관해 조금도 양보하지 않았던 칼뱅은 오직 은총에 의해서만 구원을 얻을 수 있음을 주장하는 자신의 신학을 바울과 아우구스티누스로의 복귀로 제시한다. 그는 '인간의 활동'을 통한 구원 ─ 이 활동이 어떤 식으로든 신의 자비를 보증해 주는 계율의 준수를 통해 이루어지든 아니면 자신의 죄에서 해방되기 위한 인간의 자유의지의 '협동'을 통해 이루어지든 간에 ─ 이라는 관념을 인간의 오만으로 비난한다. 그가 보기에 이런 것들은 자신의 창조주 앞에서 "스스로에게 영광을 돌리려는" 피조물의 시도이며, 이는 악의 본질 그 자체다. 자유의지의 교의에 예정의 교의를 대립시킴으로써 그는 논쟁을 격화시켰는데, 이 후자의 교의는 구원이 항상 이미 신에 의해 결정되어 있으며, 따라서 인간은 미리 '선택된 자들'과 '버림받은 자들'로 나뉘어 있음을 의미하는 것으로 보인다. 인간의 활동이 신의 은총에 영향을 주기는커녕 그들에게 신 자신을 사랑할 힘을 배타적으로 부여하거나 몰수하는 것은 바로 신비스러운 신의 은총이다. 17세기에 이 논쟁은 로마 가톨릭과 프로테스탄트 교회를 분리시켰을 뿐만 아니라 실제로는 각 진영의 내부도 분리시켰다. 프랑스에서 이 논쟁은 완강하게 은총만이 효력을 지닌다고 주장하면서 어떻게든 칼뱅주의의 힘을 활용해 칼뱅주의에 대항하려 했던 얀센주의자들[18]과 예수회원들[19]을 대립시켰다. 네덜란드에서 논쟁은 우리가 뒤에서 다시 살펴볼 두 개의 조직된 경향들을 대립시킨다. 그 하나는 예정설의 지지자들인 정통파 목사들이었으며, 다른 하나는 자유의지를 주장한 '아르미니우스'파(신학자 하르멘젠 또는 아르미니우스[20]의 이름을 딴)였다.

『신학정치론』에서 스피노자는 자기 나름대로 이 논쟁에 관해 입장을 취하지 않았는가? 분명 그렇다. 하지만 그의 명제들은 누구도 만족시킬 수 없었다. 그에 따르면 상황적인 변이를 배제한 성서의 불변적인 교의는 명백한 것이다. "신앙은 그 자체에 의해서가 아니라 오직 복종과 관련해서만 구원을 낳을 수 있다. 또는 야고보가 말한 것처럼, 선한 활동 없는 신앙은 죽은 것이다. …… 따라서 진정으로 복종하는 사람은 필연적으로 참된 신앙을 얻게 되며, 구원은 이것의 결실이다. …… 이로부터 우리는 어떤 사람이 독실한 신자인지 여부는 오직 그의 선한 활동으로 평가해야 한다는 결론을 내릴 수 있다."(『신학정치론』 14장 11절, 241~242 ; 모로판, 479) 참된 종교의 근본

---

18) [옮긴이] 얀센주의(Jansenisme)는 네덜란드의 신학자였던 코르넬리우스 얀세니우스(Cornelius Jansenius, 1585~1638)가 제창한 교의를 가리키며, 프랑스의 앙투안 아르노(Antoine Arnauld, 1612~1694)는 얀센을 계승하여 포르 루아얄(Port Royale) 수도원을 중심으로 얀센주의 운동을 전개했다. 파스칼은 얀센주의의 입장에서 예수회를 비판하는 『시골의 친구들에게 보내는 편지』(Les provinciales)를 쓰기도 했다.

19) [옮긴이] 예수회(Society of Jesus)는 1540년 이냐시우스 데 로욜라(Ignatius de Loyola)가 파리에서 창설한 가톨릭 남자 수도회를 가리킨다.

20) [옮긴이] 네덜란드의 신학자였던 야콥 하르멘젠(Jacob Harmensen) 또는 야코부스 아르미니우스(Jacobus Arminius, 1560~1609)를 가리킨다. 레이든 대학의 교수였던 아르미니우스는 동료 교수이자 칼뱅파 신학자였던 프란시스쿠스 고마루스(Franciscus Gomarus, 1563~1641)와 예정설을 둘러싼 논쟁을 벌였다. 아르미니우스의 지지자들은 간쟁파(諫爭派)라고도 불렸다.

교의는 신에 대한 사랑과 이웃에 대한 사랑이 하나라는 것이다. 이는 자유의지 신학의 방향으로, 또는 적어도 예정설에 대한 비판의 방향으로 나아가는 것처럼 보인다. 단 이웃에 대한 선한 활동의 구원적 가치가 선과 악 사이에서의 선택('자유로운')에서 비롯하는 것이 아니라 복종에서 비롯한다는 점을 제외한다면 말이다. …… 게다가 스피노자는 참회라는 관념이나 원죄의 '대속'代贖이라는 관념에는 아무 자리도 남겨 두지 않는다. 사실 원죄라는 관념은 근본적으로 배제된다. 이는 인간의 활동이 인간에게 해로운 것일 때 수반되는 상상적 표상에 불과하다([헤겔식으로 말하자면] 일종의 '불행한 의식'인데, 스피노자는 나중에 『윤리학』에서 종교적 슬픔에 대한 이론을 제시하게 된다). 따라서 스피노자는 자유의지의 옹호자들에게도 남아 있는 숙명론의 잔여[곧 원죄의 관념]를 거부함으로써 이들의 테제를 이들이 기독교인들로서 인정할 수 있는 한계를 넘어 극단적으로 밀고 나가는 것처럼 보인다. 곧 선한 활동의 종교적 가치에 대한 모든 질문은 현세의 활동의 본래 성질로 귀착된다.

이러한 굴절에 당혹스러워하는 독자는 스피노자 명제들의 다른 측면에 대해서는 더욱더 그럴 것이다. 이스라엘의 '선택'(기독교인들에게 이는 신의 은총에 의한 개인의 선택의 원형이다)이라는 문제를 다루면서 그는 다음과 같이 단언한다. "어느 누구도 자연의 예정된 질서, 곧 신의 결정의 영원한 지배를 따르는 것 이외에 다른 것을 할 수는 없기 때문에 다음과 같이 결론내릴 수 있다. 누구도 어떤 특정한 일이나 삶의 방식을 위해 다른 사람이 아니라 어떤 특정한 개인을 선택한 신의 개별적 부름vocation이 아니라면 스스로 삶의 방식을 선택하거나 어떤 것을 수행할 수는 없다."(『신학정치론』 3장 3절, 71 ; 모로판, 152) 스피노자는 이번에는 예정설의 테제를 지지하는 것 아닌가? 사실 그는 몇몇 구절에서(『형이상학적 사유』 2부 8장 ; 『정치론』 2장 22절 참조) "하나는 귀하게 쓸 그릇을, 하나는 천하게 쓸 그릇을 만드는 토기장이의 손에 든 진흙처럼" 인간이 신의 권능pouvoir에 좌우된다고 생각하는 바울의 정식(『로마서』 9장 21절)을 즐겨 인용한다. 이렇게 보면 자유의지란 하나의 허구에 불과하다. 그러나 차이점 또한 두드러진다. 스피노자는 '신의 영원한 결정'을 인간의 본성과 대립하는 은총과 동일시하지 않는다. 그는 실로 충격적으로 그것을 그 전체성과 필연성에 따라 파악된 자연 그 자체와 동일시한다. 『신학정치론』 6장(「기적들에 대하여」)에서 이 테제는 온전히 전개된다. 만약 신이 모든 것을 예정해 놓았다고 말할 수 있다면, 이는 신이 "자연의 영원한 법칙들"(『신학정치론』 6장 7절, 122 ; 모로판, 250)로 이해되어야 하기 때문이다. "따라서 만약 자연의 고유한 법칙들에 따르지 않은 어떤 것이 자연 속에서 발생한다면, 이는 신이 자연의 보편 법칙들을 통해 자연에 영원히 확립해 놓은 필연적 질서와 모순될 것이다. 따라서 이는 자연과 그 법칙들에 어긋날 것이며, 따라서 기적에 대한 믿음은 모든 것을 의심스럽게 만들고 **우리를 무신론으로 이끌어갈 것이다.**"(『신학정치론』 6장 9절, 123 ; 모로판, 252) 신의 역량[21]에 대한 이런 식의 이해에서 벗어나는 관념은 모두 부조리한 것이다. 이런 관념들은 신이 인간을 위해서는 자기 자신과 모순될 수 있으며 자신의 고유한 '법칙들'을 위반할 수 있다고 상상하는 꼴이 된다. 엄격한 '신중심주의'를 표방하고 있지만 칼뱅의 신학 역시 인간주의에 대한 타협의 산물에 불과하다.

　　사실 '자유의지' 신학과 예정설 신학 모두는 구원에서 하나의 기적을 발견한다. 곧 전자는 자연적 필연성(또는 육신)에 거스르는 인간의 의지의 기적을 발견하고, 후자는 타락한 인간의 자유를 '물리쳐'야 하는 신성한 은총의 기적을 발견한다. 이처럼 전혀 상반되는 신학들에 공통적인 허구는 자연적 세계와 대립하는 **도덕적 또는 영성적 세계**라는 허구다. 이 허구

---

21) [옮긴이] 역량(puissance) 개념에 관해서는 「용어 해설」 참조.

를 제거하면, 인간의 자유와 세계의 질서의 관계라는 문제는 불안스러운 신비로 나타나지 않을 것이다. 이 문제는 손쉽게 해결될 수 없을지는 모르지만 적어도 합리적으로 인식할 수 있는 실천의 문제가 될 것이다. 스피노자가 이러한 논증에서 목표로 삼고 있는 것은 신학적 테제들을 그것들의 의도에 반灰하여 되돌려 주는 것이다. 이렇게 되면 그는 시간 속에서의 행복(안전과 복리)과 도덕적 덕행 그리고 영원한 진리들에 대한 인식 모두를 포괄하는 구원에 대한 '정의'를 제안할 수 있게 된다(『신학정치론』 3장 5절, 71~72 ; 모로판, 154~156/ 4장 5절, 89~90 ; 모로판, 186~188).

왜 이렇게 신랄하고 위험스러운 '변증법'을 감행해야 하는가? 왜 구원은, 자연적 필연성을 인식할 수 있는 '현자'만이 아니라, '[실천적인 목적을 위해서는] 실재들을 가능한 것들로 간주하는 것이 오히려 나은 무지자'——그러나 이들 사이의 지적 불평등은 실천적 차이를 동반하지는 않는다——에게도 똑같이 부과되는, 박애와 정의로운 삶의 규칙에 대한 복종에서 나온다고 **직접** 제시하지 않는가? 그것은 우리가 원하든 원치 않든 간에 '삶의 규칙'이라는 관념 속에는 항상 **법이라는 통념**이 나타나기 때문이다. '신의 영원한 법령décret'을 '자연의 보편적 법칙들'이라고 표현하면서 우리는 그것을 전위시켰을 뿐이다. 우리가 이러한 은유의 의미를 명료하게 해명하지(이것은 『신학정치론』 4장의 대상이다) 못하는 한, 우리는 신학적 원환에서 탈출하지 못한다. 참된 종교와 미신/사변 사이의 차이라는 질문은 이러한 곤란에 부딪쳐 다시 돌아온다.

자연의 법칙들은 "인간의 이익을 유일한 목적으로 하는 참된 종교에는 일치하지 않으며, 자연 전체의 질서, 곧 우리가 그에 대해 아무것도 알지 못하는 신의 영원한 법령에 일치하는 것이다. 다른 사람들 역시, 인간은 신의 계시된 의지에 거슬러서 죄를 저지를 수는 있지만 모든 것을 예정지은 신의 영원한 법령에 거슬러서 그럴 수는 없다고 주장할 때, 이것을 어렴풋이나마 인식한 것으로 보인다……"(『신학정치론』16장 20절, 272~273; 모로판, 530). 칼뱅주의 신학자들이 "어렴풋이나마 인식"한 것은 **인간의 역량**과, 인간의 역량이 의존하는 **자연 전체의 역량**의 비대칭성이다. 그러나 이들 모두는 이러한 비대칭성에 ─ 모든 인간들처럼 그것이 자신들에게 불러일으키는 불안을 지우기 위해 ─ 근본적인 환상을 투사한다. 그들은 "신을 자비롭고 정의로운 통치자이자 입법가, 왕 등등으로 표상하지만, 이 모든 속성들은 인간 본성에 속하는 것들에 불과하다"(『신학정치론』4장 9절, 92; 모로판, 196). 그들은 "수적으로 구분되는 두 개의 역량, 곧 신의 역량과 자연적 실재들의 역량을 상상"했다. 마치 신의 역량이 "어떤 왕의 권력imperium이며, 자연의 역량은 어떤 맹목적인 힘인 듯이"(『신학정치론』6장 1절, 117; 모로판, 238) 말이다. 그리하여 그들에게 자연의 역사는, 악에 대한 선의 승리를 자신의 주제로 하며 인간의 활동들을 그것을 위한 도구로 삼고 있는 우주론적 드라마로 나타난다. 간단히 말하면, 어떤 사람들은 신을 융통성 있는 재판관처럼 간주하여 인간들이 사랑의 실천을 통해 그의 용서를 구할 수 있다고 생각하고 싶어 했다. 비록 이러한 조건들 속에서도 그들의 활동의 '자유'는 항상, 그들이 그것을 경험하도록 해주는 어떤 주인에게 의존한다고 하더라도 말이다. …… 반면 덜 낙관적인 다른 사람들은 신을, 자신의 자의로 어떤 사람들이 독실한 자들이고 어떤 사람들이 반항적인 자들인가를 단번에 결정지었으며, 그 자신에게만 자유를 유보시켜 두기 위해 인간에게서 모든 현실적인 자유를 박탈한 엄격한 재판관으로 상상했다.

　그러나 이 모든 경우에 사람들은 ─ 그들이 신의 권능과 그의 법칙에 대한 '계약적' 표상을 지향하든 '절대주의적' 표상을 지향하든 간에 ─ 신에게, 모든 인간적 한계나 '유한성'이 제거되어 이상화되긴 했지만 인간 관계에 대한 경험으로부터 빌려온 **신인동형동성론적**^{神人同形同性論的}[22] 행위들을 부여했을 뿐이다. 신의 의지를 자유의지로 인식함으로써, 곧 모든 인간적 역량을 '무한히 초월'하는 것이지만 어떤 것을 할 수도 있고 하지 않을 수도 있으며, 인간들에게 줄 수도 있고 주지 않을 수도 있고, 창조하거나 파괴할 수도 있는 어떤 권능으로 인식함으로써, 신학자들과 철학자들은 '신의 심리학'에 대한 환상적인 도표를 만들어 낸다. 스피노자는 나중에 이것을, 인간들의 상대적 무능력과 필연적으로 연결되어 있는, 자연적 관계들에 대한 부적합한 인식, 상상의 원형으로 만들게 될 것이다. 이러한 허구는 [모든 인간들에게] 공통적인 경험이라는 토대를 갖고 있다. 곧 구원(행복과 안전, 인식)을 욕망하지 않고 살아가는 것은 불가능하지만, 또한 실재들의 계속적인 전환과정에 내재해 있는 현실적 인과성을, 일체의 '우연' 및 '계획'을 배제한 가운데 직접 인식하는 것도 불가능하다는 사실이 바로 그것이다. 하지만 이처럼 인간의 무기력을 자연 전체에, 신인동형동성론적인 어떤 신에 대한 전도된 형상 속에 투사하면서, 신학자들은 최초의 모호성에다 추가적인 모호성을 덧붙였으며, 이로써 그들은 모호성을 제거하기가 특히 곤란한 장소인 '무지의 도피처'를 만들어 냈다. 그들은 이러한 모호성을 신의 본질을 표현해 주는 하나의 교리로 만드는 데까지 나아감으로써 신에 대한 관념을 완전히 이해 불가능하게 만든 것이다.

이러한 역설은 근거가 없는 것은 아니다. 첫째로 그것은 신학자들에게 결코 부차적이라고 할 수 없는 하나의 특전을 포함한다. 곧 그들을 신과 인간들 사이에 존재하는 필수불가결한 중개자들로, 신의 의지에 대한 유일한 해석자들로 나타나게 해준다. 따라서 불가피하게 이러한 특전은 목적 그 자체가 된다. 그들은, 비록 그것이 각 개인들이 매 순간마다 신에

---

22) [옮긴이] 신인동형동성론(anthropomorphism)은 인간 이외의 대상에 인간의 성질이나 특징들을 부여하는 것을 가리킨다. 신학적인 맥락에서는 특히 신에게 인간의 성질이나 특징을 부여하여, 신의 본성과 인간의 본성을 혼동하는 것을 비판하는 의미를 지닌다. 스피노자는 『신학정치론』이나 『윤리학』 1부 「부록」 등에서 신인동형동성론에 관해 매우 신랄한 비판을 전개하고 있다.

대해 복종하기 위해 생각하고 행동해야 하는 것을 **교육하는** 권력(사실은 엄청난 것인)이라 하더라도, 자신들을 위한 권력을 추구한다. 이러한 의도가 유래하는 환상들에 그들 자신이 침윤되어 있다는 사실은 그들의 전제專制에 하나의 환상의 차원을 추가시킬 뿐이다. 곧 자신이 지배하는 사람들의 구원을 위한 신성한 사명을 부여받고 있다고 스스로 생각하며, 그 자신은, 그에게 저항한다는 것은 꿈에도 생각할 수 없는 또 다른 주인의 비천한 도구일 뿐이라고 믿는 주인이야말로 가장 전제적專制的인 자가 아니겠는가? 두번째로 신학적 표상들의 신인동형동성론은 여느 허구들 중 하나인 것은 아니다. 그것은 본질적으로 **군주적인**, 곧 이상화된 군주에 대한 상상이다. 기독교 그 자체(적어도 그것이 교회로 구성될 때) 역시 그것이 예수의 인격 속에서 '신이 인격으로 **현현**顯現'한다고 주장할 때, 궁극적으로는 재판관으로서 신이라는 군주적 이미지('신의 왕국'에서 예수는 아버지 하나님의 보좌 오른편에 자리하게 된다)를 확증할 뿐이다. 그리고 기독교 국가의 군주들은 자신들의 권력을 신성화하기 위해 이러한 이데올로기적 보증물을 유용하게 사용한다. 권력에 대한 모든 신성화된 형상은 자신들의 집단적인 구원은 그들 스스로의 작업에 달려 있다고 사고할 수 없는 인간들의 동일한 무능력을 표현할 뿐이다(『신학정치론』 17장 6절, 281 ; 모로판, 542~544).

그런데 만약 여러 가지 역사적 형태를 띠고 나타나는 '신학의 필요'가 인간 본성의 일반적 연약함에 준거하기보다는 사회적 생활의 한 유형에 준거하고 있다면, 자신들의 고유한 관계를 의식적으로 조지힐 수 없는 인간 개인들의 무능력에 준거히고 있다면? 이로써 우리는 종교와 신학, 철학의 관계들에 대해 논의하면서, 실제로는 정치의 지반과 동일한 어떤 지반에 이미 들어선 것이다.

교회들, 분파들, 당파들 : 홀란트 공화정의 위기

『신학정치론』을 완성하는 데는 몇 년의 시간이 걸렸다. 이 시기는 고전주의 유럽의 위기의 시기였으며, 특히 형성 중에 있던 '유럽의 균형'체계의 중심에 위치해 있었고, 심지어는 거기서 헤게모니적인 위치를 차지하려고 했던 연합주 공화국에 대해서는 더욱더 그랬다(역사가들은 이 시기를 회고적으로 홀란트의 '황금시대'라고 부르게 될 것이다).

1565년의 '공화파의 반란' 이래, 홀란트는 실제로는 결코 전쟁상태를 벗어나지 못했다. 시장과 식민사업의 독점에 기초한 중상주의적 확장의 형태 자체가 실은 영속적 전쟁을 함축했다. 강력한 해군을 보유하고 있었지만, 연합주 공화국은 자주 침략을 당했다. 그때마다 진정한 국민국가의 구성이라는 문제가 제기되었지만, 각 주들은 독립전쟁에서 좀더 커다란 자율성을 획득했다. 그러나 내부적으로만이 아니라 외부적으로도 두 개의 경쟁적인 지도적 집단이 추진하는 두 개의 정책들이 대립하고 있었다.

지방의 오랜 '귀족' 출신인 오라녜-나사우Orange-Nassau 가家는 전통적으로 군대 지휘권과 '총독'stathouder의 행정권을 부여받고 있었다. 부르주아 '집정관들'Régents의 집단은 도시행정권 및, 지방 '재정관들'에게 위임되는, 그리고 연합주 공화국 의회와 연방정부의 경우에는 '재상'宰相, Grand Pensionnaire에게 위임되는 공적 금융의 관리권을 보유하고 있었다. 17세기 내내 지속된 갈등에서 세 가지 커다란 위기가 두드러진다. 1619년 아르미니우스파 목사들과 공모하여 반역을 꾀한다고 고발된 재상 올덴바르네벨트Oldenbarnevelt는 총독 마우리츠Maurice de nassau의 선동으로 처형되었다. 그리하여 오라녜 가는 헤게모니를 잡게 되었다. 그러나 동시에 부르주아 집단의 세력(동인도회사와 서인도회사, 그리고 암스테르담 은행과 같은)도 크게 성장했다. 독립이 확정된 직후인 1650~1654년 동안에는 새로운 위기와 함께 세력관계의 역전이 발생했다. 처음에 오라녜 가는 국가를 군주제 쪽으로 밀고 가려고 했지만 실패하고 말았다. 집정관파의 주요 지도자인 얀 더빗Jan de Witt은 재상이 되어 군대지휘 업무로부터 오라녜 가를 영구적으로 배제시키는 법령을 제정했으며, 나중에는 총독제를 폐지시켰다. 그러나 1660년대부터 오라녜파——이후에 영국의 왕이 되는 청년 빌렘 3세의 사주를 받아——는 집정관파의 권력에 대항하여 점점 더 강력한 선동을 일으켰다. 이러한 선동은 프랑스가 침략한 1672년에는 대중적 폭동을 유발시켰다. 얀 더빗과 그의 형[코르넬리우스 더빗]은 군중에 의해 처형되었으며, 총독제는 더 막강한 권력을 지니고 복원되었다. '총독 없는 공화국'은 겨우 20여 년 동안 지속된 셈이다.

집정관파와 오라녜파 모두는 민족독립 전쟁을 이끌었던 지도계층으로부터 배출되었다. 이들이 독자적인 계급적 이익들을 표현한다고 말할 수 있을까? 이 경우는 그들 배후에 분포되어 있는 집단들에 기초하고 있는 경우이며, 바로 여기서 거대한 역설이 드러난다. 오라녜 가는 우선 '국내' 지방의 토지소유자들이라는 제한된 귀족계급의 수장首長이었던 데 반해, 집정관파는 도시와 해상, 산업 및 상업의 대부르주아지로부터 생성되었다. 오라녜파의 귀족들과 상업 부르주아지 사이에는 항상 복합적인 인간관계와 이해관계가 얽혀 있었다. 하지만 집정관파는 반세기 동안 거대한 부를 축적했으며, 그 역시 하나의 특권계급으로 변모되었다. 호선互選에 의해 금융기관과 공적인 성직기관을 장악한 것은 서로 긴밀하게 관련된 몇몇 가문들(더빗 가와 뵈닝언Beuningen 가, 뷔르흐Burgh 가, 휘데Hudde 사 등)이었다. 동시에 그들은 사실상 권력에서 배제된 중간 부르주아(수공업자, 국내 상인, 어업 종사자들)로부터 점차로 분리되었다. 마지막으로 자본주의적 축적은 수년 사이에 암스테르담과 레이든에서 빈곤한 농민들을 잠재적인 반란상태에 처해 있는 비참한 프롤레타리아로 창출해 내었다.

하지만 **종교와 국가의 관계라는 근본적 문제**를 제기한 군사적 위기와 종교적 위기의 수렴이 없었다면, 사회적 분화만으로는 결코 '대중들'이 오라녜파에서 자신들을 재인지할 수 없었을 것이다[곧 오라녜파와 자신들을 동일시할 수 없었을 것이다].

연합주 공화국에서 칼뱅주의적 개혁은 '로마[가톨릭]식의 우상숭배'에 대한 거부와 반反스페인──이후에는 반프랑스──적인 애국심을 결합시켰다. 칼뱅주의는 공식종교였지만 유일한 것은 아니었다. 하나의 중요한 가톨릭 소수파는 조직구성의 권리를 지니고 있었다. 유대인들, 특히 암스테르담에서 번창하는 공동체를 형성한 스페인과 포르투갈계 유대인들도 마찬가지였다는 점에 주목하기로 하자.[23] 그러나 홀란트의 칼뱅주의는 두 가지 분파로 나뉘어 있었는데, 이들의 갈등은 사회적 적대들과 정치적 '당파들'의 형성을 영구적으로 과잉결정하게 된다.

첫번째 분파는 간쟁파諫爭派, Remontrants였는데, 이들은 아르미니우스 신학의 지지자들이었다(이들은 1610년 국가에 자신들의 입장을 설명하는 「건의문」Remontrance을 제출한 바 있다). 자유의지의 옹호자들인 이들은 또한 양심의 자유를 중요시했기 때문에, 에라스무스의 전통과 종교적 관용의 전

---

23) [옮긴이] 스피노자가 바로 이러한 유대인들 중 하나였으며, 이 유대인들은 마라노(Marrano)라고 불렸다. 마라노는 원래 스페인에 살던 유대인들로부터 기원하는데, 이들은 1492년 스페인으로부터의 유대인 추방을 피해 포르투갈로 이주했지만, 다시 1497년 대대적인 심문과 박해를 통해 가톨릭으로의 개종을 강요당했으며, 다시 이러한 종교적 박해를 피하기 위해 많은 유대인들은 이탈리아와 네덜란드를 비롯한 다른 나라들로 이주했다. 하지만 다른 나라로 이주한 유대인들뿐만 아니라 스페인이나 포르투갈에 남아 있던 많은 유대인들도 기독교로 개종했음에도 불구하고 유대교의 율법과 관습을 지키고 있었다. 이처럼 기독교 유럽 내에서 유대교의 율법과 관습을 유지하려고 했던 이들이 바로 마라노들이다. 스피노자가 태어나서 자란 암스테르담의 유대인 공동체는 유럽의 마라노의 중심지였으며, '홀란트의 예루살렘'으로 불리기도 했다. 마라노와 스피노자의 관계에 대해 좀더 상세한 내용을 알고 싶은 독자들은 Yirmitahu Yovel, *Spinoza and Other Heretics : vol. 1. The Marrano of Reason*, Princeton University Press, 1989 ; Gabriel Albiac, *La synagogue vide : Les sources marranes du spinozisme*, PUF, 1993 ; I. S. Revah, *Des Marranes à Spinoza*, Vrin, 1994 등을 참조하라.

통에 속해 있었다. 그들은 교회조직의 지배를 감소시키고 신자들에게 자신들의 구원에 책임을 부여하는 '종교적 평화'를 고취시켰다. 성직자들이 계속 주장하는 복종의 규율에 대하여 이들은 교육적인 기능만을 지니고 있는 **외적**(제도적) **종교**와, 신자들의 분할 불가능한 공동체로만 구성되는 **내적 종교**의 구분을 대립시켰다. 그러나 이러한 구분은 국가와 교회의 관계들에 대한 '세속적' 관점의 가능성을 열어 놓았다. 이러한 관점 속에서 국가는 공적 질서라는 목적을 위해 외적 종교의 표현들을 통제할 수 있지만, 자신의 관할권 밖에 위치한 내적 종교에 대한 개입은 금지한다.

전통과 확신에 따라 집정관파의 귀족들은 아르미니우스주의를 선호하는 경향이 있었다. 당대의 홀란트를 근대과학의 발생지 중 하나로 만들게 될 수학자들과 의사들, 발명가들이 이 계급으로부터 충원되었다(더빗자신과 휘데, 그리고 가장 위대한 인물인 하위헌스Huygens 등이 그들이었다). 이들은 대개 데카르트주의를 수용함으로써 자유의지의 신학과 지적 탐구의 자유의 요구, '명석판명한 관념들' 및 합리적 신의 형이상학 사이에서 모종의 조화를 발견했다. 그러나 몇몇은 이보다 훨씬 더 나아갔다. 우리는 그들이 종교적 회의주의로 경도되었다고 가정할 수 있는데, 여기서는 고대 자연주의와, 그들의 동시대인이었던 영국인 홉스가 전개한 '과학적' 정치학이 수렴되었다. 그들의 주요 관심사는 도덕과 법, 또한 교환 및 소유의 보편적 토대가 되는 어떤 '자연권'의 통념이었다. 그렇지만 집정관파는 본질적인 두 가지 점에서 간쟁파와 일치했다. 곧 시민적·종교적 평화와 따라서 국민적 통합의 조건으로서의 **관용** 및 교회들의 조직에 대한 **시민권력의 우월성**(이는 또한 대중운동을 억제하기 위한 수단으로 제시되기도 했다)이 바로 그것이다. 이 후자의 테제는 위대한 법학자인 휘호 더 흐로트Hugo de Groot(또는 그로티우스Grotius)의 유고로 1647년 출간된 『종교문제에서 주권자의 권한에 대하여』*De imperio summarum potestarum circa sacra* ── 스피노자에서 이 책의 영향이 직접적으로 감지된다[24] ──를 필두로 한 일련의 이론적 저술에서도 주장되었다. 하지만 국가에게 '종교감독권'jus circa sacra 을 부여하는 것은 국가가 포섭한 공동체들에서 자행되는, 이를테면 '사적인' 불관용과 완전히 양립 가능하다는 점에 주목해 두자.

이 모든 점에서 ──다수파인── 또 다른 경향, 곧 반反간쟁파 또는 '고마르파'gomaristes(아르미니우스와 적대적이었던 레이든의 신학자 고마르 F. Gomar의 이름을 딴)와의 적대는 화해 불가능한 것이었다. 정통파 칼뱅주의자들은 기독교인의 **이중적 복종**이라는 테제를 옹호했다. 곧 시간의 영역에서는 통치자들이나 군주에 대한 복종과, 정신적 영역에서는 교회에 대한 복종이 그것이다. 따라서 국가로부터 완전히 자율적인 교회는 목사들 ministres을 선출하고, 신자들을 통합하고 설교하고 교육하는 데서 절대적인 권리를 지니게 된다. 하지만 복종이 이중적이라면, **법은 모든 권위의 유일한 원천, 곧 신 그 자신으로부터 유래한다**. 법은 구원이라는 유일한 신성한 지반 속에 기입되고, 교회와 국가가 그것의 불완전한 실현태에 불과한, 유일한 단 하나의 '기독교 사회'만을 정의한다. 이 때문에 사실 관계는 비대칭적이다. 곧 시간적 영역의 군주는 진정한 신앙이 국가 안에 편재되어 있는가에 관심을 기울이는 '기독교적 군주'일 경우에만 복종에 대한 절대적인 권리를 가질 수 있다. 따라서 대학에서 양성한 목사들은 실제로 지방정부들과 국가들에게 성서의 언어로 새로운 이스라엘이라고 기술되어 있는 신의 백성을 위협하는 이단들에 대한 엄중한 감시를 요구했다. 그리하여 다른 경우에는 절대주의에 대한 저항의 요새를 구성할 수 있었던 하나의 종교 교파[곧 칼뱅주의]가 홀란트에서는 억압적 기능을 수행했다. 그렇지만 그것이 대중들의 열망을 더 미약하게 표현한 것은 아니었다. 대중들

---

24) [옮긴이] 스피노자는 『신학정치론』 19장에서 이 문제를 논의하고 있다.

의 지도자의 역할을 담당하기를 열망하던 '고마르파' 사제들이 충원되었던 소부르주아와 마찬가지로, 농촌의 인민과 프롤레타리아는 대부분 칼뱅주의자들이었다. 이 '개신교 목사들'은 집정관파의 신학적 타협을 비난했을 뿐만 아니라, 그들의 호사스러운 생활양식과——'민주주의'의 한 요소로 간주될 수 있는——공적 업무에 대한 그들의 독점을 비난했다.

하지만 아르미니우스주의가 정통파의 유일한 적은 아니었으며, 그들은 또 다른 '이단들', 곧 콜라코프스키가 제안한 표현을 따르면 "교회 없는 기독교인들"[25]이라는 이름 아래 집합시킬 수 있는 '제2의 종교개혁'의 추종자들과 관계하고 있었다. 이들 사이에는 커다란 차이들이 지배하고 있었지만, 여기서는 이들을, 신앙의 내면화와 개인화라는 동일한 요구에 따라 결집된 집단들의 복합체라고 이해해 두자. 이들 대부분은 자유의지에 대한 긍정과 예정설에 대한 거부를 아르미니우스파와 공유하고 있었다. 어떤 집단들은 신비주의에 경도되어 있었고, 또 다른 집단들은 '자연종교'에 근접해 있었다. 소치니파(폴란드에 정착하고 있던 이탈리아 출신의 종교개혁가인 파우스트 소치니[26]의 이름을 딴 것으로, 그는 고전주의 시기 유럽 신학자들의 강박관념이었다)는 삼위일체와 원죄의 교리를 교회가 신성한 존재의 통일성에 맞서 강요한 미신들로 간주했다(이로부터 '유니테리언'unitariennes 분파 또는 '반反삼위일체론' 분파가 나오게 된다). 이 관점에서는 예수는 더 이상 하나의 신성한 인격이 아니라 도덕적 덕목들과 내면적 완전성에 대한 하

---

25) [옮긴이] 이는 폴란드 출신의 철학자 레셰그 콜라코프스키(Leszek Kolakowski)의 대표작 중 한 권인 『교회 없는 기독교인들』(Les Crétiens sans eglise, Gallimard, 1987 ; 폴란드어 초판, 1968)의 제목이다. 900여 쪽에 이르는 방대한 이 책에서 콜라코프스키는 17세기 좌파적인 종교개혁 분파들의 흐름들을 상세하게 서술하고 있다.

26) [옮긴이] 파우스트 소치니(Faust Socini, 1539~1604)는 이탈리아 출신의 유니테리언파 신학자로, 예정론(豫定論), 그리스도의 대속(代贖), 원죄설 등의 교의를 부정했으며, 『구세주 예수 그리스도에 대하여』(De Jesu Christo Servatore)라는 저서를 출판하여 박해를 받았다. 소치니파, 또는 좀 더 넓게는 유니테리언파는 좌파적인 종교개혁 집단 중 하나였다.

나의 알레고리였다. 따라서 인류에 대한 구원자로서 그의 기능은 의미를 잃게 된다. 신앙의 거대한 '신비들'이 배제된 이 신학과 데카르트에서 영감을 얻은 합리주의 철학은 서로 손쉽게 결합했다(반면 데카르트 자신은 독실한 로마 가톨릭교도였다). 많은 '교회 없는 기독교인들' 역시 메시아적인 주제들에 덜 민감한 것은 아니어서 그들은 신성한 정의와 자유의 도래를 고대하고 예고했으며, 동시대의 사건들(예컨대 유대인들의 개종과 같은) 속에서 그것의 임박한 징표들을 찾아보려고 노력했다. 재침례파 전통을 지닌 공동체들('멘노파'mennonites, '콜레지언파'collégiants)에서는 복음주의적 모델, 곧 교회적 위계제 없는 신자들의 자유로운 연합의 모델이 지배하고 있었다. 이것은 **민주주의**démocratisme**의 또 다른 형태**로서, 칼뱅주의적 형태와 대립하고 있었지만, 부분적으로는 칼뱅주의적 교파에도 영향을 끼쳤다. 어떤 교파들, 특히 콜레지언파에게 이 모델은 시민사회에 대해서도 타당한 것으로 간주되었다. 그들은 국가가 자신의 신민들에게 "살생하지 말라"는 명령을 어기도록 강요할 권리를 지닌다는 것을 부정했으며, 평등한 사회, 노동과 이웃사랑의 공동체가 이루어지길 기원했다.

1619년에 도르트레흐트 공의회는 아르미니우스의 테제들을 단죄했으며, 목사들이 이 테제들을 설교하는 것을 금지했다. 하지만 논쟁은 계속되었고, 아르미니우스주의자들은 다른 교파(여기에는 청년 스피노자의 스승들 중 한 사람이었던 메나세 벤 이스라엘[27]같은 유대인들도 포함된다)의 학자들 및 신학자들과 토론을 벌이면서 지적인 삶에서 중요한 역할을 수행했다. 공의회의 명령 집행이 자치 도시들에 위임되어 있었고, 많은 도시들에서

---

27) [옮긴이] 메나세 벤 이스라엘(Menasseh ben Israël, 1604~1657)은 스페인 마데르에서 태어난 마라노 가문 출신의 랍비로, 스피노자가 다니던 유대인 학교의 선생 중 한 사람이었다. 그는 17세기 유럽의 중심적인 유대사상가 중 한 명이었으며, 『이스라엘의 희망』(*Esperanza de Israel*, 1650), 『인간의 연약함에 대하여』(*De Fragilitate Humana*, 1642) 등과 같은 저작을 남겼다.

는 종교적 관용이 확립되어 있었던 만큼 '목사들'은 더욱더 경계를 기울였다. 1650년 이후로 아르미니우스주의는 국가의 중심부에서 인정되고 있던 것으로 볼 수 있다. 당시로서는 필적할 만한 곳이 없었던 암스테르담에서 출판의 자유도 같은 방향——사상의 자유의 방향——으로 나아가고 있었다. 재침례교 '분파들'과 영국 출신의 퀘이커 교도들, 천년지복설 신봉자들은 신학자들을 상당히 분노하게 했을 뿐 아니라 또한 공권력까지도 불안스럽게 할 만큼 강력한 활동을 전개했다. 그런데 1610년대 이후로 오라녜 가는 종교적 신념이라기보다는 계산에 의해 칼뱅주의 교회들의 보호자로 자처했으며, 이를 집정관파에 대한 압력에 지속적으로 활용했다. 역으로 고마르파가 무엇보다도 자신의 종파의 목표들을 추구했다면, 이는 사실상 '총독 없는 공화국'에 반대하여 군주제적 경향을 지원한 셈이 되었다. 관점들의 진정한 일치라기보다는 양자의 전술적 일치라고 할 수 있는 이러한 동맹은 인민대중이 국민의 번영보다 자신들의 이익을 챙기고 있다고 의심받는 집정관파를 신뢰하기보다는 엄격한 칼뱅주의와——적어도 위기에 처한 시기에는——오라녜 가로 경도될수록 더 불가피한 것이었다. 이로부터 우리가 다음과 같이 간략하게 도식으로 표현할 수 있는 세력들의 배치가 나온다.

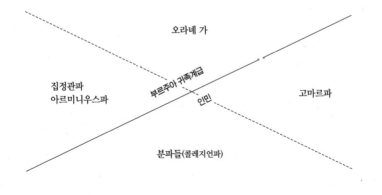

이처럼 복합적이고 유동적인 지형도 속에 개인으로서의 스피노자와 그의 사상을 '위치시킬' 수 있을까? 네덜란드 지도 계급—스피노자의 아버지 역시 유력인사 중 한 명이었다—의 권력 기반이었던 상업 및 식민지 활동과 긴밀하게 결부되어 있던 암스테르담의 '포르투갈계' 유대인 공동체에서 태어난 스피노자는 1656년 유대인 공동체에서 '출교'(黜敎)된 이후 소부르주아 지식인들의 개방적인 분파들, 특히 콜레지언과 데카르트주의 집단들—그가 죽을 때까지 그의 친구들과 제자들의 '모임'이 이 집단들로부터 충원되었다—에서 환영받았다. 그의 철학에 영향을 받은 몇몇 사람들—이들은 그의 철학을 순수하고 단순한 무신론은 아닐지라도 '급진적인 데카르트적' 합리주의로 해석했다—은 급진적인 입장을 취했다(특히 1668년 불경죄로 기소된 아드리안 쿠르바흐[28]가 그랬다. 그가 감옥에서 사망한 일은 스피노자가 『신학정치론』을 익명으로 출간하게 만들었던 것 같다). 그러나 동시에 특히 그의 학문활동에서 유래한 또 다른 관계들은 그를—정확히 말하면—얀 더빗의 '자문관들' 중 하나로 만들지는 않았다 하더라도 집정관파의 권력에 아주 근접한 위치로 이끌어 갔다.

우리가 회고적으로 파악할 수 있는 것은 스피노자가 이질적인 **삼중의 철학적 요구**—때로는 이러한 요구가 동일한 사람들에 의해 제기되기도 했지만—의 대상의 되었다는 점이다. 곧 과학으로부터 유래한 것, 비종파적인 종교로부터 유래한 것 그리고 공화주의적 정치로부터 유래한 것이 그것이다. 우리는 그가 이러한 요구들 모두를 **들어 주게 될** 것이라고 말할 수 있다. 그러나 우리는 또한 그가 요구한 쪽의 기대에 부응하여 답변

---

28) [옮긴이] 아드리안 쿠르바흐(Adriaan Koerbagh, 1632~1669)는 스피노자의 친구로, 급진적인 무신론적 관점에서 성서를 비판하는 저작들을 남겼다. 쿠르바흐에 관한 좀더 상세한 연구로는 G. H. Jongeneelen, "La philosophie politique d'Adriaan Koerbagh", *Cahiers Spinoza* 6, 1991 참조.

하지 않고, 그것들 전부를 **전위시키게 될 것**이라고 말할 수 있다.

『신학정치론』의 저술 자체가 긴급함의 느낌을 반영한다. 철학 내부로부터 "구래舊來의 예속의 잔여들"(『신학정치론』, 22)인 신학적 편견들을 제거하기 위해 철학을 개혁할 긴급함이 바로 그것이다. 그리고 이것은 철학의 자유로운 표현을 위협하는 것들에 맞서 투쟁해야 할 긴급함이며, '대중들'을 조국의 이익에 거슬러, 곧 궁극적으로는 그들 자신의 이익에 거슬러 동원할 수 있게 하는 군주적 권위와 종교적 교조주의의 결탁의 원인들을 분석해야 할 긴급함이다. 또한 이는 신학적 환상들을 부추기고, 이를 제2의 천성처럼 만드는 무기력의 감정이 어떤 종류의 삶에 뿌리박고 있는지 이해해야 할 긴급함이다. 이러한 문제설정에서 출발하여 그는 내적이고 외적이며 개인적이고 집단적인 자유를, 위협이 아니라 안전의 조건 자체로 자기 자신에게 제시할 수 있어야 했다.

적어도 『신학정치론』이 쓰여지고 출간된 정세에서 적을 지칭하는 것은 [그가 속한] 진영을 규정하기에 충분했다는 것을 인정한다면, 스피노자의 '진영'은 분명했다. 적어도 그로티우스에까지 거슬러 올라가는 노선 속에 편입되어 있는 스피노자의 '신학적-정치적' 개입은 공화주의 선언으로 나타나게 되지만, 또한 이것은 당혹스러운 선언이기도 하다. 스피노자가 취한 입장은 그가 기존의 집정관파의 이데올로기나 이익들과 동일화됨을 함축하지는 않으며, 지식인들 또는 '교회 없는 기독교인들' ——정확히 말하면 양자가 일치하는 것은 아니다——의 입장과 동일화되는 것도 아니다. 어떤 의미에서 진정한 '**자유의 당파**'는 **형성 중**에 있었으며, 그 요소들은 서로 교통이 이루어지지 않았던 다양한 진영들로 분할된 채 분산되어 있었다. [이러한 분산은] 이론이 해소할 수 있는 단순한 몰이해일까? 대중의 평등주의와 공적인 복리를 보장할 수 있는 국가의 구성, 그리고 내적인 확실성의 종교와 자연적 원인들의 연관에 대한 합리적 인식을 접합할 수 있는 삶의 종류와 사회적 의식의 종류의 모델을 암묵적으로 투사하면서, 스피노자는 하나의 기형물을 만들어 냈던 것은 아닌가? 그는 부르주아 공화주의의 내생적 취약함 및 모순들을 극복할 수 있게 해주는 원리들을 정식화한 것인가? 아니면 사실상 그러기에는 이미 너무 늦은 하나의 역사적 타협체를 보존하려고 했을 뿐인가? 질문들은 제기된 채 남아 있다.

2장_『신학정치론』: 민주주의 선언

『신학정치론』에 서술된 정치이론의 난점 ──과 흥미 ──은 이 이론이 포함하고 있는 외견상 양립 불가능한(이는 오늘날에도 계속 그렇게 인식되고 있다) 두 개의 통념들 사이의 긴장에 있다. 이러한 긴장은 처음 보기에는 '관용'이라는 관념의 애매성을 지양하려는 시도로 보인다. 우리는 우선 국가의 주권과 개인적 자유의 관계를 검토하면서 이를 분석해 볼 것이다. 이는 한편으로 민주주의의 '자연적' 토대라는 테제를 문제 삼고, 다른 한편으로 역사에 대한 스피노자의 관점 및 그의 독창적인 정치체제 분류(신정, 군주정, 민주정)를 논의하도록 인도할 것이다.

주권자의 권리와 사고의 자유

모든 국가의 주권은, 유일하지는 않을지라도 **절대적**이다. 절대적이지 않은 주권은 주권이 아닐 것이다. 스피노자에 따르면, 개인들은 '공공의 적'의 위치에 놓임으로써 이에 따른 위험과 재난을 겪게 되지 않는 한, 국가에서 벗어나지 않는다(16장 참조). 그러나 자신의 안정을 도모하고 싶다면, 모든 국가는 이 동일한 개인들에게 사고와 의견표현의 **최대한의** 자유를 허락해 주어야 한다(20장 참조). 전체주의적 관점은 아니겠지만 절대주의적인 관점에 고쳐되고 있는 것으로 보이는 전자의 테제와, 민주주의의 기본 원리를 표현하는 것처럼 보이는 후자의 테제를 어떻게 조화시킬 것인가? 스피노자는 자신의 책의 말미에서 이에 관해 말하고 있다. 곧 한편으로 **사고와 말**, 다른 한편으로 **행위**의 구분에 의존하는 근본 규칙을 적용함으로써 양자를 조화시킬 수 있다는 것이다.

그러므로 사실 국가Etat/Respublica의 목적은 자유다. 우리는 또한 국가를 형성하는 데는 오직 한 가지가 필수적이라는 점을 살펴보았다. 곧 모든 결정의 권력이 집단적으로 전체에게 속하거나 일부 또는 한 개인에게 속해야 한다. 왜냐하면 사람들마다 자기만이 가장 잘 알 수 있다고 생각하기 때문에 사람들의 자유로운 판단은 극히 다양하며, 모든 사람이 똑같이 생각하고 하나의 입으로만 말한다는 것은 불가능하기 때문에, 만약 각자가 자기 정신의 결정에 따라서만 행동할 권리를 포기하지 않는다면 사람들은 더 이상 평화롭게 살아갈 수 없을 것이기 때문이다. 따라서 각자는 자기 자신의 결정에 따라서만 행위할 권리를 포기한 것이지, 추론하고 판단할 자유까지 포기한 것은 아니다. 따라서 누구도 주권자의 권리를 침해하지 않고서는 그의 결정에 거슬러 행위할 수 없다. 하지만 각자가 자신의 견해를 말하고 소통하는 데 국한하고, 기만이나 분노, 증오가 아니라 합리적인 확신을 통해서만 자신의 의견을 옹호한다면, 그리고 자신의 권위에 따라 국가 안에 어떤 변화를 일으키려는 의도를 갖고 있지 않다는 것을 전제한다면, 각자는 완전히 자유롭게 의견을 형성하고 판단할 수 있으며, 따라서 말할 수 있다. 예컨대 누군가가 어떤 법의 부조리함을 증명하고 이 법의 폐지를 공개적으로 제안하는 경우, 만약 동시에 그가 자신의 의견을 주권자(오직 그만이 법을 제정하거나 폐지할 수 있다)의 판단에 맡기고 그동안 그러한 법률에 위배되는 모든 행동을 자제한다면, 분명 그는 국가로부터 응분의 대접을 받을 만하며 가장 훌륭한 시민으로 행동한 것이다. 반대로 그가 정무관 magistrat의 부당함을 비난하고 그를 반대하여 군중의 증오를 도발시키거나 정부의 결정에도 불구하고 선동적으로 법을 폐지하려 한다면, 그는 선동가와 반항자가 되고 말 것이다. (『신학정치론』, 329~330 ; 모로판, 636~638)

이러한 규칙은 많은 문제를 제기한다. 우선 해석의 문제가 있다. 우리는 스피노자가 17장에서 복종에 관해 설명한 것을 고려해야 한다. 곧 복종은 그 동기에 있는 것이 아니라 행동의 일치에 있다. "따라서 우리는 어떤 사람이 자신의 결정에 따라 어떤 일을 한다는 사실로부터 곧바로 그가 국가의 권리가 아니라 자신의 권리로 행동한다는 결론을 내려서는 안 된다." (『신학정치론』 17장 2절, 278 ; 모로판, 536) 이런 관점에 따르면 국가는 법에 일치하는 모든 행동의 **가정된** 주체auteur이며, 법과 대립하지 않는 모든 행동은 법에 일치하는 것이다. 그 다음에는 적용의 문제가 있다. 스피노자 자신이 보여 주고 있듯이, **어떤 말들은 행동**이며, 특히 국가의 정책을 판단하고 이 정책의 집행을 방해할 수 있는 말들이 그러하다. 따라서 "이러한 자유가 정확히 어느 정도나 부여될 수 있고 부여되어야 하는지"(『신학정치론』 20장 5절, 329 ; 모로판, 636), 또는 "국가 안에서 어떤 의견들이 선동적인 것인지"(『신학정치론』 20장 9절, 331 ; 모로판, 640)를 규정해야 한다. 그런데 이 질문에 대한 답변은 일반적 원리(명시적으로든 암묵적으로든 사회계약을 취소하는, 곧 국가의 실존 자체를 위험에 빠뜨리고 국가의 '형태 변화'를 촉발하는 경향이 있는 견해들을 [불법적인 것으로] 배제하는 원리)에만 의존하는 것이 아니라, 국가가 '타락'했는지 아닌지 여부에도 의존한다. 정확히 말하면 오직 건전한 국가 안에서만 국가의 보존을 지향하는 이 규칙이 명료하게 적용될 수 있다. 그런데 여기에서 우리는 세번째 문제, 곧 스피노자 테제의 이론적 의미에 관한 문제에 도달하게 된다.

우선 스피노자가 채택한 구분이 **사적인 것**(의견)과 **공적인 것**(행동)의 구분을 재생산하고 있다는, 처음 보기에는 자명한 해석은 피하기로 하자. 사실 자유주의 전통에서 정치적 주권과 개인적 자유는 이 두 가지 상이한 영역에서 작용하며, 정상적인 경우 이 영역들은 서로 간섭하지 않고 서로를 '뒷받침한다'. 따라서 특히 종교적 권위와 정치적 권위 사이의 갈등의 해결수단을 이 구분에서 얻을 수 있는데, 이는 논리적으로 '교회와 국가의 분리'라는 형태를 띠게 된다. 그런데 (로크가 곧바로 예시하게 될) 이 관점은 분명 『신학정치론』과 일치하지 않는다. 이 관점은 개인만이 아니라 국가에 **도 너무 적은 '권리'**만을 부여한다. 개인에게 적은 권리를 부여하는 이유는 의견의 자유의 본질적인 영역은 정치 그 자체여야 하기 때문이다. 국가의 경우는, 국가의 통제권은 직접적이든 간접적이든 간에, 사람들이 맺고 있는 관계 전체, 따라서 실제로는 사람들의 모든 행동(여기에는 신앙행위도 포함되는데, 왜냐하면 경험이 가르치는 바에 따르면 사람들이 '동료 시민들'이나 '이웃'에 대한 행동방식을 정할 때, 종교적 견해에 영향을 받기 때문이다)으로 확장되어야 하기 때문이다. 비록 공적인 것과 사적인 것의 구분이 국가에 필수적인 제도(『신학정치론』17장 11절, 269; 모로판, 552)이긴 하지만, 국가의 구성 원리일 수는 없다. 그리고 스피노자가 언급한 규칙은 단순한 분리라는 의미를 갖지는 않는다. 사실 이 규칙이 증명하려고 하는 것은 훨씬 더 강력한(그리고 분명 훨씬 더 모험적인) 어떤 테제다. 국가의 주권과 개인의 자유는 분리되어서는 안 되며, 정확히 말하면 중재되어서도 안 되는데, 왜냐하면 이 양자는 서로 모순되지 않기 때문이다. **모순은 이것들을 대립시키는** 데 있다.

스피노자는 이 두 항 사이에 어떤 갈등이 존재할 수 있다는 점을 부정하지 않지만, 바로 이러한 긴장 자체에서 해결책을 이끌어 내야 한다. 우선 국가가 의견의 자유를 억압하려고 할 때 발생하게 될 문제를 검토하면서 이를 살펴보자. "의견의 자유가 억압될 수 있으며, 사람들이 주권자의 명령이 아니라면 한 마디의 말도 꺼내지 않으려고 할 정도로 속박될 수 있다고 생각해 보자."(『신학정치론』 20장 11절, 332 ; 모로판, 642) 이러한 억압은 반드시 국가를 몰락시킬 텐데, 이는 이 억압이 불의나 배덕 그 자체이기 때문이 아니라 물리적으로 유지될 수 없기 때문이다.

> 사람들은 대부분 자신들이 옳다고 믿고 있는 견해가 범죄적인 것으로 취급받고, 신과 인간에 대한 그들의 경건한 행동을 유발시킨 것이 사악한 것으로 간주되는 것을 가장 견디지 못하도록 되어 있다. 이럴 경우 그들은 법을 혐오하게 되고, 정무관[정부]을 반대하는 것을 배덕한 것이 아니라 명예로운 일로 판단하게 되어, 결국은 선동적인 운동과 폭력을 시도하게 된다. 인간의 본성이 이렇게 되어 있다고 가정한다면, 사람들의 견해에 거슬러 제정된 법률들은 범죄자들이 아니라 독립적인 성격을 지닌 사람들ingenui을 위협하는 것이며, 그 목적은 사악한 자들을 억제하는 것이 아니라 존경받을 만한 사람들을 자극시키는 것이라는 결과가 나오게 된다. 그리고 이는 국가imperium를 커다란 위험에 빠뜨리지 않고서는 집행될 수 없다. (『신학정치론』 20장 11절, 332 ; 모로판, 644)

그리하여 개인적 자유에 부과된 강제가 더 폭력적일수록, '자연의 법칙'에 따라서 그에 대한 반작용 역시 더 폭력적이며 파괴적이다. 각 개인이 어떻게든 타자로서/타자의 입장에서 사고하도록 강제될 때, 그의 사고의 생산적인 힘은 파괴적인 것이 된다. 극단적인 경우 개인들의 일종의 (폭발적인) 광기와 동시에 모든 사회적 관계의 도착perversion이 일어나게 된다. 이러한 모순은 국가가 어떤 종교와 동일화될 때——정치 권력이 종교 권력에 흡수된 경우이거나 아니면 정치 권력이 개인들에게 종교에 대해 경쟁적인 '세계관'을 강요하고, 이에 따라서 원했든 원하지 않았든 상관없이, 종교적인 본성을 갖게 될 때——첨예한 방식으로 발현된다. 이러한 체계는 모든 개인이 똑같은 신을 똑같은 방식과 똑같은 태도로 믿을 수 있는 경우에만 지속할 수 있다. 그러나 이러한 획일성은 불가능하며 생각될 수도 없다. 야만적인 사회이든 문명화된 사회이든, 기독교 사회이든 '우상숭배적인' 사회이든 간에, 우리는 모든 사회에서 신성神性과 신앙심, 도덕과 자연, 인간조건에 대한 대립적인 견해가 영속적으로 생성되는 것을 목격한다. 왜냐하면 사람들의 견해는 본질적으로 상상의 질서에 속하며, 각자의 상상(각자가 꾸며 내는 이야기, 각자가 세계에 투사하는 이미지)은 각자의 고유한 '성정'complexion——스피노자가 번역하기 어려운 용어인 각자의 인게니움ingenium이라고 부르는 것(『정치론』 불역본에서 실뱅 자크는 다행스럽게도 '각각의 기질'naturel이라는 표현을 제안하고 있다)——에 환원 불가능하게 의존하기 때문이다. 우리는 인게니움을 (개체성에 대한 『윤리학』 2부 정리 10~정리36의 설명에서 도움을 받아) 각자의 [개체를 구성하는 신체적-정신적 부분들의] 독특한 합성방식에 따라서 정신(또는 영혼)과 동시에 신체의 성향에 기입된, 삶과 마주침의 경험에 의해 형성된 기억으로 이해하겠다. 개인들의 견해가 유일한 세계관으로 환원될 수 있으려면 개인들은 정확히 동일한 실재를 욕망해야 할 뿐만 아니라 동일한 경험을 겪어야 한다. 요컨대 그들은 서로 구분될 수 없고 대체 가능한 자들이어야 한다. 이는 용어 모순이다.

따라서 이데올로기적으로 억압적인 국가는 경향적으로 자기 자신을 파괴하게 된다. 그러나 스피노자는 자신의 논변을 극단까지 밀고 나아간다. 곧 고대 히브리 국가들에서 왕과 사제들 사이의 갈등의 역사와, 중세 유럽에서 로마교회와 제국 사이의 갈등, 또는 영국왕과 개신교 종파들 사이의 최근의 갈등이 보여 주는 것처럼, 자신의 면전에서 이데올로기적인 대항권력이 전개되도록 내버려 두는 국가의 경우도 마찬가지로 경향적으로 자기 자신을 파괴하게 된다. 왜냐하면 우리가 말한 것처럼, 국가의 법률에 대한 복종과 신의 율법에 대한 복종은 고유한 기질을 지니고 있는 동일한 개인들, 또는 좀더 정확히 말하자면 '정당'하거나 '부당'한, '경건'하거나 '불경'한 동일한 행동들과 관련되기 때문이다. 하나의 동일한 지반──인간들의 '공동체'라는 지반──위에서 두 개의 주권은 공존할 수 없다. 이 때문에 교회들은 마치 '국가 속의 국가'imperium in imperio(『신학정치론』 17장 29절, 298 ; 모로판, 582)인 것처럼 국가의 모델에 따라 자신의 조직을 구성하며, 동시에 교회 지도자들은 사실상으로든 법적으로든 정치적 기능을 자신에게 귀속시킨다. 이러한 상황은 궁극적으로는 국가를 해체시킨다. 그러나 국가의 해체는 자신들이 통제하지 못하는 [국가와 교회의] 경쟁관계의 도구들로 곧바로 전환되어 버린 개인들에게 전혀 이로울 것이 없다. 고립상태에서 사고하려고 애쓰는 한 인간보다 더 개연성이 없고, 더 비참한 것은 없다. 그러나 다른 권력에 대항하기 위해 사람들의 경박함과 공포 및 희망을 조작할 수밖에 없는 권력보다 더 불관용적인 권력은 없다.

논변의 방향이 역전되는 곳이 바로 이곳이다. 곧 부정적인 논변에서 실정적인 논변으로 바뀐다. 만약 국가가 개인들에게 의견을 강요함으로써 존속할 수는 없으며, 더욱이 자신의 면전에 조직적이고 자율적인 어떤 정신적 권력이 존재하도록 허락하면서 존속하는 것은 더욱 불가능하다면, 그리고 만약 전자나 후자의 상황이 개인들에게는 참을 수 없는 한계점이라면, 단 하나의 해결책만이 가능하다.

이 해결책은 우선 국가가 종교적 실천에 대한 절대적 권리──'종교

감독권'jus circa sacra ──를 보유하되, 이 권리의 활용방식을 통제한다는 조건하에 이 권리를 교회에게 위임할 수 있다는 점을 전제한다. 사실 "종교는 명령권을 갖고 있는 이들의 결정에 의해서만 법적인 힘을 획득하며, 신은 국가를 통치하는 이들을 통해서만 특정한 인간들 위에 군림할 수 있다"(『신학정치론』19장 3절, 314 ; 모로판, 606). 그러나 이 절대적 주권은 이를 통해 **내면적** 종교와 **외면적** 종교의 구분을 인가한다. 곧 이는 주권자를 "종교와 경건함의 해석자"(『신학정치론』 19장 9절, 317 ; 모로판, 614)로 만들지만, 또한 주권자가 이웃에 대한 박애와 정의라는 '공통통념들'을 넘어서 자신의 이익에 따라 '견해들', 곧 사고와 덕목의 모델을 명령하거나 공식화하는 것을 금지한다. 이러한 상황에서 개별적인 교회들이나 신앙단체들이 자율적인 것처럼 보인다면, 이는 시민들이 '악의 위협에 강요된다'고 느끼기보다는 '사랑의 힘에 따른다'고 느끼도록 만들어 주는, 근본적 가치들에 대한 암묵적인(그만큼 더욱 효과적인) 합의가 이 상황을 지배하고 있기 때문이다(『신학정치론』17장 2절, 278 ; 모로판, 536).

다른 모든 실천을 조건짓는 이 최초의 해방에서 시작하여 국가는 개별적인 의견 표현에 대하여 가능한 한 가장 넓은 영역을 개방해야 한다. 이렇게 되면 개인들의 고유한 '기질'은 더 이상 주권자의 권력에 대한 장애로 나타나지 않고, 국가의 역량을 능동적으로 구성하는 요소로 나타난다. 개인들이 국가의 구성에 의식적으로 기여할 때, 개인들은 자연히 국가의 권위를 인정하고 국가의 보존을 욕망하게 된다. 의견의 자유를 통해 합리적인 결정을 얻을 수 있는 기회를 극대화하는 국가는 개인들이 자신들에게 유익한 유일한 행동으로 복종을 선택하게 만든다. 이렇게 되면 **사고와 말은 다시 한번** 강한 의미에서 **행위가 된다.** 그리고 만약 개인들이 **비록 부조리한 법일지라도** 기존의 법에 복종하는 것이 필수적이라면(왜냐하면 불복종으로부터 귀결될 위험은 항상 주권자의 오류 또는 심지어 광기보다 더 크기 때문이다)(『신학정치론』 16장 8절, 266~267 ; 모로판, 516), 국가가 비록 **부조리**하거나 위험스러운 의견일지라도 모든 의견의 표현을 허락하는 것은 훨씬 더 중요한데, 왜냐하면 이 의견들의 유용성은 억압에서 생겨나는 불편보다 훨씬 크기 때문이다. 실제 작동방식에 따라 비형식적으로 파악하면 주권은 지속적인 집단적 생산, 곧 개별 역량들의 공적인 역량으로의 '전이' 과정이자 이데올로기적 동요의 안정화과정이라는 것이 드러나며, 말은 이 과정이 실행되는 한 계기를 이룬다. 한 국가의 실존이 함축하는 **한계**(법에 대한 행위의 종속 및 '전복적' 견해의 금지)는 이러한 구성 과정의 유효성과 다른 어떤 것을 표현하는 게 아니다.

'가장 자연적인 국가' : 민주정

이러한 상호한정에 의해 두 개의 항——국가, 개인——각자가 타자의 유용성을 더 효과적으로 '내면화'할수록, 실질적인 역량의 극대화가 무한정한 역량이라는 환상을 대체하게 된다(스피노자는 '중화'中化에 대해 말한다. 『신학정치론』 20장 4절, 329 ; 모로판, 636). 따라서 이는 **자기한정**이다. 스피노자 형이상학의 기본 범주 중 하나를 사용하여 이 자기한정은 국가의 구성에 **내재적인** 인과성을 표현한다고 말하기로 하자.

하지만 독자들은 이 논변이 **모든 국가**에 대해(또는 국가 '일반'에 대해) 타당한가라는 질문을 회피할 수 없다. 실은 이 논변은 이미 암묵적으로 **민주적인 국가**의 가설에 따라 규정되고 있지 않은가? 만약 부정적 논거(의견들에 맞서 행시된 폭력은 국가 자신에게 되돌아온다)가 보편적인 타당성을 지니고 있다면, 실정적 논거(다양한 의견의 표현은 공통적인 이익을 도출해 내며, 국가의 역량을 구성한다)는 사고하는 개인들 모두가 주권자인 민주정에 대해서만 적용될 수 있는 것으로 보인다.

이제 다음 규칙ratio에 따를 경우 한 사회는 자연권을 전혀 침해하지 않고서도 형성될 수 있으며, 모든 계약이 가장 충실하게 준수될 수 있다. 이는 사회 혼자 모든 것에 대해 자연의 주권[지고한 권리], 다시 말해 각자가——자유의지에 의해서든 아니면 극형에 대한 공포에 의해서든——준수해야만 하는 명령권imperium을 소유할 수 있도록 각 개인이 자기가 지닌 모든 역량을 사회에 양도한다는 규칙이다. 이러한 사회의 법이 곧 민주주의라 불리며, 이는 다음과 같이 정의된다. 민주주의는 자신의 권력 안에 있는 모든 것에 대해 집합적 주권을 지니고 있는 사람들의 연합된 전체다. (『신학정치론』 16장 8절, 266 ; 모로판, 514~516)

이렇게 되면 스피노자의 사고에는 하나의 원환이 존재하는 것 아닌가? 우선 **이론적 원환**이 존재한다. 민주주의 국가는 궁극적으로는 가장 안정된 국가로 나타나는데, 왜냐하면 처음부터 모든 국가에 대한 정의 안에 민주주의에 관한 가정들postulats이 암묵적으로 투여되어 있기 때문이다. 그다음 **실천적 원환**이 존재한다. 비민주주의적인 국가, 곧 역량과 자유가 상호함축적이라는 사실에 대해 완전히 무지한 국가들은 자신들의 고유한 자의성을 제어할 수 있는 기회만이 아니라 분열과 반항 및 혁명을 피할 수 있는 기회도 거의 갖지 못하며, 반대로 그것들에 가장 많이 시달리게 될 것이다. 반대로 자유의 이점들을 합리적으로 계산하고, 이데올로기적 검열이 야기시키게 될 폭력을 예견하는 국가는 사실상 이미 이 원리에 따라 기능하는 국가다. 우리가 본 것처럼 스피노자의 정치적 관점에서 볼 때 이러한 원환은 위기의 시기에 너무 협소한 개입의 여지만을 남겨 둘 것이다. 곧 아직까지 크게 일탈하지 않은 문제들을 해결하거나 아니면 '자유공화국'의 민주주의적 본질과 그 실천의 결함들 사이의 잠정적 간극을 제거하는 정도의 일을 할 수 있을 뿐이다. …… 이렇게 볼 때 이미 너무 늦은 것은 아닌가 하는, 곧 공화적 '형태'가 사실상 이미 은밀하게 내용을 변화시킨 것은 아닌가 하는 공포가 표현되고 있는 것으로 보이는 『신학정치론』의 몇몇 구절의 비감한 어조를 이해할 수 있다(『신학정치론』 8장 2절, 161 ; 모로판, 326/ 14장 1절, 240 ; 모로판, 466).

　이는 매우 실질적인 난점이다. '자연'이라는 단어 자체의 애매성(이 단어는 때로는 필연적으로 폭력을 포함하고, 때로는 폭력과 대립한다)을 활용하지 않고서는, 실존하는 **모든** 국가형태는 자연적 원인들의 결과라고 주장하면서 동시에 민주정은 "가장 자연적인" 국가, "본래적인 국가Etat de Nature에 가장 근접한"(『신학정치론』 20장 14절, 334 ; 모로판, 648) 국가라고 주장하기는 어렵다. 16장("국가의 토대에 관하여 ; 각자의 자연권 및 시민권에 관하여 ; 그리고 주권자의 권리에 관하여")에서 국가 일반에 대한 정의(또는 모든 시민사회의 '기원들'에 대한 기술)와 민주주의의 고유한 형태들에 대한 분석 사이에서 동요하는 것으로 미루어보건대 스피노자는 이 문제에 정면으로 부딪친 것 같다. 따라서 민주주의라는 개념은 **이중적인 이론적 성격**을 지닌 것처럼 보인다. 곧 그것은 특수한 정체régime로서, 규정된 원인들의 결과다. 그러나 그것은 또한 모든 정체의 '진리'이며, 이로부터 우리는 모든 정체의 원인과 경향적인 결과를 규정하면서 이 정체들의 구성의 내적 안정성을 측정할 수 있다.

　민주주의의 이러한 이론적 특권은 '사회계약'과 '이성'이라는 개념이 긴밀하게 연관되어 활용된다는 사실에서 표현된다. 모든 시민사회는 '암묵적이거나 명시적인' 하나의 계약의 결과로 간주될 수 있는데, 왜냐하면 인간들이 사신들의 특수한 욕망(또는 욕구)만을 추구할 뿐인 '자연상태'의 비참과 불안으로부터 탈출하는 것은 합리적이기 때문이다. 사실 "더 좋은 것에 대한 희망이나 더 큰 손실에 대한 공포 때문이 아니라면 누구도 자신이 판단하기에 좋은 것을 포기하지 않으며, 더 나쁜 것을 피하기 위해서나 더 좋은 것을 얻을 수 있다는 희망이 아니라면 누구도 나쁜 것을 받아들이지 않는다는 것은 인간 본성의 보편적인 법칙이다"(『신학정치론』16장 6절, 264; 모로판, 510). 그리고 시민의 복종을 낳을 수 있도록 개별적 역량을 '공동화'^{共同化}하거나 '전체적으로 양도하는 것'이 모든 계약의 지주라는 것을 밝혀 주는 것은 바로 민주주의다. 그리고 이성을 실천적 원리로 만드는 것은 바로 시민의 복종이다.

> 민주주의 국가에서 부조리한 일이 발생할 우려는 거의 없는데, 왜냐하면 전체의 다수 성원——이 전체가 상당히 큰 규모라면——이 어떤 부조리한 일에 일치하는 것은 거의 불가능하기 때문이다. 또한 민주주의의 토대와 목적이 사람들을 욕망의 비합리성으로부터 벗어나게 하고, 그들이 화합과 평화 속에서 살아가도록 하기 위해 가능한 한 그들을 이성의 한계들 속에서 보존시키는 것……과 다르지 않기 때문에 그럴 만한 우려가 거의 없다. (『신학정치론』16장 9절, 267; 모로판, 516~518)

따라서 민주주의는 모든 국가의 내재적인 요구로 나타나게 된다. 이 테제는 논리적으로는 문제가 있지만, 아주 분명한 정치적 의미를 지니고 있다. 모든 국가는 지배와 함께 상관적으로 복종을 설립하며, 따라서 객관적 질서에 개인들을 **예속시킨다.** 그러나 신민^{臣民, sujet}의 조건은 노예의 조건과 동일화되지는 않는다. 일반화된 노예제는 국가가 아니다. 국가의 개념은 지배장치imperium라는 성격과 함께 공화적 성격respublica을 내포한다. 다시 말해 신민의 조건은 **시민성,** 곧 민주주의 국가가 충분하게 발전시키는 **능동성**(과, 평등성이 능동성과 비례적인 한에서, 평등성)을 전제한다. "[민주주의 국가에서는] 누구도 다른 개인에게 자신의 개인권을 [완전히] 양도하여 이후에는 그가 더 이상 고려의 대상이 되지 않는 일이 생기지 않는다. 그는 자신이 그 일부를 형성하는 사회의 다수에게 자신의 자연권을 양도한다"(『신학정치론』 16장 11절, 268 ; 모로판, 520). 그런데 국가의 실질적인 힘의 기반을 이루는 개인들의 동의는 이미 형태와 내용의 이러한 최대한의 일치를 **向하**고 있다. 곧 형태는 수동적 형태로 존재할 수 있지만, 내용은 항상 이미 개인들의 이익의 현실화이자 표현인 최소한의 능동성을 포함하고 있다. 주권이 [루소에 의해] '인민주권'으로 정의될 수 있기 이전에 이미, 평민plèbe이나 수동적인 우중으로 이루어진 다중multitude으로 환원 불가능한 어떤 '인민'이 실존한다.

이를 통해 우리는 어떤 의미에서 주권의 '이론적'이고 '실천적'인 속성을 전체적으로 파악해야 하는지 이해할 수 있는데, 이 두 속성은 모순의 모양을 띠고 있다.

- 어떤 법도 [그 자체만으로] 주권을 유지할 수 없다. (『신학정치론』 16장 7절, 266 ; 모로판, 514)

- 인민의 복리salut는 최고의 법이며, 인간적인 법뿐만 아니라 신의 율법을 포함한 모든 법은 이것에 일치해야 한다. (『신학정치론』 19장 10절, 317 ; 모로판, 614)

- 주권자들이 터무니없게 명령하는 일은 극히 드물다. 자신들의 권력을 유지하기 위해서는 공동선을 중시하고 매사를 이성의 인도에 따라 처리하는 것이 아주 중요하기 때문이다. 세네카가 말하듯이 누구도 폭력으로는 오랫동안 권력을 행사할 수 없다. (『신학정치론』 16상 9절, 267 ; 모로판, 516)

- 나는 주권자가 원칙적으로는 가장 폭력적으로 통치할 수 있으며, 극히 사소한 문제들 때문에 시민들을 처형할 수 있다는 것에 동의한다. 그러나 누구도 이러한 통치에서 건전한 이성의 판단이 무사하리라

고는 생각지 않을 것이다. 게다가 어떤 주권자도 국가 전체를 위험에 빠뜨리지 않고서는 이렇게 통치할 수 없기 때문에, 우리는 또한 그가 이러한 수단을 사용할 수 있는 역량을 지니고 있으며, 따라서 그가 그에 대한 절대적인 권리를 지니고 있다는 점을 부정할 수 있다. 왜냐하면 우리는 이미 주권자의 권리란 그의 역량에 의해 규정된다는 것을 보여 주었기 때문이다. (『신학정치론』 20장 3절, 328 ; 모로판, 634)

어떤 국가의 '힘'을 정의하는 것은 제도들의 형태를 보존하면서 지속할 수 있는 능력이다. 그러나 시민들이 주권자의 명령을 실천적으로 무시하게(여기에는 시민들이 서로에게 해를 끼치는 것이 포함된다) 되는 순간, 국가 해체의 맹아가 생겨난다. 따라서 강력한 국가란 구체적으로는 그 신민들이 주권자가 국가의 일반 이익이라고 선언하는 것에 관해——전시에나 평화시에나——결코 주권자에게 불복종하지 않는 국가다(『신학정치론』 16장 13~18절, 269~271 ; 모로판, 522~526). 그러나 이 정의는 우리가 **어떤 조건들하에서** 이런 결과를 실제로 얻을 수 있는지 물어볼 때에만 의미를 갖는다. 이를 설명하지 못하는 정치학은 어떤 것이든 간에 하나의 허구에 불과하다. "힘으로 사람들을 제약할 수 있고, 모든 사람이 보편적으로 두려워하는 사형의 위험을 통해 그들을 강제할 수 있는 최고의[주권적] 권력을 보유한 자가 모든 사람들에 대한 주권을 갖게 된다"고 스피노자는 쓰고 있다. 그러나 그는 곧바로 다음과 같이 덧붙인다. "자신이 원하는 대로 실행할 수 있는 이 역량을 보존하는 동안에만 그는 이 권리를 유지할 수 있다. 그렇지 못한 경우 그의 명령은 취약해질 것이며, 그보다 강한 힘을 지닌 어떤 사람도 그 자신이 자발적으로 원하는 것이 아닌 바에야 그에게 복종하지는 않을 것이다."(『신학정치론』 16장 7절, 266 ; 모로판, 514) 그리고 좀더 나아가서 스피노자는 다음과 같이 쓰고 있다. "자신이 원하는 모든 것을 명령할 수 있는 이러한 권리는 주권자들이 실제로 가장 강한 권력을 지니고 있는 한에서만 그들에게 귀속된다. 만약 그들이 자신들의 힘을 상실하게 되면, 그들은 동시에 모든 것을 명령할 권리를 상실하게 되며, 이 권리는 이를 획득하고 유지할 수 있는 어떤 한 사람 또는 다수의 사람들에게 넘어가게 된다."(『신학정치론』 16장 9절, 267 ; 모로판, 516) 이러한 생각은 강력하면서도 역설적이다. 주권의 절대적 성격은 **기정사실**이다. 혁명은 정의상 불법적이며 부당하다(혁명을 기도하는 것 자체가 하나의 범죄다. 『신학정치론』 16장 18절, 270 ; 모로판, 524). …… 혁명이 성공하기 전에는 말이다! 새로운 권력을 창설하면서 혁명이 발생했을 때, 이 혁명은 이를 통해 선행한 권리보다 덜 ——또는 더 ——저항 불가능하지 않은 새로운 권리를 창설한다. 이는 ('참주적인' 정체에 대항하는) '저항권'을 선언하는 것으로 귀착하는 게 아니라, 취약한 정체들은, 겉보기에는 힘을 지니고 있지만, 그 힘은 사실은 신민들의 잠정적인 무기력을 표현하는 데 불과한 정체들을 필두로 하여 붕괴된다는 사실과 함께, 법질서는 역량 관계를 승인한다는 사실을 이론 자체에서 확인하는 것으로 귀착된다. 그러나 그렇다면 "각각의 국가는 자신의 통치 형태를 보존해야 한다"(『신학정치론』 18장 10절, 310 ; 모로판, 602)는 준칙은 무조건적인 원칙으로 제시될 수 없다. 이 역시 ('실천적 지혜'prudence와 관련된) 실천적인 의의를 지니고 있을 뿐이며, 어떤 주권자나 정체의 폭력적인 전복은 대부분 그와 유사하거나 그보다 더 나쁜 상황을 낳을 뿐이라는 것을 보여 주는 경험에서 자신의 타당성을 이끌어 낸다(스피노자는 영국혁명의 예를 들고 있다). 따라서 위와 같은 준칙은 사상 자유롭고 "자신의 신민들의 마음animus을"(『신학정치론』 17장 2절, 279 ; 모로판, 538) 지배하는 국가에서만 필연적인 진리가 될 뿐이다. 그러나 그렇다면 이는 자신의 구성의 자연적 귀결을 규범적인 방식으로 표현하는 데 불과하다.

하나의 역사철학?

우리가 연속해서 살펴본 모든 통념은 **자연**의 요소에 따라 사고되었다. 스피노자는 이 통념들이 그가 행위의 역량과 등가적인 것으로 정의하는 '자연권'이 전개된 것들이라는 점을 계속 주장하고 있다(『신학정치론』 16장 2절 이하, 261 이하; 모로판, 504 이하). 이런 의미에서 볼 때, 고립되어 있는 것으로 가정된 개인들의 조건과 정치적 구성체 ——자연상태에서 시민사회로의 이행으로 표상될 수 있는—— 사이의 차이를 나타내야 한다면, 이 차이는 다른 자연권 이론가들이 생각했던 것과는 반대로 또 다른 세계로 들어가기 위해 자연적 세계에서 '탈출'하는 것과는 전혀 일치하지 않는다(이는 예컨대 동물성에서 인간성으로의 이행과는 아무 관련이 없다). 두 상황 모두에서 **동일한 요소들**이 존재하며, 두 상황의 차이는 이 요소들이 내재적 인과성에 의해 다르게 재분배된다는 데 있을 뿐이다.

이처럼 근원적인radical 자연주의는 역사라는 통념에서 모든 의미를 박탈할 것이라고 생각될지도 모르겠다. 그러나 『신학정치론』을 읽어보면 전혀 그렇지 않다는 것을 알게 된다. 게다가 우리가 지금 관계하고 있는 '자연'은 원인들에 의한 설명을 목표로 하는 합리적 설명방법에 따라 역사를 새롭게 사고하는 방식과 다르지 않다. 이런 측면에서 볼 때, 『신학정치론』에서 적합하게 '신'을 인식하는 것은 본질적으로는 내재적으로 역사를 인식하는 것이라고 말한다 해도 과도한 주장은 아닐 것이다. 그러므로 '자연주의적인' 이론적 언어는 매 순간마다 역사이론의 언어로 번역될 수 있어야 한다. 스피노자가 정체의 비교라는 전통적인 질문을 모든 사회질서에 내재하는 민주주의적 경향이라는 질문으로 바꿔 놓을 때, 우리는 이를 특히 분명하게 볼 수 있다. 그러나 또한 '민족'과 같이 역사적 기원을 지닌 통념들의 분석에서도 이를 볼 수 있다. "자연은 민족들이 아니라 개인들만을 창조하며, 이 개인들은 오직 언어와 법률, 습속의 차이를 통해서만 민족들로 구분된다. 그리고 각각의 민족은 마지막 두 가지 특징, 법률과 습속을 통해서만 독특한 기질과 조건, 그리고 독특한 선입견을 갖게 된다.……" (『신학정치론』 17장 26절, 295 ; 모로판, 574) 여기서 개인적 독특성과, 역사에 의해 구성된 집단의 독특성 사이의 차이를 표현하는 [역사이론적] 개념은 이미 개인적 독특성ingenium의 본질을 표현했던 [자연주의적 존재론의] 개념과 **동일한 것**이다. 그러나 한 관점[자연주의적 존재론]에서 다른 관점[역사이론]으로 이행함으로써 우리는 우리에게 드러난 난점들을 결정적으로 해결할 수는 없을지 몰라도, 이 난점들에게 그 진정한 의의를 부여해 줄 수는 있다.

역사적 담론의 구성은 저절로 이루어지지는 않는다. 『신학정치론』의 상당 부분(7장에서 10장까지)은 그 조건을 논의하고 있다. 이 논의의 중심에서 서사라는 통념이 등장한다. 역사적 서사는 근본적으로는 기록écriture의 사회적 관행이며, 이는 대중의 상상에서 자신의 요소를 이끌어오지만 역으로 그것에 효과를 산출하는 경향이 있다. 이 때문에 역사과학은 이차 수준의 서사 ──스피노자는 "비판적 역사"(『신학정치론』 7장 2절 및 8장 1절, 139, 161 ; 모로판, 280, 324)라고 말한다── 이어야 한다. 이러한 이차 수준의 서사는 재구성될 수 있는 한에서의 사건들의 필연적인 연쇄과정 및, 자신들을 움직이는 원인들 대부분에 대해 알지 못하는 역사적 행위자들이 자신들의 역사의 '의미'를 상상하는 방식을 자신의 대상으로 한다. 그러나 이 방법은 응용과 분리될 수 없다. 『신학정치론』 전체에 걸쳐 스피노자는 자신의 동시대인들이 그들 자신의 역사를 지각하는 방식과, 인류의 운명의 대서사로서의 성경이 그들에 대해 구성하는 탁월한 해석의 모델 사이에 존재하는 관계를 대상으로 삼으면서 스스로 역사가가 된다. 이 때문에 그는 필연적으로 예언주의(1~2장)와 메시아주의(3장), 교권주의(7장, 12장)

라는 질문들을 다룰 수밖에 없게 된다. 뒤에서 살펴보겠지만, 그는 이 질문들을 다루면서 인민의 삶에서 실질적으로 반복되는 것과, 그와는 반대로 아마도 비가역적일 어떤 것을 비교하기 위한 요소들을 이끌어 낸다. 만약 이러한 탐구의 모든 측면이 일의적인 설명도식으로 귀착된다면, 여기서 우리는 하나의 역사철학과 관계하고 있다고 할 수 있을 것이다. 하지만 이는 사실이 아닐 것이다.

스피노자 분석의 주요 측면은 우리가 마트롱A. Matheron을 따라 '사회체의 정념들'에 관한 역사이론이라고 부를 수 있는 것을 구성한다. 지금까지는 암시적이었지만, 이제 정치적 문제의 새로운 차원이 우리에게 돌출한다. 이는 바로 국가들의 운명을 규정하는 **대중들의 운동**이다(특히 17장과 18장 참조).

모세가 만들어 낸 복종 및 사회적 응집의 메커니즘이 형식적으로 완전하다는 점에 따라 판단해 보면, "히브리 국가는 영속적일 수도 있었을 것이다"(『신학정치론』 18장 1절, 303 ; 모로판, 586). 그러나 정확히 말해 히브리 국가는 영속적이지 못했으며, 따라서 다른 국가들은 더욱더 그럴 수 없다. 국가의 해체는 미리 정해진 기한을 갖고 있지는 않지만, 그러나 우연적인 것도 아니다. 심지어 국가의 해체가 더 강력한 외부의 적과의 '마주침'에서 비롯한 경우에도, 최종 분석에서는 제도들을 타락시키고 대중의 정념들이 날뛰도록 만드는 내부의 적대의 발전이 이 해체를 설명해 준다(『신학정치론』 「서문」 4~7절, 17장 2절, 18장 5~6절, 20~22, 279, 307~308 ; 모로판, 58~62, 538, 594~596). 히브리 국가는 내부의 적대가 화해 불가능하게 악화되지 않은 동안은 극도의 시련을 딛고 재구성될 수 있었다. 내부의 적대가 광란으로 타락했을 때 그것은 몰락했다. 그러나 이 내부의 적대는 어디서 유래하는가? 제도들이 경쟁적인 야심을 촉발하는 권력들을 병립시키고, 권리와 부의 불평등을 허락할 뿐만 아니라 영구적으로 고정된 어떤 삶의 유형 ──이는 [그 고정성 때문에] 인간의 욕망을 결코 만족시킬 수 없다──과 정의 및 시민적 복종을 동일화하는 한에서, 이는 **무엇보다도 제도들 자체로부터** 유래한다. 이런 의미에서 제도들은 항상 양가적이다. 곧 어떤 조건에서 제도들은 자신들의 내적 취약성을 교정하지만, 또 어떤 조건에서는 인민과 국가를 폭력 속으로 밀어넣는다.

그러나 모든 역사가 **대중들의/대중들에 대한 공포** ──그들이 경험하는 공포와 그들이 불러일으키는 공포 ──라는 요소[29]에 따라 전개되지 않는다면, 이 불가피한 양가성만으로 국가들의 (그리고 그것들을 통하여 민족들의) 실존이 좌우되지는 않을 것이다. 처음에 정치 제도의 체계는 운세 fortune와 폭력이 불러일으키는 공포를 억제할 수단으로 형성된다. 그러나 이러한 목표는 공포 그 자체를 통치자들의 권위를 위한 지주로 활용하고, 따라서 이 공포가 다른 대상들을 향하게 함으로써만 획득될 수 있다. 공포가 상호적이게 되는 것만으로도 대중들의 잠재적 역량에 공포를 느낀 통치자들 자신이 그들을 위협할(또는 자신의 경쟁자들을 위협하기 위해 그들을 조작할) 방법을 추구하고, 그리하여 적대적 정념들(계급들과 당파, 종교적 증오들)의 연쇄가 불가피하게 내란을 유발하게 만들기에 충분하다. 제도들이 타락하는 것과, 인민이 자신의 올바른 이익을 지각하지 못하는 '난폭한 대중'으로 전환되는 것은 동일한 과정의 두 측면이다. 참주정은 대중을 공포와 혁명적 환상의 폭발적인 결합체로 만들지만, 대중의 무기력과 분할은 '하늘이 내린 인물들'hommes providentiels에 대한 열망을 낳으며, 이들은 가장 쉽게 참주들로 전환된다. 크롬웰이 바로 그 사례다(『신학정치론』 18장 8절, 309 ; 모로판, 600).

그러나 이는 역사의 '법칙'은 만인에 대한 만인의 투쟁이며, 오직 국가

---

29) [옮긴이] 이에 관한 상세한 논의는 2부 「스피노자, 반오웰」 참조.

의 힘만이 매 순간마다 전쟁의 발발을 방지할 것이라는 의미는 아니다. 근본적으로 적대적 정념들의 과잉은 보존 욕망[코나투스] ── 공포 안에도 현존하고 있고, 또한 공포는 항상 어떤 희망(비록 이것이 상상적인 대상들을 향해 일탈되어 있긴 하지만)을 동반한다는 사실에서 표현되는 ──의 도착을 표상하는 데 불과하다. 스피노자는 또한 몇몇 구절에서 시민사회의 실존은 인식의 발전과 함께, '야만'에서 문명으로 삶의 유형이 진보하기 ── 각 민족의 역사 속에서든, 또는 심지어는 인류 전체에 대해서든 간에 ── 위한 조건들을 제공한다고 시사하는 듯하다(『신학정치론』 5장 7~8절, 18장 1절, 105~106, 303 ; 모로판, 218~220, 586). 무지를 제거하면 공포와 미신이 약해질 것이며, 다중의 정념 역시 완화될 것이다. 그러나 이러한 시사는 가설적이다.

『신학정치론』의 진정한 문제는 **기독교의 의미**라는 문제다. 기독교가 역사를 '도덕화'하지는 않았다는 것, 다시 말해 그것이 현존하는 세력들의 본성을 변화시키지 않았다는 것은 명백한 것 같다. 기독교는 오히려 사회적 적대의 자연적 작용 안에 삽입되어 있다(『신학정치론』 19장). 기독교의 탄생은 어떤 약속 또는 어떤 섭리적인 개입의 이행과 일치하지 않는다. 하지만 기독교의 탄생이 결정적인 단절을 이루었다는 것 역시 사실이다. 왜 그런가?

예수의 인격 자체에서 수수께끼로 남아 있는 ── 그러나 '신비'는 아닌 ──것은 "정신과 정신을 통해 신과 교통"communicare할 수 있는 그의 비범한 능력, 곧 이웃 사랑의 명령을 보편적 진리로 지각하고, 이를 히브리 민족이나 어떤 개인의 '기질'에 고유한 언어만이 아니라, "인류 전체에 공통적인 통념들"(『신학정치론』 4장 10절, 92 ; 모로판, 196)로 표현할 수 있는 그의 능력이다. 그러나 이러한 인식 역시 나름의 한계를 갖고 있는데, 왜냐하면 인민의 무지와 저항에 직면하여 그 역시도 필연성의 언어와 법률의 언어를 혼합했기 때문이다(『신학정치론』 4장 10절, 93 ; 모로판, 196). 사실 예수의 계시의 이 측면 전체는 예수가——그의 가르침을 선취했던 몇몇 예언 가들(예레미아 같은)처럼——**국가붕괴**의 시기에 살았다는 사실을 간과한다면 제대로 이해될 수 없다. 공공의 안전이 전혀 존재하지 않고 어떠한 연대도 더 이상 존속하지 않았기 때문에, 그는 성경의 전통(히브리인들 및 그들 국가의 민족사와 결부되어 있는)으로부터 모든 인류에게 공통적인 도덕적 교훈을 이끌어내야 했으며, 이를 **각각의 특수한 사람들**에게 '사적인' 방식으로 전달되는 **보편적인** 신의 율법으로 제시해야 했다. 예수가 갖고 있던 사상이 심원하게 참된 것이긴 하지만, 이 사상은 추상과 허구의 요소를 포함하고 있다. 종교는 단지 동포들만이 아니라, 모든 정치적인 유대 관계에서 유리되어 '자연상태에' 존재하는 것처럼 살아가는 '인간 그 자체'와 관계한다는 믿음이 바로 그것이다. 이로부터 도착의 가능성이 생겨난다. 곧 보편적 박애(모든 인간은 나의 이웃이다)의 명령은 굴종의 명령(너의 원수를 사랑하라, "[한쪽 뺨을 맞거든] 다른 쪽 뺨을 내밀어라")으로 전환된다. 심지어 전도의 가능성도 생겨난다. 곧 훨씬 더 거대한 규모의 정치적 위기의 시대(그들에게는 문명화된 인류와 동일시된 로마제국의 위기)를 겪은 예수의 최초의 제자들(특히 바울)은 시민사회로부터 독립해 있고 그에 따라 시민사회의 법보다 상위에 있는 어떤 '법'에 대한 표상을 체계화했다(『신학정치론』 12장 12절, 20장 12절, 225, 332 ; 모로판, 446, 644). 그들은 이 법에 유심론적인 내용을 부여('육체'에 대한 비난)했으며, 예수의 인격을 신성화함으로써 이를 정당화했다. 이로부터, 세번째 시기에, 자기 내부의 분열을 방지하기 위하여 독자적인 의식儀式과 교리 및 사제들의 체계를 갖춘 '세계 교회'를 구축함으로써 역사적 국가들에 대항하여 예수의 설교를 활용할 수 있는 가능성이 열렸다(『신학정치론』 5장 11~13절, 11장 9~10절, 108~110, 212 ; 모로판, 222~226, 424~426). 모세의 최초 '오류'——레위족 사람들이 성직을 세습적으로 독점하게 한 것——가 히브리 국가의 역사 전체를 괴롭혔던 것처럼, 예수의 오류는 해소 불가능한 갈등이 오랫동안 지속하도록 만들었다.

그러나 이러한 모순들에도 불구하고 또는 바로 이러한 모순들 때문에, 기독교는 인류 역사에서 돌이킬 수 없는 전환점을 이룬다. 이는 그 효과들이 오래 지속되는 하나의 문화혁명이다. 예수 이후에는 더 이상 예언자들——곧 자연적인 사실들이나 자신들의 생각을 신의 '이적異蹟들'로 아주 생생하게 표상할 수 있는 상상력을 갖추고 있고, 자신의 동료 시민들의 습속을 교정하고 신앙심을 북돋기 위해 이 계시의 증거를 교통할 수 있는 예외적인 능력을 지닌 사람들(『신학정치론』, 1~2장)——이 존재하지 않았다는 사실에서 우리는 이 문화혁명의 본질적 징표를 발견한다. 우리는 그 이유를 손쉽게 이해할 수 있다. 모든 민족은 자신의 예언자들을 갖고 있었지만, 이스라엘 예언자들의 소명은 독특한 역사적 형세의 산물이다. 곧 모세는 '공포를 불러일으키는' 위협과 민족의 번영이라는 보상이 조화되어 있는 명령의 형태로 신의 율법을 언표했던 것이다(『신학정치론』 2장 15절, 3장 2절, 5장 3절, 5장 11절, 61, 70, 103, 108 ; 모로판, 138, 150, 212, 224 등). 히브리 국가의 법droit과 완전히 동일시된 [신의] 율법loi은 여호와의 성전에 보관된 10계명 율법의 판에 물질적으로 각인되었다. 독실함은 정의상 율법의 준칙들dispositions을 엄격하게 준수하는 데 있었다. 이 준칙들은 이해될 수 있어야 하고, 강제할 수 있는 힘을 보존하고 있어야 했다. 예언자들이란, 인민의 언어로 율법의 존재를 환기시키고, 특히 이스라엘 민족의 '선택'에 대한 믿음을 유지하는 것이 어려워지는 시련의 시기에 히브리 민족의 역사를 해석하고 히브리인들의 마음animus이 신의 율법에 복종하도록 이끌면서 율법의 경고들과 약속들을 재활성화하는, 살아 있는 중개인들이다. 따라서 [율]법을 언표했던 입법자가 이제는 현존하지 않아서 더 이상 자신의 계시를 손수 입증할 수 없을 때에도 법은 그 외재성 때문에 지속적인 재활성화와 자신의 의미의 **현행적인** 검증을 요구하기 때문에, 예언자들의 기능은 필수적이다(나중에 스피노자는 『윤리학』에서 지나간 인상들보다 강한 현재의 인상들의 힘과, 현재의 인상들에 의한 과거 인상들의 '강화'에 대한 이론을 제시할 것이다. 『윤리학』 4부 정리 9~13 참조).

하지만 예수의 설교와 함께 상황은 전도된다. [율]법은 더 이상 한 민족만을 위해 언표되지 않을 뿐 아니라 **내면화**되며, 따라서 **항상 현행적인** 것이 된다. 예수는 계시를 물리적 메시지의 청취가 아니라 지적 깨우침 illumination으로 인식했으며, 또한 이를 '사람들의 정신 깊이 각인'했다(『신학정치론』 4장 10절, 93 ; 모로판, 198). 이제부터 신자들은 더 이상 신의 약속의 영원성을 보증해 주는 증거들을 외적으로 추구하지 않고, 자기 자신 안에서 예수가 모델을 제시해 준 현행적 준칙들 및 '참된 삶'의 내면적 징표들을 발견해야 한다(『신학정치론』 13장 8~9절, 233~234 ; 모로판, 458~460). 그에게 구원은 자신의 덕행——그가 은총이라고 부를 수 있는——의 결과로 나타난다. 그리고——우리가 사도들의 설교를 묘사하는 문체의 변화(『신학정치론』, 11장)와 함께 곧바로 알아챌 수 있는 것처럼——계시의 의미에 관해 제기되는 질문들은 지성과 모순되는 기적들에 의해 단번에 해결되는 대신에 지성이 획득할 수 있는 추론들을 통해서만 답변을 얻을 수 있다. 이렇게 되면 각자는 최종 심급에서 스스로 신의 율법에 대한 중개자가 되지만, 이것의 대가는 누구도 실제로 다른 사람들의 종교적 중개자일 수는 없다는 점이다. 이 때문에, "각자는 [보편적인—발리바르 추가] 신앙의 교리들을 자기 자신의 이해력에 따라 받아들여야 하며, 그 자신이 이러한 교리들을 좀더 분명한 확신을 갖고 받아들일 수 있도록 해석해야 한다. 곧 주저하는 것이 아니라 마음에서 우러나온 일체감을 표현하여, 결국에는 신에 대한 그의 복종 역시 충만한 일체감에서 우러나오도록 말이다"(『신학정치론』 14장 11절, 245 ; 모로판, 478). 그 누가 자신을 예언자라고 말하거나 믿든 간에, 이제 예언자는 '가짜 예언자'일 수밖에 없게 된다(또 다른 예수들이 존재한다고 생각하는 것을 누구도 금지하지 않지만 말이다).

신정의 유산

이처럼 스피노자는 『신학정치론』에서 체계적으로 도식화하지는 않았지만 하나의 역사철학의 주제들을 소묘하고 있다. 하지만 그것들이 자유의 문제에 대한 우리의 이해를 어떻게 변경시키는지, 그리고 그것들이 이 문제가 지닌 난점들을 극복하게 해주는지 질문해 봐야 한다.

『신학정치론』의 몇몇 텍스트를 대조해 보면 독자들은 불가피하게 어떤 모순이 존재한다는 느낌을 갖게 된다. 스피노자는 7장에서 교회들과 철학자들이 성경을 전유하는 방식에 대한 비판을 결론지으면서 모든 종교적 '권위'pontificat를 배제한다. 보편적이고 참된 종교는 "외적인 행동이 아니라 정직하고 신실한 마음에 있기 때문에, 어떤 공적인 법과 권위에도 의존하지 않는다. …… 따라서 종교적 문제에 관해서도 자유롭게 사고할 수 있는 주권적 자유가 각 개인에게 귀속되며, 이 권리를 포기한다는 것은 전혀 상상할 수 없기 때문에, 각자는 또한 종교에 관해 판단하고 설명하고 해석하는 주권적 권리 및 권위를 지닌다. …… 종교적 문제에 관해서는 각자가 주권자이며 …… 모두에게 공통적인 자연의 빛 외에는 초자연적 지혜나 어떠한 외적인 권위도 해석의 규칙으로 필요하지 않다"(『신학정치론』 7장 22절, 157~158; 모로판, 320~322). 하지만 스피노자가 (19장에서) 종교는 주권자의 결정에 의해서만 법의 힘을 얻는다('명령'을 언표한다)는 것을 보여 줄 때 상황은 역전된다.

전체 인민의 복리와 국가의 안전이 요구하는 것이 무엇인지 규정하고,

자신이 필요하다고 생각한 것을 명령하는 것이 주권자만의 직무이듯이, 각각의 사람들이 어떻게 이웃에 대한 사랑의 의무를 이행해야 하는지, 곧 어떻게 각자가 신에 복종해야 하는지 규정하는 것 역시 주권자의 소관이다. 이로써 우리는 어떤 의미에서 주권자가 종교의 해석자인지 명료하게 이해하게 된다. 그리고 두번째로 만약 그가 …… 주권자의 모든 결정에 복종하지 않는다면, 그는 신에게 올바르게 복종할 수없다. 사실 우리는 모든 사람에게 사랑으로 대하고 누구에게도 해를 끼치지 말라는 신의 명령을 따라야 하기 때문에, 어떤 사람을 해치도록 도와주는 것은 허락될 수 없으며, 국가 전체에 해를 끼치는 것은 더욱 더 허락될 수 없다. 따라서 누구도 [국가 전체의 이익에 대한 유일한 판단자인—발리바르 추가] 주권자의 모든 결정에 복종하지 않고서는 자신의 이웃에게 사랑으로 대할 수 없으며 …… 신에게 복종할 수도 없다. (『신학정치론』 19장 10~11절, 317~318; 모로판, 614~616)

분명 사람들은 이 텍스트들 중 첫번째 것은 **내면적 종교** 또는 신앙을 목표로 하는 것이며, 두번째 것은 **외적인 종교** 또는 예배cule를 목적으로 하는 것이라고 말할 것이다. 그러나 이렇게 하더라도 모든 모순을 제거하지는 못할 것이다. 왜냐하면 주요 쟁점은 **행위들**(곧 '[종교적·도덕적] 활동', '이웃에 대한 사랑의 행위')이 전자와 후자에 모두 속한다는 점이기 때문이다. 모든 외적인 종교에 자신의 법률(최선의 경우에는 '공공의 복리'라는 법률)을 부과하면서 국가는 필연적으로 '활동'에, 따라서 '신앙'에 간섭하게 된다. 왜냐하면 '정의와 박애'라는 통념들이 본질적으로 표현하고 있는 것은 '선한 활동 없는 신앙은 죽은 것'이라는 점이기 때문이다. 따라서 이전에 정치적 주권과 종교적 공동체 사이에 존재했던 통일성 일체가 폐지되지는 않으며, 또 그럴 수도 없다. **역사적** 기독교가 기독교와 동일한——그러나 계시의 사실과는 무관하게 ——근본 교훈을 전달하는 '자연종교'로 대체된다 하더라도 마찬가지일 것이다(『신학정치론』 12장 8절, 11절, 222, 225 ; 모로 판, 438, 444).

그리하여 종교적인 것과 정치적인 것의 관계에 대한 스피노자의 관점은 '비순수하고' 불안정한 것으로 남을 수밖에 없는 것으로 보인다. 자연의 관점과 역사의 관점 사이에는 두 관점의 원칙적인 동일성에도 불구하고 항상 간극이 존재한다고 말함으로써 이를 표현해 볼 수도 있을 것이다. 그러나 다른 측면에서 본다면 바로 이것이야말로 스피노자의 반성의 강점이라고 할 수도 있지 않은가? 그리고 만약 모순이, 이 모순을 이끌어 내는 말과 텍스트 안에 존재하기에 앞서 그 자체로 (역사적인) 한 실재라면, 곧 그것을 분석하기 위해서는 새로운 도구를 만들어 내야 하는 것이라면 어쩔 것인가? 전통적인 정치 체제 분류법을 대체하는『신학정치론』의 신정, 군주정, 민주정이라는 개념들의 접합을 검토하면서 이를 검증해 볼 수 있을 것이다.

스피노자 자신이 '신정'이라는 용어를 발명해 낸 것은 아니며, 그는 유대 민족의 역사와 제도에 대한 비성서적 분석의 주요 원천인, 고대의 역사가 플라비우스 요세푸스[30]로부터 이 용어를 빌려온다. 그렇다 하더라도 스피노자는 이 용어를 체계적으로 활용하고 있는 것으로 보인다. 곧 모든 경우에서 그는 이 용어를 이론적 개념으로 사용한다.

---

30) [옮긴이] 플라비우스 요세푸스(Flavius Josephus, 37~100)는 유대인 역사가로, 로마식으로 개명하기 이전의 원래 이름은 요셉 벤 마타티야후(Joseph ben Mattathiyahu)다. 제사장 집안에서 태어나 로마제국에 반대하는 봉기를 일으켰다 실패한 후 로마인으로 귀화했고, 『유대 고대사』(*Antiquitates Judaicae*), 『유대 전쟁사』(*Bellum Judaicum*)같이 유대 역사에 관한 여러 고전적인 저술을 남겼다. 그의 저술은 『성경』에 제시된 서사의 실제 역사적 면모를 이해할 수 있게 해 주는 중요한 원천으로 평가받는다.

이집트에서 탈출한 후 히브리인은 더 이상 다른 민족의 법에 종속되지 않게 되었고, …… 그리하여 자연상태로 되돌아간 그들은 모세의 조언을 굳게 신뢰하여 자신들의 권리를 어떤 유한자에게도 양도하지 않고 오직 신에게만 양도하기로 결심했다. 그들은 주저하지 않고 일치된 한목소리로 신의 모든 명령에 절대적으로 복종할 것이며, 예언자의 계시를 통해 신이 설립한 것 이외의 어떤 법도 인정하지 않을 것이라고 맹세했다. …… 그리하여 히브리인에게는 오직 신만이 국가 권력imperium을 행사하게 되었으며, [신과 히브리인 사이의] 계약 때문에 오직 이 국가만이 정당하게 '신의 왕국'(그리고 신은 '히브리인의 왕')이라 불리게 되었다. 따라서 이 국가의 적은 '신의 적'이며, 국가권력을 탈취하려고 하는 시민들은 '신성모독'죄를 범한 것이었고, 결국 국가의 법은 '신의' 법이나 명령이었다. 따라서 이 국가에서는 시민법과, 종교——우리가 보여준 것처럼 오직 신에 대한 복종에 존재하는——는 단 하나의 동일한 것이었다. 다시 말해 종교 교리는 단순한 설교가 아니라 법이고 명령이었으며, 경건은 정의로 통하고 불경은 범죄와 불의로 통했다. 자신의 종교를 버리는 사람은 시민이기를 그만두는 것이었으며, 이것만으로도 적과 이방인으로 간주되었다. 그리고 종교를 위해 죽은 사람은 조국을 위해 죽은 것으로 인정받았다. 요컨대 시민법과 종교 사이에는 어떤 구분도 존재하지 않았다. 이 때문에 이 국가는 신정국가라 불릴 수 있었다.…… (『신학정치론』 17장 7~8절, 282~283 ; 모로판, 544~546)

17장 전체는 이러한 정의를 (왕권의 확립에 이르기까지) 히브리 신정국가의 완결된 제도의 목록으로 확대하며, 여기에는 '경제'적·'사회심리'적 제도까지 포함된다. 이는 궁극적으로는 이로부터 히브리 신정의 경향들에 대한 설명을 이끌어 내기 위해서다. 결과적으로 한편에서 '신정'은 겉으로 보기에는 그 종류에서 유일한, 역사적으로 독특한 실재를 가리킬 뿐이다. 그러나 또한 이 '독특한 본질'[31]은 그것이 유대 민족의 역사에 남겨 놓은 장기적 결과들만이 아니라, 좀더 넓게 본다면 기독교를 통해 인류역사 전체에 남겨 놓은 흔적 ──이는 각 상황에서 지속적으로 재활성화된다── 으로 특징지어진다. 이런 의미에서 우리는 은유적으로, 신정의 유산은 근대 정치 사회들이 자기 자신과 완전히 동시대적으로 되지 못하게 만드는 불가능성을 표현한다고 볼 수 있다. 곧 계속 그것들에 영향을 미치는 '지연'retard[32] 또는 내적인 균열이 존재하는 것이다. 다른 한편으로 ──스피노자의 여러 언급은 이 방향을 가리킨다── 신정에 대한 분석은 일반적인 효력을 갖고 있다. 곧 그것은 사회조직과 '다중'의 행동, 권력의 대표의 한 유형(하나의 '이념형'이라고 할 수도 있을 것이다)을 구성하는데, 우리는 적어도 근사적으로는 다른 국가들이나 그것들이 보여 주는 정치적 경향들에서 그 등가물을 발견할 수 있다. 아마도 모든 현실 국가에서 발견할 수 있을 것이다.『신학정치론』이 신정에 고유한 변증법을 해명하는 것을 중시하는 이유가 바로 여기에 있다.

사실 신정을 특징짓는 것은 심원한 내적 모순이다. 한편으로 모세의 제도들은 거의 완전한 정치적 통합의 실현을 나타낸다. 이는 우선 권력들과 권리들의 미묘한 균형에서 비롯하는데, 이러한 균형은 이미 실천적으로 국가의 '자기 제한'(재판관과 군대 지휘관의 임명에서, 또는 제사장과 예언자의 종교적 권한의 분배에서, 또는 토지소유를 불가능하게 하는 규칙을 정하는 문

---

31) [옮긴이] 스피노자의 독특성 개념에 관해서는『헤겔 또는 스피노자』(진태원 옮김, 그린비, 2010)의 「옮긴이 해제」참조.
32) [옮긴이] 여기에서 '지연'이란 근대 정치가 이전의 신학적 유산과의 단절 위에 성립되었지만, 이러한 단절에도 불구하고 과거의 신학적, 또는 정치-신학적 유산이 계속해서 근대 정치의 구조에 영향을 미치고 있음을 의미한다.

제에서)을 낳는다. 특히 이는 국가의 원리 그 자체, 곧 **시민법과 종교법의 동일성**에서 비롯한다. 왜냐하면 이러한 동일성은 실존의 전체적인 의례화儀禮化——이는 개인들이 자신들의 의무를 전혀 의심하거나 게을리할 수 없게 만든다——와 함께 개인적 구원과 집합적 구원의 완전한 동일화를 낳기 때문이다. 전체 인민의 선택election은 시민들이 서로에게 베푸는 사랑을 조건짓는다. 신정의 이론이 애국주의의 가장 강력한 정념적 지주로서 민족주의에 대한 이론인 이유는 바로 이 때문이다(『신학정치론』17장 23~24절, 292~293 ; 모로판, 568~570). 이 모든 특징이 히브리 문화의 일정한 '야만성' 또는 미개성을 자신의 물질적 조건으로 한다는 것은 사실이다(스피노자는 그 문화의 '유치함'에 대해 말하고 있다『신학정치론』3장 2절, 70 ; 모로판, 150]). 여기서 우리는 [히브리 인민의] 이 놀라운 연대가 치러야 하는 대가를 접하게 된다. 의례적 복종의 정치문화는 미신의 문화이며, 이 문화는 자연 전체(와 '운세')를 신이 의지한 어떤 목적화된 질서로 지각하는 것을 전제함으로써만 또는 이처럼 지각하도록 강제함으로써만 주권과 신의 권위를 동일화할 수 있다. 그리고 이는 신에 대한 공포와 불경에 대한 강박적인 공포라는 가장 참기 어려운 형태의 공포의 문화이기도 하다(따라서 이는 영속적인 슬픔이기도 한데, 신정은 본질적으로 슬픈 것이다). 연대가 개인들의 동일시/정체화identification[33]에 의존하게 될 때, 그것은 자신의 대립물로, 곧 위험에 가득찬 고독으로 변화한다. 각 개인은 매 순간마다 신의 판단을 두려워하면서 이러한 불안을 타자에게 투사하며, 그가 공동체에 신의 분노를 야기시키거나 않을까 의심하면서 그의 행동을 감시한다. 각자는 결국 다른 사람을 잠재적인 '내부의 적'으로 간주하게 된다. 이렇게 되면 '신학적 증오'는 의견들과 야심들이 낳는 모든 갈등을 일으킬 수 있으며, 이 갈

---

33) [옮긴이] 동일시/정체화 개념에 대해서는 「용어 해설」 참조.

등이 화해될 수 없게 만든다.

신정은 자신의 원칙적인 일체성의 외관 아래 실은 두 개의 반정립적인 정치적 경향들을 은폐하고 있(으며 그 맹아를 내포한)다는 것을 인정한다면, 이 모순이 분명하게 밝혀질 수 있을 것이다. 스피노자는 곧바로 다음과 같이 주의를 환기시킨다. "이 모든 것"(곧 유일신에게로의 주권의 양도)은 "하나의 실재라기보다는 하나의 의견에 속하는 것이다"(『신학정치론』 17장 8절, 283; 모로판, 546). 이는 여기서 문제되는 것이 실천적 효과들을 산출하지 않는 순수한 허구라는 것이 아니라, 오히려 신정에서는 허구 자체가 실천을 규정하며 현실에 내재하는 원인으로 작용한다는 것을 의미한다. 그 효과는 양가적일 수밖에 없다. 한편으로 신정은 민주정과 등가적이다. 곧 히브리인은 권력을 신에게 부여하면서 그것을 어떤 사람에게도 되돌려주지 않았다. 그리고 그들 모두는 동등하게 신과의 '동맹'에 참여하면서, 자신들의 야만성에도 불구하고 법과 공적 업무, 애국의 의무와 소유 앞에서 근본적으로 동등한 시민들로 구성된다. '신의 거주지'인 신전은 인민 전체에 속하는 것이자 그들의 집단적 권리의 상징으로서, 하나의 공회당이다(『신학정치론』 17장 11절, 285; 모로판, 552). 그러나 이러한 상상적인 민주정 설립의 양상 ─민주정이 처음에 취할 수 있는 유일한 형태?─은 정확히 말하면 '다른' 무대로 집단적 주권을 옮겨 놓고, 그 위에서 이를 형상화하는 것을 전제한다. 곧 **신의 자리**vicem Dei(『신학정치론』 17장 9절, 284; 모로판, 548)가 이 다른 무대에서 물질화되어야 하며, 이 자리는 사회 생활의 규칙들을 신성한 의무들로 변형시키는 어떤 권위를 위해 비어 있어야 한다. 이 자리는 '누구'도 점유할 수 없는 것인가? 처음에 이 자리는 신의 이름으로 말하고 인민이 자발적으로 모든 권력을 그에게 양도하는 예언자이자 입법가인 모세가 점유했다. 그 이후 그 자리는 '공백'으로 남겨지지만, 자리 자체는 사라지지 않는다. 공적인 업무들과 성직 업무들을 수행하는 상이한 개인들이 서로의 일치점을 규정하고 서로의 정당성을 확증하기 위해(또한 부당성을 입증하기 위해) 이 자리로 향한다. 마침내 이 자리는 '신의 축복을 받은 자'인 어떤 개인, 곧 현실적이면서 동시에 상징적인 어떤 개인이 ──인민들 자신의 요구에 따라──다시 점유한다. 이때부터 모든 역사적 군주정은 신정에서 기원한 한 요소를 포함해야 하며, 왕들의 '신성한 권리'라는 통념은 이를 표현한다. 사실 개인들로서의 군주들은 본래적으로는 대중의 역량에 비해 아주 미약한 역량만을 지니고 있으며 손쉽게 대체될 수 있다. 게다가 그들은 유한하기 때문에 그들의 왕위승계는 결코 안정적이지 못하다. 따라서 그들은 자신들의 이익을 위해 신성한 주권의 기억을 재활성화시켜야 하고, 자신들에게 필요한 복종과 자신들이 고취시키는 공포와 사랑을 신에 대한 공포와 사랑으로 배가해야 하며, 지상의 신의 대표자들로 나타나야 한다. 이렇게 해서 그들은 미신이 동요될 수 있는 모든 가능성을 차단한다. 그러나 반대로 이는 그들의 면전에서 대중들의 희망과 반역을 등에 업은 또 다른 신의 대표자들──찬탈자와 정복자, 주교와 예언자 또는 개혁자 등──이 출현하는 것을 가로막지는 못한다.

그렇다면 이제 고유한 의미의 민주정으로 되돌아가 보자. 개인들이 신과의 동맹이라는 허구(곧 주권의 상상적인 자리 이동) 없이도 명시적인 '사회계약'에 따라 직접 집단적 주권을 행사할 수 있다고 판명되면, 문제는 완전히 사라진다고 말할 수 있는가? 대중들의 미신은 차치한다 해도, 이는 분명히 그렇지 않다. 권리의 동등성과 의무의 상호성 위에 구성된 민주국가는 개인적 의견들의 결과인 다수결 법칙에 따라 통치된다. 그러나 다수결 법칙이 효과적으로 작용하기 위해서는 주권자가 공적인 이익과 관련된 활동을 명령할 수 있고 또한 그것이 존중받을 수 있게 만드는 절대적 권리를 지니는 것만으로는 충분하지 못하다. 이것 외에도 또한 야심들보다는 이웃에 대한 사랑을 선호하는 것, 곧 '이웃을 자기 자신처럼 사랑하는' 것의 필요성에 대한 합의가 지배하고 있어야 한다. 의견과 표현의 자유가 국가의 토대와 목적이라는 점을 좀더 잘 인지시키기 위해서는 이는 **더욱 필수적이다.** 그러나 우리가 본 것처럼 이러한 합의를 국가의 권위로 부과하려고 하는 것은 모순적일 것인데, 왜냐하면 그것은 전적으로 각자의 '기질'과 '마음'에 달려 있기 때문이다. 합의는 간접적으로만 획득될 수 있다. 국가가 모든 종교적 표현에 대한 형식적인 통제를 확고히 하고, 개인들이 자신들의 의견 및 서로 간의 행동의 규제원칙으로서 스피노자가 『신학정치론』 17장에서 기술하고 있는 '보편 신앙'의 '교리들'을 채택한다면, 이러한 합의가 생산될 수 있다(또는 생산되었을 것이다). 곧 기독교가 자신의 본질적인 도덕적 교훈과 동일화되는 **경향을 갖게 되는,** '참된 종교'가 바로 그것이다. 이렇게 되면 신은 [특정한 주권자에 의해] 조금도 **대표되지 않겠지**만, 그는 각 개인의 '마음속에' 편재하게 될 것이며, 실천적으로 본다면 이는 유덕하게 살아가려는 개인들의 노력과 구분하기가 불가능하다.

이렇게 해서 『신학정치론』의 두 가지 주제——'참된 종교'와 '주권자의 자연권', 그리고 이것들의 상관물로서 종교적 의례의 자유와 공적 의견의 자유——는 뒤섞이는 것이 아니라, 필연적으로 체계를 형성하게 된다. 이것들 각자는 다른 것에게 일어날 수 있는 도착을 제한한다. 또한 각자는 다른 것의 유효성의 조건을 구성한다. 신자들로서의 개인들이 시민들로서의 개인들과 다르지는 않지만, 사회적 '계약'과 내면적인 '신의 율법' 사이에는 간극이 남아 있다. 이 간극 속에는 초월적인 신을 상상하기 위한 자리는 존재하지 않지만, 철학 또는 철학자의 담론을 위한 자리는 존재해야 한다. 또한 대중에게 사회적 안전을 고취하기 위한 자리도 역시 존재해야 한다. 그것들이 서로 조우한다는 조건에서 말이다.

3장_『정치론』: 국가(과)학

스피노자의 죽음 때문에 미완성으로 남은『정치론』(1676~1677)과『신학
정치론』(1670) 사이에는 몇 년의 시간적 간격이 있을 뿐이다. 그러나 우리
는 우주가 변화하는 느낌을 받게 된다.『신학정치론』에는 좀더 긴 주해적
논증이 있으며, 임박한 위기의 원인들과 이 위기를 몰아낼 수단을 독자에
게 차근차근 이해시키기 위한 설득 전략이 더 많이 담겨 있다. 그러나『정
치론』은 명시적으로 합리적 원리들에 의존하며 과학의 모든 특징을 보여
주는 체계적 ─『윤리학』처럼 '기하학적'이지는 않을지라도 ─ 저작이다.

　　차이는 단지 문체의 문제만은 아니다. 이는 이론적 접합들 및 논증의
정치적 의미와도 관련된다. 여러 독자들은 이 때문에 곤혹스러워할 것 같
다. 한 저작에서 다른 저작으로 나아가면서 우리는 분명 본질적인 연속성
의 요소들을 발견한다. 우선 ─ 앞으로 이를 살펴볼 생각인데 ─ 이제 스
피노자가 근본적인 중요성을 부여하는 역량에 의한 자연권의 '정의'가 존
재한다. 또한 우리는 사고의 자유는 억압될 수 없으며, 따라서 주권자의 권
한 바깥에 존재한다는『신학정치론』의 테제를 재발견한다(『정치론』3장 8
절). 하지만 이 테제는 더 이상, 적어도 명시적으로는 의견표현의 자유와
분리할 수 없게 결부되어 있지 않다. 그러나 공통점 못지않게 놀라운 대조
점들도 나타난다. 스피노자는 더 이상 시민사회[34]의 구성적 계기로서 '사

회계약'에 준거하지 않는다. '국가의 목적은 자유'라는——거의 구호에 가까운——충격적인 테제는 더 이상 언표되지 않는다. 반대로 우리는 다음과 같은 테제를 발견한다. "시민사회의 목적은 평화 및 안전과 다른 어떤 것이 아니다."(『정치론』 5장 2절) 마지막으로 스피노자는 종교에 관한 『신학정치론』의 분석들을 상이한 방식으로 다시 활용하지만, 정치적 구성체에서 종교의 위치는 주변적인 것은 아닐지라도 종속적인 것으로 나타나며 그 개념마저 심원하게 변형되는 것으로 보인다. '신정'神政은 한 차례 언급될 뿐이며, 왕을 선출하는 여러 방식 중 하나만을 가리킨다(『정치론』 7장 25절). '참된 종교'라는 개념은 아무 역할도 수행하지 않는다. 반대로 스피노자는 귀족정과 관련하여 '조국의 종교'라는 개념을 도입하는데, 이는 오히려 고대 도시의 전통의 메아리처럼 울려퍼진다.

결국 이 모든 것은 역사에 대한 전혀 상이한 관계를 가리킨다. 이 사실 때문에 역사의 개념 자체가 정확히 동일한 것일 수 없게 된다. 이론에 종속된 것으로서 역사는, 정치를 제약하는 비가역적인 '계기들'로 이루어진 어떤 방향제시적인 지반이 아니라, 이론을 예시하고 탐구하기 위한 장이 된다. 따라서 성경은 더 이상 중심적인 역할을 수행하지 않으며, '신성한' 역사는 비판적으로 개조된다 하더라도 정치적 교훈의 특권적 원천이 아니게 된다. 몇몇 개념들의 전위轉位에 더하여, 우리는 새로운 문제설정에

---

34) [옮긴이] 현대 사회과학의 용어법에 익숙한 독자들은 혼동스럽게 느낄지도 모르지만, 스피노자에서 국가와 시민사회는 동의어로 쓰이고 있다. 그리고 사실 18세기 말 영국에서 정치경제학이 성립하고, 헤겔 같은 철학자들이 이들의 용어법을 철학에 도입해서 국가와 시민사회를 엄격하게 구분되는 두 영역으로 구분하기 전까지는 두 개념은 서로 교환 가능한 용어로 사용되었다. 이 문제에 관한 좋은 논의로는 Manfred Riedel, *Zwischen Tradition und Revolution : Studien zu Hegels Rechtsphilosophie*, Klett-Cotta, 1982(초판 1968). 이 책은 국역본이 있으나(황태연 옮김, 『헤겔의 사회철학』, 한울, 1983), 오역이 많아서 내용을 제대로 이해하기 어렵다.; Charles Taylor, "Invoking Civil Society", *Philosophical Arguments*, Harvard University Press, 1995 ; 존 에렌버그, 『시민사회 : 사상과 역사』, 김유남 외 옮김, 아르케, 2002 참조.

관여하게 되는 것으로 보인다.

1672년 이후 : 새로운 문제설정

왜 이러한 전환들이 존재하는가? 분명히 이것들은 상이한 종류의 작업에 상응한다. 자신이 투쟁하거나 설득해야 하는 사람들의 질문들과 언어를 고려해야 하는 전투적인 개입 대신에, 『정치론』은 이러저러한 정세를 넘어서 '정치의 토대들'——『신학정치론』은 이 토대들을 완전히 이론화하는 것을 먼 장래의 과제로 언급한 바 있다——을 대상으로 하는 이론적 저서로 제시된다. 분명히 스피노자는 『정치론』에서 [『신학정치론』에서처럼] 이론과 실천praxis이 분리 불가능하다는 점을 처음부터 강조하지만, 곧바로——아리스토텔레스의 『정치학』을 표절하여——"경험experientia은 이미 인간들 사이의 조화를 이루기 위해 사고될 수 있는 모든 종류의 국가Civitas를 보여 주었다"(『정치론』 3장 1절)고 덧붙인다.

하지만 이러한 이유는 아직 너무 형식적이다. 내가 보기에 이는 더 결정적인 이유를 은폐하고 있는 것 같다. 곧 『신학정치론』의 **내재적 난점들**——나는 앞에서 이를 설명해 보려 했다——과 두 저작의 시간적 간격 사이에 발생한 **역사적 사건**, 곧 오라녜파의 '혁명'——이는 당시까지 네덜란드 연합주의 정치를 주도하던 집정관파의 패배와 대중의 폭력의 일시적 분출로 특징지어진다——의 결합이 실은 더 결정적인 이유다. 우리는 스피노자가 귀족정 체제 ——스피노자는 이제 홀란트 공화국을 귀족정에 편입시키고 있다——의 소멸 원인에 대해 질문하고 있는 구절들(『정치론』 9장 14절 ; 11장 2절)[35]에서, 그리고 좀더 일반적으로는 "대중을 견제할" 수단들을 실로 강박적으로 찾고 있는 구절들에서(『정치론』 1장 3절 ; 7장 25절 ; 8장 4~5절 ; 8장 13절 ; 9장 14절) 그가 이 문제를 염두에 두고 있음을 알 수 있다.

스피노자가 자신의 이론에 부여한 내용에 의거해서 그가 이 사건을 파악했던 방식을 재구성할 수 있을까? 친구들의 암살과 그가 최선이라고 생각했던 정체의 몰락으로 느꼈던 최초의 근심과 분노가 가라앉은 뒤에도 스피노자가 1672년의 '혁명'에서 군주파에 대한 다른 반대자들과 똑같은 공포의 실현을 체험했는지 여부는 확실치 않다. 우선 오라녜 공☆이 (프랑스의 침입에 맞서) 조국을 훌륭하게 방어한 것은 사실이다. 다른 한편으로 그에게 부여된 개인적 권력은 제도적으로 볼 때 세습 군주제는 아니다. 집정관파는 군사 지도자의 '독재'에 복종할 것을 강요받지만, 완전히 권력에서 쫓겨나지는 않는다. 요컨대 타협이 생겨나는 것이다. 마지막으로 새로운 정체는 여론에 대한 검열의 문제에서 칼뱅파의 몇몇 요구들을 만족시

---

35) [옮긴이] 이 문제와 관련된 원문은 다음과 같다. "이제 누군가가 내게 홀란트 국가는 백작(Comite)이나 백작을 대리하는 총독(Vicario)이 없었다면 오래 지속될 수 없었다고 반박한다면, 나는 다음과 같이 답변하겠다. 곧 홀란트인들은 자신들의 자유를 얻기 위해서는 백작을 폐위시키고 국가의 신체로부터 머리를 잘라내는 것으로 충분하다고 생각했을 뿐, 이 국가를 개혁하는 것은 전혀 생각하지 못했다. 그들은 [국가의] 모든 지체(肢體)를 이전에 배치되어 있던 대로 내버려 두었고, 그리하여 홀란트는 백작 없는 백작령, 머리 없는 신체가 되었고, 국가는 자신을 가리킬 이름을 갖지 못하게 되었다. 따라서 신민들 대부분이 국가의 최고권력(주권, summa potestas)이 누구의 수중에 있는지 알지 못한다는 것은 전혀 놀라운 일이 아니다. 그리고 비록 그렇지 않았다 하더라도, 어쨌든 국가의 실질적 통치자였던 사람들의 숫자가 너무 적어서 대중들을 통치하고 강력한 적수들을 제압할 수 없었다. 이에 따라 이 적수들은 자주 아무런 처벌도 받지 않고 통치자들에 맞서 음모를 꾸미다가 결국 그들을 전복시켰다. 따라서 이 동일한 공화국의 갑작스러운 붕괴는 무익한 토의들을 하느라 시간을 허비했기 때문이 아니라, 국가의 잘못된 통치체제와 너무 적은 통치자들 때문에 생겨난 것이다."(9장 14절)
"따라서 만약 일정한 나이가 된 남자들이나 법적인 연령에 도달한 장남들, 또는 공화국에 얼마간의 돈을 기부한 사람들만이 최고의회에서 투표권을 갖고 국가의 업무를 관장할 권리를 갖도록 법으로 정해진다면, 이 경우 최고의회는 우리가 앞서 논의했던 귀족제 국가의 최고의회보다 더 적은 수의 시민들로 구성될 수도 있지만, 그래도 이런 종류의 국가는 민주정이라고 불러야 하는데, 왜냐하면 공화국을 통치하도록 지명된 시민들은 가장 뛰어난 시민들이어서 최고의회에서 선출된 게 아니라 법에 의해 지명되었기 때문이다. 그래서 가장 뛰어난 사람들이 아니라 우연히 부유하게 되거나 장남으로 태어난 사람들이 통치하도록 지명되는 이런 종류의 국가들은 귀족정 국가들보다 열등한 것으로 보일 수 있지만, 우리가 실제로 일이 진행되는 상황이나 인간 본성 일반을 고찰해 보면 알 수 있듯이 결과는 똑같다. 왜냐하면 귀족의원들도 항상 부자들이나 자신의 친족들, 또는 가까운 친구들을 가장 뛰어난 사람들로 간주하기 때문이다."(11장 2절)

켰다(여러 국가들이 공식적으로 『신학정치론』 및 스피노자의 친구인 데카르트주의자 루이 메예르[36]의 성서해석에 관한 저작과 더불어 홉스의 『리바이어던』과 '이단' 소치니의 텍스트 선집을 금지시킨 것은 1674년이다. 이 목록은 개신교 목사들이 신앙을 위협하는 것들로 판단한 저작 전체를 포함하고 있다. 그리하여 스피노자는 『윤리학』 출간을 포기한다). 그러나 이러한 조치가 종교적 권위에 대한 국가의 완전한 예속을 낳지는 않는다. 오히려 우리는 공화국의 적들의 이질적 '전선'이 분열되는 것을 보게 된다. 한편으로 '신정'파의 희망은 좌절되며, 다른 한편으로 지배 계급 연합은 앞선 균형점만큼이나 불안정한 것으로 간주될 수 있는, 새로운 균형점 주위에서 재구성된다.

그러므로 자유의 질문은 제기된 채로 남아 있다. 더 정확히 말하면, 그것은 무조건적인 질문으로서가 아니라, 그 기능의 효과들이라는 실천적 문제로서 **각각의 정체에 대해 별도로** 제기되어야 한다(『정치론』 7장 2절 ; 7장 15~17절 ; 7장 31절 ; 8장 7절 ; 8장 44절 ; 10장 8절 등). 만약 정체들 모두가 등가적이지 않다면, 반대로 어떤 정체도 『정치론』이 '인간의 삶'이라 부르는(5장 5절)[37] 개인성에 대한 긍정과 형태상으로 양립 불가능하지 않다. 문제는 각각의 정체에 대하여 양립 가능성의 조건들을 발견하는 것이다. 반대로 더욱 수수께끼로 남는 것은, **절대성**이라는 통념에 부여해야 하는 의미다.

여기서 이 통념을 둘러싼 당대의 오랜 논쟁을 기억해야 하는데, 우리

---

36) [옮긴이] 루이 메예르(Louis Meyer, 1629~1681)의 원래 이름은 로데바이크 마이예르(Lodewijk Meijer)로, 스피노자와 절친한 자유사상가 중 한 명이었다(그는 스피노자의 임종을 지켜본 유일한 인물이었다고 한다). 『신학정치론』과 유사한 문제설정에 기초하여 『성경』을 비판적으로 분석하는 『성서해석의 철학』(Philosophia S. Scripturae interpres, 1666 ; La philosophie interprète de l'Ecriture sainte, trad. Jacqueline Lagrée & Pierre-François Moreau, Intertextes, 1988)이라는 저서를 남겼다. 그는 또한 1663년 출간된 스피노자의 『데카르트의 『철학원리』』(Renati Descartes Principiae Pilosophia)에 스피노자를 대신해 「서문」을 쓰기도 했다.
37) [옮긴이] "따라서 우리가 가장 좋은 국가는 사람들이 화합해서 살아가는 국가라고 말할 때, 나는 인간의 삶을 뜻하고 있는데, 인간의 삶은 모든 동물에게 공통적인 피의 순환 및 다른 특징들만이 아니라, 무엇보다도 정신의 참된 덕목이자 삶인 이성으로 특징지어진다."(5장 3절)

는 그 몇 가지 측면만을 환기해 보겠다. 우리는 이 시대에 프랑스나 영국처럼 네덜란드에서도 신성한 권리의 절대성을 주장하는 신학자들(『신학정치론』을 자세히 읽은 보쉬에[38]처럼)에 맞서, 마키아벨리에 대한 독해 ──'자유사상가들'은 이로부터 **국가이성**의 이론을 이끌어 냈다──로부터 절대주의에 대한 또 다른 관점이 양성되었다는 것을 알고 있다. 『정치론』이 첫 구절부터 우리에게 두 가지 유형의 정치 사상 사이의 반정립을 제시하는 것은 우연이 아니다. 그중 한 유형은 (토머스 모어의 유명한 저작의 제목을 따라) '유토피아적'인 것으로 비난받는데, 이는 선의 이데아의 국가와 합리적 인간본성이라는 가설로부터 이상적 정체政體를 이끌어 내려는 플라톤주의 철학자들의 유형이다. 이들은 현실적 정체들의 결함을 그것에 본래적인 '악덕'이나 도착적 성향에 따라 해명한다. 다른 한편으로 현실주의적인 (그리고 잠재적으로 과학적인) 유형이 있는데, 이는 마키아벨리가 그 전형인, '실천가들', '정치가들'의 유형이다. 스피노자는 이들의 의도가 썩 분명한 것은 아니라고 논평하고 있긴 하지만, 그들을 옹호하면서 논의하고 있다(『정치론』 5장 7절.[39] 또한 10장 1절 참조). 그는 이로부터 제도들의 가치는 덕이나 개인들의 신의와는 아무런 관련이 없다는 관념을 이끌어 낸다. 그것은 이러한 조건과는 독립적으로 발현될 수 있어야 한다. 『정치론』을 인도하는 **기본 규칙**은 여러 번 언표된다.

---

38) [옮긴이] 자크 베니뉴 보쉬에(Jacques Benigne Bossuet, 1627~1704)는 프랑스의 신학자·역사가로서, 절대주의 국가의 이데올로기인 왕권신수설의 주창자로 유명하다.

39) [옮긴이] "오직 권력욕을 좇아 행동하는 군주가 자신의 국가를 공고히 하고 보존하기 위해서는 어떤 수단을 사용해야 하는지에 관해 매우 명민한 인물인 마키아벨리는 상세히 보여 주었다. 하지만 이 저자가 어떤 목적에 따라 이렇게 했는지는 썩 분명치 않다. 그처럼 지혜로운 사람에 대해서는 그렇게 믿어야 하듯이, 만약 그가 좋은 목적을 지니고 있었다면, 이는 군주를 참주로 만든 원인들은 전혀 제거되지 않은 상태에서 여러 차례 일어난 참주를 제거하려는 시도가 얼마나 어리석은 것인지 보여 주려는 데 있었던 것 같다. 왜냐하면 이는 참주가 두려움을 가질 만한 이유를 더 많이 주게 되어 결국 앞의 원인들을 더 악화시키기 때문이다."

만약 어떤 국가imperium의 안전이 어떤 사람의 신의fides에 의존하며, 어떤 국가의 업무가 그것에 관여하는 사람들이 정직하게 행동한다는 조건하에서만 올바르게 수행될 수 있다면, 그 국가는 결코 안전하지 못할 것이다. 어떤 국가가 존속할 수 있으려면 공적 업무들res publicae은, 집행하는 사람들이 ──이성에 따라 인도되든 정념들에 따라 인도되든 간에── 불성실하거나 그릇된 행동을 하지 못하게 만드는 어떤 질서에 따라 이루어져야 한다. 사람들이 잘 통치하기만 한다면 그들이 어떤 동기에 따라 잘 통치하는가의 문제는 국가의 안전에서 별로 중요하지 않다. 왜냐하면 정신의 자유나 용기가 사적인 덕목인 데 반해, 국가의 덕목은 바로 안전이기 때문이다. (『정치론』1장 6절)

만약 인간들이 자신들에게 가장 이로운 것을 욕망하도록 인간 본성이 이루어져 있다면, 화합과 신의를 유지하기 위해 어떤 기술도 필요치 않을 것이다. 하지만 인간 본성의 성향들dispositions은 그와는 전혀 다르다는 게 확실하기 때문에, 국가imperium는 통치자들만이 아니라 피통치자들도 포함되는 모든 사람이 ──내키든 내키지 않든 간에── 공동체의 복리를 위해 중요한 일을 할 수 있도록 규제되어야 한다. 곧 모든 사람이 자발적으로든 아니면 힘이나 강요에 의해서든 간에, 이성의 계율에 따라 살아가게 만들어야 한다. 만약 공동체의 안전과 관련된 어떤 것도 사람들의 선의에 전적으로 내맡겨지지 않도록 국가의 업무가 질서지어진다면, 그렇게 될 것이다. (『정치론』6장 3절)

이러한 정식들로 미루어 우리는 스피노자가 전통적으로 마키아벨리에서 유래하는 인간학적 비관주의("인간들은 사악하다."『군주론』18장)를 받아들이고 있다고 결론내려야 하는가? 우리는 뒤에서 이 문제를 다시 다루게 될 것이다. 여기서 좀더 직접적으로 제기되는 대결은 『시민론』(1642) 및

『리바이어던』(1651)이라는 두 권의 주요 저서가 네덜란드에 신속하게 도입되고 토론되었던 홉스의 사상과 『정치론』의 대결이다. 홉스는 '권리'와 '법'이라는 통념들이 '자유와 복종처럼' 그 자체로 반정립적인 것들이라고 간주한다. 따라서 인간의 자연권, 곧 그의 원초적인 개인적 자유는 그 자체로 무제한적인 것이다. 하지만 그것은 또한 자기파괴적인 것인데, 왜냐하면 각각의 권리는 '만인에 대한 만인의 전쟁' 속에서 다른 모든 권리들을 잠식하는 것이며, 여기서 그의 삶 자체는 항상적으로 위협받고 있기 때문이다. 이는 견디기 힘든 모순을 산출하는데, 왜냐하면 개인은 무엇보다도 자기 자신의 보존을 추구하기 때문이다. 따라서 이로부터 탈출해야만 한다. 안전이 확립되기 위해서는 **자연권이 시민권, 법질서로 대체되어야** 하며, 법질서는 절대 저항할 수 없는 상위의 강제로부터만 나올 수 있다. 자연상태에 대하여(곧 독립적인 개인들에 대하여) 하나의 '인공적인' 개체인 '정치체'[40]가 대체되어야 하며, 이 속에서 개인들의 의지는 주권자의 의지(법)에 의해 전체적으로 **대표**된다. 개인들은 '사회계약'을 통해 스스로 이러한 대표를 설립하는 것으로 간주된다. 동시에 정치체는 주권자의 의지와 마찬가지로 (그것이 존속하는 동안은) **분할 불가능**하다. 역량과 권리의 등가성이 확립(또는 재확립)되지만, 이는 **주권자에 대해서만 그럴 뿐**이며, 상황의 요구에 따라 커지거나 작아질 수 있는 조건적 자유의 공간만을 허락받고 있는 사적 시민들은 이러한 등가성으로부터 배제된다. 이 조건적 자유에는 최소한 사유재산——국가에 의한 사유재산의 보호는 계약의 주요 대상이다——이 항상 포함되어 있음은 사실이다. 아주 도식적으로 말하면, 이것

---

40) [옮긴이] '정치체'(body politic)는 그리스에서 유래해서(가령 플라톤이 『국가』에서 국가를 인간의 신체와 비교하는 것) 근대 초에 이르기까지 정치사상 분야(더 나아가 시나 드라마 등)에서 자주 사용되었던 용어로, 개인의 신체와 유비하여 국가나 사회를 표현하는 개념이다. 하지만 17세기 이후 자연권 이론에 기반한 사회계약론이 성립하면서 이 용어는 점차 소멸하게 되었다.

이 바로 맥퍼슨이 '소유적 개인주의'[41]라고 부른 것에 기초하고 있는 홉스의 절대주의다.

1660년부터 네덜란드의 공화파 이론가들——스피노자의 서신교환자(편지42~43, 69를 참조) 중 한 명이었던 벨투이센Lambert de Velthuysen도 그 중 한 사람이었다——은 '신성한 권리'라는 관념에 맞서, 그리고 또한 국가와 자치주 또는 영주 관할지 사이의 권력의 '균형'이라는 관념에 맞서 홉스의 이론을 활용해 왔다. 하지만 이는 역설을 수반하는 것이었는데, 왜냐하면 홉스에게 법적 절대주의는 사실은 군주제적 입장과 분리 불가능한 것이기 때문이다. 오직 군주의 인격적 통일성만이 그의 의지의 통일성, 따라서 분파들에 반대하는 정치체의 분할 불가능성을 보증할 수 있다.

스피노자는, 뒤에서 볼 것처럼, 공화파 이론가들이 요구하는 '강력한 국가'와 분할 불가능성의 필요성이라는 목표를 공유한다. 그는 홉스가 제기한 원리의 정당성을 인정한다. 곧 국가가 모든 권력을 보유하면서 자신의 안전과 개인들의 안전을 동시에 확고히 할 때, 국가는 자신의 목적과 일치한다. 하지만 그는 '자연권'과 '시민권'의 구분을 명시적으로 거부(엘레스에게 보내는 50번째 편지와 『신학정치론』의 33번 주를 참조)[42]하며, 그와 함

---

41) [옮긴이] 이는 맥퍼슨이 홉스와 로크로 대표되는 17세기 부르주아 정치사상의 특성을 지칭하기 위해 처음으로 제시한 테제다. 맥퍼슨에 따르면 소유적 개인주의 이론은 크게 세 가지 요소로 이루어져 있다. 첫째는 인간학적 원리로서, 이 이론에서 인간 개인들은 자신들의 능력의 소유자로 간주되고, 인간의 본질은 만족을 얻기 위해 이 능력들을 마음대로 사용할 수 있는 자유로 인식된다. 따라서 자유는 소유할 수 있는 능력과 권리와 다르지 않다. 이러한 자유는 다른 사람들에게 피해를 입히는 것을 금지하는 효용원리에 의해서만 제약된다. 둘째, 기본적인 사회적 관계에 관한 원리가 존재하는데, 이에 따르면 기본적인 사회적 관계는 자신들의 능력을 통해 생산하고 축적한 것들을 소유한 소유자들 사이의 교환관계로 나타나며, 나머지 관계들은 여기에 기초하고 있다. 셋째, 정치사회 또는 국가는 개인들의 소유(여기에는 좁은 의미의 소유만이 아니라, 능력과 생명, 자유까지 포함된다)를 보호하기 위한 합리적 장치로 간주된다. 좀더 자세한 논의는 C. B. Macpherson, *The Political Theory of Possessive Individualism : Hobbes to Locke*, Clarendon Books, 1962(국역 : 『소유적 개인주의의 정치이론』, 이유동 옮김, 인간사랑, 1991). 같은 저자의 *Democratic Theory : Essays in Retrieval*, Oxford University Press, 1973도 참조.

께 '사회계약'과 '대표'라는 개념들도 거부한다. 게다가 그는 민주주의도 '절대적'일 수 있다는 것을 긍정하는 데 만족하지 않고 ──당대의 모든 사람들에 맞서── '완전히 절대적인'omnino absolutum 국가는 일정한 조건들 아래에서는 민주주의적이라고 주장한다(『정치론』 8장 3절 ; 8장 7절 ; 11장 1절 참조). 그러나 동시에 그는 왜 암스테르담과 헤이그의 대부르주아지들의 '자유 공화국'이 이러한 의미에서 '절대적'이지 않았으며, 그렇게 될 수 없었는지 질문한다. 이는 홉스도 마키아벨리도 제기하지 않았으며, 『신학정치론』이 일방적인 방식으로밖에 취급할 수 없었던 문제로 그를 인도해 간다. 이는 국가의 힘의 인민적 토대가 '대중' 자체의 운동들에 존재한다는 문제다. 적어도 이론적 분석의 대상으로서는 유례가 없는 이 질문은 스피노자가 스스로 '정치가들'보다 훨씬 더 '정치적'인 태도를 취하도록 만들었다고 할 수 있을 것이다.

『정치론』의 구도

(1장에서 5장까지의) 제1부에서 스피노자는 정치과학 방법의 성격을 규정하고, 기본 통념들(권리, 국가, 주권, 시민적 자유)을 정의하고, **일반적 문제**, 곧 정치체제들의 '보존'이라는 문제를 제기한다. (6장에서 시작하는) 제2부에서

---

42) [옮긴이] 해당 원문은 다음과 같다. "선생이 질문하신, 정치학과 관련한 홉스와 저의 차이점은 다음과 같은 점에 있습니다. 곧 저는 항상 [자연상태에서든 국가 안에서든] 자연권을 온전하게 보존하고, 어떤 국가이든 간에 주권자[최고권력자]는 그가 신민을 능가하는 역량을 발휘하는 만큼 신민에 대한 권리를 가질 뿐이라고 주장합니다. 자연상태에서는 늘 그렇습니다."(50번째 편지 ; G IV, 238~239) ; "어떤 국가에 있든 간에 사람은 자유로울 수 있다. 왜냐하면 분명 사람은 이성에 의해 인도되는 한에서 자유롭기 때문이다. 그런데 (홉스는 다르게 생각한다는 점에 주목하라) 이성은 전적으로 평화를 이룰 것을 설득한다. 하지만 평화는 국가의 일반적인(communia) 법률이 침해받지 않는 경우에만 얻을 수 있다. 따라서 어떤 사람이 이성에 의해 더 많이 인도될수록, 곧 더 많이 자유로울수록, 그는 더욱 확고하게 국가의 법률을 준수할 것이고, 그가 복종하고 있는 주권자의 명령들을 더욱 열심히 따를 것이다."(『신학정치론』 주 33 ; 모로판, 686)

그는 **군주정, 귀족정, 민주정**이라는 세 가지 전형적인 정체들 각자에서 이 문제가 해결될 수 있는 방식을 고찰한다.

하지만 저작이 미완성이기 때문에 논증은 결정적인 지점에서 중단되어 있다. 어떤 조건들 아래에서 군주정과 귀족정은 '절대적'일 수 있다. 민주정의 경우는 어떤가? 외적인 사건[스피노자의 죽음]에서 비롯한 것으로 보이는 이러한 공백[민주정에 관한 논의가 시작되는 11장에서 『정치론』이 중단되었다는 사실]은 계속해서 주석가들을 괴롭혀 왔으며, 그들의 상상력을 자극해 왔다. 이 공백을 메우는 것이 가능한가? 모든 것은 우리가 이러한 서술의 순서를 어떻게 이해하느냐에 달려 있다. 그런데 이 문제에 대해서는 다수의 독해가 가능하다.

만약 우리가 최초의 통념들을 주어진 '제일 진리들'(또는 '제일 원인들')로 간주한다면, 그 다음에는 이것들을 상세하게 적용하는 일만 남게 될 것이다. 극단적으로 말하면 저서가 미완성이라는 사실은 전혀 문젯거리가 아니게 된다. 본질적인 것은 이미 처음에 다 이야기되었기 때문이다. 따라서 앞에 제시된 몇 가지 개략적인 내용을 활용함으로써, 우리는 처음부터 '최상의 정체'로 정립되었던 민주정에 관한 이론을 추론에 따라 재구성할 수 있을 것이다.

이처럼 연역적으로 진행하는 것이 스피노자의 의도였을 수도 있다. 그러나 우리가 『정치론』의 내용으로 들어가 보면, 사실은 전혀 그렇지 않다는 것을 확신하게 된다. 『정치론』은 성공 여부가 선험적으로 확실하게 보장되어 있지 않은 하나의 탐구다. 분명 이런 탐구에서도 일반 통념들은 필요하다. 하지만 스피노자에게 일반 통념들은 유효한 인식이 아니며, 유효한 인식은 독특한 실재들에만 기초할 수 있다. 그리고 극단까지 나아갈 경우 오직 역사적인 국가만이 독특한 실재다. 정체의 유형들은 이러한 독특성을 분석하기 위한 이론적 도구일 뿐이다. 따라서 독해의 원칙을 뒤집어야 한다. 곧 일반 통념들은 어떤 문제도 미리 해결하지 않으며, 다만 문제를 제기하는 데 사용될 뿐이다. 권리를 '역량'으로 정의하자마자 국가 보존이라는 근본 질문이 모순들과 난점들로 가득 차 있다는 점이 곧바로 드러난다. 어떻게 이 질문이 상이한 정체들에서 제기되는지 탐구함으로써 좀더 가까이에서 해결책의 조건들을 규명해 볼 수 있게 된다. 이로부터 우리가 기억하고 있어야 할 질문이 나온다. 군주정에서 귀족정으로, 그리고 다음에는 가설적인 민주정으로 나아가면서, 이러한 해결책 역시 진전되고 있는 것인가? 실마리는 아주 분명한 것으로 보인다. 곧 주권은 사회의 한 분파(극단적으로는 한 개인)와 물리적으로 덜 동일화될수록 전체 인민과 더 일치하는 경향이 있으며, 더 안정되고 강력해진다. 그러나 또한 그것의 통일성(만장일치)과 분할 불가능성(그것의 **결정** 능력)은 더욱 인식하기 어려워지며, 이를 조직하는 일은 더욱 복잡해진다……(『정치론』6장 4절 참조).[43]

그런데 좀더 간접적인 또 다른 논리를 텍스트에서 발견할 수 있다. 스피노자는 (전통적인 분류법에 따라) 상이한 '정체들'을 구분함으로써, 절대적 주권이라는 문제의 상이한 측면들을 각각 분리시키고 그 함의들을 탐구할 수 있다. 이렇게 되면 우리는 추상적인 국가의 이념과 구체적인 정치의 복합성을 매개해 주는 '모델들'의 작용과 관계하게 되는데, 이 모델들의 연속적 전개과정이 그 자체로 진보를 뜻하지는 않지만, 이것들 각자는 현실주

---

43) [옮긴이] "하지만 다른 한편으로 경험은 우리에게, 평화와 조화는 모든 권력(potestas)이 한 사람에게 부여되는 경우에 가장 잘 이루어진다고 가르치는 것으로 보인다. 왜냐하면 어떤 국가도 투르크만큼 큰 변화 없이 오랫동안 존속하지 못했으며, 반대로 인민적인 또는 민주주의적인 정체만큼 더 단명한 정체도, 그리고 소요에 더 쉽게 동요된 정체도 없기 때문이다. 하지만 만약 예속과 야만, 고립을 평화라 불러야 한다면, 인간에게 평화만큼 더 비참한 것은 없을 것이다. 분명히 어버이와 자식들 사이의 다툼이 주인과 노예 사이의 다툼보다 더 잦고 격렬하긴 하다. 하지만 친권(親權)을 주인의 소유권으로 변경하고 어버이가 자식들을 노예처럼 다루는 것은 가정을 돌보는 데 이롭지 못하다. 따라서 모든 권력(potestatem)을 한 사람에게 넘겨주는 것은 평화가 아니라 예속의 이익을 증진시킬 뿐이다. 왜냐하면 우리가 말한 것처럼 평화는 전쟁의 부재에 있는 게 아니라 마음들의 연합, 곧 화합에 있기 때문이다."

의를 향해 한 걸음 더 전진할 수 있게 해준다. 따라서 군주정에 대한 분석은 왕의 기능과 귀족적 특권들의 상속이라는 문제에 직면해 있기 때문에, 사회적 연대의 두 유형, 곧 가계적家系的 연대와 권리에 따른(또는 시민권에 따른) 연대 사이에 존재하는 잠재적인 모순들 주위를 선회하게 된다. 귀족정의 첫번째 형태(8장)와 함께 세습귀족들과 평민들 사이의 투쟁 또는 계급불평등이라는 문제가 전면에 대두된다. 상대적으로 자율적인 다수의 지방귀족들의 동맹에 따라 형성된 '연방' 귀족정이라는 두번째 형태를 도입(9장)하면서, 스피노자는 계급 문제를 또 다른 모순, 곧 중앙집권주의와 지역분권주의의 모순으로 '과잉결정'하는 수단을 얻게 된다. 따라서 또한 권력의 통일성 문제를 영토와 주민들의 국민적 통일성이라는 문제와 대면시킬 수 있는 수단을 얻게 된다. 그렇다면 민주정에 대한 분석에는 어떤 보족적인 문제가 상응하는가? 민주정에 대한 분석은 일반적으로 대중들의 정념이라는 문제와 대결할 수밖에 없을 것이라는 가설을 세워 볼 수 있다. 이 문제는 모든 회의체가 합리적 결정을 내리지 못하게 만드는 장애물을 이루는데, 왜냐하면 "각자는 다른 사람들이 자신의 고유한 기질ingenium과 일치하게 살아가기를 바라고, 그들이 자신이 인정하고 거부하는 것을 똑같이 인정하고 거부하기를 바라기"(『정치론』 1장 5절) 때문이다. 『윤리학』에서 이는 **암비치오**ambitio로 정의된다. 모든 정체에 대해 제기되는 한 가지 질문, 곧 다중은 통치될 수 있는가라는 질문 배후에서 [각 정체에 따라] 상이한 정도로 이 질문을 조건짓는 또 다른 질문이 나온다. 다중은 어느 정도나 자신의 고유한 정념들을 통치할 수 있는가?

권리와 역량

스피노자가 『신학정치론』에서 테제의 형태로 언표하고("각자의 권리는 그의 규정된 역량이 미치는 곳까지 전개된다." 『신학정치론』 16장 2절, 262 ; 모로판, 506) 『정치론』에서 그 궁극적인 귀결들에 이르기까지 발전시킨 권리에 대한 '정의'는 그의 이론적 독창성을 보여 준다. 문자 그대로 받아들인다면 이는 '권리'가 **일차적** 통념이 아니라는 것을 의미한다. 곧 일차적 통념은 '역량'이라는 통념이다. '권리'jus라는 단어는 정치의 언어에서 역량potentia 의 원초적 실재성을 표현한다고 할 수 있다. 그러나 이 표현은 [권리와 역량 사이에] 어떤 간격도 도입하지 않는다. 이것은 '~로부터 유출된다'는 것도, '~위에 정초된다'는 것도 의미하지 않는다(바로 이 때문에, 스피노자의 정의 를 특히 '권리는 힘이다'라는 관념의 한 변형으로 간주하는 일체의 해석은 분명 잘 못이다). 왜냐하면 문제는 권리를 정당화하는 게 아니라, 권리의 규정들 및 권리가 작용하는 방식들에 대한 적합한 관념을 형성하는 것이기 때문이 다. 이런 측면에서 볼 때 스피노자의 정식은 무엇보다도 **개인의 권리는 주어 진 조건에서 그가 실제로 할 수 있는 것과 사고할 수 있는 것 모두를 포함한다는 것** 을 의미한다.

　자연 실재들이 실존하고 활동하는 역량은 충만하게 현존하는 신의 역 량이기 때문에, 우리는 자연의 권리가 무엇인지 쉽게 알 수 있다. 신이 모든 실재에 대한 권리를 소유하고 있고, 신의 권리는 절대적으로 자유 로운 것으로 간주된 신의 역량 자체와 다른 어떤 것이 아니기 때문에, 각각의 자연 실재는 실존하고 활동하는 역량을 가지고 있는 만큼의 권 리를 자연적으로 지닌다는 결론이 나온다. 왜냐하면 각각의 자연 실재 가 실존하고 활동하는 역량은 절대적으로 자유로운 신의 역량 자체와 다른 어떤 것이 아니기 때문이다. 그래서 나는 자연의 권리를 자연의 법칙들 자체로, 또는 모든 실재가 생산되는 규칙들, 곧 자연의 역량 자 체로 이해한다. 바로 이 때문에 자연 전체의 자연권 및 따라서 각 개체의 자연권은 그것의 역량이 미치는 곳까지 확장되어야 한다. 결과적으로 인간이 자신의 고유한 본성[자연]의 법칙들에 따라 하는 모든 것은 자연의 최고의[주권적] 권리에 따라 하는 것이며, 그는 자연에 대해 자신의 역량만큼의 권리를 갖는다. (『정치론』 2장 3~4절)

그러므로 각자의 권리는 항상 자연 전체의 역량의 일부이며, 이는 그가 나머지 부분들 모두에 대해 활동할 수 있게 해준다는 점을 알아 두자. 따라서 권리의 척도는 또한 **개체성**의 척도이기도 하다. 왜냐하면 자연은 무차별적인 전체가 아니라, 다소간 자율적이며 다소간 복합적인, 서로 구분되는 개체들의 복합체이기 때문이다. 마찬가지로 권리라는 통념은 오직 어떤 **현행성**actualité에, 따라서 어떤 **활동성**에만 상응한다는 점을 알아 두자. 그리하여 '인간들은 권리상 자유롭고 평등하게 태어나며 그렇게 존재한다'는 식의 정식은 여기서는 아무 의미도 갖지 못할 것이다. 인간들은 실제로는, 그들을 평등하게 해줄 어떤 역량 관계(어떤 유형의 국가)가 개입하지 않는 한 불평등한 역량들을 지니고 있는 것이 사실이기 때문이다. 탄생은 개인들이 자신들의 권리들을 긍정할 수 있는 계기를 나타내는 것이 아니라, 반대로 개인들이 가장 무력할 수 있는 계기를 나타낸다. 그들을 보호하면서 그들에게 권리들을 부여해 주는 것은 다른 사람들이다. 일반화해서 말하면, 인정되고 행사될 수 있는, 또는 반대로 그렇지 못할 수 있는 행위 능력으로서의 '이론상의' 권리라는 관념은 부조리나 신비화에 불과하다. 이는 역량의 증대에 대한 희망을 가리키거나, 흰새는 타자에 의해 억압된 지나간 역량에 대한 회한을 부적합하게 지시하는 데 불과하다.

따라서 권리에 대한 고전적인 두 관점이 배제된다.

• 한편으로 개인이나 집단의 권리를 이미 존재하는 **주어진 법질서**(제도들의 체계나 탁월한éminent ——예컨대 신성한——'정의'의 체계), 곧 어떤 행

동 및 소유는 **허가하고**, 다른 것들은 금지시키는 '객관적 법'과 결부시키는 관점.

• 다른 한편으로는 권리를 '사물'(또는 '사물'로 간주될 수 있는 모든 것)과 대립하는 인간 개인의 자유의지의 발현으로서, 곧 인간성의 보편적 특징을 표현하며 인정받기를 **요구하는** '주관적 권리'로서 파악하는 관점(스피노자는 명시적으로 이 관점을 비판한다. 『정치론』 2장 7절).[44]

이러한 이중적 배제의 결과로 권리의 통념은 처음부터 **의무**라는 통념과 관련하여 정의되지 않는다. 더욱이 권리가 표현하는 역량은 시초에는 '반대항'이나 '상관자'를 갖지 않는다. 하지만 역량은 필연적으로 사실적 한계들을 갖는다. 곧 무제한적인 어떤 권리는 무한한 역량을 표현할 테지만, 이는 신이나 또는 자연 전체에 대해서만 의미를 가질 뿐이다. 단번에 확정적으로 정의된 권리들과 의무들이라는 추상적 관념에 대하여 상호연관된 또 다른 개념쌍이 대체된다. 곧 어떤 개인이 **독립적**이라는 사실, 곧 그가 [외적] 제약 없이 자신의 행위를 결정할 수 있거나 또는 '자신의 고유한 권리를 갖는다'는 사실sui juris esse을, 이 개인이 하나 또는 다수의 다른 개인들의 권리(곧 그들의 역량)에 **종속적**이라는 사실esse alterius juris, sub alterius potestate과 대립시키는 개념쌍이 그것이다(『정치론』 2장 9절 및 그 이하[45]). 이것이 기본적인 관계다.

---

44) [옮긴이] "다른 모든 개체들처럼 인간도 할 수 있는 만큼 자신의 존재를 보존하려고 노력한다는 것은 누구도 부정할 수 없다. 왜냐하면 만약 여기서 어떤 차이가 인식될 수 있다면, 이는 인간이 자유의지를 갖고 있다는 사실에서 유래해야 하기 때문이다. 하지만 우리가 인간이 자유롭다고 인식하면 인식할수록 우리는 그가 필연적으로 자기 자신을 보존하며 올바른 정신을 지니고 있다(mentis compotem est)고 하지 않을 수 없게 된다. 자유와 우연을 혼동하지 않는 사람이라면 누구든 이를 기꺼이 인정할 것이다. 따라서 확실히 사람은 그가 실존하지 않을 수 있다거나 이성을 사용하지 않을 수 있다는 이유로 자유롭다고 불릴 수는 없으며, 오직 그가 인간 본성의 법칙들에 따라 실존하고 행위할 수 있는 능력(potestatem)을 지니고 있는 한에서만 그렇게 불릴 수 있다. 따라서 우리가 어떤 사람이 자유롭다고 간주하면 간주할수록 우리는 그가 이성을 사용할 수 없으며 선보다는 악을 선호한다는 말을 더욱더 할 수 없게 된다……."

사실 어떤 절대적인 대립이 문제가 될 수는 없다. 우리가 본 것처럼 오직 신(곧 자연 전체, 모든 자연적 역량들의 총체)만이 절대적으로 독립적이다(왜냐하면 신은 자기 안에 모든 개체성과 타자성을 포함하기 때문이다). 실제로는 서로 의존하는 특수하고 유한한 자연 실재들이 문제가 되기 때문에, 우리는 의존과 독립의 조합을 갖게 된다. 특히 모든 인간은 그가 다른 인간들(및 동물이나 물리력 같은 다른 비인간적인 개체들)에게 얼마간 완전히 의존하는 바로 그 순간에 이들에 맞서 자신의 개체성을 긍정한다. 만약 각자의 권리가 각자의 역량을 표현한다면, 그것은 필연적으로 이 두 가지 측면을 내포한다. 정의상 권리는, 변동할 수 있고 필연적으로 진화하기 마련인 세력관계들에 준거하는 개념이다.

하지만 이 정의를 오직 갈등의 양상으로만 해석하지는 말자. 분명 이러한 양상은 실존하며, 스피노자는 '자연상태'를, 개별적 역량들이 서로 실천적으로 양립 불가능하게 되는 극단적 상황이라 부른다. 이러한 상황에서 각 개체는 전면적인 종속상태에 있으며, 이는 개체들의 독립에 대하여 아무것도 기여하지 **못한다**. 여기서 직접적으로 위협받는 것은 개체성 자체다. 이 '자연' 상태는 본성상 사고 불가능한 것(사회가 파괴되는 역사적 재난의 경우나 또는——하지만 이 뒤의 경우는 은유에 불과한 게 아닌지 물어볼 수 있다——위협받는 개인들이 '인간적 삶' 이하의 상태에서 살아가게 되는, 절대적인 참주정이 아니라면)은 아니라 하더라도, 살아갈 수 없는 곳이다. 타자의 권력에 의존하고 그의 역량에 종속되는 것은 각 개체가 어느 정도까지 자신의 개체성을 보존하고 긍정하기 위한 실정적 조건이 될 수도 있다. 그

---

45) [옮긴이] "더 나아가 각자는 그가 다른 사람의 권력 아래(sub alterius potestate) 있는 동안에는 다른 사람의 권리에 속하게 된다(alterius esse juris). 그가 모든 힘을 물리칠 수 있고, 자신에게 가해진 피해에 대해 자신이 원하는 대로 복수할 수 있는 한에서, 일반적으로 말하면, 자신의 기질에 따라(ex suo ingenio) 살아갈 수 있는 한에서 자기 자신의 권리에 속한다(sui juris)."

렇다면 어떤 수준에서 이러한 균형이 확립될 수 있는지에 관한 문제가 제기된다. 곧 개체들의 권리는 어느 정도까지 서로 보태거나——또는 좀더 정확히 말하면——증대시킬 수 있으며, 반대로 어느 정도까지 서로를 중립화하거나 심지어 파괴할 수 있는가?

정확히 바로 이 토대 위에서 우리는 법적 체계의 구성에서 '권리들'의 접합을 역량들의 접합으로 분석할 수 있게 된다. 곧 서로 보태거나 서로 증대시키는 역량들을 표현하는 권리들은 서로 양립 가능하며, 반대로 서로를 파괴하는 역량들에 상응하는 권리들은 양립 불가능하다.

스피노자는 권리와 역량의 등가성으로부터 곧바로 정치적 분석을 위해 중요한 비판적 결론들을 이끌어 낸다.

• **권리의 평등**은 그 자체가 하나의 권리 또는 역량을 구성하며, 이것의 실존 여부는 상황들에 의존한다. 곧 이는 조건들을 전제한다. 스피노자는 연방제 국가의 문제와 관련하여 명시적으로 이 점에 주목한다(『정치론』 9장 4절). '자연상태'와 가까운 무정부적 상황에서 개인들의 평등——개인들의 독립성——은 "현실적이라기보다는 상상적일 뿐"이다(『정치론』 2장 15절). 개인들이나 한 국가의 모든 시민 사이의 내용 없는 평등이 아닌 진정한 평등은 제도들 및 집단적 실천의 결과로만 성립할 수 있다. 모든 사람이 이러한 평등에서 자신들의 이익을 발견할 경우에만 이 평등은 생성의 기회를 갖게 된다.

• 개인들 사이의 **계약 관계**(개인들은 이 관계들을 통해 서로 재화의 교환에 참여하고 용역을 제공한다)는 미리 실존하는 어떤 의무obligation의 결과가 아니라, '이중적인' 권리 또는 새로운 역량의 구성이다. 따라서 오직 상위의 역량(예컨대 국가의 법에 따라 체결된 계약사항들을 존중하도록 강제하는 주권자)만이, 개인들이 계약을 체결하게 만들었던 이해관계가 더 이상 존재하지 않을 때 계약이 파기되는 것을 막을 수 있다(『정치론』 2장 12~13절). 그

러나 만약 그가 동시에 아주 많은 경우에 이를 강제하려 한다면, 그는 자신의 고유한 역량을 위험에 빠뜨릴 것이다. 동일한 상황이 국가들 사이에서도 지배적인데, 다만 이 경우에는 상위의 심급이 존재하지 않으며 계약 당사자들의 이해관계가 유일한 결정자라는 점이 다를 뿐이다(『정치론』 3장 11절 이하).

- 따라서 역량관계라는 관점에서 볼 때, **권리와 사실[적 역량]의 등가성**이라는 원리 —— 이 언표는 도덕과 충돌한다 —— 는 구성적 원리가 아니라 오직 결과의 측면에서만 정립될 수 있다. 특히 『신학정치론』이 이미 서술한 것처럼, 주권자의 권리는 실제로 신민들이 복종하도록 만들 수 있는 그의 능력(이렇게 복종하게 만드는 수단이 어떤 것이든 상관이 없으며, 이 수단에는 신민들의 확신도 포함된다) 이상으로 확장되지는 않는다. 그가 우범자들이나 반항자들 또는 범죄자들에게 부과하는 제재는 어떤 상위의 '금지'를 존중해야 할 필연성을 표현하는 것이 아니라 자신의 고유한 보존의 필연성을 표현하는 것이다. 이성이 국가의 보존을 국가의 해체보다 선호할 만한 것으로 명령하는 한에서 이러한 제재는 합리적인 것으로 간주될 수 있다.

- 정념과 이성의 구분은 정확히 어떻게 권리의 정의 안에 포함되는가? 앞에서와 동일한 규칙에 따라 각각 하나의 자연적 역량을 표현하는 **정념의 권리와 이성의 권리가 존재한다**. 하지만 이러한 개념쌍은 대칭적이지 않다. 만약 정념이 이성에 대해 배타적이며 그것을 파괴하는 것이라면, 이성은 그 자체로 모든 정념을 파괴하는 게 아니라, 정념을 지배하는 상위 역량의 획득을 의미한다. 이는 종속/독립의 문제와 긴밀한 관계를 맺고 있다. 스피노자는 어떤 개인의 권리에서 이성이 정념을 제압하고 독립이 종속을 제압할 때, 이를 **자유**라고 부른다. 정념에 대한 이성의 우위는 종속에 대한 독립의 우위의 원인인가? 그렇다고 말하기 위해서는, 정념적인 삶은 타자의 역량에 종속되게 만든다(이는 경험이 가르쳐 주는 것 같다)는 점뿐

만 아니라, 덜 확실하긴 하지만 이성은 독립을 가져다 준다는 점 역시 밝혀져야 한다. 다른 모든 사정이 같을 경우, 가장 합리적인 개인들은 타자들의 정념에도 덜 종속된다는 것은 그럴 법하다(『정치론』 2장 5절; 2장 7~8절). 이렇게 되면 우리는 '독립'과 고립 또는 고독의 차이로, 곧 시민사회의 구체적인 기능방식으로 되돌아오게 된다. 이성은 개인의 역량들을 공동으로 결합함——이는 또한 실질적 자유의 최대치를 부여하는 것이기도 하다——으로써 평화와 안전을 추구하라고 조언한다.

'정치체'

스피노자는 『정치론』 전체에 걸쳐 정치학이 국가 보존의 (이론적이고 응용적인) 과학이라고 말하고 있다. 따라서 정치는 하나의 목적을 갖고 있다(이는 정치가 **목적론적** 논거들에 의존할 수 있음을 뜻하지 않는다는 점에 유념해야 한다. 목적론적 논거들은 오히려 정치의 고유한 '미신'을 나타낼 뿐이다). 국가 자신의 관점에서 볼 때, 이 목적은 '공공의 복리'와 '공적 질서'(평화, 안전, 법에 대한 복종)라는 우선적인 명령으로 나타난다. 또는 정치는 국가라는 '질료'[물질]와 국가제도라는 '형상'[형태](그러므로 주권자의 역량/권리. 여기서는 주권자가 왕이든 귀족이든 인민이든 상관없다)을 동시에 보존하려는 경향을 지니고 있다. 그러나 국가의 '질료'가 개인들의 운동을 조정하는 안정된 관계들의 체계(사회의 모습facies civitatis)(『정치론』 6장 2절)와 다른 것이 아니기 때문에, 이 두 정식은 하나의 동일한 실재, 곧 국가의 고유한 **개체성**의 보존과 일치한다.

따라서 국가 자체가 하나의 개체로, 또는 좀더 정확히 말하면 하나의 '신체'와 하나의 '정신'âme 또는 사고mens를 갖고 있는 **개인들의**[개인들로 이루어진] **개체로서** 사고되어야 한다(『정치론』 3장 1~2절; 3장 5절; 4장 2절; 6

장 19절 ; 8장 19절 ; 9장 14절 ; 10장 1절). "사회상태에서 전체로 파악된 시민들은 자연상태에 존재하는 한 개인의 등가물로 간주되어야 한다."(『정치론』7장 22절) 이는 곧바로 스피노자를 홉스의 노선('리바이어던') 및, 더 일반적으로 본다면 그리스 시대부터 우리 시대에 이르기까지 국가를 개체로 정의하는 모든 전통의 노선에 위치시키는 것 같다. 하지만 우리는 이러한 동화同化에 만족할 수 없는데, 왜냐하면 여기서는 하나의 비슷한 언표가 매우 다양한 관점들을 감추고 있는 것처럼 보이기 때문이다. 곧 국가의 개체성이 은유적인 것으로 사고되는지 또는 실재적인 것으로 사고되는지, '자연적인' 것으로 또는 '인공적인' 것으로, 기계적 연대로 또는 유기적 연대로, 국가의 자기조직화로 또는 국가가 지닌 초자연적 운명의 효과로 사고되는지에 따라 언표의 내포가 달라지는 것이다. 실제로 모든 것은 스피노자가 이러한 정의에 부여한 내용에 달려 있다.

인간 개인의 보존과 국가 개체의 보존은 동일한 인과성 원리에 따른다.

모든 자연 실재는 실존을 소유하고 있든 그렇지 않든 간에, 적합하게 인식될 수 있다. 그러므로 자연 실재들의 정의만으로는 이 실재들의 실존 원리를 도출할 수 없듯이, 실존 속에서 보존된다는 사실도 이 정의만으로는 도출할 수 없다. 왜냐하면 그것들의 관념적 본질essentia idealis은 그것들이 실존하기 전이나 실존하기 시작한 이후에도 동일하게 남아 있기 때문이다. 따라서 실존 원리가 실재들의 본질로부터 연역될 수 없기 때문에, 실존의 보존도 연역될 수 없다. 곧 실재들은 실존의 시작 및 지속을 위해 동일한 역량을 필요로 한다. 이로부터 자연 실재들이 실존하고 행위하는 역량은 신 자신의 영원한 역량과 다른 어떤 것일 수 없다는 점이 도출된다. 실제로 만약 [신의] 이 역량이 다른 역량, 창조된 어떤 역량이었다면, 그것은 자신만이 아니라 자연 실재들도 보존할 수 없었을 것이다. 하지만 그것이 창조되기 위해 필요했던 [신의] 역량은 또한 실존 속에서 존속하기 위해서도 필요한 역량이다. (『정치론』 2장 2절)

이러한 **연속적 생산**의 원리는 인간 개인들(스피노자는 '각각의', '모든 이' unusquisque와 같이, 부정적^{不定的}인 용어로 지칭하는 것을 선호한다. 『정치론』 2장 5~8절 ; 3장 18절) 및 정치 체제(『정치론』 3장 18절)에도 동일하게 적용된다. 두 가지 경우에 실존은 자연적 생산으로서만이 아니라, 개체들의 구성소들 및 이 구성소들을 연결하는 역량의 **재생산**으로 사고되며, 이러한 재생산은 개체가 외부 세력들('운세')에 저항할 수 있게 해준다. 내적인 필연성은 이렇게 정의되지만, 그러나 이것은 '자연 전체의 법칙들'의 효과를 제거하지는 않는다. 스피노자가 자신의 저작에서 전략적인 의미를 지니는 아래와 같은 언어 유희로 표현하려고 하는 것은, 인간 개인들만이 아니라 국가 그 자체 역시 자연 가운데에서는 '국가 속의 국가'imperium in imperio ──절대적 자율성이라는 의미 ──가 아니라는 것이다.

하지만 고립된 인간 개인과 이러한 '개인들의 개인', 곧 국가 자체 사이에는 질적인 차이를 낳는 상당한 정도의 역량의 차이가 존재한다. 사실 고립된 개인들은 오랫동안 자신들을 보존할 수 없는 데 반해, 국가는 잘 구성되기만 한다면, 자신의 고유한 힘들로써 지속할 수 있는 것이다(『정치론』 3장 11절). 심지어 개인들의 삶에 비해 볼 때 국가의 지속은 '일종의 영원성'을 지닌다고 상상해 볼 수도 있다. 여기에서 **유비는 상호성으로 전환되**는데, 이러한 관념은 이미 아주 구체화되어 있다. 곧 개인들이 스스로를 보존하기 위해서는 다른 개인들이 필요하다. 따라서 개인들이 자신들의 고유한 이익을 추구하는 가운데 국가의 보존을 원하게 만들어야 한다(『정치론』 7장 4절 ; 7장 22절 ; 8장 24절 ; 8장 31절 ; 10장 6절). 마찬가지로 국가가 자신을 보존하기 위해서는 개인들에게 시민적 복종의 기본 조건인 안전을 제공함으로써 개인들을 보존해 주어야 한다. 무정부 상태를 겪고 있는 국가나 적들의 무력에 의해 복속된 국가에서는 충성은 사라져 버린다(『정치론』 10장 9~10절; 그리고 6장 전체). 따라서 정의상 '최선의 정체'régime는 개인들의 안전과 제도들의 안정 사이에 가장 강력한 상관성을 실현하는 정체다.

모든 국가imperium에 대해 최선의 정체régime/status가 어떤 것인지는 시민사회의 목적, 곧 평화와 삶의 안전 바로 그것인 그 목적을 고려한다면 쉽게 알 수 있다. 그러므로 최선의 국가는 인간들이 자신들의 삶을 조화롭게 영위하는 국가이며, 그 법률들이 결코 위반되지 않는 국가다. 소요나 전쟁, 준법성에 대한 경멸이나 위반 따위는 신민들의 사악함보다는 국가의 나쁜 체제 탓으로 돌려야 한다는 점은 확실하기 때문이다. 사실 인간들은 사회적 삶civiles에 적합하게 태어나는 게 아니라, 그렇게 되는 것이다. 게다가 인간들의 본성적 정념들은 모든 곳에서 동일하다. 따라서 만약 어떤 정치체에서 인간들의 사악함이 다른 정체에 비해 더 팽배해 있고 사람들이 더 많은 죄악을 저지른다면, 이는 분명 그러한 정치체가 조화를 달성할 만한 역량을 결여했고 충분히 심사숙고해서 자신의 법률들을 설립하지 못했으며, 그에 따라 정치체의 권리 그 자체인 절대적 권리를 획득하지 못했다는 데서 비롯하는 것이다. 왜냐하면 소요의 원인들을 제거하지 못해서 항상 전쟁을 걱정해야 하고 법률들이 거의 매번 위반되는 시민사회는, 각각의 인간이 자신들의 기질ingenium에 따라 살아가지만 커다란 생명의 위험을 무릅써야 하는 자연상태와 별반 다르지 않기 때문이다. (『정치론』 5장 2절)

만약 [개인들의 안전과 제도들의 안정 사이의] 이러한 상관성이 전면적일 수 있다면, 곧 국가의 형태가 더 이상 개인들의 안전을 '위협하지'도 않을뿐더러 개인들의 활동이 제도들을 위험에 빠뜨리지도 않는다면, 우리는 자유롭거나 합리적이라고 부를 수 있는 완전한 정치체를 갖게 될 것이다(『정치론』 6장 6절 ; 8장 7절). 그러나 또한 어떤 점에서 보면 더 이상 역사도 정치도 존재하지 않을 것이다……

현재까지 스피노자는 『신학정치론』에서 소묘된 추론들을 체계화했을 뿐이다. 다시 말해 그는 역사적 인과관계에 대한 엄밀하게 내재적인 관점의 귀결들만을 이끌어 냈을 뿐인데, 이러한 관점에 따를 경우 역사적 인과관계에는 개인적 역량들 및 이 역량들의 복합체, 그리고 양자 사이의 **상호작용**(이 용어는 올덴부르크에게 보내는 32번째 편지에서 나타나며, 개체들의 형태 보존에 관한 『윤리학』의 논증들의 의미를 반영하고 있다.[46] 『윤리학』 2부 정리 9와, 정리 13 다음에 나오는 물체들의 본성에 관한 소론 참조)만 관여한다. 그러나 우리가 앞서 본 것처럼 『신학정치론』에서는 해답의 모습을 띠었던 것이 지금은 하나의 문제로 전개된다. 정치체들의 실존을 특징짓는 상호작용의 양상은 어떤 것인가? 이를 좀더 구체적으로 정의하기 위해 상이한 정체들의 해체원인에 관한 스피노자의 탐구를 따라가 보기로 하자.

이 원인들 중 어떤 것들은 특정한 국가형태에 고유한 관점에 따라 언표된다. 다른 것들은 일반적인 원인들로서, 제도적 구조[의 차이]에 따라 형태들만 변화된다. 우선 **외적** 원인들, 특히 전쟁이 존재한다. 전쟁은 모든 사회를 위협하는데, 왜냐하면 국가들은 자연상태에 존재하는 개체들처럼 서로 관계를 맺고 있기 때문이다(『정치론』 3장 1절 ; 7장 7절). 국가들은 내적으로 더 강력할수록 자신들을 온전하게 더 잘 방어해 낸다. 하지만 국가들이 평화보다는 전쟁을 선호하게 만드는 모든 원인(군인계급의 존재와 군주

---

46) [옮긴이] 이 문제에 관한 좀더 상세한 논의는 2부의 「스피노자에서 개체성과 관개체성」 참조.

의 명예욕, 정복전쟁을 통해 내부의 갈등들을 외화시키거나 중립화하려는 시도)은 또한 파괴의 간접적 원인들이기도 하다. 따라서 '운세'나 '운명' 같은 환원 불가능한 부분을 추상한다면, 진정한 원인들은 **내적** 원인들이다.

내적 원인들은 여러 등급으로 구분되는데, 여기에는 특히 개인들의 **법의 무시**에서 생겨나는 모든 효과들, 곧 공공연한 불복종부터 자신들 멋대로 주권자의 결정을 해석하려는 시도에 이르는 다양한 효과들이 존재한다(『정치론』 3장 3~4절). 한 시민이나 한 집단의 시민들이 자신들이야말로 공공의 복리salut public에 적절한 방법을 더 잘 알고 있다고 주장한다는 사실 자체에 바로 분열의 요인이 존재한다(『정치론』 3장 10절 ; 4장 2절). 이것과 대칭적인 현상으로 **권력의 자의성** 및 참주정으로의 타락이 있다. 군주가 자신의 실제 역량을 초과하는 권력을 행사하려고 할 때(『정치론』 6장 5절) 또는 귀족의원을 세습 카스트로 전환시키려는 경우(『정치론』 8장 14절)가 이에 해당한다. 어떤 인민에게 그들의 역사적 전통과 대립하는 통치형태를 부과하려는 시도가 문제될 수도 있다(『정치론』 7장 26절 ;『정치론』 9장 14절). 이 모든 경우에서 무기력한 역량은 테러와 타락에 의존함으로써 자신의 무능력을 보충하려 하지만(『정치론』 7장 13, 21절 ; 8장 29절), 결국에는 사태를 더 악화시키는 결과를 낳고 만다. 이 경우 개인들은 권력의 행사 자체를 자신들의 실존 또는 존엄성에 대한 위협으로 느끼게 된다(『정치론』 4장 4절). 국가가 자신을 구성하는 사람들의 개체성의 압축 불가능한 최소[47] ──이것을 넘어서게 되면 개인들은 시체와 다를 바 없게 된다──를 위협할 정도로 '착란에 빠지게' 되면, 국가는 마침내 자신을 파괴할 **다중의 분노**를 산출하고 만나(『정치론』 3장 9절 ; 7장 2절 ; 10장 8절 ; 그리고 4장 전체).

---

47) [옮긴이] 들뢰즈에서 빌려 온 '압축 불가능한 최소' 개념에 관한 좀더 상세한 논의는 2부의 「스피노자, 반오웰」 참조.

개인들의 폭력이 국가의 폭력을 도발시키는 것이든 아니면 개인들이 폭력 말고는 더 이상 권력의 폭력에 저항할 수 없는 것이든 간에, 우리는 결국 다음과 같은 사실을 확인하게 된다. 곧 정치체는, 지배자들 사이에서 발생하는 것이든 아니면 지배자들과 피지배자들 사이에서 발생하는 것이든 간에 내전의 잠재적 위협('소요들') 아래에서만 실존할 수 있다. 최종 심급에서 다른 모든 원인의 유효성을 규정하는 원인들 중의 원인은 바로 이것이다. 이로부터 다음과 같은 근본적인 테제가 나온다. **정치체는 외부의 적들**hostes**보다는 자신의 시민들**cives**에 의해 항상 더 많이 위협받는다**(『정치론』 6장 6절). 모든 체제는 이를 실제로 체험한다. 군주정에서는 세습귀족noblesse héréditaire의 존재(『정치론』 7장 10절)나 용병들에 대한 의존(『정치론』 7장 12절), 왕족들끼리의 경쟁(『정치론』 6장 37절)으로부터 소요가 발생한다. 귀족정에서는 귀족의원들 사이의 불평등(『정치론』 8장 11절)이나 공무원의 타락(『정치론』 8장 29절), 도시들 사이의 경쟁관계(『정치론』 9장 3절, 9절) 그리고 인민들이 구원자를 꿈꾸는 비참한 상황들 때문에 조장되는 군대 지휘관들의 야심으로부터 발생한다(『정치론』 8장 9절 ; 10장 1절). 그리고 마지막으로, 특히 귀족의원들과 평민들——도시 안에서 이방인들처럼 존재하는——사이의 계급투쟁으로부터 소요가 발생한다(『정치론』 8장 1~2절, 11절, 13~14절, 19절, 41절, 44절 ; 10장 3절).

이 분석들을 어떻게 해석할 것인가? 분명 이 분석들은 『신학정치론』에서 소묘된 제도의 변증법을 정체들에 따라 다변화하면서 확장하고 있다. 이 분석들은 인간본성(또는 특정한 인간 집단)의 '악덕들'에 대한 비난이 무익함을 보여주는데, 왜냐하면 시민의 '악덕들'(덕목들과 마찬가지로)의 근본 원인은 항상 제도의 운동 자체 내에 있기 때문이다(『정치론』 3장 3절 ; 5장 2~3절 ; 7장 7절 ; 7장 12절 ; 9장 14절 ; 10장 1~4절). 사람들은 이로부터 정치체의 안녕은 제도들의 성격에 달려 있다고 결론내릴지도 모르겠다. 그러나 분석들을 통해 이러한 결론의 방향을 변형시키는 새로운 어떤 것이 발생했다. 정치체 소멸의 모든 원인은 국가의 자연적 구성에 전적으로 내재적인, 곧 국가를 구성하는 역량들 사이의 (모순적인) 어떤 관계를 표현할 뿐인 하나의 원환을 형성한다(『정치론』 2장 18절 ; 4장 4절). 또는 다르게 말하면 자연은 역사와 실질적으로 동일화된다. 게다가 단지 양적인 의미(시민들의 '거대한 숫자')만이 아니라 질적인 의미(거대한 숫자의 개인들의 집단적 행동)에서의 다중 그 자체는 국가의 분석을 규정하는 개념이 된다. 정치적 문제는 더 이상 두 개의 항이 아니라 세 개의 항으로 이루어진다. 곧 '개인'과 '국가'는 사실은 추상들에 불과하며, 이것들은 상호관계 속에서만 의미를 지닌다. 이것들 각자는 궁극적으로는 **다중의 역량** 그 자체가 실현되는 어떤 양상을 표현하는 것이다.

바로 이 때문에, 균형, '자기한정'이라는 관념(곧 '강력하고', '절대적인' 국가는 자신의 권력을 통제하는 국가라는 관념, 그리고 모든 국가 중 가장 덜 '절대적인' 국가는 자신이 산출한 악덕들을 법으로 금지하려고 하는 국가라는 관념)이 다시 출현한다 하더라도, 이제 이 관념은 필연적으로, 항상 이미 적대의 관념을 내포하는 것으로 나타나게 된다. 왜냐하면 다중의 역량은 화합의 역량일 뿐 아니라 불화의 역량이기도 하기 때문이다. 이제 다중의 적대에 대한 균형과 중화, 상대적인 '중립화'의 문제는 더 이상 단순한 '통치'의 관점이 아니라 다중의 '정념들/수동성들'passions이라는 요소에 따라 제기된다. 다중을 통치하게 해줄 지주는 다중 바깥에서 **발견할 수 없으며**, 이는 홉스가 상상한 형태[리바이어던]의 경우도 마찬가지다. 탁월한 한 단락에서 스피노자는 국가세노의 퇴락은 '군주들'(또는 지배자들)만이 아니라 신민들(또는 피지배자들)까지 타락시킨다는 것을 설명하고 있다.

우리가 서술한 내용은, 모든 유한자에게 고유한 악덕들을 평민들에게

만 한정시키는 사람들에게는 조롱을 받게 될지도 모르겠다. 그들은 다음과 같이 말하곤 한다. 우중에게는 아무런 분별감각도 없으며, 우중은 공포를 느끼지 않으면 사람들을 공포에 떨게 만든다. 그들은 지배되는 경우에는 비굴하지만 지배할 경우에는 거만을 떨며, 그들은 일체의 진리 및 판단과 무관한 존재들이다 등등. 그러나 모든 사람은 하나의 공통적인 본성natura을 갖고 있다. 권력과 교육이 우리에게 환상을 만들어 내는 것뿐이다. 이 때문에 우리는 자주, 어떤 두 사람이 동일한 일을 했을 때, 한 사람은 처벌받아야 하지만 다른 사람은 상관이 없다고 말하곤 한다. 차이는 행동에 있는 게 아니라 그 행동을 한 사람에게 있는 것이다. 거만은 군주들의 특성이다. 인간들은 일년 기한의 관직만으로도 거만하게 된다. 이럴진대 영구적인 권세를 노리는 귀족들의 경우는 어떻겠는가? 그러나 그들의 거만함은 악덕들끼리 조화를 이루어 호화로움과 사치, 낭비로 치장하고 있는 일종의 교양 있는 우둔함이며, 우아한 배덕이다. 따라서 하나씩 떼어 놓고 볼 경우에는 명백히 수치스럽고 혐오스러운 이 악덕들은 무지자들과 순진한 사람들에게는 영예롭고 훌륭한 것으로 나타나게 된다. 더욱이 만약 우중에게는 아무런 분별감각도 없으며, 그들은 공포를 느끼지 않으면 사람들을 공포에 떨게 만든다면, 이는 자유와 예속이 손쉽게 뒤섞이지는 않기 때문이다. 마지막으로 우중이 일체의 진리 및 판단과 무관한 존재라는 것은 놀라운 일이 아닌데, 왜냐하면 국가의 주요 업무들은 그들 모르게 수행되며, 그들은 그들로부터 은폐시키는 게 절대 불가능한 몇 가지 사실로부터 그러한 업무들을 파악해 내야 하기 때문이다. 사실 자신의 판단을 중지하는 것은 비범한 노력을 요구하는 덕목이다. 따라서 시민들에게 그릇된 판단과 잘못된 해석을 하지 말도록 요구하면서도 모든 것을 시민들 모르게 수행하려고 하는 것은 어리석음의 극치이다. 만약 평민들이 스스로를 절제할 줄 알고 자신들이 잘 알지 못하는 것에 대해 판단을 유보하거나 또는 극히 적은 정보만으로도 올바른 판단을 내릴 줄 안다면, 그들이야말로 복종하는 대신 지배할 만한 자들일 것이다. 그러나 우리가 말한 것처럼 자연은 모든 사람에게 동일하다……. (『정치론』 7장 27절)

이 분석은 다음과 같이 다시 표현될 수 있다. 곧 **지배자들과 피지배자들, 주권자와 시민들은 동등하게 다중의 일부를 형성한다.** 따라서 최종 심급에서 근본적인 질문은 항상 다중이 스스로를 통치할 수 있는, 곧 자신의 역량을 증대시킬 수 있는 자질의 문제가 된다. 그러나 이것은 구체적으로 두 가지를 의미한다.

1. 민주주의는 문제적인 개념인데, 왜냐하면 그것은 이미 균형을 이룬, 실질적으로는 '만장일치적인' 어떤 다중의 실존양상에 상응하기 때문이다.

2. 균형은 국가기관들의 배치나 사법적인 [견제]장치처럼 정적인 방식으로는 존재하지 않는다. 그것은 개인들이 공통의 작업을 수행할 때 생성된다. 다시 말하면 정치체의 '정신'은 대의代議가 아니라 실천인 것이다. 이는 바로 결정décision의 문제다.

국가의 정신 : 결정

개인들이 용어의 강한 의미에서 '결정하는' 일은 드물다. 그들이 자기의 의지라고 생각하는 것은 대개는 그들이 이러저러한 행동을 선호하도록 충동질하는 정념적 동력들에 대한 무지에 불과하다. 심지어는 자신들의 이익에 대한 그들의 의식, 이 최소한의 합리성조차도 무기력이나 전능, 숙명론이나 미신의 환상들에 맞서 이러한 이익을 보장해 주지 못한다. 내적으로 분할된 모순적 역량으로서의 다중은 전혀 결정을 내리지 못한다. 다중에게는 자신들의 오류를 정정하고 목적과 수단을 조정할 수 있게 해주는 최소한의 일관성이 결여되어 있다. 대다수의 사회에서 다중은 권리와 정보를 박탈당하고 있으며, 단지 정념들이 서로 공명하고 극단적으로는 도시의 정신의 '동요'를 불러일으키는 환경을 이룰 뿐이다. 그러나 만약 국가 수준에서 하나의 의지가 생성되어야 한다면, 다중은 그러한 의지의 형성과정에 포함되어 있어야 한다. 어떻게 이것이 물질적으로 가능한가?

군주정의 경우를 살펴보자. 첫번째 질문은 누가 실제로 결정하는가이다. 얼핏 보기에 이는 왕 자신인 것 같다. 그러나 실제로는 왕이 육체적으로나 정신적으로 연약한 개인에 불과한 다수의 경우는 제외한다 하더라도, 한 개인으로서는 국가의 업무를 감당할 수 없다(『정치론』 6장 5절). 그가 정보를 얻기 위해서는 자문기구들conseils이 있어야 하고, 스스로를 보호하기 위해서는 군대와 친척들이 필요하고, 자신의 의지를 전달하고 이것이 실행되는지 여부를 감독하기 위해서는 관리들이 필요하다. 실제로 결정을 내리는 것은 이들이다. 따라서 '절대' 군주들은 은폐된 귀족들일 뿐이며, 여기서 실질적인 권력은 하나의 카스트 집단에 귀속된다. 그런데 (조신朝臣들이거나 귀족들인) 이 집단은 경쟁적인 야심들 때문에 분할된다. 국가의 우두머리인 한 인물을 갈아치우는 것은 가장 쉬운 일이다(『정치론』 7장 14절, 23절). 심지어 왕이 유한한 한 인간이고, 각각의 왕위계승이 '대중으로의 복귀'(『정치론』 7장 25절)의 위험을 야기할 경우에는, 이는 자연스러운 시도이기까지 하다. 이론적으로는 전능한 자인 왕은 경쟁자들을 물리치고 자신의 왕위승계를 확실히 하기 위해서 자신이 총애하는 자들에게 특권을 부여하고 '신민들에게는 모략을 덮어씌우면서'(『정치론』 5장 7절 ; 6장 6절 ; 7절 29절), 자신의 경쟁자들을 유지시킨다. 그리하여 그는 스스로를 무력하게 만든다.

군주정이 자신의 모든 역량을 획득하기 위해서는 단 하나의 합리적인 전략만이 가능할 뿐이다. 일체의 코포라티즘[48]을 폐지하고 민회assise de masse에 심의권을 부여하면서도 양도 불가능한 최종결정의 통일성은 확보하는 전략이 그것이다. 이 때문에 정치적 '선택사항'들을 취합하고 그것들을 왕에게 수렴시키는 회의체들의 구성에 엄격한 규칙들이 부과되는 것이다. 스피노자가 기술한 메커니즘들은 대의제적일 뿐만 아니라 가능한 한 **평등한** 것들이라는 점을 지적해 두자. 왕은 토론과 정책입안에 대해서는 어떠한 역할도 수행해서는 안 된다. 특히 그는 모든 '국가기밀'(『정치론』 7장 29절)을 거부해야 한다. 따라서 그는 공공의 안녕의 수단을 보유하고 있는 것으로 간주되는 '수령'은 아니다. 하지만 그렇다고 해서 그의 기능은 비본질적이라고 결론짓지는 말자. 심의 자체는 아직 결정을 내리는 것은 아니다. 곧 다수 의견을 승인하는 것조차도 유효한 행동인 것이다. 그리고 특히 이러한 중심적 기능이 없이는 체계는 어떤 결과를 산출할 수 없을 것이며, 다양한 유력자들majorités 사이에서 무한정하게 동요하게 될 것이다. 의회 assemblée와 군주는 결정(실행의 통제)의 계기들을 분점하면서 **체계의 불안정을 제거하고 대중을 안정시킨다.** 또는 오히려 다중은 결정의 권한을 지닌 한 개인을 (이러저러한 규제 메커니즘에 따라) 손수 '선출'하면서 스스로 안정된다. 그렇다면 정치체에서 왕은 자신의 독자적 '의견'도, 어떤 내면성도 갖지 않고 다중의 의견과 다른 어떤 것도 스스로 '생각하지'

---

48) [옮긴이] 코포라티즘(corporatisme)은 우리말로 옮기기가 아주 어려운 개념이다. 이 개념은 '물체', '신체'를 뜻하는 라틴어 '코르푸스'(corpus)에서 유래한 것으로, 사회의 이익 집단들을 대표하는 '단체들'(corporations)이 입법 권력을 보유하고 있는 것을 가리킨다. 여러 집단이 입법 권력을 획득하기 위해 공개적으로 경쟁하는 다원주의와 달리 코포라티즘에서는 선거나 공개적인 선출 절차를 거치지 않은 단체들이 입법 과정에서 결정적인 역할을 행사한다. 현대 정치학에서는 자유주의나 전체주의와 대비하여, 국가가 자본과 노동자를 감독하거나 통제하는 방식을 가리킨다.

못하지만, 또한 그가 없이는 다중이 전혀 명석판명하게 사고하지 못하고 스스로를 구원할 수도 없는 유일한 개인이라고 할 수 있다. 이러한 의미에서 그러나 오직 이러한 의미에서만, 우리는 엄밀하게 왕은 '국가의 정신' esprit(『정치론』 6장 18~19절)이라고 말할 수 있다.

그렇다면 귀족정의 경우는 어떤가? 어떤 측면에서는 군주정과 정반대다. 귀족정은 붕괴되지 않고서는 평등한 정체régime가 될 수 없다. 곧 그 자체로 보존되어야 하는 것은 귀족계급의 지배인 것이다. 따라서 '평민'은 최종 결정에서는 물론이거니와 심의에서도 완전히 배제되어야 한다. 정치적으로 볼 때 시민이 아닌 신민들은 귀족정에서는 국가 안의 이방인들처럼 존재한다(『정치론』 8장 9절). 귀족들의 결정을 반발로부터 보호하기 위해서는, 신봉자와 압력집단의 형성을 막아 주는 비밀투표의 형태 아래 결정이 이루어져야 한다(『정치론』 8장 27절). 다른 한편으로 귀족의회의 귀족적 특성을 제거하는 일은 전혀 있을 수 없다. 반대로 귀족들이 자신들의 고유한 (계급적) 이익을 추구하면서도 바로 이를 통해 일반 이익을 추구할 수 있어야 한다(『정치론』 10장 6~8절). 이러한 이익의 수렴은 가능한데, 왜냐하면 군주정과는 달리 늙거나 병들어서 사망한 의원들을 새로운 의원들로 대체함으로써 회의기구가 '영원히' 존립할 수 있기 때문이다(『정치론』 8장 3절 ; 10장 2절).

그러나 이러한 체계도 다중적 토대의 필연성을 대체하지는 못한다. 이 때문에 다음과 같은 근본 규칙이 나온다. 곧 **귀족정이 존속하기 위해서는 자신의 고유한 힘을 증대시키면서 동시에 다중의 모든 의견을 '통계학적으로' 반영하기 위해 최대한 확장되어야 한다**(『정치론』 8장 1~4절 ; 11~13절). 귀족계급이 많아질수록 귀족들은 좀더 효과적으로 결정권을 보유할 수 있고, 따라서 권력을 확보할 수 있다(『정치론』 8장 3, 17, 19, 29절 등). 이러한 귀족계급은 사실상 개방적이고 확장된 지배계급이다(일종의 '부르주아'?).

그러나 이 규칙이 모든 난점을 해결하지는 못한다. 다수의 머리를 지니고 있는 정치적 신체가 사실상 '머리 없는 신체'가 되는 것을 어떻게 피할 수 있는가?(『정치론』 9장 14절) 의장président을 선출하는 것은 인위적인 수단이거나 또는 체제를 변화시키는 결과를 낳는다(『정치론』 8장 17~18절). 진정한 해결책은 순수한 다수결 원리를 적용하는 데 있다. 스피노자가 제안하는 모든 (복잡한) 헌정 장치들은 이 원리를 작동시키고 정규화하는 것을 목표로 삼고 있다(『정치론』 8장 35절 이하). 이 원리는 '대의적'이지만, 영속적인 당파들의 형성은 배제한다. 스피노자는 여기서 두 가지 상이한 관념을 따르고 있는 것으로 보인다. 그 하나는 집합적 통치기구는 심의에 의해 합리적인 선택을 할 수 있다는 관념이다. 다른 하나는 만약 모든 견해들이 결정들을 선별하는 과정에서 검토된다면, 여기서 나온 결과는 일반적인 이익에 가장 잘 부합하고, 따라서 모두가 가장 잘 받아들일 수 있다는 관념이다. 바로 이 때문에 여러 의견을 적은 수로 축소시키는 당파들의 형성은 체계적 오류의 원인이 될 것이다.

하지만 마지막으로 한마디 해두자. 어떤 결정이 합리적이라고 해서 그것이 자동적으로 존중되리라는 결론이 따라나오지는 않는다. 따라서 최후의 메커니즘이 필요한데, 이는 한편으로 **통치기관**gouvernement과 다른 한편으로 **행정부**administration라는 두 가지 장치의 구분에 암묵적으로 상응한다. 평민은 결정기구에서는 유리되지만, 공무원들은 평민들로부터 충원되어야 한다(『정치론』 8장 17절 ; 8장 44절). 따라서 주권이라는 점에서는 불평등한 지위에 있는 [평민과 귀족] 계급들은 둘 모두 국가 운영에 참여하게 된다. 각 계급은 여기에 자신의 이익을 투여할 수 있다. 이를 통해 다수결 원리는 만장일치를 재생산할 수 있다. 지배적인 회의체는 "마치 하나의 정신esprit에 따라"(『정치론』 8장 19절) 지도되듯이 운영될 수 있을 뿐만 아니라, 또한 이 정신은 마치 다중이 하나의 개체를 형성하는 듯이 정치체 전체를 통솔할 것이다.

스피노자가 사고하는 결정 메커니즘들은 이중적인 목표를 동시에 추구하고 있다. 한편으로 '**국가장치**'라고 부를 수 있는 것을 정치권력의 진정한 담지자로 구성하는 것이다. 각 정체의 '주권자'는 상이한 양상에 따라 이러한 장치의 기능적 통일성과 동일화되는 경향이 있다. 다른 한편으로 이러한 장치 자체의 '**민주화**' 과정에 참여하는 것이다. 분명히 처음부터 민주주의적인 정체에는 어떤 갈등 조절 제도와 양식이 존재할 수 있는지는 수수께끼로 남는다. 그러나 이러한 아포리아는 상이한 각각의 정체들이 자신의 고유한 '완전성'으로 나아감에 따라 민주주의를 향한 도정을 시작하게 된다는 사실로 보완된다. 스피노자는 '마음의 동요'로부터 단일한 견해와 선택을 이끌어 내는 경향이 있는 제도들이 바로 이렇게 함으로써 실제로 공통의 이익에 따라 마음 esprit과 습속의 '통합'을 이룩한다고 파악한다. 하지만 이렇게 되면, 대중이 스스로를 통치한다는 것이 무엇인지 사고 가능하게 된다. 그리고 이러한 결과가 효과적일수록, '군주정'과 '귀족정', '민주정'의 법적 구분은 형식적이고 추상적인 구분이 될 것이다. 극한적으로 나아가면 이는 단순한 이름의 문제가 된다.

스피노자의 몇몇 정식들은 우리를 놀랍게 한다. 예컨대 모든 귀족적 카스트에서 독립해 있는 군주정이라는 가설이 그러하다. 하지만 이러한 자유로운 가설은 고전적인 '절대주의적' 국가의 어떤 경향에 잘 들어맞는다. 좀더 정확히 말하면 스피노자식 군주정의 평등주의는 '부르주아 군주정'의 가설과 부합하며, 미래의 '대통령중심제'나 '제정'帝政 체제를 예견하는 것으로 보인다. …… 귀족정 모델은 이와 다르다. 곧 이 모델은 처음부터 집단적 결정의 합리적 능력에 기초하고 있기 때문에, 지배계급을 전체 인민의 차원으로 확장시킴으로써만 내적인 갈등으로부터 이 능력을 보존할 수 있다. 그러나 여기서 여성과 노예 같은 '자연적 종속자들'은 제외된다(『정치론』8장 14절; 9장 3~4절). 이는 분명히 모든 시민의 부가 무한정하게 증대할 수 있다는 것을 가정하고 있다. 어쨌든 간에 『정치론』의 민주정은, 하나는 평등을 특권화하고, 다른 하나는 자유를 특권화하는 국가의 합리화의 두 형태 사이의 변증법에 의거함으로써만 사고될 수 있다.

4장 _ 『윤리학』 : 정치적 인간학

우리는 스피노자 정치이론의 두 가지 단계의 연관성과 차이를 강조하면서 살펴보았다. 우리가 보기에 결정적인 질문——철학과 정치의 상호함축이라는 질문——과 함께 이 고찰이 종결되기는커녕 어떤 의미에서 모든 것은 바로 여기서 시작된다. 스피노자 그 자신이 명시적으로 이 질문을 제기했으며, [철학과 정치의] 이러한 통일에 대해 반성했다고 말할 수 있는가? 그렇다고 믿어야 하는데, 왜냐하면 『신학정치론』과 『정치론』의 논증 과정에 깔려 있는 하나의 인간학(또는 '인간본성'에 대한 한 이론)에 속한 개념들을 발전시키면서, 그는 자신의 철학과 선행하는 모든 철학 사이의 차이에 직접적으로 정치적인 의미를 부여했기 때문이다. 이 마지막 요점을 해명하기 위해 우리는 세 가지 문제, 곧 **사회성**과 **복종**, **교통**의 문제를 살펴볼 생각이다. 계속 『신학정치론』과 『정치론』에서 논의의 요소들을 끌어올 생각이지만, 우리는 무엇보다 『윤리학』에 의존할 것이다. 『윤리학』은 스피노자가 15년 동안 끊임없이 개작하면서 작업했던 체계적인 저작인데, 그의 친구들과 적들은 이 책의 출간을 초조하게 기다리면서 이에 대해 미리 자신들의 해석을 투사했다. 이 저작은 마침내 1677년 그가 죽고 난 뒤 곧바로 출간되었다.

사회성

'자연'과 '인간본성'[인간적 자연], '사회성'은 결코 분리된 철학적 질문이었던 적이 없었다. 그 조직이나 기능상 '자연적인 사회들'은 실존하는가? 그렇지 않다면, 스피노자가 말하듯이 사회와 국가의 제도는 '자연의 질서를 동요시킨다'고 간주해야 하는가? 모든 것은 이 '질서'(우주적인 조화인가 아니면 인과적 과정인가?) 및 이와 대립하는 반대항들(폭력이나 인공물, 또는 법적이거나 정신적인 **또 다른 질서**……)을 정의하는 방식 자체에 달려 있다. 어떤 철학이 자연을 파악하는 관점은 일반적으로는 개인성과 인간 공동체의 규정들을 일찌감치 예비하는 방식에 불과한 것이다. 그러나 이것만이 아니다. **자연적 사회성**이라는 테제(아리스토텔레스가 말한 "인간은 본성상 도시를 위해 살아가는 존재다"——스콜라 철학은 이를 '사회적 동물'로 번역했다——라는 명제나 보쉬에가 말한 "사회는 거대한 가족으로 간주될 수 있다"는 명제, 또는 맑스가 말한 "인간 본질은 실은 사회적 관계들의 총화다"와 같은 것들)는 역사가 경과하는 동안 상당한 의미 변화를 겪을 수 있으며, 매우 다양한 정치들에 '봉사할' 수 있다. 위의 테제와 대칭적인 **사회**는——자연의 자생적인 운동과 **대립**하기까지는 않겠지만——**사후**事後에 **설립된다**는 테제도 마찬가지다. 어떤 이들에게 이는 그저 자연이 자연 그 자체 내에서는 실현될 수 없는 사회적인 삶에 대한 자연적 성향을 포함한다는 것을 의미한다(그래서 루소에서 자연상태의 인간은 자신의 동료 인간에 대해 '사회적 감정'——동정심——을 느낀다). 다른 이들은 (칸트에서 볼 수 있듯이) 자연은 인간공동체를 향한 도덕적 지향을 포함하고 있지만 정념들이 이를 방해한다고 생각하며, 또 다른 이들은 심지어 인간본성이 본질적으로는 '이기적'이고 반사회적이라는 것을 뜻한다고 생각한다('만인에 대한 만인의 투쟁'이 인간들의 자연적 조건을 이룬다고 생각하는 홉스에서 볼 수 있듯이). 이처럼 이 테제들의 의미와 기능이 맥락에 따라 근본적으로 변화함에도 불구하고, 우리는 고대 그리스에서부터 근대에 이르기까지 **반정립 그 자체는 보존된**다는 것을 분명히 확인할 수 있다. 이는 이러한 반정립이 그 자체로 어떤 의미를 함축하고 있고, 우회할 수 없는 한 가지 사실을 감추고 있음을 알려 준다. 하지만 이러한 사실은 실재적인 사실인가 사고상의 사실인가? 그러므로 자연적 사회성이라는 관념과 제도적 사회성이라는 관념 사이에는 양자의 상이한 인간학적 지향을 넘어선 어떤 **공통적인** 것이 존재하는가? 공통점이 존재한다면 그것은 아마도 사회성을 항상 유대로서, 곧 인간들을 '연합'하고 그들의 상호 필요나 '우정' ──그리스 인들의 우정philia, 기독교인들과 고전주의 시기의 **평화**나 **조화**──을 표현해야 하는 유대로서 사고하며, 사람들이 사회를 이러한 유대의 실현을 영위하는 질서로 사고한다는 점일 것이다.

스피노자는 이러한 고전적인 노선들을 혼란에 빠뜨리면서 '자연'과 '제도'라는 양자택일을 전위시키는 또 다른 노선을 제시하며, 이는 사회적 관계의 문제를 다른 식으로 제기할 수밖에 없게 만든다. 그러나 이러한 양자택일을 피할 수 없는 것으로 지각하도록 길들여 온 우리의 역사적 문화는, 우리가 사회성에 관한 스피노자의 테제들을 읽어 내기 어렵게 만든다. 이 테제들을 축약하고 있는 정식들로 곧바로 나아가서 우리가 직면해 있는 난점이 무엇인지 직접 체험해 보자. 문제의 중심 텍스트는 『윤리학』 4부의 정리 37 및 그에 대한 두 개의 증명과 두 개의 주석이다.

정리 37

덕을 추구하는 모든 사람은 스스로 선을 욕망하며, 또한 이것을 다른 사람을 위해서도 욕망할 것이다. 그리고 그가 신을 더 많이 인식할수록 이 욕망은 더욱 커진다.

증명

이성의 인도에 따라ex ductu Rationis 살아가는 한에서의 사람들은 사람에게 가장 유익하다(4부 정리 35 따름정리 1에 따라). 따라서 (4부 정리 19에 따라) 이성의 인도에 따라 우리는 필연적으로 [다른] 사람들이 이성의 인도에 따라 살아가게 하려고 노력한다. 그런데 이성이 명령하는 것을 삶에서 준수하는 모든 사람, 곧 (4부 정리 24에 따라) 덕을 추구하는 모든 사람이 스스로 욕망하는 선은 실재들에 대한 인식intelligere이다(4부 정리 26에 따라). 그리하여 덕을 추구하는 모든 사람은 스스로 선을 욕망하며, 또한 이것을 다른 사람을 위해서도 욕망할 것이다. 그리고 이러한 욕망은, 정신과 관련되는 한에서 정신의 본질 자체다(3부 마지막에 나오는 정서에 대한 정의에 따라). 또는 정신의 본질은, 신에 대한 인식을 함축하며(2부 정리 47에 따라) 이것이 없이는(1부 정리 15에 따라) 존재할 수도 인식될 수도 없는, 인식으로 이루어져 있다(2부 정리 11). 따라서 정신의 본질이 신에 대한 인식을 더 많이 함축할수록, 덕을 추구하는 사람이 스스로 욕망하는 선을 다른 사람을 위해서도 욕망하려고 하는 욕망도 더욱 커지게 될 것이다.

또 다른 증명

사람은 자신이 스스로 욕망하고 사랑하는 선을 다른 사람도 사랑하는 것을 보게 되면, 더욱 확고하게 그것을 사랑하게 될 것이다(3부 정리 31에 따라). 그리하여 그는 다른 사람들이 같은 것을 사랑하게 하려고 노력할 것이다(같은 정리의 따름정리에 따라). 그리고 이러한 선(4부 정리 36에 따라)이 모두에게 공통적이며 모든 사람이 그것을 누릴 수 있기 때문에, 그는 (같은 이유에서) 모든 사람이 그것을 누리게 하려고 노력할 것이다. 그리고 그가 이러한 선을 더 많이 누릴수록 이러한 노력은 더욱

커질 것이다(3부 정리 37에 따라).

주석 1

어떤 사람이 오직 정서에 이끌려 다른 사람들이 그 자신이 사랑하는 것을 사랑하게 하고, 그 자신의 고유한 기질ingenium에 따라 살아가게 하려고 할 때, 그는 충동에 따라 행위하는 데 불과하다. 그리고 그는, 다른 성향을 지니고 있지만 [그와] 같은 충동에 따라 다른 사람들로 하여금 자신들의 고유한 기질에 따라 살아가게 하려는 사람들에게 특히 미움을 받는다. 게 다가 정서가 사람들에게 욕망하게 만드는 최고의 선은 대개 한 사람만이 소유할 수 있는 것이기 때문에, [정서에 따라] 사랑하는 사람들은 내면적 인 정신의 일치를 이루지 못한다. 그들은 즐거이 자신들이 사랑하는 대상을 찬양하면서도, 다른 한편으로는 사람들이 이것을 그대로 믿을까 봐 두려워하는 것이다! 반대로 다른 사람들을 이성에 따라 인도하려고 노력하는 사람은 충동에 의해서가 아니라 인간적이고 자비로운 방식으로 행위하며, 자기 자신과 충만한 내면적인 일치를 이루고 있다.

나는 신에 대한 관념을 갖고 있는 한에서, 또는 신을 인식하는 한에서 의 우리 자신이 원인이 되어 생겨나는 모든 욕망과 행동을 종교Religio[49] 와 관련시킨다. 나는 우리가 이성의 인도에 따라 살아감으로써 생겨난 좋은 일을 하려는 욕망을 도의심Pietas[50]이라고 부른다. 이성의 인도에 따라 살아가는 어떤 사람이 다른 사람들과 우정을 맺을 수밖에 없게 만 드는 욕망은 신의Honestas라 부른다. 그리고 나는 이성의 인도에 따라 살아가는 사람들이 찬양하는 것을 **도덕적**이라고 부르며, 반대로 우정을

---

49) [옮긴이] 'religio'에 관해서는 「용어 해설」을 참조하라.
50) [옮긴이] 'pietas'에 관해서는 「용어 해설」을 참조하라.

맺는 것과 대립하는 것은 **비도덕적**turpe이라고 부른다. 이로써 나는 또한 도시civitas의 토대들이 무엇인지 증명했다(……).⁵¹⁾

주석 2

(……) 모든 사람은 자연의 최고의 권리/주권droit souverain에 의해 실존하며, 따라서 모든 사람은 자연의 최고의 권리에 의해 자신의 본성의 필연성에서 따라나오는 것을 수행한다. 그리하여 자연의 최고의 권리에 의해 각자는 선한 것과 악한 것을 판단하고, 자신의 고유한 기질에 따라 자신의 이익을 따지고(4부 정리 19와 20에 따라) 보복하며(3부 정리 40의 보충 2에 따라), 자신이 사랑하는 것은 보존하고 증오하는 것은 파괴하려고 한다(3부 정리 28에 따라). 만약 사람들이 이성의 인도에 따라 살아간다면, 모든 사람은 다른 사람에게 해를 끼치지 않고서도 자신에게 속하는 이 권리(4부 정리 35의 보충 1에 따라)를 행사할 수 있을 것이다. 그러나 사람들이 인간의 역량이나 덕을 훨씬 능가하는(4부 정리 6에 따라) 정서들에 좌우(4부 정리 4에 따라)되기 때문에, 서로의 도움이 필요할 때(4부 정리 35의 주석에 따라), 때로는 다른 방향으로 이끌리게 되고(4부 정리 33에 따라) 서로 대립하게 된다(4부 정리 34에 따라).

따라서 사람들이 평화롭게 살아가면서 서로에게 도움을 줄 수 있으려

---

51) [옮긴이] 이 마지막 문장에서 발리바르는 아퓡의 번역을 따르고 있는데, 이는 약간의 문제의 소지가 있다. 이 문장의 원문은 다음과 같다. "Praeter haec, civitatis etiam quaenam sit fumdamenta ostendi." 여기에서 문제가 되는 번역은 'praeter haec'다. 아퓡과 발리바르는 이를 'par là', 곧 '이로써'라고 옮기고 있지만, 이렇게 되면 스피노자가 여기서 말하고자 하는 것은 '종교', '공경심', '도의심', '도덕' 같은 것이 '국가의 토대들'이라는 말이 되며, 따라서 일종의 유토피아적이거나 이상주의적인 정치를 옹호하는 게 된다. 이 때문에 피에르-프랑수아 모로는 'praeter haec'을 '이로써'가 아니라 '그밖에'라고 번역해야 한다고 주장하고 있다(Pierre-François Moreau, *Spinoza et le spinozisme*, PUF, 2003, pp. 141~142). 여기서는 발리바르의 불어 번역문을 그대로 옮겼지만, 이 어구의 번역 여부에 따라 스피노자의 논의가 상이하게 이해될 수 있다는 점을 염두에 두기 바란다.

면, 그들의 자연권 중 어떤 것을 양도해야 하며, 다른 사람을 해칠 수 있는 어떠한 행동도 하지 않으리라는 것을 서로에게 확신시킬 수 있어야 한다. 필연적으로 정서들에 노출되어 있고 불안정하고 변화하기 쉬운 인간들이 이러한 상호확신을 낳고 서로를 신뢰하게 해줄 수 있는 원인은 어떤 것일까? 4부 정리 7과 3부 정리 39가 이 원인을 제시해 준다. 곧 어떠한 정서도 그보다 강력하고 그것과 대립하는 다른 정서가 아니고서는 억제될 수 없으며, 모든 사람이 다른 사람에게 해를 입히지 않도록 자제하게 되는 것은 더 커다란 피해에 대한 두려움 때문이다.

이것이 바로 사회의 안전을 보증하게 될 법칙인데, 단 이는 사람들 각자가 지닌 보복할 권리와 선악을 판단할 권리가 이 법칙에 귀속될 것을 조건으로 한다. 이렇게 해서 이 법칙은 공동의 삶의 규칙communis vivendi ratio을 명령할 수 있는 힘과 법률들을 제정하고 보증할 수 있는 힘을 지니게 되는데, 이는 정서들을 억제할 수 없는 이성(4부 정리 17의 주석)이 아니라 위협들을 통해 이루어진다. 법률들과 스스로를 보존할 수 있는 힘에 기초하여 설립된 이러한 사회를 우리는 **도시**라고 부르며, 그 법에 의해 보호받는 사람들을 **시민들**이라 부른다.

이로써 우리는 자연상태에서는 모든 사람이 동의하는 '선'과 '악' 같은 것은 존재하지 않음을 쉽게 이해할 수 있다. 왜냐하면 자연상태에서 각자는 자기 자신의 이익만을 고려할 뿐이며, 자신의 고유한 기질에 따라, 그리고 자신에 이로운 것이 존재하는 한에서만 선과 악을 판단하기 때문이다. 모든 사람은 오직 자기 자신에게만 복종한다. 그리하여 자연상태에는 어떠한 죄악péché도 존재하지 않으며, '선'과 '악'이 공동의 동의에 의해 고정되고 사람들 모두가 국가에 복종하게 되는 시민사회에서만 죄악이 존재한다. 따라서 죄악이란 불복종과 다른 것이 아니며, 바로 이 때문에 불복종은 국가의 법에 의해서만 처벌될 수 있다. 반대로 복종은 시민의 **미덕**merit으로 간주되며, 이는 그가 국가의 편의들을 누릴 수 있게 해준다.

게다가 자연상태에서는 어떤 일이든 모두가 동의하는 주인이란 존재하지 않으며, 이 사람이나 저 사람의 '소유물'이라고 할 수 있는 것도 존재하지 않는다. 거기에서는 모든 것이 모든 사람에게 속한다. 그러므로 자연상태에서는 '각자에게 그의 몫을 주려는' 의지나, 어떤 사람으로부터 '그의 소유물'을 박탈하려는 의지 같은 것은 아무 의미도 없다. 다시 말해 정당한 것과 부당한 것은 공동의 동의에 따라 각자의 소유가 정해지는 시민사회에서만 의미를 가질 뿐이며, 자연상태에서는 그렇지 않다. (……)

『윤리학』의 모든 정리는 그 정리가 다른 정리들과 맺고 있는 필연적인 연관성을 입증하면서 그 정리의 의미를 확정하는 증명이 없이는 아무것도 아니다. 그런데 정리 37은──드문 경우이며, 따라서 항상 의미심장한──두 개의 증명을 포함하고 있고, 이 양자는 전혀 상이한 논증을 제시하고 있다. '도시의 토대들'이 무엇인지 이해하려면 다음과 같은 과제를 해결해야 한다. 곧 이 두 증명은 어떤 점에서 **구분**되며, 이러한 차이에도 불구하고 어떤 점에서 **동일한 필연성**을 표현하는지 탐구해 봐야 한다. 논의를 이끌어가기 위해, 나는 4부 정리 37이 그것을 보완하거나 또는 그것이 전제하는 정리들과 맺고 있는 논리적 관계들에 대한 단순화된 도표를 다음 쪽에서와 같이 제시해 보겠다.

첫번째 증명을 보자. 사회성이란 이성이 정의히는 최고선에 대한 참여의 상호성이며, 사람들은 진리(따라서 신과 실재들)에 대한 인식을 통해서 이러한 공동선, 따라서 그들의 상호 유용성을 원하게 된다. 달리 말해 서로를 사랑하게 된다. 이보다 더 고전적인 명제는 없는 것처럼 보인다. 따라

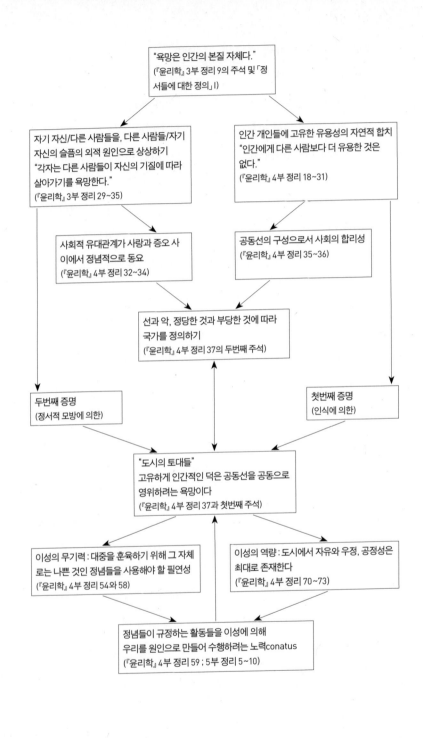

"욕망은 인간의 본질 자체다."
(『윤리학』 3부 정리 9의 주석 및 「정서들에 대한 정의」I)

자기 자신/다른 사람들을, 다른 사람들/자기 자신의 슬픔의 외적 원인으로 상상하기
"각자는 다른 사람들이 자신의 기질에 따라 살아가기를 욕망한다."
(『윤리학』 3부 정리 29~35)

인간 개인들에 고유한 유용성의 자연적 합치
"인간에게 다른 사람보다 더 유용한 것은 없다."
(『윤리학』 4부 정리 18~31)

사회적 유대관계가 사랑과 증오 사이에서 정념적으로 동요
(『윤리학』 4부 정리 32~34)

공동선의 구성으로서 사회의 합리성
(『윤리학』 4부 정리 35~36)

선과 악, 정당한 것과 부당한 것에 따라 국가를 정의하기
(『윤리학』 4부 정리 37의 두번째 주석)

두번째 증명
(정서적 모방에 의한)

첫번째 증명
(인식에 의한)

"도시의 토대들"
고유하게 인간적인 덕은 공동선을 공동으로 영위하려는 욕망이다
(『윤리학』 4부 정리 37과 첫번째 주석)

이성의 무기력 : 대중을 훈육하기 위해 그 자체로는 나쁜 것인 정념들을 사용해야 할 필연성
(『윤리학』 4부 정리 54와 58)

이성의 역량 : 도시에서 자유와 우정, 공정성은 최대로 존재한다
(『윤리학』 4부 정리 70~73)

정념들이 규정하는 활동들을 이성에 의해 우리를 원인으로 만들어 수행하려는 노력conatus
(『윤리학』 4부 정리 59 ; 5부 정리 5~10)

서 첫번째 주석이 종교와 도덕성을 욕망의 '합리적인' 양상이라고 부르는 것은 전혀 놀라운 일이 아니다. 그러나 이 증명은 앞선 두 개의 정리에 의존하고 있다. 여기서 사태는 모든 것을 지휘하는 한 단어, 곧 '~인 한에서' quatenus라는 것 때문에 복잡해진다.

4부 정리 35의 증명

사람들은 이성의 인도에 따라 살아가는 **한에서** 능동적이라 불리며, 인간 본성에서 나오는 모든 것은 이 본성이 이성에 의해 정의되는 **한에서** 자신의 가까운 원인으로서 인간 본성에 의해서만 인식되어야 한다. 그러나 각자가 자신의 본성의 법칙들에 따라 자신이 좋다고 판단한 것을 욕망하며 나쁘다고 판단한 것을 물리치기 위해 노력하기 때문에, 그리고 다른 한편으로 이성이 우리로 하여금 좋거나 나쁘다고 판정하게 만드는 것은 필연적으로 그런 것이기 때문에, 사람들은——그들이 이성의 인도에 따라 살아가는 **한에서는**——필연적으로 인간의 본성에 필연적으로 좋은 것만을, 따라서 또한 특정한 각각의 사람에게 좋은 것, 곧 특정한 각각의 인간의 본성에 일치하는 일만을 하려고 한다. 따라서 또한 사람들은 이성의 인도에 따라 살아가는 **한에서** 항상 필연적으로 서로 일치한다.

따름정리 1

사람에게 이성의 인도에 따라 살아가는 다른 사람보다 더 유용한 독특한 실재는 자연 안에 존재하지 않는다. 왜냐하면 사람에게 가장 유용한 것은 그의 본성에 가장 일치하는 것, 곧 (그 자체로 자명하듯이) 사람이기 때문이다. 그러나 사람은 이성의 인도에 따라 살아갈 때 자신의 고유한 본성의 법칙들에 의해 절대적으로 능동적이며, 오직 **이런 한에서** 그는 항상 필연적으로 다른 사람의 본성과 일치한다. (……)

따름정리 2

특정한 각각의 사람이 자신에게 유용한 것을 최대한 추구할 때, 사람들은 서로에게 가장 유용하다. 왜냐하면 특정한 각각의 사람이 자신의 고유한 유용성을 더 많이 추구하고 자기 자신을 보존하려고 더 노력할수록, 그는 더 많은 덕(역량, vertu)을 지니거나 또는——같은 것이지만——자신의 고유한 본성의 법칙들에 따라 행위하기 위한, 곧 이성의 인도에 따라 살아가기 위한 역량을 더 많이 지니게 된다. (……)

주석

우리가 방금 증명한 것은 모든 사람 또는 거의 모든 사람이 "인간은 인간에 대해 신이다"라고 말할 정도로, 경험 그 자체에서 매우 빈번하고 분명하게 확증된다. 그렇지만 사람들이 이성의 인도에 따라 살아가는 것은 매우 드물다. 곧 사람들은 대개 서로를 질투하며, 서로에게 해를 끼친다. 하지만 그들이 고립되어 살아가지는 못하기 때문에, '사회적 동물'로서의 인간이라는 유명한 정의에는 사람들 대부분이 동의한다. 그리고 사실 실제 상황을 보더라도, 공동의 사회는 사람들에게 손해를 입히는 것보다 훨씬 더 많은 이익을 제공해 준다. 따라서 풍자가들이 인간사를 마음껏 조소하고, 신학자들이 이를 비난하고, 우울증에 빠진 사람들이 문명생활에서의 도피를 예찬하고 인간을 경멸하며 짐승을 찬양하도록 내버려 두자. 이들이 아무리 뭐라 해도 사람들은 서로 도움으로써 자신들에게 필요한 것들을 훨씬 쉽게 조달할 수 있고, 서로의 힘을 결합함으로써만 그들을 노리는 위험에서 벗어날 수 있음을 느끼게 된다. (……)

따라서 사람들 사이에서 **필수적인** 조화를 규정하는 이성에 초월적인 것은 아무것도 없다. 그것은 '고유한 유용성'에 대한 추구에서 드러나고 전개되는 인간 본성의 역량을 표현할 뿐이다. 이성이 필연적으로 신의 관념을 함축한다면, 이는 사람들이 자신들의 고유한 활동에서 이러한 관념을 발견하기 때문이다. 하지만 이성 자체만으로는 인간 본성을 정의할 수 없다. 반대로 스피노자는 계속해서 인간 본성은 이성에 의해서만이 아니라 **동시에** 상상과 정념에 의해서도 정의된다고 주장한다. 하지만 이는 그 이상의 것을 함축한다. 곧 사람들은 자신들의 고유한 본성의 법칙들을 완전하게 실현하는 한에서 조화를 이루며 이성의 인도에 따라 살아가게 된다. 이는 사람들이 [인간 본성의 법칙들과] 똑같이 본성적인 **또 다른 법칙들**을 실현한다는 것을 의미한다. 따라서 스피노자의 논증의 '연쇄'에서, 4부 18~31번째 **정리들**로 좀더 거슬러 올라가 보자. 이 정리들은 자연적 이성의 원리 자체(그것의 '권고')가 각각의 개인에 대하여 이중적 필연성을 제시한다는 점을 보여 줌으로써 정리 35의 증명을 예비하고 있다. 이때 이중적 필연성이란 각 개인들이 코나투스에 따라 자신의 존재를 보존해야 할 필연성이면서 동시에, '그들의 본성에 대립하는 외부의 원인들'과 균형을 맞추기 위해 같은 본성을 지닌 다른 개인들과 함께 더 역량 있는 하나의 개체를 구성해야 할 필연성이다. 이 두 가지 필연성은 구체적으로 보면 하나일 뿐이며, 이것들은 실존 속에서 존속하려는 욕망인 인간의 본질에서 동시에 파생된다(3부 정리 6~9). 스피노자는 이로부터 개인주의와 사회성을 각각 비도덕적인 것과 도덕적인 것으로서 대립시키려고 한 이론들이 불합리성을 이끌어 낸다. 하지만 이 증명의 전체적인 타당성은 인간들이 제한된 역량을 지닌 자연적 개체들, '독특한 실재들'이라는 사실에서 나온다. **자연에 존재하는 무한하게 많은 다른 독특한 실재들처럼······.**

따라서 우리는 처음 보기보다 훨씬 복잡한 일군의 테제들을 얻게 된다.

1. 모든 자연적 개체들처럼 인간들은 스스로를 보존하려는 경향을 지닌 한에서, 서로 간의 '일치'에서 직접적인 이익을 갖는다.

2. 경험과 추론은 사회에 대하여 이것이 필연적임을 보여 주며, 현실에서 이는 실현된다.

3. 이런 의미에서 이성은 인간 본성의 일부를 이룬다. 곧 이성은 외부로부터 '수입되지' 않는다.

4. 하지만 이성은 인간 본성을 배타적으로도(이성은 무한하게 더 광범위한 자연 전체와도 관계한다), 총체적으로도(왜냐하면 인간의 욕망은 또한 이성과 대립하는 양상들, 곧 인간들이 '이성에 따라 인도되는' 것이 아니라, '충동'에 따라 인도되게 만드는 수동적 정서들[정념들]을 포함하기 때문이다) 정의하지 않는다.

이제 같은 방식으로 4부 정리 37의 두번째 증명으로 가서 그 전제들(본질적으로는 3부의 정리 29에서 35까지, 그리고 4부의 정리 32에서 34까지)로 거슬러 올라가 보자. 우리는 곧바로 이 두번째 논증 '연쇄'는 정확히 인간 이성의 '타자', 곧 정념의 메커니즘(기쁨과 슬픔, 희망과 공포, 사랑과 증오)에 관계한다는 것을 발견하는데, 이 메커니즘은 외부 원인들을 ─상대적으로─지배하면서 자기 자신을 보존하는 개인의 역량을 표현하는 것이 아니라, 외부 원인들에 대한 개인의 상대적 종속을 표현한다. 또한 이 메커니즘은 인간이 자신의 '고유한 유용성'으로부터 얻을 수 있는 적합한 인식이 아니라, 자신의 고유한 본성에 대한 무지 때문에 만들어 내는 이미지를 표현한다. 그런데 인간들의 이러한 정념적인 삶은 이성과 똑같이 실존 안에서 존속하기 위한 노력에서 생겨난다. 이는 [이성과] 동등하게 본성적이지만, '부적합한' 인간 욕망의 양상을 표현한다. 이로부터 인간들 사이의 영속적인 갈등의 원인인 정념들이 사회성의 반대항을 표상한다고 결론을 내려야 할까? 전혀 그렇지 않다. 스피노자가 우리에게 보여 주는 것은 정념들 자체에서 시작하고, 정념들의 요소 안에서 이루어지는 **사회의 또 다른 발생이 존재한다**는 점이다. 비록 이 경우에는 이러한 발생이 어떠한 필연적인 조화로 인도하지 않지만 말이다. 이러한 관념을 좀더 정확히 살펴보자.

4부의 정리 32~34는 무엇을 말하고 있는가? 이 정리들이 말하고 있는 것은 본질적으로 다음과 같은 것이다. 곧 정념들에 종속되는 한에서 인간들은 무능력, '부정'밖에는 확실히 공통적으로 갖고 있는 게 없다. 우리는 그들이 본성상 일치한다고 말할 수 없는데, 왜냐하면 그들은 어떠한 공통적인 유용한 대상도 갖고 있지 않기 때문이다. 게다가 이 상황은 각 개인에게는 불안정과 불확실성의 최대치에 해당한다. 곧 그들은 서로 일치하지 않을 뿐 아니라, 자기 자신과도 일치하지 않는 것이다. 여기서 독자들은 아마도 이런 식의 일반적 주장은 아무 도덕가나 다 주장할 수 있다고 생각할 것이다. …… 하지만 성급하게 결론을 내리기 전에, 우선 이러한 불일치가 지닐 수 있는 형태를 살펴보자. 이는 슬픔의 심리적 경제에 의존하고 있는데, 슬픔은 자신의 무력함에 대한 개인의 의식이며, 다른 사람들만이 아니라 자기 자신에 대한 증오를 초래한다(4부 정리 34 및 주석). 그런데 인간들이 완전히 고립되어 있다면, 슬프지도 않고 증오하지도 않을 것이다. 더욱이 그들이 이러저러한 대상에 대해 갖고 있는 **사랑과 관련하여** [이 대상을 상실하지나 않을까 하는] 두려움을 느끼지 않고, 자신들이 사랑하는 것에 관해 그들이 두려워하는 외부 원인들——특히 다른 사람들——을 물리칠 수 있으리라는 희망을 경험하지 않는다면, 그들은 서로를 증오하지 않을 것이다. 사람들이 동일한 대상을 서로 다르게 사랑하는 한에서, 또는 양립 불가능한 대상들을 사랑하는 한에서, 또는 좀더 근본적으로는 그들이 다함께 사랑하는 대상들을 서로 다르게 상상하는 한에서 서로를 증오한다(그들의 독특한 '기질'을 구성하는 것이 바로 이것이다).

여기서 놀라운 관념이 모습을 드러낸다. 곧 **증오는** 단지 사회적 (또는 관계적) 정념일 뿐만 아니라, 또한 '사회적 유대', 사회성의 (모순적인) 한 형태다. 어떻게 이러한 테제를 주장할 수 있는지 이해하려면 '도시의 토대들'에 대한 두번째 논증의 기초를 이루는 3부 정리 31로 되돌아가 봐야 한다.

정리 31

만약 우리가 사랑하거나 욕망하는 또는 반대로 증오하는 것을 어떤 사람이 [똑같이] 사랑하거나 욕망하거나 증오하는 것을 상상한다면, 우리는 이 사실 하나만으로 더욱 굳건하게 그것을 사랑하거나 욕망하거나 또는 증오하게 될 것이다. 그러나 우리가 사랑하는 것을 그가 증오한다든가 또는 그 반대의 경우를 상상한다면, 우리는 마음의 동요를 겪게될 것이다.

증명

어떤 사람이 어떤 것을 사랑한다는 사실 하나만으로 우리는 같은 것을 사랑하게 된다(3부 정리 27에 따라). 그러나 우리가 이미 그것을 사랑하고 있다고 가정하면, 우리의 사랑은 앞의 사실에서 사랑을 더욱 북돋우는 새로운 원인을 발견하게 된다. 따라서 우리는 우리가 사랑하는 것을 더욱 굳건하게 사랑하게 된다. 만약 지금 우리가 어떤 사람이 어떤 것을 싫어하는 것을 상상한다면, 우리는 이 대상을 싫어하게 될 것이다(역시 3부 정리 27에 따라). 그러나 동시에 우리가 [이미] 그것을 사랑하고 있다고 가정하면, 우리는 같은 것을 사랑하는 동시에 싫어하게 될 것이다. 곧 (3부 정리 17을 보라) 우리는 마음의 동요를 겪게 될 것이다.

따름정리

이로부터, 그리고 3부 정리 28로부터, 사람들 각자는 다른 모든 사람들이 그 자신이 사랑하는 것을 사랑하고 증오하는 것을 증오하도록 만들기 위해 노력할 것이라는 결론이 따라 나온다. ……

주석

그 자신이 사랑하거나 증오하는 대상을 모든 사람이 따르게 만들려는 이 노력conatus은 실은 **암비치오**[52]다(3부 정리 29의 주석 참조). 그러므로 우리는 모든 사람은 본성상 다른 사람들이 그 자신의 고유한 기질 ingenium에 맞춰 살아가기를 욕망한다는 것을 알 수 있다. 하지만 모든 사람이 똑같이 그것을 욕망하기 때문에, 사람들 모두는 각자 서로에게 장애물이 되며, 사람들 각자가 모두에게 인정받거나 사랑받기를 원하기 때문에, 사람들 모두는 서로를 증오하게 된다.

여기서는 세 가지 관념이 긴밀하게 연결되어 있다(그리고 이 연결은 강력하고 원초적이다). 곧 서로에 대해 갖고 있는 이미지들을 통해 한 개인의 정서들을 다른 개인의 정서들과 소통시켜 주는 기본적인 심리적 메카니즘인 **동일시/정체화**의 관념과, 처음부터 기쁨과 슬픔, 따라서 사랑과 증오의 정서들을 위협하고 각자의 정신(또는 마음animus)이 동요시키는 **양가성**의 관념, 그리고 마지막으로는 **차이들에 대한 공포**라는 관념인데, 각자는 이 관념을 통해 이러한 동요를 극복하려고 노력하지만, 정반대로 무한정하게 그것을 존속시키게 된다.

이러한 분석은 지극히 중요하다. 왜냐하면 이는 사회성에 관한 모든 문제설정을 전위시키기 때문이다. '동류'同類, semblable ──우리 자신을 그

---

[52] [옮긴이] '암비치오'(Ambition/Ambitio). 같은 곳 44번째 항목 및 해명. 암비치오는 매우 번역하기 어려운 개념 중 하나다. 이 개념에 관한 좀더 자세한 내용은 「용어 해설」을 참조하라.

와 동일시할 수 있고, 우리가 '이타주의적인' 감정을 느낄 수 있는 다른 개인. 종교에서 이를 '이웃들'[53]이라 부르고 정치에서는 '동료시민'이라 부른다——는, 이미 주어져 있는 존재라는 의미에서 자연적으로 실존하는 게 아니다. 반대로 이는 스피노자가 '정서 모방'affectum imitatio(3부 정리 27)이라 부르는, 그리고 개인들의 상호인정 속에서만이 아니라 개인적 정념들의 불안정한 집합체로서의 '다중'의 형성에서도 작용하는 상상적인 동일시/정체화 과정에 의해서도 구성된다. 사람들은 비록 '동일한 본성'을 지니고 있긴 하지만 '동류'는 아닌 것이다! 사람들은 동류로 생성된다. 그리고 동일시/정체화를 촉발하는 것은 '외부 원인', 곧 정서적 대상으로서의 **타자의 이미지**다. 그러나 이 이미지는 지극히 양가적이다. 곧 이것은 매력적이면서 혐오스럽고, 안심시키면서도 위협한다.

그러므로 사랑과 증오를 각각 '사회화'하는 반정립적인 행동들의 기원에는 **동일한 원인**이 존재한다(3부 정리 32와 주석). 곧 **인간미**("다른 사람들을 기쁘게 하는 일은 하고 불쾌하게 하는 일은 하지 않으려는 욕망"[54])는 **동정심**("다른 사람의 행복에 기뻐하고 불행에 슬퍼하도록 어떤 사람을 변용시키는 한에서의 사랑"[55])과 가까우면서도 또한 대칭적으로 **암비치오**("모든 정서를 조장하고 강화하는, 명예에 대한 과도한 욕망", "오직 다른 사람들을 기쁘게 하기 위한 목적으로 어떤 것을 하거나 하지 않으려는 노력. 특히 우리 자신이나 다른 사람들에게 미칠 피해를 고려하지 않은 채, 맹목적으로 우중을 기쁘게 하려고만 하는 경

---

53) [옮긴이] '이웃들'로 번역한 'prochains'이라는 단어는 기독교 신자들의 어법에 좀더 가깝게 '형제자매'로 번역할 수도 있을 것이다.
54) [옮긴이] '인간미'(Humanité/Humanitas). 3부 마지막에 나오는 「정서들에 대한 정의」 중 43번째 항목. Humanitas는 '예의바름'(courtesy―새뮤얼 셜리)이나 '인간적 친절함'(human kindness―에드윈 컬리) 또는 '공손함'(강영계) 등으로 번역되지만, 불어본에서는 어원을 고려하여 대개 'humanité'로 번역하고 있다.
55) [옮긴이] '동정심'(Miséricorde/Misericordia). 같은 곳 24번째 항목.

우."[56])와 가깝기도 하다. 그런데 사람들이 ──얼마 동안──같은 취향과 품행, 또는 판단이나 의견을 갖게 만들 가능성이 직접 도출되는 것은 바로 암비치오로부터다(3부 정리 29 주석). 그리하여 **공동선**──곧 [공동의] 사랑의 대상──에 **대한 상상**이 구성된다. 그러나 이는 정의상 공포와 증오, 곧 공동으로 피하려고 하는 나쁜 일(이나 불행)에 대한, 또는 다른 사람이 그 나름대로 다른 선을 추구하는 경우 발생할지 모를 나쁜 일에 대한 상상과 분리될 수 없다(우리는 여기서 『신학정치론』의 '신학적 증오'를 떠올리게 된다).

이러한 두 가지 논증의 연쇄 덕분에 우리는 여기서 '도시의 토대들'의 주목할 만한 복잡함을 파악할 수 있게 된다. 정의상 공동의 유용성으로서의 선에 대한 합리적인 인식은 양가적이지 않으며, 그 자체로는 자신의 대립물로 전도될 수 없다(그리고 기쁨의 원인에서 슬픔의 원인으로 바뀔 수도 없다). 역으로 다른 사람들이 '자신의 고유한 기질에 맞춰 살아가게' 만들기 위한, 또는 그 자신이 '다른 사람들의 기질에 맞춰' 살아가려는 각자의 노력은 필연적으로 사랑과 증오 사이에서 동요한다. 그러므로 **사회성은, 각자 나름대로 실제적인 효과들을 생산하는** [이성의 인도에 따른] **실제적인 일치와** [정서 모방에 따른] **상상적인 양가성의 통일이다**. 또는 대립물의 통일(합리적 동일성과 정념적 가변성, 그러나 또한 개인들의 환원할 수 없는 독특성과 인간 행동들의 '유사성')로서의 이러한 통일은 우리가 사회라고 부르는 것과 결코 다르지 않다. 그리하여 '사회적 유대'에 대한 고전적인 개념과, 자연 대 제도라는 양자택일은 불충분함이 입증된다. 4부 정리 37의 **주석들**이 보여 주는 것이 바로 이 점이다. 이러한 통일체가 현실적으로 실존하기 위해서는 하나의 권력potestas이 형성되어야 하는데, 이 권력은 공통적인 선과 악, 정당한 것과 부당한 것을 확고하게 정의하고, 개인들이 자신들의 개별적인 역량

───────────

56) [옮긴이] 3부 정리 29의 주석.

을 결합하여 자신들을 보존하는 형식을 확정함으로써, 개인들의 정서들을 양극화하고 개인들의 사랑과 증오의 운동을 인도한다. 한마디로 **사회는 또한 하나의 국가**(여기서는 도시^{civitas})**이어야 하며**, 이 두 개념은 단 하나의 실재를 가리킬 수밖에 없다. 우리는 인간이 '원초적으로' 사회적이라고 말할 수는 없다. 하지만 우리는 그들이 항상 이미 사회화되어 있다고 말해야 한다. 우리는 국가가 '자연에 거스르는' 것이라고 말할 수는 없지만, 더 이상 국가를 이성의 순수한 실현물로, 또는 인간사^{人間事} 안으로 자연의 일반적 질서를 투사한 것으로 표상할 수는 없다. 사회와 국가는 인간 개인들의 자연적 독특성이 표현되는, 상상적이면서 동시에 합리적인 유일한 관계를 구성한다.

복종이란 무엇인가?

『신학정치론』의 분석에서 『정치론』의 분석에 이르기까지, 그리고 후자에서 『윤리학』의 정리들에 이르기까지 복종의 생산은 우리에게 기본적인 사회적 관계로 나타나며, 국가들의 역사는 복종의 부침의 역사들로 나타난다. 우리는 이제 이 개념을 완전히 정의할 수 있게 되었는가? 한편으로 사회는 국가, 곧 복종이지만, 다른 한편으로 자유는 오직 사회의 경계 안에서만 실현된다는 것을 동시에 긍정하는 어떤 철학의 의미를 궁극적으로 어떻게 이해해야 하는가? 이는 '자발적 예속'의 우회적인 변호론으로 나타날 위험이 있지는 않은가?

이 질문들에 답변하기에 앞서, 오랫동안 스피노자주의에 대한 토론이 ─우연이 아니게도─ 집중되어 온 『윤리학』의 몇몇 정리들을 다시 한번 고찰해 봐야 한다. 스피노자는 자연과 제도에 대한 고전적인 논의들을 전위시킨 것과 마찬가지로, 그리고 아주 밀접한 이유들에 따라, 예속과 자유에 대한 논의들을 전위시킨다. 아리스토텔레스에서 데카르트에 이르는—그리고 그 이후까지 연장되는—전통은, 어떤 사람들을 다른 사람들에게 복속시키는 복종관계(주인에 대한 노예의, 남편에 대한 아내의, 아버지에 대한 아이들의, 군주에 대한 신민의)를 이해하기 위해서는 무엇보다도 **정신에 대한 신체의 복종**, 곧 신체에 대한 정신(또는 영혼)의 '자생적인' 역량을 이해해야 한다고 믿는다.[57] 명령이란 무엇보다도 **의지하는 것**이며, 자신의 의지에 따라 신체들을 '종속시키는 것'이다. 반면 복종은 정신이 타자의 의지를 인지함으로써, 그리고 이를 '자신의 의지'로 만듦으로써—자의에 의해서든 강제에 의해서든 간에—형성한 어떤 관념에 자신의 신체가 일치하도록 움직이는 것이다. 그렇지만 다음과 같은 수수께끼가 남는다. 곧 어떻게 정신은 신체에 작용할 수 있는가? 어떻게 정신은 신체의 운동을 '명령할' 수 있는가?

분명 피해 갈 수 없는 이러한 질문에 대해 스피노자는 근본적인 답변을 제시한다. 곧 **정신은 신체에 작용하지 못하며, 신체 역시 정신에 작용하지 못한다.** "신체는 정신이 사고하도록 규정할 수 없으며, 정신 역시 신체가 운동

---

57) 『사회계약』의 첫번째 판본에서 루소는 이를 다시 말하고 있다. "인간의 구성에서 신체에 대한 정신의 활동이 철학의 구렁텅이이듯, 공적인 힘[공권력]에 대한 일반의지의 활동은 국가 구성에서 정치의 구렁텅이이다. 여기서 모든 입법가들은 실패하고 만다.……"[Jean-Jacques Rousseau, *Œuvres complètes* III, Gallimard, 1964, p. 296.—옮긴이] 또한 『사회계약』 3부 1장 참조.
  [옮긴이] "모든 자유 행동은 두 개의 원인이 협력하여 이루어진다. 그중 하나는 정신적인 원인으로, 그 행위를 결정짓는 의지이고, 다른 하나는 신체적인 원인으로, 그 행동을 실천에 옮기는 역량이다. 내가 어느 목표를 향해 갈 때 첫째로 내가 그것에 가기를 원해야 하고, 둘째로는 내 발이 나를 그곳으로 옮겨 가야 한다. 중풍에 걸린 사람이 제아무리 뛰어가고 싶어도 또 ㅇ닝안 사람이라도 그럴 의사가 없으면, 이 두 사람은 모두 제자리에 머물러 있을 것이다. 마찬가지로 정치체도 두 가지 원동력이 있는데, 이 경우에 역시 힘과 의지를 구분할 수 있다. 이때 의지는 **입법권**, 힘은 **집행권**이라 불린다. 정치체에서는 이 두 가지가 서로 협력하지 않으면 어떤 일도 행해지지 않고 또 행해져서도 안 된다. …… 그러므로 공공의 힘은, 일반의지가 지시하는 방향에 따라 그 힘을 통합하여 발휘하게 하는 적당한 대행자를 요구한다. 이 대행자는 국가와 주권자를 서로 연결하며, 마치 개인에서 신체와 정신의 연합이 수행하는 것과 같은 역할을 공공의 인격체 안에서 수행한다."(루소, 『사회계약론』, 이환 옮김, 서울대출판부, 1999, 77~78쪽. 번역은 수정)

하거나 정지하도록, 또는 다른 양상으로 존재하도록(만약 또 다른 존재양상이 실존한다면) 할 수 없다."(『윤리학』3부 정리 2)

사람들은 신체는 오직 정신의 명령을 통해서만 때로 운동하거나 때로 정지하며, 그 활동들 대부분은 정신의 의지와 사고 기술에 의존한다고 아주 굳게 확신하고 있어서, 이를 숙고하게 만드는 것은 매우 힘든 일이다. 물론 누구도 아직 신체의 역량이 어느 정도인지 규정하지 못했다.…… 따라서 사람들이 신체의 이러저러한 활동은 신체에 대한 권력 imperium을 지니고 있는 정신에서 유래한다고 말할 때, 그들은 자신들이 말하는 바를 알지 못하며, 자신들의 무지를 허풍떠는 언어로 고백하는 데 불과하다.…… (『윤리학』3부 정리 2의 주석)

그와는 반대로, 스피노자가 자연적 인과관계를 분석하는 방식 자체 (『윤리학』2부 정리 7~9, 21 및 주석) 때문에, 정신의 관념들의 **연쇄**('또는 질서와 연관')는 신체의 운동들의 연쇄와 **동일하다**는 점을 인정해야 한다. 그리고 자신의 정념들에 대한 정신의 역량의 증대는 신체의 역량의 증대에 상응한다(2부 정리 13의 주석 ; 정리 39의 따름정리 ; 3부 정리 11 및 주석 ; 5부의 정리 39). 이 정리의 증명은 자연에 대한 스피노자의 관점에 준거하고 있다. 이에 따르면 '정신'과 '신체'는 구분되는 두 '실체'를 구성하는 게 아니라, 때로는 관념들의 복합체로 인식되고(스피노자는 "사유 속성 아래에서"라고 말한다), 때로는 물질적 복합체로 인식되는("연장 속성 아래에서") '하나의 동일한 실재'(때로는 하나의 동일한 개체)를 구성한다. 이 정리를 하나의 공리로 인정하기로 하자. 바로 이 때문에 정신은 **신체의 관념**으로 정의된다(2부 정리 11~13, 15~21 ; 3부 정리 3). 이러한 논점의 의미를 가장 잘 해명해 주는 비판적인 결론만 간단히 지적해 두자. 곧 스피노자에 따르면 신체가 수동적인 한에서 정신이 능동적이라고 상상하는 대신, 역으로 정신과 신체에 동시에 관계하는 능동성 또는 수동성을 사고해야 한다. 이 통일적인 인간학적 테제는 모든 위계적 원리를 제거하는데, 이 테제가 어떻게 사회성 및 국가에 대한 분석과 접합되는지 질문해 봐야 한다.

『신학정치론』은 복종의 영속성constance을 '정신의 내적인 활동'과 결부시켰다(『신학정치론』 288). 그러나 『신학정치론』은 이러한 일반적인 논조에 그치지 않고, 복종을 하나의 습성이나 삶의 유형으로, 또는 좀더 정확히 말하면, 하나의 실천으로 길게 서술했다(『신학정치론』 101 이하, 294 이하). 이러한 실천은 어떻게 수행되는가? 이는 무엇보다도 조직된 의례儀禮에 신체의 운동을 종속시키고, 집단적 규율에 따라 신체가 주기적으로 동일한 태도들을 취하게 만들고, 현재의 감성들에 따라 신체의 습관을 강화시키는 것이다. 상관적으로 정신의 경우에는 계시된 진리로 간주되는 역사적·도덕적 이야기들이 제공해 주는 사고와 활동의 모델에 관념들의 연쇄를 종속시키는 것이다. 규율과 기억, 또는 반복과 시간적 상상이 동일한 시나리오의 두 가지 면모를 이룬다. 사실 이것들은 공포와 희망, 위협과 약속, 박해와 보상이 형성하는 동일한 정서 복합체에서 유래한다. 복종(그러나 또한 그것과 대립하는 불복종, 법의 위반)은 항상 이러한 정서 복합체의 지배 아래서 살아가는 것이다.

『윤리학』의 정리들을 통해 분석은 심화된다. 복종의 실천이 공포와 희망을 함축한다고 말하는 것은, 복종하는 주체 ——한 가지 '욕망' 속에 통합되어 있는 신체와 정신——가 자신의 역량보다 상위의 역량을 상상한다고 말하는 것이다. 그가 **영속적으로** 복종하기 위해서는 그에게 명령하는 주체의 역량이 **가능한 한** 거대하게 나타나야 한다. 그러므로 어떤 공포를 경험하거나, 심지어 법을 언표하는 어떤 의지를 표상하는 것만으로는 충분치 못하다. 명령하는 주체가 전능한 존재로, 특히 명령을 받는 주체에 대하여 전능한 존재로 상상되어, 그의 명령이 일체의 비결정의 여지를 남겨 두지 않고 명령의 변경 자체가 거론될 수 없게 되어야 한다. 달리 말하면, 이 명령의 주체는 모든 외적 규정이 부재한다는 의미에서 '자유로운' 것으로 상상되어야 한다. 그러나 인간들이 그처럼 자유로운 역량으로 상상하는 것은 바로 그들 자신이며, 그들이 자기 자신에 관해 형성하는 관념들에 따라 상상된 다른 사람들이고, 결국은 인간의 모델 위에서 최고의 역량으로 인식된 신이다. 그런데 이러한 상상은 다른 모든 것보다 더 양가적이다.

동일한 사랑의 원인이 주어져 있을 때, 우리가 자유로운 것으로 상상하는 실재에 대한 사랑과 증오는 필연적인 실재에 대한 사랑과 증오보다 훨씬 강력해야 한다.

증명

우리는, 우리가 자유로운 것으로 상상하는 실재를 다른 것들과의 관계 없이 그 자체로 지각해야 한다. 따라서 만약 우리가 그것을 기쁨과 슬픔의 원인으로 상상한다면, 이 사실 자체로부터 우리는 어떤 주어진 정서가 산출할 수 있는 것보다 훨씬 더 커다란 사랑이나 증오를 [그것에 관해] 갖게 될 것이다. 반면 우리가 동일한 정서의 원인이 되는 실재를 필연적인 것으로 상상한다면, 우리는 이 실재를 이 정서의 유일한 원인으로 상상하는 게 아니라, 다른 원인들과 결합된 원인으로 상상하게 될 것이다. 이 때문에 이 후자의 실재가 우리에게 불러일으킬 사랑과 증오는 훨씬 더 적을 것이다. (3부 정리 49)

우리가 명령의 주체를 이런 의미에서 자유롭다고 상상하게 되면, 우리는 우리의 복종에서 생겨나는 선과 악에 대한 책임을 그에게만 돌리게 될 것이다. 그리하여 타자의 자유에 대한 상상은 [다른] 인간들에 대한 복종의 양가적인 효과들을 배가시킨다. 그리고 이는 통치자들이 대중에게 아첨받는 동시에 경멸받는 이유를 설명해 준다. 반대로 이는 또한 왜 가장 안정된 국가는 모든 시민이 통치자들을 '전능한 자들'로 생각하지 않고, (제도의 형태 자체 및 특히 제도의 기능 때문에) 그들의 결정은 실제로 일반적 필연성에 따라 **규정된**다고 믿을 만한 충분한 이유를 지니고 있는 국가인지 설명해 준다.

더 나아가 이는 종교적 효과들의 양가성을 설명해 준다. 우리가 신을 입법자로, 또는 (견딜 수 없는 불안을 경험할 때를 제외한다면) 우리가 결코 증오할 수 없는 주인으로 상상할 때 ——사랑과 같이 존재하는 증오가 전위되듯이(3부 정리 17과 주석)[58] ——정서의 대립 운동(3부 정리 18과 주석)에서 탄생한 불확실성은 전위된다. 이렇게 되면 우리가 무한하게 증오하는 경향을 갖게 되는 것은 바로 우리 자신과 다른 사람들이다. 이로부터 종교적

---

58) [옮긴이] 스피노자는 정리 17 및 주석에서 유명한 "마음의 동요"(fluctatio animi) 개념을 제시하고 있다.

정리 17
만약 대개 우리를 슬픔의 정서로 변용시키는 실재가 대개 우리를 같은 크기의 기쁨으로 변용시키는 다른 실재와 어떤 유사성을 갖고 있다고 우리가 상상하면, 우리는 이 실재를 증오하면서 동시에 사랑하게 될 것이다.

주석
두 가지 상반된 정서에서 생겨나는 이 정신의 상태는 마음의 동요라고 불리며, 이것과 정서의 관계는 의심과 상상의 관계와 동일하다(2부 정리 44의 주석을 보라). 그리고 마음의 동요와 의심 사이에는 정도상의 차이만 존재한다. 하지만 다음과 같은 점을 지적해 둘 필요가 있다. 위의 정리 17에서 나는 이 마음의 동요를, 한 정서에 대해서는 그 자체로 원인이면서 다른 정서에 대해서는 우연적으로 원인이 되는 원인들로부터 연역했다. 내가 이렇게 한 이유는 이렇게 함으로써 이 원인들이 앞선 내용으로부터 좀더 쉽게 연역될 수 있었기 때문이지, 내가 마음의 동요는 일반적으로 누 가지 정서 모두의 작용인 대상에서 생겨난다는 점을 부정하기 때문이 아니다. 왜냐하면 인간 신체는 (2부 [정리 13 이하의] 가정 1에 따라) 상이한 본성을 지닌 매우 많은 개체들로 합성되어 있으며, 따라서 (2부 정리 13의 보조정리 3 다음에 나오는 공리 1에 따라) 하나의 동일한 물체/신체에 의해 매우 많은 상이한 방식으로 변용될 수 있기 때문이다. 반대로, 하나의 동일한 실재가 많은 방식으로 변용될 수 있기 때문에, 이 실재는 또한 마찬가지로 신체 중 하나의 동일한 부분을 여러 가지 상이한 방식으로 변용할 수 있다. 이로부터 우리는 하나의 동일한 대상이 여러 가지 상반된 정서의 원인이 될 수 있음을 쉽게 인식할 수 있다.

인 비애와 굴종humilité, '신학적 증오들'이 생겨난다. 반대로 만약 우리가 **신을 필연적인 것으로**, 곧 비인격적인 자연 전체로 인식한다면, 신의 '분노'에 대한 모든 공포는 사라질 것이다. 우리가 신에 대해 지니는 사랑은 『윤리학』 5부가 '신의 지적 사랑'이라 부르는 것, 곧 사실상 인식이자 인식의 욕망인 것이 된다(5부 정리 20, 22~23). 이렇게 되면 우리는 신을 명령의 주체로 지각하지 않게 된다. 그리고 그에 상응하여 우리는 다른 사람들을, 허구적인 상상에 따라 자유로운 주체들이나 자신들의 창조주에 복종하고 불복종하는 피조물들로 생각하지 않고, 우리에게 가장 유용한, 따라서 가장 필수적인 자연적 존재들로 사랑할 수 있게 된다. 역설적이게도 바로 이것이 우리와 다른 사람들을 정념에 대한 의존으로부터 최대한 해방시켜 준다. 스피노자가 **우정**이라고 부르는 것이 바로 이것이다(4부 정리 70~73).

① 신을 필연적인 존재로 인식하고, ② 상호 유용성 때문에 사람들을 사랑하고 우정을 추구하라는 이 두 가지 관념은 직접적인 윤리적 함의를 지닌다. 이 관념들은 분리 불가능한데, 왜냐하면 이 양자는 실천의 차원에서 물체들/신체들 사이의 정확히 같은 관계를 엄격하게 규정하기 때문이다. 이러한 관계는, 사랑과 이성이 공포와 미신을 지배하게 됨으로써 복종이 자신의 효과들 속에서 경향적으로 소멸하는 관계다. 그런데 이 관념들은 상이한 양상을 띠고 있긴 하지만, 이미 『신학정치론』과 『정치론』의 추론에도 깔려 있다. 주권자가 (자기 자신의 이익을 위해) 표현의 자유를 보증하고, 종교는 각 개인이 내면화하고 있는 보편적 신앙의 형태를 띠는 민주주의 사회의 조직을 기술하면서 스피노자는 한계 상황에 위치한 것으로 보인다. 한편으로 규율의 모든 요소 및 징벌에 대한 공포가 국가에서 생겨나지만, 다른 한편으로 이러한 규율은 공통의 이해의 집단적 구성과 일치하는 **경향**이 있다(국가가 계약적인 형태를 띠는 이유는 바로 이 때문이다). 그리고 (참된) 종교에서는 희망의 모든 요소와 더불어 구원의 이야기들에 대

한 신앙이 생겨나지만, 이것은 유덕한 활동과 이웃에 대한 사랑에 수반되는 직접적 확실성과 일치하는 **경향**이 있다. 이 두 가지 '삶의 규칙들'ratio vitae(『신학정치론』67, 221, 233~234 ; 모로판 224, 436, 458 등)은 실천적으로 분리 불가능하지만, 순수하고 단순하게 융합되지는 않는다. 두 규칙은 자신들의 고유한 실행방식, 곧 한편으로는 법과 명령의 형식, 다른 한편으로는 사람들 사이의 사랑이라는 정서적 역량을 교환한다. 곧 한편으로 기독교인들은 또한 동시에 국가 안에서 살아가기 때문에, 그들은 자신들의 내면의 신앙fides을 하나의 법으로 지각한다. 다른 한편으로 시민들은 동시에 '이웃들'로서 서로를 존중하는 신자들이기 때문에, 법에 대한 그들의 복종은 영속적인 충성(라틴어로는 이것 역시 fides다)의 형태를 띤다.

하지만 이러한 미묘한 장치dispositif 역시 여전히 애매하다고 볼 수 있다. 복종의 집합적 규범은 여기서 폐지되지 않으며 그와는 정반대다. 왜냐하면 스피노자가 강조하듯이, 그 동기들과 그것을 확보하기 위한 수단이 무엇이든 간에, 이 규범은 최종 심급에서는 행위들이 어떤 규칙에 일치하는 데 있기 때문이다(『신학정치론』 17장 2절, 278~279 ; 모로판, 538). 그러나 타자의 자유에 대한 상상이 산출하는 갈등 및 폭력을 실천적으로 중화하기 위해서는, 그리고 각 개인의 현실적인 자유에 최대의 공간을 마련해 주기 위해서는, 대중이 이미 집단적으로 자신들의 고유한 정념을 통제하고 있다는 것, 곧 대중이 내면적으로 '자유롭다'고 가정해야 한다. 이것은 유토피아적인 방식에 따라 문제를 이미 해결된 것으로 가정하는 게 아닌가?

의미심장하게도 『정치론』은 복종과 자유라는 통념들 사이의 환원 불가능한 반정립 관계를 강조하면서 처음부터 일체의 유토피아를 비판하고 있다(『정치론』 4장 5절). 복종 자체를 자유로 간주하는 것은 신비화에 불과하다. 현실적인 자유는 역량과 독립의 동의어인 반면, 복종은 항상 의존을 표현한다. 그러나 다시 여기서 주목할 만한 변증법이 작용한다. 이성 자체는 아무것도 '명령하지' 않지만, 이성은 모든 유효한 유용성 추구의 조건은 자신을 보존할 수 있는 규칙에 따라 운영되는 국가라는 점을 보여 준다. 그러므로 이성의 인도에 따르는 개인들은 그들이 다른 모든 시민과 똑같이 복종해야 하는 국가의 실존을 원해야 한다. 마찬가지로 우리가 정의했던 의미의 '절대적' 국가는 무엇보다도 자신의 보존을 추구하는 경향이 있다. 이렇게 볼 때, 절대적 국가의 입장에서는 개인들이 공포 때문에 법에 복종하는지 사랑에 의해 복종하는지 여부는 차이가 없다. 그러나 그들이 영속적으로 복종하기 위해서는 국가가 그들의 안전과 내부의 평화를 보장해야 하며, 환원 불가능한 최소의 개체성을 위협해서는 안 된다. 따라서 우리가 살펴본 것처럼 모든 '절대적' 국가의 조직은 개인적으로 정념의 인도에 따르는 인간들이 마치 그들이 이성에 따라 인도되는 것처럼 행위하게 만드는 경향을 지니게 된다(『정치론』 10장 4~6절). 이런 의미에서 집합적 합리성은 좀더 합리적인 개인들과 동시에 덜 합리적인 개인들 ——이들이 통치자들이든 피통치자들이든 관계없이 ——의 복종을 자신의 가능성의 조건으로 내포한다고 말할 수 있다. 인식(또는 이성)이 대중의 정념들을 얼마간 장악할 수 있게 해주는 것이 바로 이러한 공통의 규칙이다. 반면 각 개인이 자기 혼자 동떨어져 있을 경우, 이성은 [정념들에 대해] 무기력하다.

이렇게 해서 우리는 복종 및 복종의 지양에 대한 스피노자의 명제들은 잠정적인 추상을 제외한다면 동떨어진 개인들 수준에서는 의미를 갖지 못함을 알 수 있다. 물체 운동들의 연쇄처럼 관념들의 '연쇄'는 자연의 모든 개체들을 서로 연결시켜 준다. 비록 이러한 개체들의 규정이 결코 완결적으로 지각되지는 않겠지만 말이다. 한 개인이 수동적이라면, 이는 그의 정신이 (우리가 기술했던 정서적 '모방' 과정에 따라) 정서들의 순환에 종속되고, 또한 집단적 상상의 '일반 관념들'에 종속되기 때문이다. 따라서 그의 신체는 동시에 모든 주변 물체들의 통제 불가능한 압력에도 종속된다. 반대로 한 개인이 능동적이라면, 이는 그의 신체와 다른 물체들의 마주침이 일관된 방식으로 조직되며, 그의 정신 중의 관념들은 '공통통념들' ──모든 개인들에 공통적이고, 인간들과 자연 전체에 공통적(곧 객관적)이라는 이중적 의미에서 공통적인 ──에 일치하여/맞춰 연결되기 때문이다. 두 경우에서 우리는 교통의 양상들에 관여한다. 개인성이 실현되는 형태 자체는 교통의 일정한 양상의 결과로 나타난다. 이 교통이라는 통념과 함께 우리는 스피노자의 가장 심원한 관념으로 간주할 수 있는 것에 이르게 된다.

『윤리학』과 교통

요약해 보자. 법에 대한 복종에 관해서는 세 가지 고전적인 문제들이 제기된다. 그 심리적(또는 심리적·신체적) 메커니즘은 무엇인가? 그것은 공포(또는 강제) 및 사랑과 어떤 관계를 맺고 있는가? 복종과 인식은 어떻게 접합되며, 이와 관련하여 '지식인들'과 '무지자들', 지식과 권력 사이에는 어떤 관계가 존재할 수 있는가? 스피노자에게 이 세 가지 문제는 단 하나의 문제일 뿐이며, 여기에는 단 하나의 답변만이 존재한다. 정념과 이성은 최종 분석에서 신체들 사이의, 그리고 신체들의 관념들[59] 사이의 교통의 양상들이다. 마찬가지로 정치 체제들은, 어떤 것들은 갈등적이고 불안정하며 어떤 것들은 일관되고 안정적인 교통의 체제들로 인식되어야 한다. 또는 오히려 전자의 경우는 갈등적인 측면이 일관성을 경향적으로 압도하며, 후자의 경우는 일관성이 갈등을 경향적으로 압도한다.

---

59) [옮긴이] 스피노자는 정신을 '신체의 관념'으로 정의한다(『윤리학』 2부 정리 13). 따라서 '신체들의 관념들'이란 '정신들'을 의미할 수 있으며, 또 '신체들을 대상으로 하는 관념들'을 의미할 수도 있다.

사실 모든 현실 국가는 그 자체 내에 이 두 가지 경향과, 따라서——스피노자가 '야만적인' 공동체와 '이성에 따라 인도되는' 공동체라는 가설을 통해 지시하는——두 가지 한계 상태를 내포한다. 현실적이면서 동시에 상상적인(그리고 현실적인 측면보다는 상상적 측면이 훨씬 더 강한) 권력을 지닌 어떤 주인에 대한 공포——이 주인 역시 자신을 두려워하는 자들에 대한 공포에 사로잡혀 있다[60]——때문에 결집된 개인들은 동일한 정서들 속에서 교통하며, 유사한 매혹과 혐오감을 경험하지만, 진정으로 공통적인 대상을 갖지는 못한다. 따라서 매우 요란하기는 하지만 실질적으로 교류되는 것은 최소에 그치는 이러한 교통에서 사회상태는 그저 명목적으로만 '자연상태'와 구분될 뿐이다. 따라서 다중은 고립의 동의어이며(『정치론』5장 4절, 6장 4절),[61] 만장일치는 잠재적인 적대에 오래 저항하지 못한다. 그렇지만 아무리 억압적인 도시라 할지라도 항상 이미 '공통적인 어떤 것'을 내포한다(『윤리학』5부 정리 29).[62] 이 경우에도 아직 공통선(청년 스피노자가 『지성교정론』에서, 그 함의를 충분히 전개하지 못한 채 "교통 가능한 선"[63]이라 불렀던 것)은 존재하지 않지만, 각자는 다른 사람들의 역량을 활용하면서 자신의 역량을 최대한 발전시키기 시작하며, 따라서 객관적인 연대를 생산하기 시작한다. 어떤 개인도 다른 개인들과 엄밀하게 '유사하지'는 않으며 각자는 자신의 고유한 '기질'을 지니고 있기 때문에, 다중은 교환들(재화의 교환은 그 일면에 불과한, 넓은 의미의 교환[64]) 사이의, 그리고 환원 불가

---

60) [옮긴이] 이는 2부의 「스피노자, 반오웰 : 대중들의/대중들에 대한 공포」의 중심 주제다.

61) [옮긴이] 신민들이 두려움 때문에 무기를 잡는 것을 단념하는 국가(Civitas)에는 평화가 존재한다기보다는 전쟁이 부재할 뿐이다. 왜냐하면 평화는 전쟁의 결여가 아니라 마음의 강건함(animi fortitudine)에서 생겨나는 덕목/힘(virtus)이기 때문이다. 이는 복종은 (2장 19절) 도시의 공공의 법령에 따라 이루어져야 할 일을 수행하려는 항구적 의지이기 때문이다. 게다가 양떼처럼 온순하게 노예로 행동하게끔 길들여진 신민들의 무기력에 자신의 평화를 의지하고 있는 도시는 도시라기보다는 고립상태라는 이름이 어울릴 것이다(『정치론』5장 4절).

능한 독특성들 사이의 자유로운 교통의 동의어가 된다.

이 때문에 관념들과 운동들의 연쇄 사이에는 영속적인 긴장이 생겨난다. 그러나 이러한 긴장은 우리가 이를 정적인 대면관계로 인식한다면, 어떠한 의미도 갖지 못한다. 이는 사실은 자신들의 고유한 집단적 "기질"을 변화시키기위한 개인들의 (미리 지정될 수 있는 목적 없는) 노력과 일치한다. 여기서 만약 우리가 정치체의 "보존"이라는 스피노자의 통념을 한 가지 의미, 곧 보수적인 의미(!)로 해석한다면 이는 명백한 오류다. 보수적인 것과는 반대로, 개인들이 구성하는 [통일적] 개체인 정치체가 자신의 고유한 역량을 발전시킴에 따라 스피노자가 인식한 사회적 관계의 현실적-상상적 복합성

---

62) [옮긴이]

정리 29

정신은 자신이 영원성의 관점 아래서 파악하는 모든 것을, 현행적으로 현재하는 신체의 실존을 인식하는 것에 의해서가 아니라, 신체의 본질을 영원성의 관점 아래서 인식하는 것에 의해서 파악한다.

증명

정신은 자신의 신체의 현재적 실존을 인식하는 한에서 시간상 규정될 수 있는 지속을 인식하며, 오직 이런 한에서 시간과 관련하여 실재들을 인식할 수 있는 역량을 갖게 된다(5부 정리 21과 2부 정리 26에 따라). 하지만 영원성은 지속으로 설명될 수 없다(1부 정의 8과 해명에 따라). 따라서 이런 한에서 정신은 영원성의 관점 아래서 실재들을 인식할 수 있는 능력을 갖지 않는다. 하지만 실재들을 영원성의 관점 아래서 인식하는 것이 이성의 본성에 속하기 때문에(2부 정리 44의 따름정리 2에 따라), 그리고 또한 영원성의 관점 아래서 신체의 본질을 인식하는 것 역시 정신의 본성에 속하기 때문에(5부 정리 23에 따라), 그리고 이 두 가지 말고는 다른 어떤 것도 정신의 본질에 속하지 않기 때문에(2부 정리 13에 따라), 영원성의 관점 아래서 실재들을 인식하는 이 역량은, 정신이 영원성의 관점 아래서 신체의 본질을 인식하는 한에서만 정신에 속한다는 점이 따라나온다.

주석

우리가 실재들을 현행적인 것으로 인식하는 데는 두 가지 방식이 있다. 곧 한 가지는 어떤 시공간과 관련하여 실존하는 한에서의 실재들을 인식하는 방식이니고, 다른 한 가지는 신 안에 포함되어 있고, 신의 본성의 필연성을 따르는 한에서의 실재들을 인식하는 방식이다. 그리고 이 두번째 방식에 따라 참된 것으로, 또는 실재적인 것으로 인식된 실재들을 우리는 영원성의 관점 아래서 인식하며, 우리가 2부 정리 45에서 보여 준 것처럼(또한 그 주석도 보라) 이 실재들의 관념들은 신의 영원하고 무한한 본질을 함축한다.

63) [옮긴이] 『지성교정론』 1절.

64) [옮긴이] 여기서 발리바르는 클로드 레비스트로스의 일반화된 교환 개념에 준거하고 있는 것으로 보인다. 레비스트로스에 따르면 일반화된 교환은 재화와 상징, 여성의 교환으로 이루어진다.

은 하나의 운동의 원리임이 드러난다. 국가와 종교, 도덕이 제도화하는 복종 그 자체(및 그것에 상응하는 '법'에 대한 표상과 함께)는 불변의 기정사실이 아니라, 진행 중인 이행의 축이다. 좀더 정확히(왜냐하면 어떠한 진보도 보증되어 있지 않기 때문이다) 말하면, 이것은 교통양식 자체의 변혁을 결정적인 계기로 삼고 있는 어떤 실천의 생점 ——어떤 투쟁의 쟁점이라고 할 수도 있을까? ——이다.

스피노자는 이러한 실천을, 대부분 정념들에 따라 규정되는 자신들의 활동을 **이성적으로 원인지으려는** 개인들의 노력으로 정의하는데, 이는 이 활동들의 필연성을 인식함으로써 이루어질 수 있다(『윤리학』4부 정리 59). 사실 가장 효과적인 교통 형태는 합리적 인식에 따라 실현되는 형태다. 정념들 자체는 **나쁜** 것이지만(슬픔의 원천인 명예, 야심, 굴종), 정서들을 서로 투쟁시키고 대중을 규율하기 위해서는 정념들에 의존해야 하는데, 왜냐하면 개별적 이성 자체로는 너무 취약하기 때문이다(『윤리학』4부 정리 55, 58). 그러나 인식은 교통의 지속적인 완전화[개선] 과정이다. 그것은 모든 사람의 역량을 증대시킨다. 분명히 어떤 개인들은 다른 사람들보다 더 많이 인식한다. 그러나 우리는 여기서 '철학자 왕'(또는 지식의 보유자들에게 권력을 배분하기)이라는 관념과 마찬가지로, [정념·욕망 같은 세속적인 악에 맞서는] 사변적 요새로 인식된 '인식에 의한 구원'이라는 관념과 대립하는 위치에 서게 된다. 스피노자를 부연해서 말하면, 이 두 가지 관념은 인식과 실천의 관계를 마치 수적으로 구분되는 역량들의 문제처럼, 또는 '국가 속의 국가'의 문제처럼 표상한다는 공통점을 지니고 있다. 여기서 우리가 주목해야 할 점은 스피노자가 '신정'의 미신 체제에서 지식의 활용(과 도착^{倒錯})을 분석한 다음부터는 **결코** 합리적 인식만으로 식자들과 무지자들 사이의 복종관계를 확립할 수 있다고 말하지 **않았다**는 점이다. 만약 그런 경우라면 합리적 인식은 다시 한번 미신으로 전환될 것이고, 철학자들이나 지식인들은 신학자들이나 주교들이 될 것이다.

반대로 스피노자는 『신학정치론』에서 지나치면서 "언어가 우중과 지식인들 양자에 의해 동시에 보존되기 때문에", 언어에는 적어도 신학자들의 조작으로 환원될 수 없는 한 요소 ──단어들의 의미 ──가 존재함을 지적하고 있다(『신학정치론』 7장 9절, 146 ; 모로판, 296). 이는 '지식인들'과 '무지자들'이 서로 교통하는 과정에서 형성되는 언어의 공통적 사용에 의해 단어들의 의미가 규정됨을 의미한다.

『윤리학』은 계기적인 '인식의 종류들'(상상, 과학적 이성, '신의 지적 사랑')의 형태를 분석함으로써 우리가 이러한 시사를 발전시킬 수 있게 해준다. 인식은 기술記述과 서사에서 단어를 사용함으로써 시작된다. 1종의 인식은 자연히 부적합하다. 왜냐하면 1종의 인식의 원리는 **공통의 명칭들**, 곧 추상적이고 일반적인 통념들로, 각자의 환원할 수 없는 고유한 경험들(감각들, 기억들, 정서들)을 포괄하려는 데 있기 때문이다(『윤리학』 2부 정리 40과 주석). 그러나 그렇다고 해서 나머지 두 종류의 합리적 인식이 (비록 스피노자가 내재적 원인에 따른 독특한 실재들의 설명을 가리키기 위해 [3종의 인식에 관하여] '직관적 인식'이라는 오래된 용어를 계속 빌려 쓰고 있긴 하지만) 교통이 불가능한 '직관적 통찰vision' 속에서 공통적인 언어 요소 바깥으로 빠져나감을 의미하는 것은 아니다. 오히려 두 종류의 인식은 1종의 인식에서 이루어지는 최초의 언어활용을 정정해 주고, 단어들이 자연적 필연성에 일치하게 연쇄되게 해주는 지적인 작업이다(『윤리학』 2부 정리 18과 주석, 5부 정리 1). **공통통념**을 이루는 것이 바로 이것이다. 따라서 다중의 삶에서 인식의 위치는 좀더 정확히 파악될 수 있다. 곧 만약 어떤 사람도 결코 혼자서 사고하지 않는다면, **실제로 인식한다는 것은** ──참된 관념의 보유자들이 어떤 개인들이든 간에 ──**점점 덜 혼자서 사고한다는 것**이라고 할 수 있다. 게다가 **모든** 개인은 다른 관념들과 연결될 수 있는 적어도 '하나의 참된 관념'(이 관념이 자유와 행위역량의 동일화équation의 맹아를 포함하고 있는 유용성에 대한 관념일 뿐이긴 하지만)을 갖고 있다(『윤리학』 2부 정리 43, 47). 따라서 정치사회는 고유하게 '인간적인', 곧 기쁜 삶의 방향으로 전환할 수 있는 내재적 역량을 소유하고 있다.

사회적 삶이 교통활동이기 때문에, 인식은 이중적으로, 곧 그 조건들 및 결과들에 의해 **실천적**이다. 만약 우리가 스피노자와 함께 교통은 무지와 지식, 미신과 이데올로기적 적대의 관계들 —여기에는 인간 욕망이 투여되어 있다— 에 따라 구조화되며, 이 관계들은 신체들의 활동 자체를 표현함을 인정한다면(그리고 우리가 그것을 인정하는 한에서), 우리는 또한 스피노자와 함께 인식은 하나의 실천이며, 인식(철학)을 위한 투쟁은 하나의 정치적 실천임을 인정해야 한다. 이러한 실천이 없다면, 『정치론』이 기술하고 있는 경향적으로 민주주의적인 의사결정과정은 인식 불가능한 것으로 남을 것이다. 이로써 우리는 왜 스피노자식 민주주의의 본질적 측면은 처음부터 교통의 자유인지 이해할 수 있게 된다. 우리는 또한 '정치적 신체'[정치체] 이론은 왜 단순한 권력의 물리학이 아니고, 대중들masses의 복종의 심리학도, 법질서를 형식화하기 위한 수단도 아니며, **가능한 최대 다수가 가능한 최대한을 인식하기**(『윤리학』 5부 정리 5~10)를 구호로 내건 집단적 해방의 전략에 대한 탐구인지 이해할 수 있게 된다. 그리고 마지막으로 우리는 왜 철학자가 택하는 입장 —그의 '윤리'— 은 혁명을 준비하거나 예고하는 데 있는 게 아니라, 공적으로 지성의 위험을 감행하는 데 있는 것인지 이해할 수 있게 된다. 대부분의 혁명이 아직 여기까지 이르지 못한 것은 사실이다

II부

스피노자, 반오웰

Spinoza, l'Anti-Orwell

1장_ 스피노자, 반오웰 : 대중들의 공포[65][66]

—에밀리아 지안코티에게

대중들은 공포를 느끼지 않으면 사람들을 공포에 떨게 만든다
Terrere, nisi paveant.[67]

나는 여기서 스피노자의 정치 사상(또는 이 문제에 관해서는 네그리가 탁월하게 서술한 관점[68]을 공유하여 좀더 올바르게 말한다면, 스피노자의 사상이 철저하게 정치적인 한에서 그의 사상 자체)이 완전히 아포리아에 빠져 있는 것으로 보임에도 불구하고 어떤 점에서 우리에게 필수불가결한 사상인지 해명해 (보고 내 생각을 밝혀) 보려고 한다. 사실 나는 헤이그의 '배교자 유대인'의 입장들은 그 연역적인 외양에도 불구하고 유일한 한 가지 정의로 귀착될 수 없다고 믿고 있다. 심지어 그의 지적인 여정에서 점차 다른 경향들을 압도하게 될 한 경향이라는 명목을 내세운다 하더라도 그렇다. 반대로 내가 보기에는 그가 도달하는 곳, 또는 우리가 그에 대한 독해를 경험하고 그가 우리에게 제안하는 개념들 안에서 사고하려고 시도할 때 우리가 도달하게 되는 곳은 진정한 해결책이 없는 모순들의 복합체다. 하지만 이렇게 해서 그가 제기하는 문제들이 시효가 지난 과거로 반송되어 버리기는 고사하고, 바로 이 점이야말로 오늘날 우리가 볼 때 그의 문제들을 회피할 수 없게 만들고 그의 형이상학에게 독특한 비판적 역량과 구성적 능력을 부여해 주는 것이다. 아마도 이는 우리가 철학자라고 부르는 사람을 인지할 수 있게 해주는 징표일 것이다.

따라서 문제는 스피노자가 자신의 탐구에서 도달한 관점 ——또는 우리 자신이 그 의미를 확보하고 있다고 믿고 있는 어떤 역사적 진화과정에

서 그가 차지하게 될 위치——을 뛰어넘는 입장을 취함으로써, 이 모순들을 허구적으로 해소해 버리는 게 아니다. 이런 측면에서 볼 때 나는 피에르 마슈레가 자신의 책 『헤겔 또는 스피노자』[69]에서 제시한 논증은 결정적이라고 생각한다. 곧 모든 독해는 전환transformation이다. 하지만 손쉬운 회고적 판단을 거부하는 전환, 스피노자의 모순들에 대해, 아마도 스피노자 자신이 미리 거부했을 법한 도식(변증법적이든 아니든 간에)을 투사하기를 거부하는 전환만이 유효하다.[70] 따라서 회고적 판단이나 투사와는 정반대인 것, 곧 스피노자 사상의 특징적인 모순들——이 모순들은 매우 현재적인 것으로 판명된다——을 우리가 할 수 있는 한 드러내는 것이야말로 중요한 일이다. 이러한 모순들은 우리가 스피노자의 개념들 안에서 사고

---

65) [옮긴이] 이 논문의 출전은 다음과 같다. "Spinoza, l'anti-Orwell : La crainte des masses", in *La crainte des masses. Politique et Philosophie avant et après Marx*, Galilée, 1997.

66) 이 연구는 내가 1982년 10월 우르비노(Urbino)에서 열린 '스피노자 탄생 350주년 기념' 콜로키엄에서 발표했던 논의를 좀더 발전시켜 재수록한 것이다[이 논문은 또한 같은 제목으로 *Les Temps modernes* n° 470, 1985에 발표된 적이 있다]. 올리비에 블로흐, 장-뢱 낭시와 필립 라쿠-라바르트는 자신들의 세미나에 나를 초대해서 이 논문을 다시 고찰할 기회를 제공해 주었다. 이들 모두에게 감사드린다. 이 책에 수록하면서, 이전에 축약할 수밖에 없었던 각주들을 모두 되살렸다.

67) [옮긴이] 이는 뒤에서 자세히 논의되지만, 원래 로마의 역사가 타키투스의 『연대기』 1권 29장에 나오는 표현이다. 스피노자는 『정치론』 7장 27절에서 이를 그대로 사용하고 있다. 이 문장은 스피노자에서 나타나는 "대중들의 공포/대중들에 대한 공포"를 집약하고 있는 문장이다.

68) Antonio Negri, *L'Anomalie sauvage, puissance et pouvoir chez Spinoza*, trad. fr. par F. Matheron, PUF, 1982[국역 : 『야만적 별종』, 윤수종 옮김, 푸른숲, 1997. 이 국역본은 매우 번역상태가 좋지 않으므로 이 책을 읽으려는 독자들은 다른 외국어 판본을 참조하기 바란다]. 또한 『스피노자 논집』*Cahiers Spinoza* n° 4, 1982~1983 겨울호에 발표된 네그리에 대한 논평들도 참조[Pierre Macherey, 「매개에서 구성으로 : 어떤 사변적 여정에 대한 기술」"De la médiation à la constitution : Description d'un parcours spéculatif"; Alexandre Matheron, 「안토니오 네그리의 『야생의 별종』」*L'Anomalie sauvage* d'Antonio Negri]. 이 글이 처음 발표된 뒤 출간된 앙드레 토젤(André Tosel)의 저서, 『스피노자 또는 예속의 황혼』(*Spinoza ou le crépuscule de la servitude*, Aubier, 1984)을 참조하지 못해 유감스러운데, 이 저서의 상이한 관점은 네그리 못지않게 자극적이다. 이 저서를 참조했더라면 아래에 제기된 질문들 중 여럿은 좀더 정확히 제기될 수 있었을 것이다.

69) [옮긴이] 피에르 마슈레, 『헤겔 또는 스피노자』, 진태원 옮김, 그린비, 2010.

70) [옮긴이] 전환의 의미에 관해서는 「개체성과 교통」 절 마지막 부분을 참조.

해야 할 것이 무엇인지, 그리고 반대로 이 개념들이 어떤 점에서 미리 정해진 해결책이 존재하지 않는 우리 자신의 탐구에서 능동적인 역할을 수행할 수 있는지 파악할 수 있게 해준다.

대중의 관점의 양가성

프랑스의 번역가들——이 점과 관련하여 엄밀성을 거의 보여 주지 못하고 있지만——은 스피노자의 물티투도[71]라는 개념을 어떤 맥락들에서는 대중masse이라는 단어로 번역해 왔다. 그들은 물티투도의 상이한 용법들 사이의 관계를 체계적으로 강조하려고 하지 않았고, 불구스vulgus, 플레브스plebs 및 포풀루스populus와 같이 이 개념과 함께 개입하는 단어들의 계기적이거나 동시적인 사용을 해명하려고 하지도 않았다. 하지만 이들은 스피노자가 이 단어들을 사용하는 방식에는, 대개 대중의 시대나 군중 및 대중운동의 시대라 불리는 최근의 문제설정과의 대결을 요구하는 어떤 것이 존재한다는 점을 어렴풋하게나마 느껴 왔다. 스피노자의 논변 및 용어법에 나타나는 미묘한 의미의 차이들 전체를 진지하게 고려한다는 것을 조건으로 할 때——이렇게 되면 스피노자는 완성된 개념이 아니라 여러 번 재정식화되는 집요한 한 가지 문제를 논의하고 있음을 알아차릴 수 있을 것이다——이러한 비교는 정당하며, 무언가 깨우쳐 주는 바가 있다.

　스피노자는 혁명의 동요와 폭력의 외중에서 정치적 격변과 절대주의적 근대국가의 형성이 대중들의 운동이라는 문제, 따라서 이 운동의 통제와 활용 또는 예방적인 억압이라는 문제를 출현시킨 시대의 맥락에 전적

---

71) [옮긴이] 이 논문에서 multitudo 개념의 번역 및 해석의 문제가 중심적인 문제이기 때문에, 본문에서 multitudo라는 단어가 라틴어로 그대로 쓰이고 있는 경우에는 번역하지 않은 채 소리만을 표기하겠다. 이와 관련된 다른 라틴어 단어들도 마찬가지다.

으로 기입되어 있다. 물론 스피노자만 이 문제에 관심을 갖거나 이 문제에 상응하는 이론적 용어쌍인 임페리움^{imperium}/물티투도[지배권력/대중들]에 준거한 것은 아니다. 홉스를 읽어 보면 이를 충분히 알 수 있다. 하지만 스피노자의 독창성은 대중 자체를 탐구와 반성, 역사적 분석의 주요 대상으로 삼았다는 사실에 있다. 이런 의미에서 스피노자는, 대중운동의 실존을 국가의 안전과 안정을 위협하는 지평이나 국가에 선행하는 하나의 자연적인 것$^{une\ nature}$으로 환원시키면서 국가의 구성(또는 국가질서나 심지어 국가장치)만을 중심적인 문제로 간주하지 않고, 일차적으로 대중운동의 원인 및 그 고유한 논리를 설명하려고 추구하는 ── 그의 시대만이 아니라 그의 시대를 넘어서도 ── 매우 보기 드문 이론가들 중 한 사람이라고 말할 수 있다. 이는 물티투도에 상징적인 실정성을 부여함으로써, 이 개념을 인민이나 시민사회의 다른 이름으로 만들고 이 개념을 정치적·법적 질서의 기초로 공표한다^{proclamer}는 사실을 훨씬 넘어서는 점이다. 스피노자에서 대중, 또는 좀더 정확히 말하면 대중들은 명시적인 이론적 대상이 되는데, 정치적 실천을 이러저러한 방향^{issue}으로 인도하는 기회들을 규정하는 것은 최종 분석에서 볼 때 정세 및 정념적 경제나 체제에 따라[72) 달라지는 대중들의 실존양상들이기 때문이다.[73)

이 때문에 우리는 스피노자 사상의 독창성, 그의 사상의 환원할 수 없는 전복적 측면 ── 이는 그의 사상이 곧바로 야기한 반발들로 반증된다 ── 요컨대 네그리의 충격적인 표현을 따르면, 스피노자주의가 지니는 야생의 이례성[야생의 별종으로서의 성격]은 정치와 국가에 대해 이론적으로 '대중들의 관점' ── 또는 '대중의 관점' ── 을 채택한 데 있는 게 아닌지, 불확

---

72) [옮긴이] 여기서 '정세'는 대중들 및 대중운동의 외적 조건을 가리키고, '정념적 경제나 체제'는 내적 조건을 가리킨다.

실하긴 하지만 질문해 봐야 한다. 이 관점은 여러 변형태를 지닌 국가 그 자체의 관점이 아니고, 인민 또는 민주주의의 관점도 아니며, 정확히 말하면 계급적 관점도 아니다.

하지만 만약 우리가 의도적으로 양가적인 정식을 채택해야 한다면, 이는 다른 이유 때문이기도 하다. 대중들의 공포는 소유격의 이중적인 의미, 곧 주격적 소유격과 목적격적 소유격으로 이해해야 한다. 이는 대중들이 느끼는 공포다. 하지만 이는 또한 대중들이, 통치 또는 정치적 행동의 위치에 있는 사람들, 곧 국가 그 자체로 하여금 느끼게 만드는 공포이기도 하다. 따라서 국가의 구성 또는 개혁이라는 문제는 대중들 및 대중운동의 역량의 요소 안에서 생겨나기 때문에 처음부터 이러한 공포의 요소 안에서 제기된다. 이 공포는 공황 상태까지 치달을 수도 있고 합리적으로 조정될 수도 있지만, 결코 순수하고 단순하게 사라지지는 않는다. 이 상호 공포에서 문제는 어떻게 이것의 균형을 유지함으로써 좀더 건설적인 다른 힘들(사랑과 경탄admiration,[74] 헌신 및 합리적으로 지각될 수 있는 공통의 유용성의 힘들)에게 자리를 마련해 줄 수 있는지, 아니면 역으로 어떻게 이 상호 공포가 서로를 부추겨서 결국 사회적 몸체의 해체를 우려해야 하는 지경에까지 이르게 되는지 파악하는 데 있다. 대중들은 자연적 힘들에 의해 또는 그들

---

73) 『정치론』 번역에서 아펭은 물티투도를 '대중', '다중', '주민'(population), '인민', '인민대중' 등으로 번역하는데, 이는 엄밀하다고 보기 힘든 번역이며, 이 개념의 다형성(polymorphisme)을 예시해 줄 뿐이다. 실뱅 자크(Sylvain Zac)는 일반적으로 '대중'으로 번역하지만, 때로는 '주민'으로 번역하기도 한다. 마들렌 프랑세즈는 '대중'으로 번역한다('주민'이라는 번역은 매우 드물다). 피에르-프랑수아 모로는 9장 13절을 제외하면 체계적으로 '다중'으로 번역하는데, 전자의 경우 그는 "이 용어는 정치적 의미보다는 통계학적인 의미를 더 많이 지니고 있다"고 지적한다. 나는 뒤에서 이런 구분을 제거할 수 있는 가능성을 검토해 볼 생각이다.
[옮긴이] multitudo라는 라틴어를 우리말로 옮기는 것은 갑절로 어려운데, 이는 이 글에서 이 단어가 masse, masses, multitude 같은 상이한 단어들로 번역되어 사용되고 있고, 어떤 경우에는 수적·통계학적인 의미에서 '다수'를 가리킬 때도 있기 때문이다.
74) [옮긴이] 데카르트와 스피노자에서 '놀람/경탄'의 의미에 대해서는 「용어 해설」 참조.

이 겪는 폭력에 의해 위협받으면 받을수록 더욱 무섭고 통제할 수 없게 되며, 역으로 독재권력이 대중들 앞에서 자신이 무력해진다고 은밀하게 느낄수록 폭력은 더욱더 무절제하게 된다.

그렇다면 다음과 같이 두 가지 고찰을 정식화해 볼 수 있다.

첫째, 스피노자는 대중들이 느끼고 또 느끼게 만드는 공포의 동역학 자체를 대상으로 삼고 있기 때문에, 이 공포를 특징짓는 정서적 양가성을 그 자체로 개념화할 수 있었다. 희망 없이 공포 없고, 공포 없이는 희망도 없다는 명제는 '인간의 본질'로서의 욕망이라는 개념이 겪게 되는 최초의 분할(기쁨과 슬픔)에서 직접 연역된다. 그리고 이 복합체[욕망과 그 최초의 분할로서 기쁨과 슬픔]는 『윤리학』에서 모든 정념적인 삶의 설명원리가 된다.

스피노자가 정념적인 삶을 개인적이고 집합적인 차원에서 행위 역량의 증대의 방향으로, 기쁜 정념의 우위의 방향으로 이끌어 가고, 가능한 한 슬픔과 공포, 증오의 지배를 제거할 수 있는 길을 정의하기 위해 전력을 기울이고 있다는 것은 분명하다. 하지만 적어도 집합적인 차원에서 볼 때, 대중들의 정신 안에서 마음의 동요fluctatio animi를 종결시킬 수 있는 심리적 갈등의 완전한 제거가 정말 가능한 것인지 의심을 품어 볼 수 있다. 이는 하나의 경향이나 노력(스피노자 자신의 단어에 따르면)에 머물러 있다. 따라서 한계 상황——아주 문제가 있고problématique, 아마도 유토피아적인 것으로 간주할 수 있는——에서만 우리는 이러한 규정에서 벗어날 수 있고, 정치적 실천은 상호 공포와 사랑과 미움 사이의 동요에 따라 좌우되지 않을 수 있다.

둘째, 하지만 또한 스피노자가 텍스트에서 정념들의 중화中化라는 이상 또는 적어도 모형exemplar[75]을 거론하고, 개인 및 집단과 관련하여 중화의 조건들을 정의하려고 노력하는 모든 내용을 무시하는 것 역시 가능하지 않다. 이는 스피노자가 자연에 일치하는 제도들의 프로그램을 구상할 때마다 볼 수 있는데, 이 프로그램에서는 자신의 존재를 보존하려는 각 개인의 욕망이 집단의 이익에 대한 합리적 인식에 따라 직접 표현된다. 그리고 이는 그리스도의 모습에서도 엿볼 수 있다.

이제 우리의 주목을 끄는 것은 또 다른 양가성이다. 이는 몇 가지 측면에서 스피노자 자신의 범주들로 정식화될 수 있기 때문에 그만큼 더 주목할 만한 양가성이며, 따라서 이는 일종의 체계의 자기비판을 가능하게 해준다. 내가 말하고 싶은 것은 **대중들에 대한 스피노자의 태도, 입장 자체가 드러내는 양가성**이다. 도식적이나마 어떻게 이러한 양가성이 스피노자 저작의 결정적인 순간들에서 나타나는지 지적해 보자.

우선 『윤리학』 4부 정리 37의 두 개의 주석이 있다. 『신학정치론』 4장의 내용을 반향하고 있는 이 주석들은 '이성의 인도에 따라 살아가고', 따라서 불구스, 곧 무지자나 우중을 괴롭히는 욕망들 및 공포들로부터 자유로우며, 인류 전체에게 공통적인 통념들을 지각함으로써 직접 자신을 규제하는 사람들로 구성되는 도시의 가설을 정식화하고 있다. 『윤리학』에서 제3종의 인식 및 신의 지적 사랑에 따라 정의되는 지혜의 정확한 본성에 관해 끊임없이 제기되어 온 토론에 관여하지 않고도 다음과 같은 질문을 제기해 볼 수 있다. 정념들로부터 자기 자신을 해방시키기 위한 길, 곧 기쁜 정념들을 강화하는 것 말고도 원인들에 대한 적합한 인식에서 직접 따라나오는 능동 정서들의 발전을 통해 슬픈 정념들을 물리치는 길('매우 힘든' 길이기는 하지만)을 발견하는 게 가능하다면, 그때부터 이 가설 ——이는 실제로는 제기되자마자 곧바로 배제되는데, 왜냐하면 '인간들'은 일반적으로 이성의 인도에 따라 살아가지 않기 때문이다——은 하나의 현실이 되는 게 아닌가? 이 현실이 역사의 종말/목적fin이 되었든, 아니면 인식이라는 공통의 기

---

75) [옮긴이] 스피노자는 『윤리학』 4부 「서문」에서 선과 악을 규정하기 위해 "인간 본성의 모형"이라는 표현을 쓰고 있다.

획과 우정으로 결합하여 다른 사람들로 이루어진 우중 가운데서 서로 아무런 내적·외적 갈등 없이 살아가는 자유로운 사람들의 사회라는 기획이 되었든 상관없이 말이다. 하지만 이러한 사회는 원하든 원치 않든 간에 '국가 속의 국가'로 다시 귀착될 것이다. 곧 이러한 가설은 순전히 소수의 사람을 위한 지적 유희에 불과하며, 집단성의 후퇴나 또는 적어도 개인들에 대해 사회가 생산하는 효과들의 중화 내지는 부정과 합치한다는 점은 차치한다 해도, 이는 다시 한번 스피노자식의 지혜를 금욕주의나 개인의 절대적 자율성의 구호로 만들고 만다. 요컨대 자연적 원인들 및 신체의 역량의 발전에 관한 스피노자의 분석과 완전히 모순되는 자기제어라는 환상인 셈이다.[76]

『신학정치론』 논변의 단서는 적대적인 정념들이 중화된 체제를 좀더 간명하게 정의하도록 인도해 준다. 『신학정치론』에서 이 정념들은 본질적으로 종교적 정념들로서, 신의 본성(곧 사랑과 정의라는 도덕적 명령들을 내리는 것처럼 보이는 지고한 대주체Sujet)과 관련된 불가피한 의견의 차이에서 생겨나며, 이에 따라 이 사랑을 서로에 대한 증오로 전도시킨다. 하지만 명시적으로 사회적인 실존의 형태로서의 대중을 제거하는réduction 이러한 중화 역시 매우 문제가 많다.

이는 스피노자가——모세의 신정에 대해서만이 아니라 존재하는 대로 또는 존재해야 하는 대로의 홀란트 민주주의에 대해서도——법에 대한 복종의 한 양상을 정의할 수 있게 해주는데, 이 경우 차악次惡에 대한 각 개인의 의식적 선택과 사랑은 징벌에 대한 공포를 완전히 대체한다. 그렇다면 이러한 복종은 우리가 조금 전 지적했던(『윤리학』 4부 정리 73은 이를 시사하고 있다), 그리고 '복종-비복종', '국가-비국가'(나중에 레닌이 [『국가와 혁명』에서] 말할 것처럼)로, 또는 이렇게 말하는 게 더 낫다면, 자신의 목적을 달성함으로써 소멸되는 국가로 정의해 볼 수 있는 극한적 경우의 재발로 제시되어야 할까? 또는 히브리인들의 '항상적인 복종의 실천'에 관해 말하고 있는 『신학정치론』 17장의 놀라운 정식을 일반화해서, 정치적 자유는 본질적으로 사랑(또는 사랑에 따른 복종)이라는 이름이 붙은 자유의 가상에 존재한다는 관념에까지 나아가야 할까?[77] 다시 말해 스피노자를 자발적 예속 이론[78]의 고전가들 중 한 사람으로 봐야 하는가?

우리는 이러한 석대의 중화가 보편 신앙 교리들의 언표 자체 및 그 실천적 기능 안에 집중된다는 점(왜냐하면 이 교리들은 사람들이 각자의 의견 여

---

76) 스피노자 주석가들이 스피노자의 '정치이론'과 '이유들의 순서' 사이의 일관된 접합을 보여 주는 충분한 증거로 정리 37 및 두 개의 주석이 『윤리학』 4부에서 차지하는 위치를 언급하는 데 만족하지 않고, 그 내용 및 그에 대해 제시되는 증명들에 관해 질문할 때, 그들은 불가피하게 한 가지 난점을 지적하지 않을 수 없었다.

특히 네그리의 경우가 그런데, 그는 이 문제에 관해 "4부의 논변이 혼란과 불균형에 빠져 있고", "이론의 여지 없이 한 가지 불확실성이 체계를 관통하고 있다"는 점을 강조하고 있다. 그에 따르면 이는 스피노자가 정념들의 분석에 기초한 "해방의 추상적 도식"으로부터 집합적 "구성의 구체적 도식"으로 넘어가려 노력했지만, 정념적 대립은 인간들이 이성의 인도에 따라 살아가고 본성상 서로 합치할 때, 오직 그때에만 극복되리라는 "순전히 형식적인 해결책", "동어반복"에 이르렀기 때문이다. "『윤리학』은 여기에 머물러 있다. 구성의 문제로서 정치의 문제는 『정치론』의 몫이 될 것이다." 그러므로 네그리에 따르면 체계의 질서는 "대안으로 제시되는 한 가지 이론적 과제"의 방향으로 굴절된다. "의식이 통과하는 물질적 충동으로서" **신체**의 분석이 바로 그것이다. 이 분석은 사실 진정한 해결책을 예비하고 있다. "신체와 접합하고 신체와 균형을 이룬 이성의 전개는 욕구(appetitus)에서 역량(virtus)으로의 진정한 이행을 구성한다……." 하지만 이러한 이행은 "후퇴하기도 하고, 때로는 진부한 생각들만 낳는 분석들을 수반하기도 하는 극도로 힘겨운 이행이다! 여기서는 17세기 도덕 잠언집의 무게가 느껴진다. 하지만 구성의 과정은 진전한다. 이는 처음으로 돌출하는 관대함의 도덕이다 운운"(Negri, *L'Anomalie sauvage, puissance et pouvoir chez Spinoza*, pp. 255~262). 하지만 봉쇄 또는 모순은 5부에서 다시 돌출하며, 네그리는 여기서 두 계기적인 체계의 '토대들'[네그리는 『윤리학』 1~2부는 초월성의 흔적이 남아 있는 초기의 신플라톤주의적 사상을 반영하고 있는 반면, 3~4부는 『신학정치론』 저술을 거쳐 얻게 된 정치적 경험을 바탕으로 저술되어 훨씬 더 내재적이고 구성적인 후기의 스피노자 사상을 반영한다고 본다. 따라서 이 두 부분은 각각 저술 시기에서도 차이가 있다] 사이의 타협 형성체를 본다.

마트롱은 네그리와 대립하는 것까지는 아니지만 어쨌든 매우 상이한 관점에서, 4부 정리 37의 **두번째 증명**은 4부 전반부의 스피노자의 논변 전체의 '정점'을 이루며, "이는 [여기서 진행되고 있는―발리바르의 추가] 지적 혁명을 성취한다"고 평가한다. "따라서 우리는 3부에서 연구된 정서들이 지닌 실정적인 측면 전체를" 이성의 목적성을 향해 나아가는 일종의 직선로를 따라 "탈소외된 형태로 재발견하게 된다"고 마트롱은 쓰고 있다. A. Matheron, *Individu et communauté chez Spinoza*, Éd. de Minuit, 1969, p. 249 이하[국역: 『스피노자 철학에서 개인과 공동체』, 김문수·김은주 옮김, 그린비, 2008, 356쪽 이하].

4부 정리 37의 기하학적 질서의 해석에 관해서는 나의 책 『스피노자와 정치』, p. 93 이하 참조[이 책, 116쪽 이하].

하에 상관없이 **자신의 활동 속에서** 정의와 박애를 실천하고, 따라서 공적 권력의 통제 아래 일종의 신학적 가설들의 실천적 등가물을 확립하도록 해주어야 하기 때문이다)을 잘 알고 있다.[79] 하지만 이 교리들 자체는 어떻게 사고해야 할까? 상이한 종교적 관점들에 공통적이며, 따라서 상상적 사고에 내재적인 겉포장으로 사고해야 할까? 이런 의미에서 본다면 모든 사람들이 이 교리들을 받아들이게 되는 것은, 서로 간의 차이에도 불구하고 상호소통하고, 그리하여 공존과 상호교류의 조건들을 스스로 생산하는 사람들의 집합적 실천 덕분인가? 또는 반대로, 철학자가 우중과 거리를 두고 이들의 갈등에서 벗어나 과학적 공리들에 기초한 역사적 고증 방법을 적용함으로써 지

---

77) 『신학정치론』 17장 2절(278 : 모로판, 536~538) "하지만 국가의 주권자의 법과 권력이 어디까지 미치는지 잘 인식하기 위해서는, 그의 권력은 공포에 의지하는 강제의 활용에 제한되는 게 아니라, 사람들이 그의 명령에 복종하게 만들 수 있는 모든 수단을 포함한다는 데 주목해야 한다. 신민을 만드는 것은 그가 복종하는 이유가 아니라, 복종 그 자체다.…… 복종은 외적인 행동만이 아니라 정신의 내적 행동과도 관련된다."
스피노자에서 사랑의 학설과 자유의 가상의 학설이 등가적이라고 봐야 하는가의 문제는 끝없는 토론의 대상인데, 여기서는 라이프니츠에서 볼 수 있는 최초의 논의만 지적해 두겠다. 이 논의에서는 카발라와의 연관성이 이러한 등가성의 근거가 된다. "히브리의 카발라 학자들에게 말쿠트(malcuth), 또는 세피로트의 마지막 왕국은 신이 모든 것을 거역할 수 없게, 하지만 폭력 없이 부드럽게 통치해서, 인간이 신의 의지를 실행하는 동안에도 자신의 의지를 따르고 있다고 믿게 만드는 것을 뜻한다. 그들은 아담의 죄는 말쿠트를 나머지 영역들과 분리시킨 데(truncatio malcuth a caeteris plantis)에 있다고, 곧 아담이 자신을 신의 왕국 안의 한 왕국으로 만들고 자신에게 신의 독립적인 자유를 부여함으로써 세피로트의 마지막을 제거했다는 데 있다고 말한다. 하지만 아담의 타락은 그로 하여금 자신은 스스로의 힘으로는 결코 존립할 수 없으며, 인간들은 메시아에 의해 구원될 필요가 있다는 점을 깨닫게 해주었다. 이 교리는 건전한 양식을 담고 있을 수도 있지만, 자기 민족 사람들이 지은 카발라에 능통해 있던 스피노자가 인간들은 자신들 좋은 대로 자유를 인식하기 때문에 신의 왕국 안에 또 다른 왕국을 이룩한다고 말한(『정치론』 2장 주 6) 것은 도를 넘어섰다 운운."(Leibniz, 『신의 선함, 인간의 자유, 악의 기원에 관한 변신론』*Essai de théodicée sur la bonté de Dieu, la liberté de l'homme et l'origine du mal*, éd. J. Brunschwig, Garnier-Flammarion, 1969, §372, p. 337).

78) [옮긴이] 자발적 예속(servitude volontaire) 이론은 몽테뉴의 평생의 친구였던 에티엔 드 라 보에티(Etienne de La Boetie, 1530~1563)의 고전적인 저서 『자발적 예속론』(*Discours de la servitude volontaire*)에서 유래하는 이론이다. 보에티는 "왜 사람들은 마치 자신들의 행복이 자신들의 예속에 달려 있는 양, 예속되기 위해 싸우는 것일까?"라는 질문을 화두로 삼아, 참주/폭군에 대한 저항의 필요성을 주장하고 있다.

79) [옮긴이] 스피노자는 『신학정치론』 14장에서 보편 신앙의 교리들을 제시하고 있다.

성의 관념을 생산한 뒤, 나중에 계몽주의가 설파하는 류의 종교와 정치의 중재(종교 문제에 대한 국가의 감독권jus circa sacra) 및 이성적인 진보라는 관점에서 국가(곧 집정관들이나 섭정들)에게 우중 및 국가 자신에 대해 이를 부과하도록 제안하는 것이 문제인가?

스피노자의 신학 및 교회학의 의미 자체는 분명 다음과 같은 양자택일에 의존한다. 곧 극한적으로는, 중세의 새로운 신심(信心)[80] 및 모든 해방신학의 전통에서 볼 수 있는 **예수 그리스도를 본받기** 운동의 급진적이고 민중적인 형태이든가, 아니면 전루소적이고 전칸트적인 부르주아 자연종교이든가 하는 양자택일이 바로 그것이다.

물론 이러한 양자택일은 어떤 의미에서는 『신학정치론』이 전위(轉位)시키려고 했던 문제 자체인데, 왜냐하면 이는 불모의 양자택일이기 때문이다. 하지만 이런 측면에서 볼 때 『신학정치론』의 마지막 장이 과연 아포리아와 다른 어떤 것을 생산해 냈는지 의심해 볼 수 있다. 왜냐하면 이 마지막 장은 시민들 및 국가가 이 교리들을 자신들의 행동의 제한규칙으로 삼을 때 얻을 수 있는 이익을 인정하도록 요구하기 위해 이 양자에게 건네는 이중의 호명interpellation으로 귀착되기 때문이다. 이러한 아포리아에 대한 시인은 「서문」 말미의 권언(勸言, envoi)에서 명료하게 읽을 수 있다. 곧 이 책은 민주주의 국가로 주어져 있는 특정한 국가형태[네덜란드 연합주 공화국]를 옹호하려는 목적에 따라 이 국가가 스스로를 개혁하도록 도와줌으로써 네덜란드 연합주 공화국의 위기라는 정치적 정세에 직접 개입하기 위해 작성된 저서이기 때문에, 스피노자는 철학자들에게만 독서를 권유하고 있고 "다른 이들"에게는 독서를 만류하고 있다. 곧 스피노자는 정신으로부터 미

---

80) [옮긴이] 새로운 신심(devotio moderna)은 번거로운 의례를 중심으로 하는 중세 교회의 허례허식에서 벗어나 일상생활 속에서 신앙심을 고쳐시키려는 신학적 태도를 가리킨다.

신과 공포를 근절할 수 없기 때문에 '순종하리라고 기대하는 게 불가능한' 불구스, 우중적 인간이 혹시 이 책을 읽지 않을까 두려워하고 있다.

의심할 여지 없이 이 난점들은 스피노자가 『신학정치론』에서 **공통통념들**을 활용하는 방식에 담겨 있는 난점들과 근본적으로 같은 것들이다. 곧 『신학정치론』의 텍스트만으로는 공통통념들이 자연의 빛의 공리들로서 **이론적으로** 정의되고 있는지 아니면 상상의 영역 내부에서 모든 인간들에게 유사한, 유용성에 대한 지각으로서 **실천적으로** 정의되고 있는지 분명하게 결정내릴 수가 없다. 이는 아마도 『신학정치론』이 『윤리학』의 테제, 곧 부적합한 관념들도 그것들을 사고하는 사람들에 대해서는 실재성과 진리를 지니고 있다는 테제를 구체적 분석과 전투적 개입의 지반으로 옮겨 놓음으로써, 인식의 첫번째 두 종류에 대한 경직되고 주지주의적인 정의를 실천적으로 변형시켰기 때문일 것이다(따라서 암묵적으로는 세번째 종류의 인식에 대한 정의도 역시 변형된다. 이로써 스피노자는 들뢰즈가 잘 설명하고 있는 것처럼 공통통념 이론과 대립하는, 『지성교정론』을 특징짓는 지적 엘리트주의와 거리를 두게 된다[81]). 여기서는 이 정도의 가설로 그치기로 하자.

하지만 이 난점들은 『신학정치론』과 『윤리학』에서 기술되고 있는 종교적 대중운동에 관한 스피노자의 입장의 난점들일뿐더러, 또한 이를 넘어서 그가 글을 쓰고 있던 당시 홀란트 공화국을 내부에서 위협하던 종교적 대중 자신의 난점들이기도 하다는 점은 매우 분명하다. 왜냐하면 이 대중은 군주파의 전복세력으로부터 그 '대중적 토대'를 박탈하기 위해서는 와해시켜야 할 세력이면서 동시에 공화국의 민주주의적 기초를 확장하기 위해서는 구성되어야 할 세력이기도 하기 때문이다. 아마도 또한 이 세력은 대중이 복음서l'Evangile에 대해 지니고 있는 신앙과 도덕성 때문에, 대중이 지니고 있는 미신과 불관용 태도를 정화시키고서라도 발전시켜야 할 세력이기도 할 것이다…….

인민의 삶에 존재하는 죽음

좀더 나아가기 전에 잠시 멈추고 스피노자의 용어법에서 깜짝 놀랄 만한

---

81) G. Deleuze, *Spinoza et le problème de l'expression*, Éd. de Minuit, 1968, pp. 252~281[국역:『스피노자와 표현의 문제』, 권순모·이진경 옮김, 인간사랑, 2003, 369~408쪽].『지성교정론』과 『윤리학』 사이의 단절에 관한 들뢰즈의 논증은『윤리학』에서 '공통통념들'을 제시하는 두 가지 양식(하나는 논리적이고, 하나는 실천적인)을 잘 접합하고, 주지주의적 독해와 절연할 수 있게 해준다. 하지만 270쪽 주 6[국역본:393쪽 주 6]은 다른 많은 이들과 마찬가지로『신학정치론』이 (인식의) '종류들을 혼합'하고 있는 데서 그가 느끼는 당혹감을 보여 준다.
나로서는 스피노자의 이중성이나 상대방인 기독교인들의 편견에 영합하려는 스피노자의 의도적인 태도라는 나태한 논거는 배제하고,『신학정치론』의 이러한 비순수성에서 단지 (네그리가 말하듯) 체계의 '두번째 정초'의 지주만이 아니라, 부분적으로는『윤리학』의 인식론과 모순되는, 그리고 이 인식론의 아포리아들을 비판할 수 있게 해주는 ──곧 언어(또는 기호)의 정의를 상상의 일반 개념에 종속시키는 대신, 이러한 비순수성은 물질적 소통 및 제도적 서사, 역사적 구어 (parole)의 요소 안에서 상상을 완전히 재사고하려는 경향을 지니고 있다── 가능한 또 다른 정초의 동력을 보고 싶다.
하지만『신학정치론』에서도 역시 스피노자의 언어관은 결코 완전히 일관적이지는 않다. 그리고 사실 이 난점을 가장 잘 예시해 주는 것은 '순수하게 지적인', 곧 절대적으로 비언어적인 신의 율법의 계시에 대한 해석가라는 그리스도의 '이념형'이다. 왜냐하면 그리스도는 자신이 결코 그 수신자인 적이 없었던 어떤 말(담화, discours)을 인간들에게 예정시켜 줌으로써(하지만 그렇다고 해서 우월하거나 초월적인 지위를 누리지 않고) 소통의 회로를 중단시키는 독특점 (point singulier)으로 ──만약 이렇게 할 수 있다면── 사고되어야 하기 때문이다. 사람들은 분명히 그리스도를 순수한 알레고리로 만듦으로써 난점을 '해소'하려고 할 것이다. 하지만 이 경우 우리는 더 이상 스피노자의 문제설정이 아니라 마이모니데스나 윈스탠리(Winstanley)의 문제설정에 따르게 될 것이다(마이모니데스에 대해서는 실뱅 자크Sylvain Zac,『스피노자와 성서 해석』*Spinoza et l'interprétation de l'Écriture*, PUF, 1965, p. 190 이하 참조; 윈스탠리에 대해서는 크리스토퍼 힐Christopher Hill,『뒤집어진 세계. 영국 혁명기의 진보사상』*The World Turned Upside Down. Radical Ideas during the English Revolution*, Penguin Books, 1975, p. 139 이하 참조. 힐은 이 문제와 관련하여 요아힘Joachim de Flore의 지적 유산을 지적하고 있다).
이 난점들은 내가 앞서 지적했던『윤리학』4부 정리 37과 그 주석들이 투영하는 '이성적 인간들의 사회'의 난점들과 명시적으로 연결되어 있다. 곧 그리스도의 모델에 따라 언어 없이 서로 지능만으로 소통하는 비인간적인 인간들, 또는 인간 이상의 인간들로 구성된 사회를 상상하는 게 의미가 있을 경우 이런 사회를 사고하는 게 가능하다고 말할 수 있을 정도로 두 난점들은 서로 연결되어 있는 것이다.…… 또한 마트롱,『그리스도와 무지자들의 구원』(*Christ et le salut des ignorants*, Aubier, 1971), p. 144 이하; 실뱅 자크,「스피노자와 언어」("Spinoza et le language", 『스피노자 저작에서 철학, 신학, 정치학』*Philosophie, théologie, politique dans l'oeuvre de Spinoza*, PUF, 1979), p. 45 이하; 그리고 에밀리아 지안코티-보셰리니가 자신의『신학정치론』번역본에 붙인 pp. 40~42의 주석 참조.

전개 과정을 검토해 볼 필요가 있는데, 이는 궁극적으로 대중들masses이라는 개념에 대해 물티투도라는 이름을 부여하게 된다.[82]

이 용어가 『윤리학』에는 전혀 나타나지 않는다는 사실을 우연이라고 생각할지도 모르겠다. 좀더 정확히 말하면 이 단어는 단 한 차례, 수적 무한정성("다수의 원인들 안에서"in multitudine causarum)(『윤리학』 5부 정리 20의 주석)이라는 의미로 쓰이고 있다. 하지만 양태들과 실체의 관계를 특징짓는 데서뿐만 아니라 물체들 사이의 합치와 불합치의 자연학을 서술하는 데서도 중요한 이 의미로 사용할 때도 스피노자는 도처에서 '다양한'multi, '다수의'plures, '다수적인'plurimi 등과 같은 다른 정식들을 활용하고 있다. 특히 『윤리학』은 인류 전체나 규정된 공동체를 구성하는 개인들의 합을 물티투도로 지시하지 않는다. 앞으로 보게 되겠지만, 이러한 부재는 『윤리학』에서는 인간 대중의 문제가 좀더 간접적이거나 좀더 복잡한, 그리고 수적 규정보다 더 본질적인 다른 양상에 따라 현존한다는 점을 의미한다.

하지만 『윤리학』이 계속 불구스──보통 무규정적으로 속인vulgaire으로 번역하지만, 이는 또한 불가분하게 우중을 가리키기도 한다──를 지시하고 있다는 점 역시 그에 못지않게 의미심장하다. 이러한 지시는 2부에서부터 주석들에서만 나타난다(들뢰즈는 주석들의 전략적 기능을 보여 준 바 있다[83]). 하지만 이미 1부 「부록」은 이런 방향에서 무지자들ignari을 지시한 바 있다. 따라서 『윤리학』은 서로 관련되어 있는 두 가지 절차를 결합한다.

---

82) 스피노자에서 물티투도의 빈도 및 맥락들의 전개 과정에 대해서는 지안코티-보셰리니, 『스피노자 어휘 사전』 참조.

83) [옮긴이] 들뢰즈는 『스피노자와 표현의 문제』에서 『윤리학』은 두 개의 질서로 이루어져 있다고 주장한다. 곧 한편에는 정의와 공리, 정리 및 증명들로 이어지는 엄격한 논리적 추론의 질서가 있고, 다른 한편에는 「서문」과 「부록」, 「주석」들에서 나타나는 논쟁적이고 정서적인 질서가 존재한다는 것이다. 들뢰즈의 이런 주장은 『윤리학』을 '기하학적 논증방식'에 따라서만 고찰하는 전통적인 독해방식에서 벗어나, 『윤리학』에서 부차적인 것으로 간주되어 온 「서문」과 「부록」, 「주석」들이 수행하는 체계적인 전략적 기능을 밝혀 주었다는 데 의미가 있다.

곧 자연적 원인들에 대한 무지에서 자연적으로 생겨나는 모든 신인동형론적이고 목적론적인 가상들의 체계를 '속인의' 관점과 관련시키고, 이러한 관점의 필연성을 인간학적인 방식으로 설명하는 것이다.

불구스라는 용어는 경멸적이다. 곧 이는 무지에서 벗어나는 것은 또한 우중의 틈에서 빠져나오는 깃이라는 우리의 의심을 강화하는 것 같다. 하지만 이 용어에 대해 논쟁적인 의미만이 아니라 분석적 의미도 부여할 수 있을까? 틀림없이 가능하다. 왜냐하면 상상은 인식의 종류이면서 동시에 모든 사람의 정념적 힘들이 함께 작용하는 삶의 종류이기도 하기 때문이다. 무지는 실정적으로는 (부적합한) 인식의 첫번째 종류이며, 직접적 경험과 함께 '풍문', 곧 언어기호들과 사람들 사이의 소문이 그 원천을 이룬다. 하지만 상상의 내용은 우선 정치적 함의와 함께 제시되는데, 왜냐하면 이는 자유로운 인간 의지의 가상을, 자연의 주인이자 왕 또는 입법가로서의 신이라는 표상과 결합시키기 때문이다. 이러한 표상은 인류가 자기 자신을 신의 백성peuple으로, 신에 대해 사랑과 증오의 인간적personnel 관계(헌신, 신의 보상이나 보복 등)를 맺고 있는 개인들의 집합으로 지각한다는 점을 함축한다. 이는 개체성에 대한 부적합한 관념을 야기함과 동시에, 군주의 정치적 권력에 신적인 권리를 부여함으로써 우중을 이 권력에 복속시키는 표상의 전도된 보증, 선취를 이루기도 한다.

『신학정치론』에 이르러서야 비로소 플레브스와 불구스, 그리고 처음으로 등장하는 물티투도 사이에 체계적인 연관성이 확립된다. 하지만 앞으로 보게 되겠지만, 이는 매우 양가적인 상태에 머물러 있다.

처음 보기에는 이 모든 용어들은, 시민들cives의 집합으로서 인민populus이 가리키는 자연권의 실정적 측면과 대립하여, 사회적인 삶의 파괴자라는 부정적, 적대적, 폭력적인 측면만 지니고 있는 듯하다. 특히 『정치론』과 비교해 볼 때 매우 주목할 만한 『신학정치론』 16장에서 스피노자는 그가 '가장 자연적인/본성적인' 국가로, 곧 여러 가지 국가형태 중 하나 (인민의 지배imperium populare)이면서 동시에 상이한 정체들constitutions 중 가장 원초적인 진리를 지닌 것으로 제시하는 민주주의에 관해서는 물티 투도나 플레브스, 또는 불구스에 대해 한 마디도 언급하지 않는데, 이는 매우 주목할 만한 점이다. 하지만 불구스(이 용어는 본질적으로 인식론적 함축을 지니고 있다. 곧 이는 덜떨어진 것까지야 아니겠지만, 어쨌든 편견을 지닌 사람들을 가리킨다)와 플레브스(이 용어는 사회정치적 함축을 지니고 있다. 곧 이는 통치자들과 대립하는 인민대중이며, 따라서 권리상으로나 사실상으로나 열등한 사람들을 가리킨다)는 『신학정치론』의 처음부터 끝까지 계속 나타나고 있는 데 비해, 두 측면의 통일을 표상하는 물티투도는 세 가지 전략적인 지점에서만 출현한다. 이는 좀더 자세히 검토해 볼 만하다.

물티투도라는 용어는 우선 「서문」, 곧 대중적인 미신의 메커니즘에 대한 분석에서 나타난다. 알다시피 여기서 문제는 사고를 예속시키는 정치적·이데올로기적 체계, 또는 좀더 정확히 표현하면 장치[84]다.

따라서 미신을 낳고 온존시키고 양육하는 원인은 공포다. …… 모든 사람은 본성상 여기에 예속되어 있다. …… 우중vulgus은 항상 가련한 처지에 놓여 있기 때문에 …… 이러한 불안정성은 여러 소요 및 끔찍한 전쟁의 원인이 되어 왔다. …… 다중을 통치하는 수단 중에서 미신보

---

84) [옮긴이] '장치'(appareil)라는 개념은 알튀세르가 특히 「이데올로기와 이데올로기 국가장치」 (1970) 논문에서 자본주의 생산양식의 재생산 메커니즘을 분석하기 위해 도입한 개념이다. 이는 일상어법에서는 '기계장비'나 심지어 '장난감 완구' 등 폭넓은 의미를 지니고 있는데, 이 단어의 일상어법에서 알튀세르가 끌어내는 함축은 '기계적 도구'라는 의미다. 일부에서는 이 개념, 특히 '이데올로기 국가장치' 개념을 '이데올로기 국가기구'라는 말로 번역하는 경우가 있는데, 이는 이 개념을 경험적으로 실존하는 국가기관과 혼동한 결과이고, 더 나아가 이 개념이 지닌 물질적이고 도구론적 함축을 간과한 결과다.

다 더 효과적인 수단은 존재하지 않는다nihil efficacius multitudinem regit, quam superstitio. ...... 사람들은 종교——이것이 참된 종교이든 거짓된 종교이든 간에 ——를 예배와 의례로 치장하여, [우중이] 일체의 변동에 동요되지 않고 이를 경외하도록 만들려고 골몰한다. ...... 투르크인들이야말로 이를 가장 효과적으로 해낸 사람들이다. ...... 군주정의 가장 큰 비밀이자 주요 관심사는 사람들을 속이는 것이다 운운.[85]

이러한 지적은 뒷부분에서 히브리 국가에 대한 기술 및 영국 군주제의 파국의 역사에 대한 참조를 통해 입증된다. 각각의 개인에게 자연적인 공포를 활용함으로써 군주제적·종교적 미신의 장치는 이 공포를 재생산하고 대중적 현상으로 증폭시키며, 결국 통제 불가능하게 만든다. 이 이유 때문에 군주 체제는 인류의 시초의 야만 상태로의 후퇴. 또는 좀더 정확히 말하면, 정말로 아무런 희망도 없어 보이는 유일한 야만성의 생산이다. 야만무도한 자들Ultimi barbarorum![86]

이렇게 되면 사람들은 "마치 자신들의 구원을 위해 싸우는 양 자신들의 예속을 위해 싸우고, 단 한 사람의 허영심을 만족시키기 위해 자신들의 피와 목숨을 바치는 것을 수치가 아니라 최고의 영예라고 믿는다."[87] 이는 스피노자 편에서 본다면 매우 놀라운 테제인데, 왜냐하면 개인들의 자연적 코나투스의 이러한 전도는 광폭한 대중운동 중에 자기 자신의 죽음, 자기 파괴에 대한 욕망에 자신의 신체를 내맡기는 데까지 이르기 때문이다. 자연적 본성이 보존 본능으로서의 자기 자신과 모순에 빠지는 것처럼 보이는 이러한 극

---

85) [옮긴이] 『신학정치론』「서문」4~6절 ; 모로판, 58~60.
86) [옮긴이] 이는 1672년 대중들의 폭동에 의해 더빗 형제가 살해되었다는 소식을 듣고 극도로 분노한 스피노자가 사람들의 만류를 무릅쓰고 집 바깥에 써서 내걸었다는 표현이다.
87) [옮긴이] 『신학정치론』「서문」7절 ; 모로판, 62쪽.

단적 상태에 대해, 스피노자가 참주적 군주정들과 인민 혁명들 사이의 연쇄를 분석하면서 기술하고 있는 죽음의 진정한 원환을 결부시켜야 한다.

…… 어떤 군주가 참주임이 분명하더라도, 이 군주를 제거하는 것 역시 위험한 일이다. …… 왜냐하면 살해된 왕의 피로 두 손이 얼룩져 있는 시민들이 국왕 시해를 훌륭한 행동이었다고 자랑스러워하는 것을 보고 새로 즉위한 왕은 이를 자신에게도 해당되는 한 사례로 생각할 것이 분명하기 때문이다. …… 그는 자신이 계승한 선왕의 대의를 옹호하고 그의 행위에 찬성하지 않고서는, 따라서 그의 행적을 답습하지 않고서는, 이러한 시민들의 죽음을 도모함으로써 선왕의 시해에 쉽게 보복할 수 없을 것이다. 따라서 인민들populus은 참주들을 교체시킬 수는 있었지만, 참주제 자체를 폐지시키거나 군주의 통치imperium를 다른 형태의 통치로 바꾸지는 못했다. 영국 인민들은 이러한 불가능성의 숙명적 사례를 제공해 준다. …… 그토록 많은 피를 흘린 다음에 그들이 한 일이라고는 상이한 칭호 아래 등장한 새로운 군주를 환영하는 일뿐이었다(마치 주권자에게 부여된 칭호가 문제 전체인 것처럼). …… 아주 뒤늦게야 인민들은 자신들이 조국의 안녕salut을 위해 한 일은 고작 정당한 왕의 권리를 침탈하고 모든 사태를 훨씬 더 나쁘게 만든 것뿐이라는 점을 깨달았다. (『신학정치론』 18장 7~8절, 308~309 ; 모로판, 598~600)

혁명은 자신의 자식들을 잡아먹고 복고를 낳고 만다.

스피노자는 여기서 당연히 크롬웰Cromwell과, 좀더 일반적으로 본다면 국왕시해에 관한 당대의 논쟁을 생각하고 있다. 의미심장한 것은 그가 신정神政의 관점(그와 동시대인이었던 라신[88]이 『아탈리』Athalie에서 예시하고 있는)을 채택하지 않고 있을 뿐만 아니라, 신정의 관점은 군주와 인민을 죽음의 원환 안에 가두는 정념의 메커니즘에 내재적이라는 것을 보여 주고 있다는 점이다. 따라서 홉스식의 의미, 곧 본질주의적 인간학의 의미에서 각각의 개인에 대한 각각의 개인의 투쟁은 더 이상 문제가 되지 않는다. 내전 또는 외적과의 전쟁이 함축하는 폭력과 죽음은, 시민사회의 저편에 놓여 있고 시민사회의 구성에 따라 얼마간 잘 억압될 수 있는 원초적 조건을 표현하지 않는다. 이것들이 도입하는 부정성은 법치 상태[법치 국가]의 반정립—정의상 두 항이 서로의 타자를 배제하는—이 아니라, 법치 상태[법치 국가]의 고유한 역사가 낳는 극단적 결과, 법치 상태에 내재적인 적대관계들이 규정된 조건 속에서 산출하는 인간 욕망의 전도된 효과다. 뒤에서 다시 다루겠지만, 우리는 홉스의 대척점에 위치해 있다.[89]

서두에서의 이러한 논의 다음에 물티투도는 17장과 18장에 이르러서야 다시 출현한다.

> 통치자들만이 아니라 피통치자들까지도 모두 사람들, 곧 쾌락을 추구하기 위해 노동을 그만두려는ex labore proclives ad libidinem 경향을 지닌 존재자들이다. 대중들의 극도로 불안정한 기질을 한 번이라도 겪어 본 사람이라면, 이런 기질에 거의 절망적인 감정을 느끼게 될 것이다. 이들의 기질은 이성이 아니라 정신의 정서들만이 지배하고 있기 때문이

---

88) [옮긴이] 장-밥티스트 라신(Jean-Baptiste Racine, 1639~1699)은 몰리에르, 코르네유 등과 함께 프랑스 고전주의를 대표하는 극작가 중 한 사람이다. 『앙드로마크』(*Andromaque*), 『브리타니쿠스』(*Britannicus*), 『바자제』(*Bajazet*), 『미트리다트』(*Mithridate*), 『이피제니』(*Iphigénie*), 『페드르』(*Phèdre*) 등이 대표작이며, 『아탈리』는 말년에 쓴 종교비극으로, 『구약성서』 「열왕기」에 나오는 기사를 끌어다가 만든 작품이다. 국내에 소개된 작품으로는 정병희 외 옮김, 『라신희곡선집』, 서울대학교출판부, 1999 ; 장성중 옮김, 『장 라신의 페드르』, 만남, 2001이 있다.

89) 이러한 전도 또는 극한의 시각에서, 스피노자의 이론적 작업과, 프로이트가 1914~1918년 세계대전의 직접적인 충격 아래, 심리적인 **퇴행**과 **승화**의 효과로서의 사디즘과 마조히즘의 양가성에 대한 반성과 더불어 전개시킨 '죽음 충동'의 이론적 작업을 상세하게 비교하는 토론이 필요하다. 처음 보기에는 프로이트는 '스피노자주의'보다는 오히려 '홉스주의'에 가까운 것 같다.

다. (『신학정치론』 17장 4절, 279 ; 모로판, 540)

정념적인 수단(경건, 애국주의적 헌신)과 합리적인 수단(유용성, 따라서 사적 소유)을 결합함으로써 모든 국가가 대결해야 하는 위험, 문제가 바로 이것이다.[90]

하지만 정치가 타락한 끝에 억제할 수 없는 위험이 다시 돌발한다.

이런 종류의 국가에서 대개 지배적인 위치에 있는 것은 우중들의 강렬한 정념이다plebis ira maxime regnare solet. 빌라도는 바리새인들의 격노를 달래기 위해 그리스도를 십자가에 못박았다.…… 바리새인들의 예를 따라, 동일한 격정에 사로잡힌 가장 사악한 위선자들은 매우 진실하고 유덕한——이는 우중들에게는 그 자체로 역겨운plebi invisos 미덕들이다——사람들을 도처에서 박해해 왔으며, 이들의 견해를 가증스러운 것으로 매도하고 이들에 맞서도록 우중들의 격렬한 분노saevam multitudinem를 야기시켜 왔다. (『신학정치론』 18장 6절, 307~308 ; 모로판, 596)

정념적인 것까지는 아닐지 몰라도 매우 열정적인 이 구절들은 『신학정치론』 17장과 18장의 역사적·정치적 논변의 중심에 놓여 있으며, 이 논변이야말로 16장에서 서술된 계약 이론에 완결된 의미를 부여하고 고유하게 변증법적인 기능을 사후적으로 제공해 준다.[91] 사실 정확히 동일한 인과 체계가 각각의 새로운 조건 속에서 우선은 히브리 국가의 주목할 만

---

90) 프로이트의 『환상의 미래』와 비교해 보자. "요컨대 일정량의 강제가 있어야만 문명 제도가 유지될 수 있는 이유는 인간들이 가장 보편적으로 공유하고 있는 두 가지 성질 때문이다. 곧 사람들은 자생적으로는 노동을 좋아하지 않으며, 이성적 논거는 그들의 정념에 아무런 영향을 미치지 못하는 것이다." [『문명 속의 불만』, 김석희 옮김, 열린책들, 1997, 177쪽(번역은 수정).]

한 안정성을 설명해 주고(특히 애국적 증오의 제도화. "독실함이 빠져 있는 헌신과 신앙에서 생겨난 이 증오는 다른 모든 정서를 압도한다. 이는 그야말로 가장 강력하고 가장 제거하기 힘든 정서다."『신학정치론』 17장 23절, 293 ; 모로판, 568), 다음에는 이 국가의 누진적·전면적인 몰락을 설명해 준다. 이 때문에 이러한 몰락을 촉발하고 감수하는 사람들에게 이는 입법가 신의 이미 예견되고 선취된 보복으로밖에는 보이지 않는다. 또한 바로 이 때문에, 이 현상에 대한 진정한 설명은 히브리 인민의 역사, 특히 정치 권력과 종교 권력의 갈등을 향해 전개된 제도들의 진화의 역사를 요구한다. 이렇게 되면 물티투도 개념은, 17장 서두가 가리키고 있듯이, 스피노자의 정치사상이 추상으로부터 이론과 실천의 구체적 통일로 나아갈 수 있게 해주는 탁월한 개념이 된다.

이로써 우리는 그의 논증에서 가장 중요한 측면에 이르게 된다. 어찌되었든 간에 **국가에 대한 주요 위협은 항상 내부에 있으며**, 항상 인민 자신에 의해 구성된다는 것이 바로 그것이다.

하지만 국가의 안전이 시민들^{cives}보다는 외부의 적들^{hostes}에 의해 더

---

91) 근래에 여러 주석가들은 스피노자를 '계약 이론가들', 따라서 홉스가 창설한 의미의 '자연권' 이론가들 중 한 사람, 따라서 근대적인 법적 이데올로기의 창시자들 중 한 사람으로 간주하려는 오류를 정정하고, 이런 식으로 스피노자를 이해할 때 생겨나는 혼란들을 보여 주었다. 마트롱,『스피노자 철학에서 개인과 공동체』, p. 287 이하[국역본:411쪽 이하] ; 들뢰즈,『스피노자에서 표현의 문제』, p. 234 이하[국역본:345쪽 이하] ; 그리고 특히 한번 더, 네그리,『야생의 별종』, pp. 182~200 참조. 하지만 그렇다고 해서 스피노자의 사상이 유기체론에 속한다는 결론이 나오는 것은 아니며,『신학정치론』에서 '계약'(pacte)이라는 용어의 사용이 계약론의 잔재나 비일관성의 의미만 갖는 것도 아니다. 반대로 이는 종교적 상상계가 정치적 관계를 과잉결정하는 양상을 분석하는 데서 중심적인 역할을 수행한다. 실뱅 자크,『스피노자 저작에서 철학, 신학, 정치』, pp. 145~176, pp. 203~214의 매우 명쾌한 분석 참조. 나는「권리-계약-법:『신학정치론』에서 주체의 구성에 관하여」("Jus-Pactum-Lex : Sur la constitution du sujet dans le *Traité-théologico-politique*",『스피노자 연구』*Studia Spinozana*, vol. 1, 1985)라는 논문에서 그의 분석을 좀더 확장해 보려고 시도했다.

위협받고, 권력을 행사하는 사람들imperium tenent이 후자보다 전자를 덜 두려워하는 일은 결코 일어나지 않을 것이다. 로마 공화국이 이를 입증해 준다.…… (『신학정치론』 17장 4~5절, 280 ; 모로판, 540)

달리 말하면 키비타스civitas, 곧 국가 안에서, 그리고 국가에 의한 인민의 구성(왜냐하면 국가 바깥에는 인민이 존재하지 않기 때문이다)의 자연적인 조건 자체가 내전의 경향을 함축하고 있다. 이 때문에 (마키아벨리의 주장을 받아들여) 주요한 위험을 대표하는 이들 자신을 무장시켜야 할 필요가 있는데, 단 이는 이들에게 이차적 본성을 이루는 헌신성과 규율을 창출할 수 있어야 함을 조건으로 한다. 이 때문에 국가의 폭력이 대중들의 대항폭력을 조장하지 않도록 개인들에 대한 국가의 폭력을 제한해야 할 필요가 있다.

따라서 인민populus과 물티투도는 본질적으로 다른 것이 아니다. 인민을 물티투도로, 곧 인민의 외견상의 부정인 '우중'으로 실존하게 만드는 것은 역사의 과정이다. 그리고 그 진화 과정을 통제할 수 있는 것은 특정한 실천이다. 하지만 결론은 완전히 아포리아적인 것에 머물러 있다. 곧 몰락의 원인들이 항상 내적이라는 사실로부터 스피노자는 모든 혁명은 본성상 유해하다는 결론을 내린다. 무엇보다도 그것이 어떤 것이든 간에 실존하는 국가의 형식을 보존해야 하며, 국가가 인민의 마음populi animus에 심어 놓은 것으로서, 각각의 개인의 기질ingenium이 그에 순응하는 사고 습관들 또한 보존해야 한다. 모든 대중운동은 내적 예속과 동의어이며, 하나의 독재를 다른 독재로 대체하는 결과를 낳을 수밖에 없다. 이런 의미에서 이는 이미 본성상 내적으로 군주제적이다. 시민들로 이루어진 인민에게 부과되는, 정체constitutions 및 그들을 공포와 폭력으로부터 최대한 해방시켜 주는 합치 또는 호혜 관계를 보존하거나 발전시켜야 한다는 과제에 부응하는 집합적 수단, 정치적 실천은 사실상 존재하지 않는 것이다.……

민주주의는 바람직하지만 무기력하다.

대중으로의 복귀

그의 노력을 물거품으로 만들면서 그의 예견을 입증한 1672년의 비극적 사건(오라녜 가※의 혁명) 이후에도 스피노자는 이러한 결론을 바꾸지 않는다. 하지만 그는 더 발본적이면서(물티투도를, 통치의 대상이면서 동시에 그 내부에서 통치자들이 선발되는 인민의 개념 자체로 만듦으로써) 동시에 덜 '야만적'인 방식으로(상상적 과정에 대한 분석을 법적 제도들 및 행정 통계학 statistique administrative으로 전위시킴으로써) 국가의 기초라는 문제 전체를 다시 살펴보려고 시도한다. 아포리아는 사라지지 않지만, 네그리가 잘 보여 준 것처럼 물티투도는 정치이론의 근본 개념이 된다.

사실 우리는 『정치론』에서 대중 개념의 진정한 분출을 목격하는데, 이 개념은 이제 자연권이라는 이론적 수준에서뿐만 아니라 동시에 각각의 정치체제의 조절이라는 실천적 수준에서도 정치적 문제의 모든 측면을 포괄하게 된다. 이는 『윤리학』 및 심지어 『신학정치론』(스피노자는 『정치론』에서 이 두 저서를 전제로 삼고 있다)과 관련하여 혁신적인 점이며, 이제 최초로 자연권이 명시적으로 **대중의 역량**potentia multitudinis으로서, 따라서 '숫자의 권리' ── '숫자의 권리'란 물론 산술적 합의 의미가 아니라 힘들의 상호작용이라는 의미이다 ── 로서 사고된다는 사실을 반영한다(왜냐하면 권리jus=역량potentia이기 때문이다). 국가의 상이한 형식들 각각은 이러한 힘들의 상호작용의 양상들이며, 이는 스피노자가 이 형식들의 전통적인 구분법을 보존하면서도 산술적 형식주의(한 사람의 권력인지, 아니면 다수, 또는 모든 사람의 권력인지)를 넘어서 좀더 근본적인 질문, 곧 절대권력 imperium absolutum이라는 질문의 변증법적 전개과정에 따라 이 형식들을 분석할 수 있게 해준다. 여기서 문제가 되는 것은 **권력의 절대성**이라고 좀 더 분명히 말해 두자. 권력은 어느 정도나, 그리고 어떤 조건에서 절대적일 수 있는가? 따라서 물티투도와 임페리움 사이의, 대중의 실존양상들과 국가의 기능양상들 사이의 연관성은 모든 정치의 내적 동력임과 동시에 『정치론』의 추론 전체의 실마리이기도 하다.

여기서 홉스와 스피노자의 상위성相違性 및 스피노자가 결국 원초적 계약contrat이라는 개념의 사용을 포기하게 된 이유도 충분히 해명된다. 스피노자는 『신학정치론』에서 홉스와 매우 상이한 형태로 계약이론을 제시했었지만(상이한 이유는 스피노자의 계약이론은 법적인 게 아니라 처음부터 역사적이며, 계약을 과잉결정하고 효과적이게 해주는 상상적 보증물에 대한 분석을 포함하고 있기 때문이다), 이제는 그것까지도 완전히 포기한 것이다.[92]

물론 홉스는 스피노자 못지않게 대중들의 공포 및 이들의 본성적인 전복적 경향이라는 문제에 사로잡혀 있던 이론가다. 사적 영역과 공적 영역의 구분을 설정하는 그 나름의 방식을 포함하고 있는 홉스의 국가 조직 전체는 (계급적·종교적) 내전과 혁명을 야기시키는 대중운동에 대한 예방적 방어체계로 이해될 수 있다. 홉스에서 **다중**이 계약의 단초 개념이 되어 (『시민에 대하여』 6장 및 『리바이어던』 17~18장 참조) 법적으로 국가체계를 구성하고 이를 (평등 위에) 이데올로기적으로 정초하게 되는 것은 바로 이런 맥락에서다. **하지만 홉스에게 다중 개념은 이후에 곧바로 지양되어 버리는 출발점에 불과하다.** 스피노자가 (민주주의démocratisme 와 마키아벨리식 현실주의를 긴밀하게 결합함으로써) 함께 사고하려고 하는 두 요소를 홉스는 조심스럽게 분리시킨다. 곧 홉스에서 **계약**을 **징초**하는 다중은 [스피노자식의 의미에서] 대중 개념이 아니라, 항상 이미 [개인으로] 해체되어 있고, 미리 (예

---

92) 발리바르, 「권리-계약-법: 『신학정치론』에서 주체의 구성에 관하여」 참조.

방적으로) 구성적인 원자들(자연상태의 인간들)의 합으로 환원되어 있으며, 계약을 통해 시민사회의 새로운 제도적 관계로 한 사람씩 진입할 수 있는 인민 개념이다. 로크──그는 몇 가지 언어적인 일치에도 불구하고, 스피노자와 정면으로 대립하는 의미의 관용의 철학자다──는『통치론』8장에서 바로 이러한 홉스식의 '개인주의적인' 다중 개념을 전환시켜, 다수의 동의가 전체 또는 만장일치의 결의^{acte}를 권리상, 사실상으로 대체한다는 점을 보여 준다.[93]

반대로 스피노자는 이 두 요소를 곧바로 결합하여 처음부터 국가구성에서 대중의 역할에 관해 논의하고 있으며, 이때 그는 다중을 인민이라는 추상이 아니라, 운동하고 있는 대중과 군중들이라는 역사적·정치적 실재로 이해하고 있다. …… 이 때문에 그에게 개념은, 목적론적 변증법의 절차에 따라 처음에 주어졌다가 곧바로 부정되고 지양되는 추상적 전제의 역할을 하는 게 아니라, 구성적인 변증법 내에서 계속 증폭되는 구체적 분석 원리의 역할을 수행한다. 이 때문에, 특히 홉스에서도 중심적인 위치를 차지하는 **만장일치**라는 질문은 정반대의 의미를 얻게 된다. 홉스에게 만장일치는 정치적 기계의 본질이며, 그 장치 안에 논리적으로 함축되어 있다. 하지만 스피노자에게 만장일치는 하나의 문제다.

---

93) 이는 로크가 **다중**에서 전체로 나아가는 경로를 다중에서 다수(majorité)로 나아가는 경로로 대체함을 의미한다. "그 이유는 그 숫자와 상관없이 일정한 수의 사람들이 각각 개별적인 동의에 의해서 **공동체**(community)를 결성했을 때, 그들은 그 행위를 통해서 그 **공동체**를 한 몸체로 만들었기 때문이다. 그 결과 공동체는 한 몸체로서 행동할 수 있는 권력을 가지게 되며, 그 권력은 오직 **다수**(majority)의 의지와 결정에 따르게 된다. …… 그러므로 우리는 실정법에 의해서 활동할 권한[입법권]을 부여받은 회의기구에서(Assemblies impowered to act by positive Laws) 그 실정법이 특별한 수[의결 정족수]를 명시하지 않은 경우, **다수의 결의**가 전체의 결의로서 통용되는 것을 목격하게 된다. 즉 다수가 자연법과 이성의 법에 의해서 전체의 권력을 가지고서 결정을 내리는 것이다."(the act of the Majority passes for the act of the whole, and of course determines, as having by the Law of Nature and Reason, the power of the Whole) [『통치론』, 강정인·문지영 옮김, 까치, 1996, 93~94쪽(강조는 발리바르, 번역은 약간 수정).]

국가의 실존은 자신을 '정신인 것처럼', 의지인 것처럼comme 제시하지 않고서는 실존할 수 없는 개인들의 개체[개인들로 구성된 인공적 국가-개체]의 실존이다. "국가의 신체imperii corpus는 마치 하나의 정신에 의해 인도되듯이una veluti mente duci 인도되어야 하며, 이 때문에 도시의 의지civitatis voluntas는 전체의 의지로pro omnium voluntate 받아들여져야 한다."(『정치론』 3장 5절). 하지만 이러한 만장일치는 자동적으로 얻어질 수 없다(특히 이는 루소에서 볼 수 있는 것처럼 일반의지라는 형이상학적 이념에 따라 선험적으로 보증되지 않는데, 루소는 처음에 억압되었던 '분파'와 '특수한 이익 결사체들'이라는 유령이 사후에 실천의 영역에서 재출현하게 되는 위험을 감수하면서까지 이런 이념을 주장하고 있다). 만장일치는 대중의 정신들esprit이나 마음들âmes의 운동(『정치론』 8장 41절, "대중의 정신들의 운동"multitudinis animos movere)이 구성하는 제약들 및 개인들이 습득한 경험 및 제도적 형식이 개인들에게 부여하는 공적 업무에 대한 얼마간의 인식이나 정보에 따라 이루어져야 한다. 만장일치의 문제는 복종의 물질적 조건들 및 따라서 국가에서 다중의 대표를 가능하게 해주는 조건들, 그리고 실질적인 결정 권한의 조건들이라는 문제와 하나를 이루고 있다.[94]

그렇지만 물티투도의 구성적인 역할은 용어의 나쁜 의미에서, 곧 실천에 대해 전혀 부적합한 상태에 머물러 있다는 의미에서 순전히 이론적인 것으로 보일 위험이 다분하다. 우리는 『정치론』의 지속적인 관심사가 바로 이 점이라는 것을 알고 있다. 내가 보기에 10장은 이러한 난점의 증거이며, 사실은 고백인 것 같다. 민주주의에 고유한 아포리아들에 도달하기 전에 이미 귀족제 국가의 구소불 자체는 안전성('절대적' 성격)에 문제가 있음이 사후에 드러나고, 자신의 유類에서en son genre 불충분함이 밝혀진다. 그렇다면 이러한 구조물에 필연적인 안정성을 보완해 줄 새로운 도덕 원리를 제시해야 한다. 시민의 덕목, 로마인들에게서 볼 수 있는 법률에 대한 사랑이 여기에 해당할 것이다.

왜냐하면 법률들은 국가의 정신이기 때문이다. 법률들이 지속되는 한, 국가는 필연적으로 존속한다. 하지만 법률들은 이성 및 인간들에게 공통적인 변용들/정서들affections의 보호 아래 있는 한에서만 침해받지 않고 유지될 수 있다. (『정치론』 10장 9절)

그런데 반대로 『정치론』(및 그 특유의 현실주의) 논변의 핵은 처음부터 정립된 다음과 같은 원리다. 이에 따르면,

---

94) 만장일치의 조건으로서 시민들의 정보에 관해서는 『정치론』 7장 27절(전체 구절을 인용하지 못해 아쉽다) 참조[7장 27절 인용문은 이 책 105~107쪽 참조]. 스피노자는 여기서 『로마사론』 1권 48장에 나오는 마키아벨리의 논변[『로마사 논고』, 강정인·안선재 옮김, 한길사, 2003 참조]을 부연하면서 또한 전위시키고 있다.

결정의 문제설정은 주권의 문제설정만큼이나 스피노자에게 본질적이다. 또는 이 양자는 분리할 수 없는데, 왜냐하면 '권리'는 현실적인 역량으로서만 의미를 갖기 때문이다. 이 점은 스피노자에 대한 '계약론적' 또는 '자연권주의적' 해석에서 과소평가되고 있다. 하지만 역설적이게도 네그리 역시 이를 무시하고 있다(이는 분명 이를 인정하게 되면 임페리움 안에, 물티투도의 내재적 역량potentia을 폐기하고 주의주의적이고 우월한éminente 권능potestas의 요소를 재도입하게 되지 않을까 두려워하기 때문이다). 『정치론』 7장 5절 참조. "대중은 자기 자신과 합치할 수 있는 경우에는(inter ipsam convenire), 그리고 큰 회의체들에서 자주 발생하고 하는 논쟁들이 소요(seditiones)를 낳지 않을 경우에는, 결코 자신들의 권리를 소수의 사람들이나 단 한 사람에게 양도하지 않는다. 이에 따르면 대중(multitudo)은 절대로 자신의 권력 아래 둘 수 없는 것 (quod absolute in potestate ipsa habere nequit), 곧 토론을 종결시키고 신속한 결정을 내릴 권리(controversiarum diremtionem et in decernando expeditionem)만을 왕에게 자유롭게 양도할 뿐이다. …… 그리하여 인민의 복리(salut)야말로 최고의 법, 곧 왕의 최고 권리(summum jus)이기 때문에, 왕의 권리는 평의회(conseil)에 제출된 견해들[방안들] 중 하나를 선택하는 (eligere) 데 있지, 평의회 전체의 생각에 거슬러 결정을 내리거나 왕 자신이 직접 방안을 발의하는(sententiam ferre) 데 있는 게 아니라는 점을 분명히 알 수 있다. 운운." 최선의 군주제까지도 지닐 수밖에 없는 상대적인 취약성이 무엇인지 정확히 이해하고 싶다면, 이러한 집행 결정권(권력)을 사소한 것으로 치부하는 것은 완전히 잘못이다. 더욱이 이 문제는 귀족제와 관련하여 다시 한번 제기된다(『정치론』 8장 3~4절, 36절, 44절; 9장 14절). 민주주의 국가에서는 이 문제를 해결하는 게 가능하고, 심지어 [다른 정체에 비해] 가장 낫다고 말하고 있지만, 민주주의에 관한 텍스트가 미완성으로 남아 있기 때문에, 그 해결책이 무엇인지는 알려져 있지 않다. 나는 이제부터 왜 나에게는 이 해결책이 내생적으로 불가능하게 보이는지 보여 주고 싶다.

…… 만약 인간들이 자신들에게 가장 이로운 것을 욕망하도록 인간 본성이 이루어져 있다면, 화합과 신의를 유지하기 위해 어떤 기술도 필요하지 않을 것이다. 하지만 인간 본성의 성향들dispositions은 전혀 다르다는 게 확실하기 때문에, 국가는 통치자들만이 아니라 피통치자들도 포함되는 모든 사람이 ──내키든 내키지 않은 간에 ──공공의 복리를 위해 중요한 것을 할 수 있도록 규제되어야 한다. 곧 모든 사람이 자발적으로든 아니면 힘이나 강요에 의해서든 간에, 이성의 계율에 따라 살아가게 만들어야 한다. (『정치론』 6장 3절)

이 원리는 군주제를 분석하기 전에 언표되긴 했지만, 보편적인 효력을 지니고 있다. 따라서 이 원리가 중간에 변형되거나 정정되었다고 가정해야 할 듯하다. …… 뒤에서 이를 좀더 살펴보기로 하자. 10장이 절실한 소망voeu pieux으로 비칠 수밖에 없는 내용 ──곧 대중이 자신이 직면해야 하는 위험들 때문에 공포에 젖어 하늘이 내린 인물의 품 안으로 몸을 던지게 되는 중대한 상황에서는 "모든 이가 수락했던 확립된 법률들로 되돌아가야 한다" ──으로 끝을 맺고 있다는 사실은 여전히 남는다. 하지만 부당 전제가 아니라면 무엇이, 국가가 화해할 수 없는 내전 끝에 붕괴하지는 않을 것이라는 점을 증명해 주는가?

우리가 『정치론』을 완벽하게 일관성 있게 서술되고 이미 확실한 결론을 지니고 있는 미리 정해진 구도의 실행이 아니라 한 가지 사고경험으로서, 또는 좀더 적절하게 말해 자신의 내적 난점들과 대결하는 이론적 실험으로 보려고 한다면, 우리는 『정치론』에서 민주주의 이론의 부재 ──이는 항상 주석가들을 성가시게 만들었으며, 결여된 부분[『정치론』 11장]을 보충하려는 여러 가지 시도들(때로는 매우 독창적인)을 낳았다 ──를 새로운 시각에 따라 조명해 볼 수 있을 것이다. 우리는 이론의 부재를 저자의 죽음이라는 우연적 사건에 전가하는 것으로 만족할 수는 없으며, 더욱이 처음에 정립된 원리들의 전반적인 노선에 따라 이를 연역해 내기 위해 [스피노자의 생각 대신] 우리 자신의 이론을 대체하려고 하는 것은 더 문제가 있다. 그보다는 개념들의 정의 자체 내에서 궁극적인 이론적 봉쇄를 낳고 일관된 민주주의 이론의 구성을 불가능하게 만드는 요인이 무엇인지 질문해 봐야 하는데, 왜냐하면 민주주의 개념은 근본적으로 애매하기 때문이다. 이러한 독해는 스피노자를 논박하거나 여태까지 많이 있어 왔던 것처럼 그의 관점을 실격시키려는 시도와는 무관하다. 반대로 이는 우리가 스피노자의 관점이 지닌 역량을 좀더 정확히 파악할 수 있게 해줄 것이다. 하지만 이는 다른 사람들의 경우처럼 그에게서도 순환적 사고의 한 유형, 곧 최초의 이론적 원리들이 결론들의 추상적인 선취에 불과한 한 사고 유형을 발견하려 하지 않을 경우에만 가능하다. 이 경우에는 자연권에 대한 최초의 정의가 그런데, 개인들의 다수(다중, multitude)의 합의 위에 국가를 정초하는 것은, 부르주아 자유주의 전체의 전형적인 사고노선을 따라 민주주의 국가가 본성상 가장 뛰어나고 가장 자연적이거나 가장 안정된 국가라는 궁극적인 발견을 미리 보증해 줄 것이다. 문제를 좀 다른 식으로 말해 보자. 스피노자는 처음부터 엄밀한 방식으로 대중들과 국가(물티투도와 임페리움)의 구성적 관계를 내적 모순으로 사고한다. 또한 『정치론』의 논변은 그의 저작들 중 가장 명시적으로 변증법적이다. 곧 모순을 해결하는 길을 모색하기 위해서는 우선 모순의 항들을 전개시켜야 한다.

『신학정치론』에서 역사적인 사실에 대한 확인으로 제시된 테제는 『정치론』에서는 분석의 원리 자체가 된다(그리고 스피노자는 이미 이 원리의 함의를 반영하고 있는 모든 것을 찾아내기 위해 마키아벨리를 다시 읽는다). "국가를 위협하는 위험들의 원인은 항상 외부의 적보다는 시민들인데, 이는 좋은 시민들이란 드물기 때문이다."(『정치론』 6장 6절) 나는 뒤에서 이 테제의 본질적 상관물을 이루는 테제, 곧 내적 모순에 따른 국가의 해체는 결코 전면적이지 않다는 테제를 검토해 볼 생각이다.

마찬가지로 혁명이나 반혁명으로 국가의 형태를 변화시키는 것은 항상 최악의 해결책이라는 정치적 테제는 (1672년 이후에도!) 재긍정된다(이 때문에 각각의 국가형태는 자신의 유 안에서 안정적이고 절대적이라는 —또는 이런 식의 표현도 가능하다면 — '상대적으로 절대적'이라는, 곧 역사적으로 영위될 수 있는 점을 보여 주는 게 중요하다).

양면성을 지닌 대중들의/대중들에 대한 공포는 그 어느 때보다 더 근본적인 질문이 된다. 따라서 『정치론』의 탐구 전체는 대중의 역량과 통치자들의 역량 —이 양자는 정확히 말하면 **동일한** 역량으로서, 분할과 결합의 과정 가운데 존재하고, 따라서 집중되어 있든 분산되어 있든 간에 하나이자 동시에 다수이며, 복종(또는 반역)과 결정(또는 비결정) 속에서 동시에 표현된다는 점을 이해하는 게 중요하다 —사이의 **균형점**(또는 균형점들)을 발견하려는 경향이 있다. 또는 이 탐구는 대중 및 통치자들이 서로에 대해 불러일으키는 공포로 인해 죽음의 요동 속으로 휩쓸려 들어가는 대신, 양자 **모두가** 이 공포를 제어할 수 있게 해주는 균형점, **정치적 평형**을 발견하려는 경향이 있다. 이렇게 되면 자유로운 물티투도(자유로운 또는 자치적인en liberté 대중)는 단지 외적인 정치적 사실(국가는 정복에 의해서가 아니라 내부로부터 구성된다는 사실)을 지시할 뿐만 아니라, '생명을 숭배하는'(『정치론』5장 6절) 사회적 실존체의 내생적 성질을 표현할 수 있게 된다.

변증법적 진행과정에 따라 장에서 장으로 이어지는 이러한 탐구의 길들을 여기서 상세하게 따라갈 수는 없고, 나는 그저 군주정과 관련하여 도입된 한 가지 특징적인 주제, 곧 **대중으로의 복귀**라는 주제가 집요하게 지속된다는 사실에서 명료하게 읽어 낼 수 있는 점만 환기해 두고 싶다. 대중으로의 복귀가 지닌 위험성 및 심지어 그 불가피한 출현 자체는 유한한 한 개인의 의지로 모든 의지를 대표함으로써 자신의 '정신'을 구성하는 어떤 국가[군주제 국가]의 본성에 함축되어 있다.

국가의 형태는 동일하게 남아 있어야 하며, 따라서 왕은 유일해야 하고, 항상 같은 성sexe이어야 하며, 권력은 분할 불가능해야 한다. 왕의 장남이 왕위를 승계해야 한다고 내가 말했던 것 …… 은 대중이 원한 quae a multitudine fit 왕의 선출은 가능한 한 영원해야 한다는 점을 고려해 보면 명료해진다. 그렇지 않을 경우 최고의 권력pouvoir souverain은 필연적으로 주민 대중에게 넘어가게 되는데, 이는 가능한 변화 중 가장 큰 변화이며, 따라서 매우 위험하다. …… 사회상태état civile에서 각자는 죽은 뒤에도 그가 생전에 누렸던 자신의 재화를 처분할 수 있는 권리를 보유하지만, 이는 그 자신의 역량에 따라 이루어지는 게 아니라 영원한 국가의 역량에 따라 이루어진다. 왕의 조건ratio은 전혀 다르다. 왕의 의지는 국가의 법이며, 왕은 국가 자체다. 왕이 죽을 때 국가도 어떤 식으로든 죽게 되며, 따라서 최고 권력은 자연히 주민 대중으로 복귀하게 되는데summa potestas ad multitudinem naturaliter redit, 이들은 옛 법을 폐지하고 새 법을 제정할 권리를 갖고 있다. (『정치론』 7장 25절. 이 절은 전체가 다 중요하다)

조금 뒤에서(8장 3절) 스피노자는 전체 논변을 요약해서 다음과 같이 쓰고 있다.

왕들은 유한하고 회의체들은 무한정하게 영속된다. 따라서 일단 회의체로 양도된 권력은 결코 대중으로 복귀하지 않는다numquam ad multitudinem redit. …… 따라서 우리는 충분한 다수로 이루어진 회의체에 부여된 권력은 절대적이라고, 또는 이러한 조건에 아주 근접한다고 결론내리게 된다.……

여기서 잠시 멈춰 보자. 국가에게 일종의 영원성을 부여해 줄 수 있는 안정한 균형점을 찾으려는 논의의 실마리는 분명 다음과 같은 것이다. 곧 대중의 대표를 더 이상 물리적·개별적이지 않고 법적·집합적인 것으로 만듦으로써 인간으로서 사고할 수 있는 범위 내에서 '대중으로의 복귀'를 항상 방지할 수 있는 형성체를 찾는 것이다.

하지만 스피노자는 계속 다음과 같이 말하고 있다. "만약 절대권력이 실존한다면, 이는 인민 전체가 소유하는 권력quod integra multitudo tenet일 수밖에 없다." 따라서 이러한 정치적 계산의 논리에 따르면 군주제와 귀족제 이후 한 걸음 더 나아가서 문제를 민주정으로 해결할 수 있지 않을까? 하지만 이러한 한 걸음은 용어모순이다. 곧 항상 이미 대중 전체에 속하기 때문에, 대중으로 복귀할 위험에서 결정적으로 벗어나 있는 권력이라는 개념은 도대체 어떤 것일 수 있겠는가? 또는 다음과 같이 말할 수도 있을 것이다. 만약 대중이 본성상 "권력의 보유자들에게 가공할 만한 존재라면"multitudo imperantibus formidolosa est(『정치론』 8장 4절), 그리고 바로 이 점이 "사실상 권력을 절대적이지 않은 것"으로 만든다면, 한계(민주정)로 이행한다 해도 권력을 보유한 대중이 대중 자신에게 가공할 만한 존재가 되지는 않으리라는 것을──지극히 미약한 수준에서라도──어떻게 보증할 수 있는가?

좀더 나아가 보자. 만장일치의 (따라서 사회적 신체가, 그것에게는 "마치 정신과 같은 것인" 법에 복종될 수 있는) 조건들을 전진적으로 구성할 수 있는 방법을 찾으면서 『정치론』은 여러 가지 실마리를 교차시키고 있으며, 불균등하게 전개된 여러 관념들을 따르고 있다.

부차적인 것에 머물러 있는 관념들 중 하나는, 정부가 "주민 중 가장 큰 부분maximae partis multitudinis의 분노"(『정치론』3장 9절 ; 7장 2절 등)를 촉발시키지 않을 수 있는 조건들——왕이나 귀족들이 우중을 매혹시키든, 이들이 자신들의 모습에 후광을 씌우든, 국가 안에서 국가 종교와 관용 사이의 결합이 이루어지든 간에——을 검토하면서 『신학정치론』이 상상의 삶에 보이고 있는 관심을 반향하고 있다.

하지만 이제 『정치론』의 주요 관념은 이와는 전혀 다르다. 이 주요 관념은 각 개인의 이익과 동시에 공적인 유용성을 표현하는 공통통념들에 대한 인정, 곧 사회적 신체의 보존 그 자체와 관련되어 있다. 그런데 스피노자의 사고는 여기서 두 가지 열정적인 반정립적 가정들에 따라 한번 더 분할된다.

한편으로 일련의 텍스트들(여기서는 의미심장하게도 플레브스와 불구스, 심지어 투르바turba 같은 용어들은 다시 한번 물티투도를 함의하게 된다)은 비관적인 테제를 언표하고 있다. 이 테제는 우중을 스스로를 통치할 수 없고 절제할 수 없는 존재로 만드는데, 왜냐하면 우중 내부에서는 계속 분열들——여기서 소요가 생겨난다——이 재생되기 때문이다.

> 따라서 주민 대중multitudo integra이 자기 자신과 화합할 수 있다면, 대규모 회의에서 늘 일어나는 논쟁들ex controversiis, quae plerumque in magnis Conciliis excitantur이 소요를 불러일으키지 않는다면, 주민 대중은 결코 자신의 권리를 소수의 사람들[남자들]이나 한 사람에게 양도하지 않을 것이다. …… (『정치론』7장 5절)

다음과 같은 구절도 마찬가지다.

우리가 말한 것처럼 사람들[남자들]은 본성상 적대적이며, 그들을 통합하고 연결시키는 법률에도 불구하고 자신들의 본성을 보존하고 있다. 이 때문에 나는 민주주의 국가들은 귀족정으로 변화하고 다시 이는 군주정으로 변화한다고 믿는다. 사실 나는 귀족제 국가들 중 다수는 민주제 국가로 출발했다는 주장이 설득력이 있다고 믿는다. (『정치론』 8장 12절)

마지막으로 다음 구절을 보자.

(귀족정) 해체의 가능한 첫번째 원인은 매우 명민한 피렌체인[마키아벨리]이 티투스 리비우스의 저서 3권에 관한 자신의 첫번째 논고에서 관찰하고 있는 다음과 같은 원인이다. 곧 인간 신체와 마찬가지로 **국가 안에서는 늘 다른 요소들과 연결되어 있는 어떤 요소들**quotidie aggregatur aliquid**이 존재하며, 이 요소들의 현존은 때때로 의학적 치료를 요구한다.** 따라서 그에 따르면 때로는 국가가 기초하고 있는 원리들로 국가를 이끌어 가는 개입이 필요할 때가 있다. 만약 이러한 개입이 이루어지지 않으면, 병은 점점 심해져서 국가 자체를 제거하지 않고서는 제거할 수 없게 될 수도 있다. (『정치론』 10장 1절)

따라서 이 테제는 우리를 절대자, 또는 국가들의 역량을 가치절하하는 플라톤의 논리로 인도하는 경향을 갖고 있다. 하지만 다른 한편으로 스피노자는 이미 『신학정치론』이 언명한 바 있는 낙관적 가정(16장, 266~267; 모로판, 516)을 다시 제기하기도 한다. "하나의 전체 ──만약 이 전체가 충분한 크기를 갖고 있다면 ──로 연합되어 있는 사람들 다수가 어떤 부조리한 일에 동의한다는 것은 거의 불가능하다." 고립될 위험에 처할 때 (『정치론』 6장 1절),[95] 자신들의 사활이 걸린 이해관계가 문제일 때, 많은 수의 개인들은 다수가 잘못을 범하지는 않는다. 좀더 정확히 말하면, **다중 그**

자체는 절대적으로 망상에 빠지지는 않는다(『정치론』4장 4절 ; 7장 4절 및 7절 참조. "인간 본성은 개인 각자가 항상 매우 열렬히 자기 자신에게 유용한 것을 추구하고 …… 자신의 처지를 확고히 하는 데 도움이 될 수 있다고 생각하는 한에서 다른 이의 대의를 옹호하도록 이루어져 있다. …… 그리고 비록 매우 많은 수의 시민들로 이루어진 이 회외체conseil는 필연적으로 제대로 교육받지 못한 다수의 사람들을 포함할 수밖에 없긴 하지만, …… 이 회의체 다수는 결코 전쟁을 벌이려는 욕망을 갖지 않을 것이며, 반대로 평화에 대한 열망을 보여 주고 이를 항상 선호할 것이다. ……" 7장 4절)[96]

명시적이든 아니든 이 테제에 준거하면서 스피노자는 권력들의 균형 모델, 심의와 합리적 결정 가능성을 극대화하는 통치 회의체의 위계 체계를 구성한다. 이로부터 다음과 같은 놀랄 만한 주장이 나온다. "귀족의원의 숫자는 대중의 숫자보다 더 많을 수 있다. 위험은 숫자가 너무 적을 때에만 닥친다."(『정치론』8장 13절)

우리는 여기서 『정치론』의 시도의 핵심에 들어서게 된다. 그가 우리에게 제시하는 헌정 구성체들constructions constitutionnelles은 법적이라기보다는 **통계학적/국상학적**[97] ——애초에 이 용어가 지녔던 이중적 의미를 보존

---

95) [옮긴이] "게다가 사람들은 모두 고립을 두려워하고 누구도 고립된 상태에서는 자신을 방어할 수 없고 살아가는 데 필요한 것을 스스로 공급할 수 없으므로, 사람들은 본성적으로 사회상태를 욕구하며, 결코 사회상태에서 완전히 단절될 수 없다는 결론이 따라나온다."(『정치론』6장 1절)

96) 대중의 심의(審議) 능력에 관한 이 정식은 아리스토텔레스(『정치학』3권 1281b)로 거슬러 올라가는 오랜 전통을 반향하고 있다. 하지만 이는 특히 마키아벨리가 개진한 몇몇 논거들을 직접 환기시키고 있다(『로마사론』1부 47장 및 57~58장. 정확히 바로 여기서 대중 개념은 인민의 다른 이름으로 등장한다). 이 논거들은 항상 그의 저작에 대한 '민주주의적' 독해를 배양해 왔다. 스피노자가 대중의 상상적 구조라는 질문을 근본적으로 다시 제기함과 동시에, 이를 넘어서 대중의 조직화라는 문제를 제기하고 있는 한에서, 그는 마키아벨리가 자신의 테제에 설정한 제한을 넘어설 수 있다. Leo Strauss, *Thoughts on Machiavelli*, University of Chicago Press, 1958, p. 128 이하; Claude Lefort, *Le Travail de l'oeuvre Machiavel*, Gallimard, 1972, p. 520 이하에 제시된 주석 참조.

한다면 이렇게 말할 수 있을 것이다. 스피노자는 이 용어를 중상주의자들로부터 수용했을 가능성이 있다——이다. 다중의 부분들 사이의, 지도자와 피지도자 사이의, 집행권과 심의권 및 통제권 사이의 이러한 기능적 관계 rationes는 항상 동시에 삼중적 기능을 갖는다. 곧 국가의 구조를 고정하거나 그 형태를 개체화하기, 미리 실존하는 다중을 조건들에 따라(예컨대 지나치는 김에 언급되는 교역, 부, 빈곤 같은 경제적 조건들. 그러나 특히 지식과 무지 같은 문화적 조건들) 합리적으로 재합성하기 위해 해체하기, 마지막으로 효과적인 정치적 결정의 조건들을 도출하고(예컨대 공통의 사고에 따라 지도되는 유일한 몸체를 형성하도록 귀족의원들을 강제하기), 이 결정의 합리성을 통제할 책임을 부여받은 심급들을 구성하기.

스피노자의 통계학/국상학은 국가의 학문이면서 동시에 인구의 학문이고, 임페리움imperium의 관점(복종과 심의의 규제, 그리고 안전)이면서 동시에 물티투도multitudo의 관점인 것으로 읽어야 한다. 이는 정치에 대한 일종의 복식부기다. 최근의 여러 해석가들은 이러한 기획의 중요성 및 독창성을 잘 간파해 냈다. 예컨대 뮈니에-폴레는 "진정한 정치적 측정술métrétique"에 관해 말하고 있다(하지만 이는 너무 플라톤적인 생각이다). 마

97) [옮긴이] 'statistics'라는 용어는 독일의 고트프리트 아헨발(Gottfried Achenwall, 1719~1772)이 처음으로 사용했으나, 이미 1660년경 헤르만 콘링(Hermann Conring, 1606~1681)이 'Staateskunde', 곧 국상학(國狀學)에 관한 강의를 했다. 그는 아리스토텔레스의 4원인론에 따라 질료인(인구), 형상인(정체), 작용인(재정, 군비), 목적인(국가목적)의 형태로 국가에 관한 기술을 처음으로 체계화했다. 따라서 'statistics'는 원래는 확률론을 기초로 한 '통계학'의 의미보다는 개별 국가를 대상으로 하는 기술적(記述的) 학문의 의미를 지니고 있었으나, 오늘날 우리가 말하는 통계학은 벨기에의 케틀레(L. A. J. Quetelet, 1796~1874)에 의해 확립되었다. 통계학의 역사에 관한 좀더 자세한 논의는, J. Hecht, "L'idée de d'énombrement jusqu'à la Révolution", Jacques Mairesse et al., *Pour une histoire de la statistique*, vol. 1, INSEE, 1976 ; Daniel R. Headrick, *When Information Came of Age : Technologies of Knowledge in the Age of Reason and Revolution, 1700~1850*, Oxford University Press, 2002를 참조하고, 푸코의 생명정치(biopolitique) 개념을 원용한 통계학/국상학에 관한 매우 뛰어난 논의로는 Ian Hacking, *The Taming of Chance*, Cambridge University Press, 1990 참조.

트롱은 사회체의 '정역학적 균형'에서 '동역학적 균형'으로 이행하는 길을 탐구하는 가운데 스피노자가 지적한 계산들을 실행하고 탁월하게 전개하고 있다. 스피노자의 '구성'에 관한 사상은, 구성이 다중의 역량의 전개로서 제시되는 한에서 매개라는 관념에 대해 아무런 여지도 남겨 놓지 않는다는 네그리의 주장은 내가 볼 때 이런 점에서 잘못이다. 분명히 스피노자는 계약적 유형의 법적 매개를 주권의 실재적이거나 상상적인 토대로 간주하는 것을 궁극적으로 비판하고 있다. 하지만 이는 『정치론』에서 제도적 매개에 대한 분석을 좀더 정교하게 발전시키려는 목적에서 이루어진 비판이다. 바로 이 점이야말로 스피노자를 근대적 국가장치에 대한 최초 이론가들 중 한 사람으로 만들어 주는 것(이 점에 관해 나는 모로의 해석에 찬성한다)이다. 반면 마키아벨리는 군대 조직에 대한 성찰에도 불구하고 국가권력을 정치전략의 원천 내지는 대상으로 분석하는 데 머물러 있으며, 홉스는 우리가 말한 것처럼 공적 영역과 사적 영역의 구분에 머물러 있다(이는 국가 자체와 구분되는 '사회들' 중 어떤 것들이 '중세적 세력'이나 '국가 속의 국가들'을 구성하지 않고서 적법하게 실존할 수 있는지 규정하기 위해서이다).[98]

하지만 그 결과는 다시 한번 이론적으로 아포리아에 빠져 있으며 정치적으로는 애매하다(특히 **절대적**이라는 통념의 용법에서 그렇다). 사실 역사적 관점에서는 매우 의미심장한 이러한 구성체들은 앞서 제기된 질문에 어떻게 답변하고 있는가?

임페리움-물티투도의 관계를 수적으로 조직하는 것은 각각의 국가형태[군주제-귀족제-민주제]에 사실상 민주주의적인 한 가지 원리를 도입하는 것이다. 하지만 여기서 민주주의적이라는 말은 주권의 이상적 토대라는 의미가 아니라, 하나의 규제 메커니즘 및 자연적 경향이라는 의미이다. 사실 군주정조차도 안정을 이루거나 '절대적'이기 위해서는, 단 한 사람의 전능함이라는 외양 아래 변장한 귀족제와 무정부주의의 불씨를 숨기고 있는(『정치론』 6장 5절) 폭군의 만행을 포기하고, 사이렌들 앞에서 율리시즈가 그랬듯이[99] 자기 자신에게 제약을 부과함으로써 자신의 전능함을 제한하는 입헌군주제가 되어야 할 뿐 아니라, 자기 내부에 최대한 민주주의적 요소를 수용해야 한다(스피노자는 아마도 다음과 같이 생각했으리라. 오라녜 공公 빌렘이 이 권고에 귀 기울여 줄 수 있다면!). 이는 귀족정에 대해서도 마찬가지이며, 심지어 더욱더 그렇다. 바로 이런 관점에서, 신민들이 이방인들로 머물러 있는 중앙집권화된 귀족제(『정치론』 8장 9~12절)에 대한 도시의 연방귀족제의 우월성을 입증하려는 논증이 제시되고 있다(『정치론』 9장). 그리고 이는 아마도 1672년에 공화정 체제가 붕괴된 원인들을 해

---

98) 뤼시앙 뮈니에-폴레, 『스피노자의 정치철학』(Lucien Mugnier-Pollet, *La Philosophie politique de Spinoza*, Paris, 1976), p. 226(또한 4장과 18장을 보라); 알렉상드르 마트롱, 『스피노자 철학에서 개인과 공동체』, pp. 465~502[국역본 648~697쪽]; 피에르-프랑수아 모로, 「『정치론』에서 임페리움이라는 통념의 의미」(Pierre-François Moreau, "La notion d'Imperium dans le *Traité politique*", 우르비노 콜로퀴엄 자료집Actes du Colloque d'Urbino, 『스피노자 탄생 350주년』 *Spinoza nel 350'anniversario della nascita*, Bibliopolis, 1985).
   페르낭 브로델이 『물질문명과 자본주의 2권: 교환의 세계』에서 베네치아와 제노바 및 영국을 중심으로 부와 권력의 층위를 다루고 있는 구절을 읽어 보면, 이러한 사변적 논의 배후에는 16세기와 17세기 군주제 국가들 및 과두제 국가들에서 사회적 위계의 조직이라는 엄밀한 역사적 문제 및 [이 문제를 다루는] 한 가지 전통이 존재한다는 점을 납득할 수 있다. 『물질문명과 자본주의』 2권 p. 415 이하[국역: 『물질문명과 자본주의 II-2』 주경철 옮김, 까치, 1996, 662쪽 이하] 참조. 또한 그가 네덜란드 중상주의 — 이는 종종 부인되곤 한다 — 의 양상들에 초점을 맞추고 있는 p. 487[국역: 781쪽]의 논의도 보라. 이 점에 관해서는 이매뉴얼 월러스틴, 『근대 세계체제 2』, 까치, 1999 중 2장 「세계경제에서의 네덜란드의 헤게모니」 참조. '국상학'(science d'Etat)이자 '국가의 학'(science de l'Etat)으로서의 통계학에 대해서는 헤히트, 「프랑스 혁명 때까지 통계조사의 관념」(J. Hecht, "L'idée de d'énombrement jusqu'à la Révolution", eds. Jacques Mairesse et. al., 『통계학의 역사를 위하여』*Pour une histoire de la statistique*, t. 1, INSEE, 1907) 참조. 그는 네덜란드 통계학이 발견에서, 스피노자의 가까운 친구였던 얀 더빗과 크리스티안 하위헌스(Christian Huygens)가 수행한 직접적인 역할을 강조하고 있다.
99) 『정치론』 7장 1절의 '율리시즈의 사례'. 존 엘스터는 탁월한 저서 『율리시즈와 사이렌. 합리성과 비합리성 연구』(*Ulysses and the Sirens. Studies in Rationality and Irrationality*, Cambridge University Press, 1979)에서 파스칼과 데카르트의 저작들을 논의하고 있는데, 이 저작들은 이러한 패러다임을 해명해 줄 수 있긴 하지만, 여기에 준거되지는 않는다. 반면 그는 명시적으로 이 패러다임을 활용하고 있는 스피노자의 저작은 무시하고 있다.

명해 줄 수 있을 듯한데, 왜냐하면 이때 연방주의는 홀란트 중심주의로 퇴락하는 경향을 띠고 있었기 때문이다(『정치론』 10장 2절).

그러나 다른 정체의 제도들 안에서 작동하고 있는 안정화의 한 요소 내지는 경향으로서뿐만 아니라 온전히 실행되는 한 정체, 온전한 권리를 지닌 한 개념으로서 정의해야 한다면, 도대체 **민주주의란 무엇인가?** 이론과 실천을 결합하기 위해 스피노자가 제도에 대한 성찰에 몰두하게 되자마자 민주주의는 물티투도의 해체와 재구성의 동일한 통계학적 원리에 따르는, 귀족정의 개선이 지향하는 한계에 불과하게 된다. 따라서 역설적이게도 민주주의는 자신의 고유한 원리를 발견할 수 없게 된다.

여기에서 활용되는 개념들이 한편으로는 회의기구의 위계 안에 물티투도 전체를 포함시킴으로써 귀족정을 안정시킬 수 있는 제도들을 증가시켜야 할 필연성과 동시에, 다른 한편으로는 "[대중들은] 공포를 느끼지 않으면 [사람들을] 공포에 떨게 만든다"[100]는 권고가 표현하는 규칙에 항상 이미 사로잡혀 있는 귀족정의 원리를 근본적으로 변혁해야 할 필연성을 함축하고 있는 이상, 다시 한번 아포리아는 불가피해진다. 귀족정에 대한 처음의 정의에서부터 이는 온전하게 포함되어 있다.

따라서 이러한 국가가 절대적인 국가의 최대치에 근접하도록 구성된다면, 곧 될 수 있는 한 대중을 덜 두려운 존재로 만들고, 국가의 헌법에 의해 필연적으로 부여되어야 하는 것 이외의 자유를 대중에게 허락하

---

100) 『정치론』 7장 27절. 스피노자가 반민주주의적인 논거들을 논박하는 맥락에서 이 준칙(이는 타키투스의 『연대기』 1권 29장에서 유래한다)이 출현하고 있다는 사실 때문에, 주석가들은 일반적으로 스피노자가 이 준칙을 자기 것으로 받아들이지 않았다고 생각한다. 이는 정확히 내가 해명하려고 하는 양가성 전체를 삭제해 버리는 사고방식이다. 뒤에서 보겠지만, 이와 동일한 정식이 거의 다르지 않은 표현(Terret vulgus, nisi metuat)으로 『윤리학』에 나타나는데, 여기에서 스피노자는 이를 자기의 견해로 받아들이고 있다.

지 않도록 구성된다면, 이 국가는 최적의 여건conditionem optimam에 놓이게 될 것이다. 이러한 자유는 대중의 권리라기보다는 국가 전체의 권리non tam multitudinis, quam totius imperii jus이며, 오직 귀족들(또는 적자適者들optimates)만이 이를 자신들의 고유한 권리로 주장하고 보유할 수 있다. (『정치론』 8장 5절)

그리고 스피노자는 다음과 같이 덧붙인다. "그 자체로 명백하듯이 …… 바로 이런 방식으로 실천은 이론과 가장 잘 부합하게 될 것이다." 그럴지도 모르겠다. …… 하지만 이러한 주장과, 주권의회[최고회의]와 인민 전체를 동일시하는 관점이 ─대중의 역량potentia multitudinis이라는 자연권의 기본 정의가 '시민국가 그 자체 내에 보존'되기는커녕 아무 내용도 없는 정의가 되지 않는 다음에야─어떻게 조화를 이룰 수 있는가? 모든 국가는 그 구조가 민주주의적 경향을 실현하는 한에서 절대적이다. 하지만 민주정 그 자체는 **완전한 귀족정**, 따라서 내생적으로 모순적인 개념으로밖에는 정의될 수가 없다. 또는 이렇게 말하는 게 더 나을 수도 있는데, **비모순적인 국가**(및 이와 상관적인 비모순적인 대중)라는 개념은 그 자체가 모순적이다. 주석가들은 계속 이 원 속에서 맴돌아 왔다.

이 때문에 귀족의 선출과 관련하여 이 항들의 의미를 엄밀히 해명해 주는 다음과 같은 정식─사실은 매우 곤혹스러운─이 극도로 중요해진다.

단 한 사람이 아니라, 대중 가운데 선출되고ex multitudine selecti 우리가 이제부터 귀족들patriciens이라고 부를 일정한 수의 개인들이 주권을 보유하는 국가를 우리는 귀족제 국가로 명명했다. 나는 분명히 선출된 일정한 수의 개인들이라고 말하고 있다. 왜냐하면 이는 이 국가와 민주정

국가의 주요한 차이점이기 때문이다. …… 그리하여 어떤 국가에서는 심지어 대중 전체integra multitudo가 귀족의 지위에 오를 수도 있는데, 단 이때는 귀족이 세습적 권리가 아님을 조건으로 한다. …… 이런 경우에도 여전히 이는 엄밀한 의미에서 귀족정 국가인데, 왜냐하면 명시적으로 선출되지 않고서는nisi expresse selecti 누구도 귀족으로 인정받지 못하기 때문이다. (『정치론』 8장 1절)

따라서 여기서 다시 한번 오래된 유토피아, 곧 가장 탁월한 사람들이 통치하기 때문에 (또 그런 한에서) 가장 탁월한 통치형태라는 유토피아가 표현되고 있다. 비록 이 탁월한 사람들이 '다수'이어야 한다는 점을 증명하는 게 문제이긴 하지만 말이다 …… '절대적으로 절대적인'omnino absolutum 민주정 국가를 다룰 예정이었지만 미완성으로 남겨진 11장과 이러한 정식들을 어떻게 대면시키지 않을 수 있겠는가? 바로 여기가 [임페리움과 물티투도 사이의] 이러한 변증법이 자기 자신의 지적 도전에 맞서야 할 결정적인 지점이다. 여기가 로두스다. 여기서 뛰어 봐라!

그런데 우리는 여기에서 스피노자가 앞서 다른 정체들에 대해 했던 것처럼 임페리움-물티투도 관계의 고유한 형태에 따라 서두에서 민주정을 정의하는 것을 포기하고 있음을 보게 된다. 이를 정의하려 할 경우에는 동어반복이 되고 말 것이라는 사실(그런데 이는 예컨대 루소에게는 토대의 가치를 지니고 있다)이야말로 그에게는 분명히 극복할 수 없는 장애물이자 오랫동안 지연되어 온différée 유토피아의 복귀의 징표를 이룬다. 이 때문에 예비사항들을 환기시킴으로써 시간을 끄는 책략이 나온다. 곧 우선 '상이한 종류의 민주정'을 구분해야 한다. …… 마침내 우리는 그가 이러저러한 집단classe(우선 여성 집단이 있는데, 다중의 정념의 축소판을 이루는 그들의 유혹적인 연약함이야말로 항상 국가를 치명적인 위험에 빠뜨린다……)을 선험적으로 배제하는 것을 정당화함으로써 시민성의 '자연적' 척도를 탐구하려는 수렁 속으로 빠져드는 것을 보게 된다.[101] 그리고 감히 말하자면, 우리는 이 공백의 지면 앞에서 그가 죽음을 맞는 것을 보게 된다.

개체성과 교통

나는 앞에서 문제는 스피노자를 논박하는 게 아니라, 어떻게 해서든 루소나 맑스 또는 니체의 선구자로 만들려고 하는 회고적 혼동들로부터 그를 분리시킴으로써, 그의 사상의 독특한 역량을 구성하는 것을 추출해 내는 것이라고 밝힌 바 있다. 한편으로 대중들에 대해 그 자신이 느끼고 있는 공포에 의해, 그리고 다른 한편으로는 대중의 해방으로 이해된 민주주의에 대한 희망에 의해 모순적으로 고취된 스피노자가 어떻게 그를 철저한 이론적 고독 속으로 몰아넣는 역사적 조건 속에서도, 그의 동시대 사상가들이나 후대 사상가들에서 좀처럼 찾아볼 수 없을 만큼 복잡한 내용과 중요성을 민주주의 개념에 부여할 수 있었는지 이해하려고 시도해 보는 것이 문제이다. 이 때문에 나는 마지막으로 이 문제를 명시적으로 지적하는 『정치론』을 넘어서, 스피노자의 독창성과 현재성을 가장 명료하게 표현해 주는 개념들을 다시 살펴보고 싶다.

『윤리학』과 『신학정치론』에서 우리는 이 개념들을 발견할 수 있는데,

---

101) 물론 시민성으로부터 여성들의 필연적인 배제——이는 외국인 및 노예들을 배제하는 것과 같은 명목으로 이루어진다——는 적어도 아리스토텔레스까지 거슬러 올라가고 제도들의 역사 속에 뿌리내리고 있는 정치철학의 상투어(lieu commun) 중 하나다. 하지만 『정치론』이 정확히 이 지점에서 '미완성으로 남아 있다'는 사실, 또는 좀더 올바르게 말하면 정확히 이 지점에서, 대중들의 공포의 진정한 환유로서 **여성들의 공포**가 스피노자의 분석을 가로막고 이론적 서술을 미완에 그치게 만들고 있다는 사실은 단순한 우연으로[곧 스피노자의 때이른 죽음] 간주될 수는 없다. 이는 내가 앞에서 『정치론』의 고유한 궁극적인 아포리아 및 저자의 죽음에 관해 제기했던 가설을 뒷받침하는 증거 중 하나다.

단 이는 우리가 이 개념들에서 확정적인 정치적 또는 철학적 해결책의 일관성을 찾으려는 시도를 포기하는 것을 조건으로 한다.

다른 사람들이 이미 말한 것처럼 『윤리학』에서 정념 이론은 코나투스의 최초의 분할[102]에서부터 마음의 동요fluctatio animi[103]에 대한 분석에 이르기까지 정념들의 양가성에 대한 전개과정에 의지하고 있다는 점을 지적하는 것만으로는 불충분하다. 이러한 분석의 이론적 대상이 무엇인지 질문해 봐야 한다.

이 대상은 개체가 아니라 개체성, 좀더 정확히 말하면 개체성의 형태이다. 곧 어떻게 개체성이 구성되고, 어떻게 자기를 보존하려는 경향을 지니게 되고, 어떻게 합치와 불합치의 관계 또는 능동성과 수동성의 관계에 따라 다른 개체성들과 합성되는지 이해하는 게 문제이다. 스피노자에서 개체성은 결코 실체가 아니라는 점이 잘 알려져 있다면, 개체성은 또한 법적이거나 신학적인 의미에서 의식/양심conscience도 인격도 아니라는 점 역시 환기해 두어야 할 것이다. 독특한 유한양태들로서의 인간들은 자신들의 욕망은 의식하고 있지만 이 욕망들을 생산하는 원인들——곧 그들이 '사고하는' 원인들. 의식한다는 것과 사고한다는 것은 전혀 다른 것이다——에 대해서는 의식하지 못하고 있다. 모든 인간적 개체성은, 이 개체성 안에서 합성되지만 그것으로 용해되지는 않는 개체성의 하위 형태들과, 인간적 개체성이 진입할 수 있는 개체성의 상위 형태들 사이에 들어 있다prise. 이러한 등급화는, 한 (무한) 집합의 농도puissance와 이 집합의 부분들의 집합의 농도는 공약 불가능하다는 수학의 언어를 빌려 은유적으로 표현될 수 있다.[104] 이 때문에 만약 정신(사고들의 집합)이 신체의 관념으로 정의되어

---

102) [옮긴이] 이는 『윤리학』 3부 정리 8~9를 가리킨다.
103) [옮긴이] 이는 『윤리학』 3부 정리 49를 가리킨다.

야 한다면, 개체성은 [데카르트에서 볼 수 있는 것과 같은] 정신과 신체의 연합과는 아무런 관련이 없으며, 심지어 이러한 신비한 표상을 완전히 배제한다.[105] 이제 우리가 정념들의 분석으로, 또는 고유한 상상의 삶으로 되돌아가 보면, 우리는 마음의 동요는 신체들의 복합성 내지는 다양성에 의해서만이 아니라 동시에 '주변의'(이는 게루의 표현이다) 다른 신체들과 맺고 있는 외재적 관계들의 다양성에 의해서도 설명된다는 것을 알게 된다. 이러한 두 가지 다양성의 마주침 ——인간이 이를 적합하게 인식한다는 것은 전혀 불가능하며, 인간은 항상 그 일부만을 지각할 뿐이다 ——으로부터 변용들의 갈등이 생겨난다.

하지만 좀더 주목할 만한 것은 이러한 마주침의 메커니즘에 대한 분석이다. 자기 자신을 보존하고 자신들의 행위 역량을 증대시키려는 경향을 지니고 있는 인간들은 **유사한 것**quod simile, 곧 그들 자신 및 외부 '실재들' ——이는 다른 사람들임이 밝혀진다 ——사이에서 지각하는 **유사한 특징**에 대해 사랑과 증오를 결부시킨다(『윤리학』 3부 정리 15~17). 달리 말하면 사랑과 증오는 주체들 사이의 인정의 관계가 아니다. 이는 항상 **부분적인**partiels **정서들의 연쇄들**로서, 마주침들의 반복 및 단어들과 이미지들의 충돌에 의해 강화되며, 상상 속에서 개인들을 분리하거나 결합시킨다. 부분들 사이의 유사성에 따른 이러한 연쇄는 '자아'와 '타인' 사이의 관계라는 양상을 띠고 있지 않다. 이는 신체적 개체성 아래에서, 그리고 그것을 넘어, 한 대상에서 다른 대상으로 이행하는 횡단적transverses 관계(전이적

---

104) [옮긴이] 이는 집합론의 공리 중 하나다.
105) 마르샬 게루, 『스피노자 2권. 정신(『윤리학 2부』)』(Spinoza, vol. II, L'Âme(Éthique II), Aubier, 1974), p. 110 이하, p. 135 이하, p. 165 이하 참조; 그리고 피에르 마슈레, 『헤겔 또는 스피노자』, p. 275 이하 참조. 이 모든 점에 관해 들뢰즈의 논의(『스피노자와 표현의 문제』, p. 187 이하[국역본: 278쪽 이하])는 분명 본질적으로 중요하다.

transférentiels 관계라고까지 말할 수는 없겠지만)이다. 이 관계들은 어떤 의식의 산물이 아니며, 오히려 이것들이 의식 효과 ─ 곧 욕망 그 자체 및 기쁨과 슬픔, 희망과 공포 등으로부터 분리 불가능한 우리의 신체적 다양성에 대한 부적합한 인식 ─를 생산한다.

정서적 동일시/정체화 메커니즘(및 그 양가성)에 대한 이러한 분석 원리를 가장 놀라운 방식으로 예시해 주는 것은 의심할 여지 없이 **질투**jalousie에 대한 정의다.

> 어떤 사람이, 자기가 사랑하는 것이 자기 혼자 이것을 소유했을 때와 같은 또는 더 긴밀한 우정의 끈으로 다른 사람과 연결되어 있는 것을 상상한다면, 그는 사랑하는 것 자체에 대해서는 증오로 변용될 것이고, 다른 사람에 대해서는 질투를 느낄 것이다. …… 왜냐하면 그는 사랑하는 것의 이미지와 자신이 증오하는 것의 이미지를 결합할 수밖에 없기 때문이다. 이 뒤의 이유는 일반적으로 여성에 대해 품는 사랑에서 살펴볼 수 있다. 왜냐하면 자기가 사랑하는 여인이 다른 사람에게 몸을 맡기는 alteri sese prostituere 것을 상상하는 사람은 자신의 욕망이 억압되기ipsius appetitus coercetur 때문에 슬픔을 느낄 뿐만 아니라, 사랑하는 것의 이미지를 다른 사람의 치부 및 분비물과 결합할 수밖에 없으므로rei amatae imaginem pudendis et excrementis alterius jungere cogitur, 그 여인에 대해 혐오감을 느낄 것이기 때문이다. …… (『윤리학』 3부 정리 35 및 주석)

따라서 『윤리학』이 진정한 반反코페르니쿠스적 전회를 수행하고 있다고 주장해도 자의적인 것은 아니다. 『윤리학』이 처음에 연구 대상으로 삼는 과정은 확실히 복합적이지만 상대적으로 자율적인, 심지어 인류의 표본으로서 추상적으로 고찰된 고립되어 있는 개인에 준거하고 뒷받

침되는 것처럼 보이는데, 이 개인은 서로 유사하면서 상이한 실재들에 의해 외부로부터 다양하고 모순적인 방식으로 변용되지만 이를 제어하지는 못하며, 따라서 이런 의미에서 본다면 이 외부의 실재들은 그의 통일성을 위협하는 것이 된다. 하지만 개인성이라는 관념이 소멸되는 것은 아니지만——이런 관념이 없다면 욕망도 힘conatus도 존재하지 않을 것이다——사실 진정한 대상(또는 진정한 주체)이 되는 것은 과정 자체, 곧 자신의 '부분들' 및 이 부분들의 관념들이나 이미지들에 의해 통과되고 재통과되는passant et repassant 각각의 개인을 관통하는 정서적 변용의 연관망이다. 그 자체로 독특한 각각의 인간, 각각의 개인은 항상 자기 자신 및 다른 개인들과 유사하면서 상이하며, 따라서 주관적으로 고립되어 있다는 것은 허구에 불과하다. 이러한 허구는 타인들의 자유에 대한 상상에서 절정에 이르는데, 이러한 자유에 대한 상상에서 출발하여 나는 나 자신의 자유에 대한 도움이나 방해를 상상하게 되며, 따라서 이는 사랑과 증오의 정념들을 극단화하게 된다(『윤리학』 3부 정리 49의 주석 참조).[106]

상상 속에서 개체성 및 다중의 구성은 단 하나의 동일한 문제이며, 단 하나의 동일한 과정이다. 스피노자는 이를 정서 모방affectuum imitatio이라 부른다. 이 때문에 스피노자의 분석 대상은 사실은 사회적 관계들 또는 대중 관계들의 체계다라고 주장한다고 해도 과도한 것은 아니며, 우리는 이러한 관계들의 체계를 **상상**이라 부를 수 있다. 스피노자는 이 관계들의 체계의 구체적 사례, 또는 좀더 정확히 말하면 독특한 역사적 형태는 항상 종교(및 도덕)로 이루어져 왔다고 보고 있다. 그가 이러한 관계에 대해 제시히는 개념은 심리학수의와 동시에 사회학주의에서 벗어나 있다. 곧 이

---

106) [옮긴이] 『윤리학』 3부 정리 49의 주석 해당 부분은 다음과 같다. "인간들은 자신들을 자유롭다고 여기므로 다른 실재에 대해서보다 서로에 대해 더 큰 사랑이나 증오를 갖게 된다. 여기에서 정서들의 모방이 나온다."

는 원초적인 상호 주관성이라는 관념(예컨대 피히테에서 볼 수 있는 것과 같은) 및 개인은 사회적 실존 조건들에 의해 조건지어져 있다는 관념(맑스 역시 이러한 관념에서 벗어나지 못했다)으로 환원될 수 없다.

스피노자는 바로 이러한 기초 위에서, 나쁜 정념들 자체도 우중vulgus을 규율하기 위해서는 도시에 필요하다고 논증할 수 있게 된다. 왜냐하면, 다시 한번 더 말하자면 "우중은 공포를 느끼지 않을 때 가장 공포스럽기"(『윤리학』 4부 정리 54의 주석) 때문이다. 여기서 양가성이 충만하게 작용하게 되는데, 왜냐하면 ── 권력이 이성에서 자신의 기원을 이끌어올 수 있을 경우 ── 권력의 인식이 의거하는 명예gloire는 대부분의 경우 "우중들의 의견에 의해 조장되는 자기 만족"에 불과하며, "따라서, 최고선으로 평가받는 것을 둘러싼 투쟁이 이루어지고 있으므로, 서로를 경멸하려는(짓밟으려는, opprimendi) 격렬한 욕구가 생겨나게"(『윤리학』 4부 정리 58의 주석) 되기 때문이다.

마지막으로 스피노자는 이러한 기초 위에서, 각각의 개인들이 다른 사람들을 [대문자로 표시된] 인간이라는 일반 관념의 '대표자들'과 동일시하면서, 마치 그렇게 하는 게 자신의 실존의 조건이라도 되는 양 항상 "다른 사람들을 자신의 고유한 기질에 따라 살아가도록 만들려고"(『윤리학』 3부 정리 31) 노력하는 방식 ── 여기에서 계급 및 민족의 관념 같은, 지극히 '통속적인'(속류적인, vulgaires) 실천적 보편자들이 생겨나게 된다(『윤리학』 2부 정리 40의 주석 1 및 3부 정리 46 참조) ── 으로부터 영속적으로 따라나오는 모순적인 결과들을 상세하게 검토할 수 있게 된다.

달리 말하면 스피노자의 대상은 정서들 사이의 교통 관계이며, 따라서 자신들의 정서들을 통해 개인들이 교통하는 관계이다. 이런 의미에서 정서적 교통은 대중이라는 개념 자체이다. 하지만 노력[코나투스]이 각자의 욕망에서부터 도시 안에서 모든 사람의 욕망에 이르기까지 이러한 교통을 관통하고 있다는 사실은, 이러한 교통 관계가 항상 양극성에 따라 분석되어야 함을 의미한다. 미신에 상응하는 양극 중 한 극에서 교통은 전적으로 동일시 메커니즘, 곧 실재적 독특성들에 대한 몰인식의 메커니즘의 지배를 받는다. 반대로 모든 관념과 마찬가지로 실천적 활동actions인 '공통통념들'의 긍정에 상응하는 다른 극에서 교통은 적합한 인식과, 개인들의 역량을 배가하는 기쁜 변용들의 통일체이다. 스피노자 철학의 난점 ──이는 내게는 아포리아로 보인다──은, 스피노자가 처음부터 상상과 '무지한' 인간의 취약함을 어떤 '주체'의 원죄나 불완전성이 아니라 항상 이미 사회적인 집합화collectivisation의 과정으로 사고했음에도 불구하고, 이 경우와 마찬가지로 자신의 고유한 개념들에 따라 인식 및 인식이 인간들에게 제공해 주는 실존 조건들에 대한 제어[력]을 집합적인 실천으로 사고하지 못한다는 데 있다. 우중은 동요한다. 우중은 하나의 '인식의 종류'에서 다른 인식의 종류로 이행하기 위해(또는 **어떤 사람**이 스피노자가 기술하는 "길"에 따라 이러한 이행을 이루어 낼 때) 진정으로 자기 자신을 전환시키지 못하는 것이다. 시초부터 요구되는 우중의 '역사'는 문제적인 것으로 남아 있다. 관념의 객관성에 대한 스피노자의 관점(실재들의 질서와 연관은 관념들의 질서와 연관과 동일하다는 것)이 처음부터 인식은 주관적인 게 아니라는 것, 곧 의식함도 지식의 의지도 아니고, 현실 자체에 내재적인 과정임을 정립해 두었음에도 불구하고 그렇다.[107]

하지만 이 점에 관해 아포리아가 존재한다면, 이는 그 당시뿐만 아니

---

107) 자연히 이러한 비판 ──만약 이것이 하나의 비판이라면── 은, 스피노자 자신이 선을 본질적으로 **교통 가능한 것**(곧 집합적 교통의 대상이라기보다는 형태)으로, 그리고 지혜는 **실천적** 긍정(affirmation)으로 정의함으로써 어쩔 수 없이 그 자신에게 **집합적 실천**이란 어떤 것인지 질문하게 되는 한에서만 의미를 가질 뿐이다. 이 때문에 이런저런 특수한 비판을 하기에 앞서, 이 점에 관해 처음으로 스피노자를 스피노자 자신의 문제설정의 역사 및 요구들과 체계적으로 대결시켰다는 점에서 네그리에게 감사해야 마땅하다.

라 우리 시대에서도 여전히 심원한 새로움을 지닌 한 관념의 맞짝일 뿐이다. 이는 모순적인 관계인 한에서 **공통적인 일치**communion[108]라는 관념(기계론적이거나 유기체론적인 변형들을 포함하여)과 무관한 어떤 **교통**이라는 관념의 새로움이다. **신체들**의 실재성, 따라서 신체들의 외적-내적 다양성이 [그리스도의] '**신비한 몸**'[109]이라는 환상을 결정적으로 대체할 뿐만 아니라, 역으로 신체들의 상호 관계를 구조화하는 정념적 양가성에 대한 분석은 단순하게 신체의 신비주의로 귀착하는 것을 저지한다. 처음에 스피노자에게 가해진 출교黜敎, excommunication의 폭력은 경탄스럽게도 이렇게 해서 교통이라는 관념 자체의 발본적인 전환으로 극복되었다는 점을 지나치는 김에 지적해 두기로 하자. 그리고 이런 조건하에서 그의 역사성이라는 질문이 다시 한번 되돌아오게 된다는 점을 확인해 두기로 하자.

대중들의 상상은 『신학정치론』의 논변이 기입되어 있는 장 자체로서, 본질적으로 예언주의prophétisme의 형태를 띠고 있다. 이러한 예언주의는 [정신분석적 의미의] 전이transfert와 동일시 메커니즘에 의해, 그리고 백성들의 기질이 표현되어 있는 요구사항에 대한 예언자들의 선취된 답변에 의해 전적으로 지배되고 있다. 이는 한 민족이 자신의 정체성을 영위하는 단어들 및 이미지들의 결합을 재생산해 낼 수 있는 상상력을 지닌 개인들이 예언자들로 인정받는 것을 말하는 한 가지 방식에 불과하다. 이 때문에 스피노자가 이해하고 있는 것과 같은 민족들의 역사 전체는 종교와 국가, 예

---

108) [옮긴이] 'communion'은 원래 기독교에서 유래한 단어로, 예수 그리스도의 몸과 피, 곧 성체와 성혈을 먹고 마심으로써 그리스도와의 일치를 경험하려는 의식인 영성체를 가리킨다.

109) [옮긴이] '신비한 몸'(Corpus mysticum)은 영성체에서 신자들에게 나눠 주는 빵과 포도주 속에 그리스도의 몸과 피가 들어 있음을 가리킨다. 근대 종교 개혁기의 핵심적인 신학적 쟁점 중하나는 이러한 '신비한 몸'을 어떤 의미로 이해하느냐의 문제였다. 좀더 넓은 의미에서 본다면 '신비한 몸', 또는 '신비체'는 바로 교회 자체를 가리키는데, 이는 사도 바울에서 유래한 비유적 표현이다.

언주의와 합리적 교통 사이의 필수적이지만 개연성이 없어 보이는 수렴의 모순 속에 기입되어 있다.

하지만 만약 그렇다면 『신학정치론』의 궁극적 아포리아는—적어도 이론적 관점에서 본다면—결코 순전히 부정적인 것으로만 볼 수 없는 한 가지 방식으로 읽힐 수 있다.

분명히 『신학정치론』은 통치자들과 피통치자들 모두가, 그들에게 그들의 공통의 이익을 설명해 주는 이성적 목소리에 귀를 기울이는 어떤 사회에 대한 절실한 소망voeu pieux이라는 결론에 이르게 된다. 분명히 이들에게 제안된 계약은, 처음 보기에는 자연 종교와 거의 다를 바 없는 보편적 신앙을 자신의 내용으로 지니고 있다. 하지만 이는 부차적 측면에 불과하다. 주요 측면은 스피노자가 계속해서 종교(및 '미신')의 역사성을 분석하고 있다는 사실에 있다. 따라서 여기서는 특히 그 실천적 기능이 중요한 보편적 신앙이 대중의 실천 및 종교적 전통으로부터 생산되어야 한다는 사실 역시 주요 측면이다. 요컨대—그리고 우리는 여기서 단지 계몽주의의 이데올로기와 대척對蹠할 뿐만 아니라, 이 이데올로기의 실증주의적, 세속적, 유물론적, 심지어 변증-유물론적 후예들과 대립하게 된다—주요 측면은 스피노자가 종교를 내부로부터 집합적으로 변혁하는 것을 근본적인 정치적 과제로 사고하고 이론적으로 정당화하려 했으며, 어떤 조건들하에서 이러한 문제가 합리적인 의미를 갖게 될지 질문했을 만큼 대담했다는 사실에 있다.

『신학정치론』의 아포리아가 가장 분명하게 드러나는 그 추론의 급소들 중 하나는, 사고의 자유를 확립하는 것이 이 책 전체의 목표임에도 불구하고 사고의 자유에 관한 궁극적 해결책에 엄밀한 의미를 부여하기가 어렵다는 데 있다.

사실 스피노자는 우리에게 "사람들에게 판단의 자유를 허락"하되, 단

"[그들—발리바르의 추가] 자신의 의지décret에 따라 행위할 권리"는 금지하고, 이러한 권리는 모든 이의 이익을 위해 주권자에게 양도한다—주권자가 가능하다고 판단하는 경우 사람들에게 이러저러한 권리의 일부를 되돌려줄 수 있음을 가정하고 있긴 하지만—는 데 모두가 동의해야 한다고 말한다. 따라서 이러한 해결책은 사적 자유와 공적 행위 사이에 경계선을 긋는 것에 있으며(또는 있어야 하며), 이러한 경계선은 사고와 행위의 분할과 합치한다.

하지만—그리고 스피노자의 텍스트는 이를 충분히 보여 준다—이러한 경계선은 이론적 실존에 불과할 뿐, 엄밀하게 말하면 사고 불가능한 것이다. 따라서 '개인들'과 '국가'가 이러한 경계선의 장소와 양상들에 대해 어떤 합의에 도달한다는 것은 배제된다. 실제로 '사고'와 '행위' 사이의 구분은 한편으로는 과잉에 의해, 그리고 동시에 다른 한편으로는 결핍에 의해 곧바로 의문시된다.

과잉에 의해 의문시되는 이유는 사고(와 추론, 판단)의 자유는 자신의 견해들을 교통[소통]할 수 있는 자유가 없다면 아무것도 아니기 때문이다. 실제로는 누구도 자신의 견해들을 표현하지 않은 채, (좁은 범위의 자기 친구들하고라도) 교통하지 않은 채 **그 혼자서만 사고할 수는 없다. 사고의 장소는 사적 개인이 아니다.** 또는 이 사적 개인의 철학적 실체l'hypostase인 내밀한 의식이 아니다. 이 장소는, 그 한계 및 외연이 어떻든 간에 교통 자체이다(『신학정치론』 20장 4절, 328~329 ; 모로판, 634~636).[110] 우리는 왜 스피노자가 『윤리학』에서, 인간의 통념들이 공통통념들일수록 인간은 더 많이 사고한다는 것을 보여 주기에 앞서, "나는 사고한다"고 말하지 않고 "인간은 사고한다"고 말하는지 이해할 수 있다.[111]

역으로 위에서 가정된 사고와 행위의 구분은 또한 결핍에 의해서도 의문시되는데, 왜냐하면 국가는 '타락'하지 않은 경우에도 **소요를 불러일으**

키는 견해들이라는 질문을 제기하지 않을 수 없기 때문이다(또한 스피노자 역시 제기하지 않을 수 없다). "국가에서 소요를 불러일으키는 견해들은 어떤 것들인가? 계약을 폐기하지 않고서는 제기할 수 없는 견해들이 바로 그것들이다.……"(『신학정치론』 20장 9절, 331 ; 모로판, 640) 스피노자가 다음과 같이 말하는 것은 사실이다. "그의 사고가 소요를 불러일으킨다고 볼 수 있는 것은 그의 사고가 포함하는 판단 및 그 자체로 간주된 견해 때문이 아니라, 그러한 판단에 함축되어 있는 행위 때문이다propter factum, quod talia judicia involvunt."(같은 곳) 하지만 이 문제가 고립된 개인들이 아니라 우중[군중] ——또는 대중——과 관련되는 이상, 무슨 수로 사고와 행위의 구분을 실행할 수 있는가? 개인들 ——일반적으로는 철학자들이 아니지만, 설령 그렇다 해도——은 실제로는 우중 바깥에 있지 않고 우중 안에서 살아가기 때문에, **자신들의 견해에 일치하게 행위하는 것**, 또는 이러한 견해들이 함축하는 행위들을 자제하는 것은 그들의 **능력에 따라 결정되지 않는다.** 따라서 국가는 전복적인 견해들을 논리적으로 정의하는 데 만족할 수 없다. 국가는 누가 전복적으로 사고하는지 찾아내서 이를 예방해야 한다. 사고와 행위의 구분 기준이 적용 불가능하거나 불충분하다는 것을 인정하지 않으려면 말이다. 게다가 스피노자 자신이 이를 명료하게 언급하고 있다. "복종은 외적 행위가 아니라 마음의 내적 행위animi internam actionem와 관

---

110) [옮긴이] 해당 원문의 내용은 다음과 같다. "이 때문에 만약 누구도 자신이 원하는 것을 판단하고 사고할 권리를 포기할 수 없다면, 반대로 만약 각자가 자연의 지고한 권리에 따라 자신의 사고의 주인이라면, 어떤 국가에서도 다음과 같은 시도, 곧 사람들의 견해가 지극히 상이하고 대립적임에도 불구하고 이들이 주권자의 명령에 따라서만 말하게끔 하려는 시도는, 완전한 실패 외에는 얻을 것이 없다는 점이 따라나온다. 사실 일에 매우 정통한 사람들도 침묵을 지키는 게 어려운 마당에 평민들은 말할 것도 없다. 비밀을 유지하는 게 필요한 경우에도 다른 사람에게 자신의 속내를 털어놓는 것은 인간에게 공통적인 결함이다."
111) [옮긴이] "인간은 생각한다"(homo cogitat)는 『윤리학』 2부 공리 2이며, 발리바르는 여기서 이 공리가 데카르트의 코기토, 곧 "나는 생각한다"를 대체하는 지위를 갖고 있다고 말하고 있다.

련된 문제이다."(『신학정치론』 17장 2절, 278 ; 모로판, 538) 그리고 도시의 법률들의 필요성에 대한 인정 ——이나 불인정 —— 여부는 이러한 내적 행위에 의존한다.

어쨌든 이러한 난점들이 궤변적인 반론들이 아니라, 스피노자 사상에서 가장 강력하고 독창적인, 그리고 어떤 의미에서는 해방적인 것에서 따라나온다는 점을 이해하는 것은 어려운 일이 아니다. 그 이유들은 내가 간단히 지적했던 것처럼 『윤리학』에서 찾아볼 수 있다. 만약 개인이 어떤 식으로든 행위하지 않고서는 사고할 수 없다면(『윤리학』의 용어법에 따를 경우 어떤 행위들은 수동들이지만…… 또한 모든 수동[정념]은 부적합한 방식으로일지라도 하나의 긍정, 곧 행위를 표현한다는 점을 고려했을 때[112]), 이는 적합한 것이든 부적합한 것이든 간에 자신의 고유한 존재를 긍정하는 것이 그의 본질에 속하기 때문이다. 개인의 본성은 욕망, 따라서 코나투스인 것이다.

더욱이 스피노자는 『신학정치론』에서 이와 동일한 용어를 쓰고 있다.

…… 대역죄는 신민들이나 시민들에게만 가능하다. …… 어떤 신민이 모종의 이유로 주권자의 권리를 강탈하거나 다른 사람에게 양도하려고 시도했을 때, 그는 이러한 범죄를 저지른 게 된다. 나는 **시도했을 때**라고 말하는데dico conatus est, 왜냐하면 만약 유죄 선고가 범죄의 실행 이후에 이루어져야 한다면, 이미 권리는 찬탈되거나 다른 사람에게 양도된 뒤이므로, 대부분의 경우 도시는 너무 늦게서야 유죄 선고를 내리

---

112) [옮긴이] 라틴어 actio와 passio 및 여기에서 유래한 action과 passion이라는 불어 단어들은 한편으로는 '능동'과 '수동'이라는 의미를 갖고 있지만, actio/action의 경우는 또한 '활동'이나 '행위'라는 의미도 갖고 있고, passio라는 단어는 '정념'이라는 전문적인 의미도 갖고 있다. 이 문장의 의미를 이해하기 위해서는 actio/action과 passio/passion이라는 개념이 지닌 이런 다의성을 잘 염두에 두어야 한다.

려고 노력하게 될conaretur 것이기 때문이다. …… 그의 시도가 어떤 이유로 감행되든 간에conatus est, 대역죄가 존재하는 셈이고, 따라서 그는 유죄 선고를 받아 마땅하다. …… (『신학정치론』 16장 18절, 270~271 ; 모로 판, 524)

행위의 '시도'는 (좋은 것이든 나쁜 것이든 간에) 항상 이미 **사고 안에서** 시작하며, 사고 안에 '함축되어' 있다. 곧 스피노자가 계속 보여 주고 있는 것처럼, 고유한 의미의 지성의 행위 **다음에**après coup, 이 행위를 실행하거나 중단시키기 위해 이 행위에 추가되는 의지나 행위의 결단이란 결코 존재하지 않는다.

이 명제가 자신의 전체적인 의미를 얻기 위해서도 역시 『윤리학』의 고유한 대상을 먼저 인지해야 한다. 이 대상은 데카르트식의 또는 경험론적인 주체가 아니라, 정서들과 관념들의 유통circulation 과정 또는 유통망이다.[113]

교통 과정 바깥에서 사고하는 것은 불가능하다는 점 ——이러한 불가능성은 스피노자에서 언어와 관련한 심각한 난점들을 함축하고 있긴 하지만—— 에 관해서 나는 어떻게 이러한 불가능성이 『윤리학』이 사고의 본성에 관해 서술하는 방식 자체에 기초하고 있는지 환기시킨 바 있다.

하지만 이렇게 되면 이러한 난점들의 의미는 역전된다. 곧 이 난점들은 한 가지 교훈 및 실정적 인식을 전달해 준다. 바로 이 점에서 나는 우리

---

113) '의지'와 '지성'의 구분 불가능성 및 '판단을 중지할 수 있는 자유로운 권능'이라는 주의론(主意論)적 관념의 부조리함에 대해서는 『윤리학』 2부 정리 48과 49 및 각각의 주석을 참조하라. 이 정리들과 주석들을 여기에 모두 인용하는 것은 불가능하다. 스피노자의 테제는 데카르트를 겨냥하고 있지만, 또한 반대편에 위치한 칼뱅 역시 겨냥하고 있다(『기독교 요강』Institution de la religion chrétienne 2장 「인간의 인식에 대하여」 참조).

가 스피노자를 그 자신의 보수적인 테제들에 맞서 그의 변혁적인 경향에 좀더 가깝게 전환[변혁]시킴으로써 읽을 수 있다는 입장을 제기하고 싶다. 하지만 그의 변혁적 경향은 민주주의 국가를 정의하려는 실패한 시도에 있다기보다는 민주주의를 **국가** — 또는 국가 장치l'étatique — 의 **변혁/전환** 으로서 엄격하게 사고하려는 견줄 수 없는 노력에 있다. 그리고 국가를 그 상상적인 연대기 속에서 사고하는 게 아니라, 그 조건들 및 대상들에 따라 사고하려는 노력에 있다.

압축 불가능한 최소

『신학정치론』에서 제안된 해결 방안을, 국가와 개인들의 권리의 상호 제한을 법전으로 명문화하는 것으로 사고하려고 할 때, 이러한 해결 방안의 실현을 불가능하게 만드는 것이 바로 코나투스 자체의 확장성이라면, 이는 이러한 법적 해결 방안 — 또는 해결 방안에 대한 법적 이해 — 이 그것이 등장하는où elle figure 문제설정의 장場에 대해 전적으로 이질적이기 때문이 아니겠는가? 국가가 시민들이나 신민들의 사고의 자유를 전적으로 철폐하고, 신민들의 사고의 자유는 군주의 사고, 군주의 견해들 — 단지 언어적 표현만이 아니라 이러한 표현이 주조해 내는 이미지들까지 포함하는 — 과 완전히 동일하기 때문에 결국 군주 자신의 사고의 자유와 구분될 수 없다고 주장하는 것은 불가능할 뿐만 아니라 국가의 존립을 위해 위험하다는 점을 보임으로써 스피노자가 자신의 분석을 정리하고 있다는 점을 잊어서는 안 된다. 곧 마치 국가가 복합적인 역량으로 구성된 개체 또는 상위의 다양성이 아니라, 의인화된 유일한 개인(리바이어던)일 뿐이라는 식으로 사고해서는 안 된다는 것이다. 『신학정치론』「서문」의 주제와 결부하여 스피노자가 여기서 일차적으로 — 하지만 배타적인 것은 아니다──생각하고 있는 것은 절대군주정이며, 민족의 공간 내에서 정치적-종교적 획일성을 실현하려는 그것의 잔인한 몽상이다.

모든 것을 법에 따라 규제하려는 것은 악덕을 교정하기보다는 야기하게 된다. 금지할 수 없는 것은, 비록 그로부터 자주 손해가 생겨나긴 하지만, 반드시 허가되어야 한다. …… 하지만 이러한 [판단의─발리바르의 추가] 자유가 억압될opprimi 수 있으며, 주권자의 명령이 없이는 한마디도 하지 않을 만큼 사람들을 종속적이게 만들 수 있다고 해보자. 그렇다 해도 주권자는 사람들이 그가 원하는 것들만을 생각하게 만들지는 못할 것이다. 그리하여 필연적인 결과에 따라necessario sequeretur 사람들은 끊임없이 자신들의 언어와 불일치하는 견해들을 갖게 될 것이고, 국가의 첫번째 필수 조건인 좋은 믿음bonne foi이 타락하게 될 것이다. …… 사람들은 대부분 자신들이 옳다고 믿는 견해가 범죄적인 것으로 취급받고, 신과 인간에 대한 그들의 경건한 행동을 일으키는ipsos……movet 것이 사악한 것으로 간주되는 것을 가장 견디지 못하도록 되어 있다. 이럴 경우 그들은 법을 혐오하게 되고, 집정관[정부]을 반대하는 것을 배덕한 것이 아니라 명예로운 일로 판단하게 되어, 결국은 소요를 불러일으키고movere 어떤 식으로든 폭력적인 행동을 시도하게 된다quodvis facinus tentare. 인간의 본성이 이렇게 되어 있다는 것을 가정한다면, 사람들의 견해에 거슬러 제정된 법률들은 범죄자들이 아니라 독립적인 성격을 지닌 사람들non scelestos, sed ingenuos을 위협하며 …… 이 때문에 이러한 법률들은 국가를 커다란 위험에 빠뜨리지 않고서는 존립할 수 없다는 점은 자명하다. (『신학정치론』 20장 10~11절, 332; 모로판, 642~644)

이러한 인과 연쇄는 토머스 모어가 『유토피아』에서 서술했던 연쇄(사적 소유에서 억압으로, 억압에서 범죄로, 범죄에서 소요 및 내전으로)와 비교할 만하다. 이 두 가지 인과 연쇄는 각자의 함축들 및 각자의 이론적 후예를 지니고 있다.

홉스가 정반대의 주장을 제기했음을 유념하자. 곧 그에 따르면 사람들이 주권자와 똑같이 입술을 놀릴 수 있다는 것을 전제한다면, 사람들은 자신들의 원하는 것을 [얻을 수 있으리라고] 믿을 수 있다. 이 주장은 기존 질서의 옹호자들에게조차, 또는 특히 이들에게는 경악스러울 만큼 냉소적인 주장으로 비쳤다.[114] 그런데 스피노자는 도덕적 관점에서 이런 주장을 공격하지 않는다. 그는 이러한 주장이 물리적으로 불가능하기 때문에 위험하다는 점을 보여 준다. 이는, 개인성을 억압하기 위해 견해들을 절대적으로 똑같이 만들려는 모든 시도──이런 시도가 존재하지 않을지 여부는 아무도 모른다──는 자기 자신에 맞서 되돌아게 된다는 것, 곧 폭발적인 반발을 불러일으키게 된다는 것을 의미한다. 왜냐하면 이러한 주장은 개체성

---

114) 홉스, 『리바이어던』 32장 참조. "[따라서 여기에 쓰여진 어떤 것을 우리가 검토하기 어려울 때] 우리는 단어들에 우리의 이해력을 복속시킬 수밖에 없다. …… 하지만 이처럼 우리의 이해력을 복속시키는 것은 우리의 지적 능력을 다른 인간의 견해에 종속시키는 것을 의미하는 게 아니라 마땅히 복종해야 할 곳에서 우리의 의지를 복종에 종속시키는 것을 의미한다. 왜냐하면 감각과 기억, 이해력, 이성 및 견해를 변화시키는 것은 우리의 능력에 달려 있는 일이 아니기 때문이다. 이것들은 항상, 그리고 필연적으로, 우리가 보고 이해하고 고려하는 대상들이 우리에게 제시하는 대로 존재한다. 이것들이 우리의 의지의 결과가 아니라, 우리의 의지가 이것들의 결과인 것이다. 그렇다면 우리가 반론을 자제할 때, 정당한 권위에 따라 명령받는 것처럼 우리가 말할 때, 우리가 이러한 명령에 맞게 살아갈 때, 우리는 우리의 이해력과 이성을 복속시키는 것이다. 요컨대 이는, 언급된 단어들로부터 정신 안에 어떤 생각을 떠올리지 못하더라도 말하는 사람에게 신뢰와 믿음을 보내는 것이다."(tr. François Tricaud, p. 396 ; Edwin Curley ed., *Leviathan*, Hackett, 1994, p. 246) 마찬가지로 『리바이어던』 43장(tr. François Tricaud, pp. 620~621) 및 『시민론』(*De Cive*) 18장 12~13절도 참조. 이에 관한 귀중한 평주로는 마트롱, 「홉스와 스피노자에서 정치와 종교」("Politique et religion chez Hobbes et Spinoza", CERM, 『철학과 종교』*Philosophie et religion*, Editions Sociales, 1974), p. 91 이하[『17세기의 인간학과 정치학(스피노자 연구)』*Anthropologie et politique au XVIIᵉ siècle(Etudes sur Spinoza)*, Vrin, 1986, p. 123 이하에 재수록──발리바르의 추가] 참조.

이 유일한 하나의 담론, 유일한 하나의 삶의 종류로 한정될 수 있는 단순한 총체성이 아니라는 것을 실천적으로pratiquement 무시하고 있기 때문이다. 이러한 상상적 기획을 초과하고 결국 이 기획을 전복시키고야 말, 부분들과 관계들 및 동요들의 무한정한 다양성이 항상 존속하고 있는 것이다.

우리는 여기서 스피노자가 자신의 인간 본성 이론과 완전히 부합하게도, 고전적인 개인주의와 대립하는 개체성의 **최소**의 원리 또는 개체의 **최대한의 압축 가능성**의 원리를 적용하고 있음을 볼 수 있다.[115]

이러한 원리는 그의 저작에서 다른 등가물들équivalents을 갖고 있다. 예컨대 『신학정치론』 7장에서는 언어의 의미의 최소와 관련된 원리가 제시되는데("왜냐하면 누구도 단어의 의미를 변화시킴으로써 이득을 볼 수 없는 반면, 한 구절의 의미를 변화시킴으로써 이득을 얻는 경우는 종종 있기 때문이다."[116]), 이 원리는 단어들의 의미를 규정하는 언어의 용법은 개인적, 곧 사적이지 않고 공통적이라는 사실("언어는 우중과 식자들에 의해 동시에 보존된다." 『신학정치론』 7장, 146 ; 모로판, 296)로부터 연역된다.

하지만 이 원리는 특히 『정치론』에서 **국가의 가능한 해체의 한계들**에 관해 언급하는, 우리가 이미 내전에 관한 테제들의 맞짝으로 조우한 적이 있는 원리와 결부된다.

---

115) 들뢰즈는 『스피노자와 표현의 문제』 pp. 184~185[국역본 : 276~277쪽] 및 pp. 201~203[국역본 : 300~303쪽] 등에서, "모든 숫자를 넘어서는 다양체(multitude)"가 유한양태 안에 함축되거나 표현되는 방식에 관하여 이러한 원리를 정식화하고 있다. "스피노자는 집합적으로(dans son ensemble) 실존하는 힌 양대를 특징짓는 관계는 일종의 탄력성을 지니고 있다고 제안한다. …… 최대와 최소를 지니는 실존에 관해 언급하는 마이예르에게 보내는 12번째 편지의 몇몇 구절은 이로써 자신의 온전한 의미를 얻게 된다."[강조는 발리바르] 그리고 앞부분에서는 다음과 같이 말하고 있다. "스피노자에서 개체화는 질적이지도 외생적(extrinsèque)이지도 않으며, 양적-내생적(intrinsèque)이고 내포적/강도적(intensive)이다."(같은 책, p. 180[국역본 : 268쪽])

116) [옮긴이] 모로판, 296.

모든 인간은 고독을 두려워하는데, 왜냐하면 고독 속에서는 사람들 중 누구도 자기를 방어하거나 생활에 필요한 필수품을 얻을 수 있는 힘이 없기 때문이다. 이로부터 인간들은 시민 상태에 대한 자연적 욕구를 지니고 있으며, 이러한 상태가 완전히 해체되도록 행동할 수는 없다는 점이 따라나온다. 따라서 도시에서 발생하는 불화들 및 소요들은 도시의 해체를 낳는 게 아니라 한 형태에서 다른 형태로의 이행을 낳을 뿐이다. 만약 이견들이 정체政體의 변화 없이servata Civitatis facie 진정될 수 없다면 그럴 것이다.…… (『정치론』 6장 1~2절)

압축 불가능한 개인성의 최소가 존재하는 것처럼, 마찬가지로, 가장 무정부적인 대중 혁명의 외중에서도 압축 불가능한 사회적, 심지어 정치적 관계의 최소도 존재한다. 원초적 계약 이론들의 추상적 개인주의가 함축하는 것과는 반대로, 스피노자는 '절대적인 것'으로서 국가의 안정성을 탐구하는 한편, 국가의 불안정성을 넘어서는 정치가 항상 존재한다고 생각한다.

우리 시대는 국가적 절대주의 및 심지어 전자 매체를 통한 여론 조작의 이미지들과 혁명적 폭력이나 테러리즘의 이미지들을 결합하고 있는 대중들에 대한 공포에 사로잡혀 있다. 전체주의의 신화적 모습——이는 현실적이지만 또한 매우 변칙적인hétéroclite 사실들에 의거하고 있다——에서 이러한 공포는 사회 안으로부터든 바깥으로부터든 죽음의 위협에 의해, 근원적 부정성에 의해 야기되고 개인들에게 절대적 확실성을 강제할 수 있는 '전체적' 대중 운동의 환상에 실체를 부여한다. 이처럼 다중을, '인간적인 것'에는 아무런 여지도 남겨 놓지 않는 고독과 동일시함으로써 한나 아렌트는 전체주의에 관한 형이상학을 제안했지만, 조지 오웰은 (『1984』에서) 전체주의에 관한 훨씬 효과적인 허구를 제시했으며(따라서 이는 허구에 대한 허구인 셈이다), 이 허구적인 이야기는 끊임없이 현재성을 얻고 있다suggérer l'actualité. 이러한 허구의 문학적 천재성은 무엇보다도, 지배라는 관념을 [인간의 삶에 대한] 절대적인 조건 설정conditionnement이라는 관념으로까지 극단화함과 동시에 정치적 선전이라는 관념을 인공적 언어의 창조라는 관념 ── 이 언어에서는 단어들 자체가 사고의 자유를 무화시킨다 ── 으로까지 극단화했다는 사실에서 비롯한다.

스피노자는 반反오웰이다. 그에게는 단어들의 의미의 제거와 절대적 통제란 생각할 수 없는 일일 뿐 아니라, 개인성이 대중으로 절대적으로 환원되거나 권력을 지닌 개인성으로 대중이 절대적으로 환원되는 것 역시 생각할 수 없는 일이다. 극단적 부정들이거나 생명 자체 내에 현존하는 죽음의 모습들인 이러한 극단적 사례들은 그렇지만 역시 물리적으로는 불가능한 허구들이며, 따라서 지적으로 무익하고 정치적으로 해로운 것들이다.

자신의 고유한 유용성 및 자기 보존보다 죽음을 선호할 수도 있는 우중의 절대적 착란délire이라는 관념에 직면하여 스피노자가 뒤로 물러선 것이 사실이라면, 그는 자기 자신이 '미신'에 빠져드는 게 아닐까 하는 두려움 때문에 깊이 탐구하지는 않았지만, 개인의 착란이라는 문제와 마주친 적이 있다.

어떤 이유도 나로 하여금 신체는 시신으로 변화될 경우에만 죽은 것이라고 인정하게 만들지 못한다. 경험은 사실은 그 반대라고 설득하는 듯하다. 왜냐하면 간혹 사람은 동일한 사람이라고 말하기 어려울 만큼 큰 변화들을 겪기 때문이다. 나는 특히 병에 걸린 다음 회복되긴 했지만, 과거의 삶을 모두 잊어버려 자신이 만든 희극들 및 비극들을 자신의 것들이라고 믿으려 들지 않는 한 스페인 시인에 관해 말하는 것을 들은 적이 있다. 만약 그가 자신의 모국어까지 잊어버렸다면, 그를 성인 어린애[117]로 간주해도 되었을 것이다. (『윤리학』 4부 정리 39의 주석)

하지만 만약 그가 이 질문을 검토했다면, 이는 그를 심리학적·법적 개인주의 쪽으로 더 이끌어 갔을까? 오히려 이는 그를 의식(또는 자유)과 조건 설정(또는 필연성) 사이의 거울 유희로부터 훨씬 멀어지게 하지 않았을까?

개인성과 다중이 분리 불가능하다는 점을 보임으로써 스피노자는 또한 전체주의 이론들의 부조리함을 미리 보여 주고 있는데, 이 이론들은 대중들의 운동에서 근원적인 역사적 악의 모습만 발견할 뿐이며, 여기에 맞서 인간의 의식/양심 conscience의 영원한 재개 및 인권 Droits de l'Homme의 지배를 설립할 수 있는 양심의 능력에 대한 믿음을 내세울 수 있을 뿐이다. 스피노자는 우리가 민주주의자라는 용어에 부여할 수 있는 의미에서 민주주의자와는 거리가 멀었지만, 아마도 오히려 바로 이 때문에 그는 우리 시대에 예속화 sujétion에 맞서 사고할 수 있는 시사점들과 수단들을 제공해 주고 있으며, 이는 그가 민주주의 제도들을 기술하는 데 성공했을 경우보다 더 오래 지속적인 의의를 지닐 것이다. 대중들에 대한 그의 공포는 완전히 비합리적인 공포, 지성을 마비시키고 개인들을 두려움에 사로잡히게 만들 뿐인 그러한 공포가 아니다. 그에게서 익히 볼 수 있는 이해의 노력(오히려 인식하라 sed intelligere[118])은 이러한 공포가 저항하고 투쟁하고, 정치를 변혁하는 데 사용될 수 있게 하기에 충분하다.

---

117) [옮긴이] "성인 어린애"의 원어는 "infante adulto"인데, 여기서 스피노자는 어린애(infans)의 어원적 의미, 곧 '말-못하는'(in-fandus)이라는 의미를 염두에 두고 있다.
118) [옮긴이] 이 말은 『정치론』 1장 2절에서 유래하는 표현이다. "그리고 나는 우리가 수학 연구에서 흔히 갖게 되는 것과 동일한 자유로운 정신에 따라 [인간 본성에 관한] 이 학문 분야에 속하는 것을 연구하기 위해, 인간 행동을 조롱하지도 한탄하지도 저주하지도 않고 오히려 인식하려고 힘껏 주의를 기울였다."(et ut ea, quae ad hanc scientiam spectant, eadem animi libertate, qua res Mathematicas solemus, inquirerem, sedulo curavi, humanas actiones non ridere, non lugere, neque detestari, sed intelligere. G III 274)

2장_ 스피노자에서 개체성과 관개체성[119]

알렉상드르 마트롱의 대작 『스피노자 철학에서 개인과 공동체』(1969) 이후 우리는 스피노자 철학은 사상사에서 통용되어 온 이원론들, 특히 개체론과 유기체론(또는 영미권의 용어법에 따라 요즘 말하는 대로 하면, 전체론holisme)의 이원론만이 아니라, 외적으로 인식된 사회적 관계(본질적으로 사법적인 문제설정에서 출발해서 로크에서 헤겔에 이르기까지 이해되어 온 게젤샤프트Gesellschaft 또는 '시민사회'의 모델을 따르는)와 내적으로 인식된 사회적 관계(게마인샤프트Gemeinschaft 또는 구성적인 간주관성의 모델을 따르는)의 이원론으로도 환원될 수 없다는 점을 알게 되었다(어떤 의미에서 그의 책 전체는 이 점을 명료하게 밝히는 데 초점을 맞추고 있다고 할 수도 있을 것이다). 우리는 이러한 환원 불가능성이 스피노자 철학의 여러 결과들 중 하나일 뿐만 아니라, 그의 유한양태이론 및 유한양태들의 자연적 생산이론의 기초를 대표한다는 것을 알고 있다. 다시 말해 이는 스피노자에서 존재론의 자리를 차지하는(또는 좀더 정확히 말하면, 정확히 같은 시기에 존재론이 제일철학으로 재정초되고 마침내 자신의 이름을 얻게 된다는 점을 우리가 인정할 경우, 존재론에 대한 스피노자의 대안을 형성하는[120]) 이론의 가장 중심적인 의미를 해명해 준다.

『윤리학』 3부에 나타나는 "간間인간적인[인간 상호 간의] 정념적 삶의

기초들"에 관해 논의하면서 마트롱은 정서적 모방의 논리 및, 특히 개인들
이 자신들과 유사한 이들로 지각하는 사람들을 기쁘게 해주어야 한다고
상상하는 바에 따라 행동하려는 욕망을 이 개인들에게 불어넣는 **명예에 대**
한 야심의 효과들에 특별한 중요성을 부여한다. 그는 여기에서 "사회성의
기초 자체가 발견된다"고 말한다. 그리고 다음과 같이 덧붙인다.

> 이러한 감정은 자아를 극도로 고양시키기는 하지만, 용어의 일반적인
> 의미에서 '이해관계를 지닌' intéressé 것은 아니다. 이는 결코 우리가 타
> 인을 수단으로 간주한다는 것을 뜻하지 않는다. 이는 홉스가 믿고 있는
> 것과는 반대로 어떤 계산에도 의지하지 않는다. …… 만약 우리가 사람
> 들을 기쁘게 해주려고 욕망한다면, 이는 나중에 그들을 이용해 먹기 위
> 해서가 아니다. 물론 그런 일이 생기기도 하지만, 이는 부차적이다. 하
> 지만 그렇다고 해서 야심이 [오귀스트] 콩트식의 의미에서 '이타주의적'
> 인 것도 아니다. 이는 이 양자택일 아래쪽에[곧 이 양자택일이 생기기 이전

---

119) [옮긴이] 이 글의 출전은 다음과 같다. E. Balibar, "Individualité et transindividualité chez
Spinoza", Pierre-François Moreau ed., *Architectures de la raison : Mélanges offerts à
Alexandre Matheron*, ENS ditions, 1996.

120) [옮긴이] 아리스토텔레스가 형이상학의 근본적 대상을 '존재자로서의 존재자'(on hē on)로 제
시함으로써, 존재론이 철학의 중심적 주제로 명시적으로 제시되었다는 것은 널리 알려진 사실
이다. 하지만 정작 '존재론'이라는 용어 자체는 근대 초기에 처음 만들어졌다. 하이데거에 따
르면 '존재론'(ontologia)이라는 용어는 고클레니우스(Rudolf Goclenius, 1547~1628)의 『철
학사전』(*Lexicon philosophicum*, Frankfurt, 1613)에 처음으로 등장한다고 한다(Heidegger,
『근거의 본질에 관하여』*Vom Wesen des Grundes* 참조). 하지만 고클레니우스의 이 책에는
"'존재론', 존재자에 대한 철학'('ontologia', philosophia de ente)이라는 간단한 규정 이외에
는 더 이상 아무런 논의도 존재하지 않는다. 이 때문에 질송이나 다른 철학사가들은 네덜란드
의 데카르트주의 철학자였던 요하네스 클라우베르크(Johannes Clauberg, 1622~1665)의 『존
재학』(*Ontosophia*, 1647)이야말로 존재론이라는 용어를 체계적으로 사용한 첫번째 책이라고
주장한다. 더욱이 스피노자는 클라우베르크의 책을 소장하고 있었다. 논의의 맥락으로 볼 때
발리바르는 클라우베르크를 존재론이라는 용어의 창시자로 간주하고 있는 듯하다. 이 문제에
관심 있는 독자들은 Theo Verbeek ed., *Johannes Clauberg(1622~1665) and Cartesian
Philosophy in the Seventeenth Century*, Kluwer, 1994를 참조하기 바란다.

의 생물학적 상태], 이기주의와 '이타주의'가 서로 합치하는 원초적 장소에 위치해 있다. 배후에 어떤 이해타산적인 생각도 없이, 내가 다른 사람들을 기쁘게 한다는 사실에 스스로 기뻐하는 것은, 그들이 나에게 보여 주는 사랑을 통해 나 자신을 사랑하는 것과 **같은 것**이다. (앞의 책, 164쪽)

좀더 뒤에서 마트롱은 이번에는 『윤리학』 4부에서 서술되고 있는 '이성적 삶의 기초들'에 관해 같은 주제를 다시 다룬다. 그는 어쨌든 스피노자 텍스트의 흔적 속에서 주목할 만한 용어모순oxymoron을 고안해 낸다. 곧 [존재의] 보존이라는 "우리의 본질적 욕망의 간인간적[상호인간적] 결과들"인 상호 유용성의 관계가 발생하는 "이 첫번째 단계의 끝무렵에 우리는 생물학적인 이기적-이타주의라 부를 수 있는 것에 이르게 된다."(같은 책, 266쪽) 결국 4부 정리 37의 두 개의 증명이 보여 주듯이 '합리적 모방'은 '정서적 모방'에 상응하며, 이 후자의 필연성을 드러내 준다.

그렇다면 우리는 3부의 B¹ 그룹에서 연구된 정서들이 지니고 있는 실정적 측면 전체를 탈소외된 형태로 재발견하게 된다. 분명히 [슬픔의 정서에 속하는] 동정심과 질투는 그 자체로는 치유 불가능한데, 왜냐하면 이성은 결코 슬픔이 아니며 이성의 지복은 공유될 수 있기 때문이다. 하지만 야심은 존속한다. …… **자아와 타아가 서로 동화되기 때문에, 우리는 이제 이기주의와 이타주의 대립 위쪽에 있게 된다.** 이는 이러한 대립 아래쪽에 위치한 정념적 야심의 지위와 대칭적인 지위다. (같은 책, 275쪽)

따라서 '이기주의'와 '이타주의'의 **대립**은 용어의 강한 의미에서 **결코 실존하지 않는다**(이는 자연상태에서나 실존할 수 있는 것인데, 마트롱은 자연상태 개념은 한계 개념에 불과하며, 개인들이 살아갈 수 없는 개인들의 고립상태로는 결코 환원될 수 없다고 말한다). 이러한 대립은, 정념적인 삶에 의해 산출되었지만 이 삶의 본질을 설명하지 못하는 부적합한 표상에 불과하다.

그렇다면 모든 개념적 이원성을 극복할 수 있는 길을 찾아보고, 마트롱의 지적을 따라 스피노자의 개체성 개념으로부터 관계 및 소통의 존재론(또는 비非존재론méontologie) ——상상적이고 이성적인 도덕적·정치적 삶의 형태들은 이를 현행화現行化하는 데 불과하다——이 구성되는 방식을 탐구해 보는 게 좋지 않을까? 내가 여기서 이전의 시도들의 연장선상에서 소묘해 보려는 게 바로 이것이다.[121]

내가 보기에는 세 가지 주요 관념들을 결합해야 할 것 같다. 첫째, 스피노자에서 개체성은 필연적인, 따라서 실재적인 실존 형식이다. 개체는 분명 '실체'는 아니지만, 역으로 실체는 개체들의 다양성과 다르지 않으며, 개체들의 생산의 무한한 과정 및 개체들 사이에서 실존하는 무한하게 많은 인과연관들을 동일하게 지시한다. 둘째, 개체는 하나의 통일체다. 모든 실재적 개체성은 구분되는 부분들로 합성된다(따라서 '원자들' 또는 가장 단순한 물체들 corpora simplicissima은 개체들이 아니며, 별도의 실존을 갖지 않는다).[122] 특히 개체들은 '기체'sujet로도, [형상과] 독립적인 질료로도, 질료를 조직화할 '형상'으로도, 질료와 형상의 '합성체'로도 주어지지 않으며, 개체화 및 이와 분리될 수 없는 개성화[123] 과정의 효과들 내지는 계기들이다. 이 두 측면은 스피노자가 능산적 자연natura naturans이라 부르는 것 내부에서 필연적으

121) 한편, 뒤에 제시될 가설들은 1993년 5월 1일 레인스뷔르흐에서 발표한 강연의 주제가 되기도 했다. *Spinoza: From Individuality to Transindividuality*, Mededelingen vanwege Het Spinozahuis n° 71. [옮긴이] 발리바르의 스피노자 관련 연구문헌 목록은 이 역서의 「부록」에 실린 참고문헌을 참조하기 바란다.
122) 이 점에 관해서는 나는 마트롱의 입장에서 벗어나 최근 크리스토폴리니가 변형시킨 게루의 입장을 따른다. P. Cristofolini, 「원자의 정신」"La mente dell'atomo", 『스피노자 연구』*Studia Spinozana*, 8권, 1992.

로 통합된다. 이로부터 셋째, 개체들의 구성과 활동은 원초적으로 다른 개체들과의 관계를 함축한다는 사실이 따라나온다. 곧 만약 각각의 개체가 독특한 하나의 통일체가 된다면(그리고 그렇게 머무른다면), 이는 다른 개체들 역시 독특한 통일체들이 되고 그렇게 머물기 때문이다. 달리 말하면 이는 개체들을 자율화하는 과정들 자체가 서로 분리되어 있지 않고 상호연관적 또는 상호의존적이기 때문이다. 이러한 상호의존은 1부 정리 29가 언표하고 있는 필연성 — 또는 우연성 부정 — 의 다른 이름이다.[124]

각각의 본질의 코나투스 — 본질은 이 코나투스를 통해 **긍정된다** — 가 다른 실재들의 파괴 위협에 대한 저항과 동시에, 적수에 대항하는 '유사한' 다른 실재들과의 결합이나 연합을 함축한다는 점이 드러날 때 위의 관점의 결과들이 해명될 수 있다. 역사적·정치적 영역에서 코나투스는 각 실재의 '자연권'이라 불리며, 자연권 개념이 함축하는 개체론과 유기체론에 대한 동시적 비판은 다음과 같은 이중의 기본 논거로 표현된다. 곧 한편으로 개체들의 자율성이나 역량은 시민사회나 국가의 구성에 의해 감소하는 게 아니라 증대한다. 다른 한편으로 국가의 주권이나 역량은 개인들의 자율성, 특히 개인들의 사고와 발언의 자유에 의해 제한되는 게 아니라 증대한다.

---

123) [옮긴이] 앞의 각주 121에서 말한 『스피노자 : 개체성에서 관개체성으로』(*Spinoza : From Individuality to Transindividuality*)에서 발리바르 자신의 규정에 따르면 개체화(individuation)와 개성화(individualisation)의 의미는 다음과 같다. "나는 **개체화**를, 개체들이 환경 — 이는 사실은 다른 개체들로 이루어진 것이다 — 으로 **분리**되는 것으로 의미한다. 그리고 나는 **개성화**를, 모든 개체는 유일하다는 것 또는 '구분될 수 없는'(indiscernible) 개체와 같은 것은 실존할 수 없다는 것으로 의미한다(이는 스피노자와 라이프니츠가 공유하고 있는 생각인데, 단 전자에게 이는 물리적 필연성인 반면, 후자에게는 논리적 필연성이다)." *Spinoza : From Individuality to Transindividuality*, p. 9, 주 8.

124) 의심할 여지 없이 바로 여기에 스피노자와 라이프니츠의 가장 심오한 일치점들 중 하나가 존재한다. 라이프니츠에서도 개성화로서의 개체화는, 연관망 또는 체계의 모습을 띠고 있는 모든 개체들의 상호의존과 밀접하게 관련되어 있다. 이로부터 '전체'와 '부분'이라는 통념의 상대성이 나오게 된다. 이봉 블라발, 「단순한 것과 합성된 것에 관하여」(Y. Belaval, "Sur le simple et le compos", 『라이프니츠 연구』*Etudes leibniziennes*, Gallimard, 1976) 참조.

우리는 왜 여기서 요구되는 것이 대립물의 상호일치,[125] 또는 좀더 정확히 말하면 추상적인 반대항들의 **동시적 부정**의 논리인지 알 수 있다. 만약 이를 실정적으로, 한 용어로 표현해야 한다면, 내가 보기에 가장 좋은 용어는 시몽동이 특히 자신의 유작『심리적·집합적 개체화』[126]에서 사용한 관개체성貫個體性[127]이라는 개념인 것 같다. 두 사람의 분석의 수렴은 시몽동이 스피노자에 대해 자신이 [이론적으로] 지고 있는 빚을 거부하고 있기 때문에 더욱 주목할 만한데, 시몽동은 아주 전통적인 태도에 따라 스피노자를 개체성 그 자체를 제거하는 '범신론' 철학자로 간주하고 있다. 하지만 여기서 나의 목표는 이 수렴을 상세하게 탐구하는 게 아니라, 어느 정도까지나 스피노자가 그의 '존재론'(의미심장하게도 그는 이를 '윤리학'이라고 부르고 있다)의 최초 명제들에서부터 관개체성의 이론가로 간주될 수 있는지 질문해 보는 것이다. 그의 철학은 우리가 순수하게 부정적인 정식들(개체론도 아니고 유기체론도 아니며, 또한 기계론도 아니고 목적론도 아닌)을 극복하고 부인할 수 없는 현

---

125) [옮긴이] 대립물의 상호일치(coincidentia oppositorum)는 '무지의 앎'(docta ignorantia) 개념과 더불어 르네상스 시대 신학자·철학자였던 니콜라우스 쿠자누스(Nicolaus Cusanus, 1401~1464)의 핵심 개념 중 하나다. 바로 그런 만큼 이 개념은 매우 복잡하고 다양한 쟁점들을 포함하고 있는데, 간단히 설명한다면 다음과 같이 말할 수 있다. 쿠자누스의 이 개념은 신의 초월성 내지는 무한성을 표현하기 위해 고안된 것인데, 그에 따르면 절대치로서 '극대'(Maximum)와 '극소'(Minimum)는 양자 사이에 존재할 수 있는 모든 양적인 것(더 크고 더 작은 것들)을 넘어서 있으며, 바로 이러한 이유 때문에 상호일치한다. 그리고 우리 인식의 대상들은 이러한 양적인 것 또는 유한한 것들이기 때문에, 이러한 대립물의 상호일치는 우리에게 파악 불가능한 신의 무한성을 표현해 주는 상징적 개념이 된다. 이 개념에 관해 좀더 살펴보고 싶은 독자들은, 특히 관련 문헌들에 대한 풍부한 논의를 포함하고 있는 Jean-Michel Counet, *Mathématiques et dialectique chez Nicolas de Cuse*, Vrin, 2000을 참조하라.

126) 질베르 시몽동,『형태, 형태화, 퍼텐셜, 준안정성이라는 개념에 따라 해명해 본 심리적·집합적 개체화』(Gilbert Simondon, *L'Individuation psychique et collective à la lumière des notions de Forme, Information, Potentiel et Métastabilité*, Aubier, 1989). 이 책은 그의 박사학위 논문의 후반부로, 전반부는 그의 생전에『개체와 그 물리·생물학적 발생』(*L'Individu et sa genèse physico-biologique*, PUF, 1964)이라는 제목으로 출간된 바 있다. [옮긴이] 이 책은 1995년 같은 제목으로 제롬 밀롱(Jérôme Millon) 출판사에서 재간행되었다.

127) [옮긴이] '관개체성'(transindividualité) 개념에 대해서는「용어해설」참조.

재성을 지닌 구성적인 한 개념에 도달할 수 있게 도와준다. 이렇게 하기 위해서는 『윤리학』이 개체성을 관개체성으로, 또는 좀더 정확히 말하면 관개체적 개체(성)화individua(lisa)tion 과정으로 정의하고 있음을 확실하게 보여주어야 한다.[128] 『윤리학』 1부에서 관개체성은 우선 **인과관계 도식**으로 제시된다. 칸트를 반향하는 이 도식이라는 표현은 내가 보기에, 처음으로 '신'과 '자연'을 진정으로 동일시하는 정리 26에서 정리 29까지의 논증과정에서 정리 28의 고유한 대상을 특징짓는 것 같다. "모든 독특한 실재, 곧 유한하고 규정된 실존을 갖는 모든 것은, 그것 역시 유한하고 규정된 실존을 갖는 다른 원인에 의해 실존하고 작업하도록 규정되지 않는 한, 실존하고 작업하도록 규정될 수 없으며, 이 후자의 원인 역시 유한하고 규정된 실존을 갖는 다른 원인에 의해 실존하고 작업하도록 규정되지 않는 한 실존하고 작업하도록 규정될 수 없으며, 이처럼 무한하게 나아간다."[129] 논리적 개념이면서 동시에 표상인 모든 도식처럼 이는 원인과 결과의 관계에 하나의 위상학을 지정하고 있는데, 우리는 곧바로 이 위상학이 지닌 두 가지 특징적인 성격을 제시할 수 있다. 첫째, 이 위상학은 비선형적이다. 곧 다수의 항들의 상호작용은 여기서 파생되는 것이 아니라, 인과 활동의 '기본 구조' 안에 항상 이미 함축

---

128) 네그리 역시 『야생의 별종』(L'Anomalie sauvage. Pouvoir et puissance chez Spinoza, PUF, 1982) 및 이 책에 뒤이은 최근의 연구들에서[특히 『전복적 스피노자. (비)현재적인 변이』 Spinoza subversif. Variations (in)actuelles, Kimé, 1994에 수록된 논문들 참조] 스피노자의 존재론을 "연속성을 해체하지 않고서 이루어지는 개체에서 집단적인 것으로의 이행"(『야생의 별종』, p. 222)으로, 자기 스스로 조직되는 물티투도의 역량으로 간주하고 있다. 하지만 네그리의 경우 이는 실체 이론 전체, 따라서 인과관계 이론 전체를 희생하는 대가를 치르고서야 이루어지는 것이다.

129) "Quodcumque singulare, sive quaevis res, quae finita est, et determinatam habet existentiam, non potest existere, nec ad operandum determinari, nisi ad existendum et operandum determinetur ab alia causa, quae etiam finita est et determinatam habet existentiam ; et rursus haec causa non potest etiam existere, neque ad operandum determinari, nisi ab alia, quae etiam finita est et determinatam habet existentiam, determinetur ad existendum et operandum, et sic in infinitum."

되어 있는 원초적인 것이다. 둘째, 이 위상학을 구성하는 '연관의 질서'(ordo et connexio 또는 concatenatio)는 원자적인 항들(이것이 대상들이든 사건들이든 아니면 현상들이든 간에) 사이에서가 아니라, 사실상으로는 항상 개체들인 독특한 실재들ʳᵉˢ singularis 사이에서 확립된다.

스피노자의 도식이 ──바로 칸트의 도식[130]과 달리── 비선형적이라는 점은 스피노자가 "실존하고 작업하도록 규정되는"ad existendum et [aliquid] operandum determinari이라는 전형적인 표현을 계속 다시 사용함으로써 '변양'modification(신의 본성의 유한한 양태)을 정의하는 방식 자체에서 비롯한다. 실체의 무한한 생산성이라는 관점에서 볼 때, **실존**과 **작업**은 사실상 동의어들이다.[131] 곧 실존하기는 작업하기opérer, 또는 다른 실재들에 대해 활동하기agir를 의미한다. 하지만 이 작업 자체는 항상 필연적으로 다른 실재

---

130) 그리고 좀더 멀리는, 칸트가 충실히 따르고 있는 아리스토텔레스의 도식과도 달리. 『윤리학』 1부 정리 28은 아리스토텔레스의 정식, 특히 『분석론 후서』 1권 3장의 정식과 대조함으로써만 제대로 파악될 수 있다. '원인들의 연쇄'의 선형성을 포기함으로써 스피노자는 '무한퇴행'에 대한 비판에서 벗어날 수 있다(스피노자는 1부 부록에서 '왜'라는 질문에 매혹되어 있는 목적론적 상상에 맞서 이 무한퇴행 논법을 논쟁적으로 사용한다).

131) 정리 28의 증명에서 스피노자는 '원인'과 (유한) '양태'를 동일화한다. "그 다음 이 원인 또는 이 양태의 경우도 역시 다른 것에 의해 규정되었어야 한다."(Deinde haec rursus causa, sive hic modus debuit etiam determinari ab alia) 그리고 마지막 36번째 정리에서 그는 모든 자연 실재는 하나의 '원인'이라는 점, 그리고 결과들을 생산하지 않는 원인은 실존할 수 없다는 점을 보여 줌으로써 공리 3과 4가 열어 놓은 원을 닫는다. 마슈레, 「활동과 작업 : 「신에 대하여」의 윤리적 의미에 대하여」("Action et opération : Sur la signification éthique du De Deo", 『스피노자와 함께. 스피노자의 학설과 스피노자주의의 역사에 대한 연구』Avec Spinoza. Etudes sur la doctrine et l'histoire du spinozisme, PUF, 1992), p. 69 이하 참조. 하지만 나는 정리 28에 대한 해석에서는 마슈레와 견해를 달리 하는데, 그는 이 정리에서 '악무한'의 모습을 본다.

[옮긴이] 마슈레의 논문은 『윤리학』 1부 해석에서 새로운 지평을 열어 놓은 것으로 평가받는 매우 중요한 논문이다. 이 논문의 핵심 논지는 스피노자가 『윤리학』 1부, 곧 「신에 대하여」에서 활동(agere)과 작업(operari) 개념을 체계적으로 구분하고 있으며, 이는 『윤리학』 1부 정의 7에 나오는 자유(libertas)와 제약(coactas) 개념의 차이를 이해하기 위해서뿐만 아니라, 『윤리학』 전체의 윤리적 함축을 이해하는 데서도 결정적인 중요성을 지니고 있다는 것이다. 마슈레에 따르면 활동 개념은 내적 원인에 따라 이루어지는 자유로운 행위를 의미하는 반면, 작업 개념은 외적 원인에 따라 '결과들을 생산하다'(produire des effets)는 의미를 갖는다. 따라서 이 번역에서도 opération을 '작업'이라는 단어로 번역했다.

또는 원인에 의해 규정되어 있다. 따라서 "원인짓다"는 다른 실재가 작업하는(또는 결과를 생산하는) 방식 자체를 변양시키는(또는 시몽동이 신호이론의 어휘를 빌려 와서 말하듯이 "변조하는"module) 실재의 작업이다. 이 때문에 원인들의 무한한 연관은 독립적인 선형적 계열들의 추가나 원인과 결과의 계보(A는 B를 "원인짓고", B는 C를 "원인짓고", C는 ……)가 아니라, 독특한 변조들의 무한한 연관망[132]에 의해서만, 또는 변조하면서 동시에 변조되는 활동들의 동역학적 통일성에 의해서만 제대로 표상될 수 있다(어떤 A의 작업opératio에 대한 B의 변조 활동action은 어떤 C들의 활동에 의해 변조되며, C들은 어떤 D들의 활동에 의해 또한 변조되고……).[133]

---

132) 5부 정리 6의 증명은 정확히 1부 정리 28과 29에 준거하면서 "정신은 모든 실재는 필연적이며, 무한한 인과연쇄에 따라 실존하고 활동하도록 규정된다고 파악한다"(Mens res omnes necessarias esse intelligit, et infinito causarum nexu determinari ad existendum et operandum)라고 말한다.

133) 달리 말하면 기본 도식은 ……A→B→C……가 아니라 다음과 같은 식으로만 표상될 수 있다.

이는 우연, 적어도 고전적인 정의가 '독립적인 인과계열들의 마주침'으로 특징짓는 우연의 부정과 완벽하게 일관된 것이다. 사실 '독립적인 계열들'이란 존재하지 않는다. 우리는 또 스피노자가 진공이라는 관념을 거부한 정확한 이유가 무엇이었는지 이해할 수 있는데, 이는 이런 의미로 이해된 필연적 연관이라는 관념과 양립 불가능하기 때문이다(1부 정리 15의 주석). 여러 주석가들은 이 관점의 고대적이거나 근대적인 모델을 찾아보려고 시도해 왔다(게루와 파로시아Parrochia는 하위헌스가 발전시키는 진동이론에서, 베넷은 장 이론에서 찾으려고 했다[M. Gueroult, 『스피노자 2권. 정신』Spinoza, t.2, L'Ame, Aubier, 1974 ; Daniel Parrochia, 「진자물리학과 스피노자 『윤리학』에서 질서의 모델들」"Physique pendulaire et modèles de l'ordre dans l'Ethique de Spinoza", 『스피노자 연구』Cahiers Spinoza 5권, 1986 ; 「스피노자 형이상학의 몇 가지 과학적 모델들에 관하여」"Sur quelques modèles scientifiques de la métaphysique spinoziste", 『스피노자 연구회 작업과 문헌 2권 : 방법과 형이상학』Travaux et documents du Groupe de Recherches Spinozistes n° 2 : Méthode et Métaphysique, Presses Universite Paris-Sorbonne, 1989 ; J. Bennett, 『스피노자 『윤리학』 연구』A Study of Spinoza's Ethics, Cambridge University Press, 1984를 각각 참조]. 이 모델들의 공통점은 입자에 관한 직관에서 파동에 관한 직관으로 넘어갔다는 데 있다. 다시 한번, 스피노자에 대한 준거 없이 가공된 시몽동의 기술적 유비가 내가 보기에는 가장 좋은 모델인 것 같다. "변조라는 용어는 …… 예를 들면, 열음극선 만약 이 독특한 것들이 개체들이라면, 이는 정확히 말해 오직 이것들만이 변양시키는 한에서 변양된다고 말할 수 있는 것들이기 때문이다. 스피노자는 개체들은 변용하는 한에서 변용된다고 말함으로써 이를 표현하고 있다. 스피노자는 『윤리학』의 처음부터 끝까지 변용하다afficere, 변용affectio, 정서/변용태affectus라는 용어들을 불변적인 의미를 지닌 공통통념들로 사용하고 있다는 점을 지적해 두기로 하자. 바로 이 점이야말로 자신은 자연 중에 최소의 '예외'도 도입하지 않고서 인간의 정념들을 다룰 수 있었다는 그의 주장을 정당화해 준다. 그리고 인과관계 일반에 대한 정의들과 '인간의 본질'(곧 각자에게 고유한 다양한 변이들에 따라 달라지는selon 각각의 독특한 인간의 본질)인 한에서의 욕망에 대한 일반 정의 사이의 상동성도 지적해 두자. "욕망은, 인간의 본질이 주어진 그 자신의 어떤 변용에 따라 어떤 것을 하도록 규정되는 것으로 인식되는 한에서, 인간의 본질 자체다."[134] (『윤리학』 3부 정서들에 대한 정의 1) 사실 인과관계의 본질은 동일한 '기체'sujet 또는 ── 스피노자 선호하는 대로 말하면 ── 동일한 개체 내부에서 능동성과 수동성의 '미분'différentielle이다. 하지만 각각의 개체의 코나투스 안에서 동시에 이 코나투스를 무한하게 다양한 다른 개체들과 연결시킴으로써 표현되는 것은 정확히 말하면 바로 이 통일성이다.

여기서 다시 칸트와의 비교가 많은 것을 해명해 준다. 두 사람 모두 물리적 원인들의 질서와 도덕적 또는 '실천적' 결과들의 질서를 설명하기 위

관 …… 이나 트랜지스터처럼 무한하게 많은 상황에서 중계 증폭기 안에서 이루어지는 조작을 지시한다. 이는 3극 진공관의 제어 그리드에 전달된 신호처럼 약한 에너지를 가진 신호가 일정한 수의 가능한 정도들에 따라 양극회로 및 이 회로의 외부전하인 이펙터(effecteur)로 대표되는 퍼텐셜 에너지를 현행화하는 조작이다."(시몽동, 『형태, 형태화, 퍼텐셜, 준안정성이라는 개념에 따라 해명해 본 심리적·집합적 개체화』, pp. 36~37)

134) "Cupiditas est ipsa hominis essentia, quatenus ex data quacunque ejus affectione determinata concipitur ad aliquid agendum."

한 단 하나의 일반 도식만 갖고 있다. 곧 칸트에서는 시간적 계기succession
의 도식이고 스피노자에서는 변조의 도식이다.[135] 하지만 스피노자의 도식
은 하나를 다른 하나의 전도된 이미지로 만듦으로써 실재의 두 수준을 대
립시키지 않는다. 칸트에서 인과 질서는 사후적인ex post 선형적 규정이고,
목적론적 질서는 예상이나 의도들(곧 목적에 대한 표상들)을 수단으로 삼아
작용하는 사전적인ex ante 선형적 규정인 데 반해, 스피노자는 '실천'을 모
든 작업, 모든 개별적 인과관계와 동등한 자격을 지닌 변조로 만든다. 이
렇게 되면 자유는 자연적 질서의 전도가 아니라, 이 자연적 질서의 능동적
측면의 필연적 표현이 된다.[136] 이에 따라 시간의 구조에 관한 모든 질문
역시 변형된다.

하지만 이는 부분적인 기술에 그치고 있다. 이는 각각의 개체의 실존 또
는 활동이라는 관념과 상이한 개체들 사이의 다양한 연관들이라는 관념 사
이에 등가성 또는 수학자들이 말하듯 쌍대성[137]을 확립함으로써, 인과관계
의 기본 도식 내부에 '일차 수준'의 복잡성을 도입하는 데 불과하다. 실존하

---

135) 인과관계와 자유에 대한 칸트 도식의 통일성('자유에 의한 인과관계')을 가장 잘 설명한 사람
은 『인간 자유의 본질. 철학 입문』(De l'essence de la liberté humaine. Introduction à la
philosophie, Gallimard, 1987, p. 170 이하)의 하이데거다. "자유는 **절대적으로 사고된** 자연적 인과
관계, 또는 칸트 자신이 매우 적절하게 말하고 있듯이, 경험 전체를 초월하는 한 자연적 개념과
다르지 않다."(같은 책, p.204)

136) "하나의 동일한 실재도 자신의 고유한 활동 법칙을 따름으로써 자유롭거나 아니면 이 실재가
포함되어 있는 외재적인 작업들의 연쇄를 따름으로써 제약되어 있거나 하며, 전체의 관점에서
고려되는지 아니면 부분의 관점에서 고려되는지에 따라 자유롭거나 제약되어 있거나 한다. 따
라서 스스로를 자유롭게 한다는 것은 필연적으로 원인들과 결과들을 결합시키는 규정의 체계
를 벗어난다는 게 아니라 이 체계 안에 틀어가 이 체계의 내재적 필연성을 파악하고 이를 동화
시킴으로써 심화시키는 것을 의미한다."(마슈레, 「활동과 작업:『신에 대하여』의 윤리적 의미에
대하여」, p.101)

137) [옮긴이] 쌍대성(dualité)은 원래 불(Boole) 대수나 사영기하학 등에서 사용되는 개념으로, 어떤
명제가 성립할 경우 연산자와 항등원을 서로 바꾼 명제도 성립함을 가리킨다. 예컨대 교환법칙
(A+B=B+A)이나 결합법칙(A+(B+C)=(A+B)+C), 배분법칙(A×(B+C)=(A×B)+(A×C)) 등은 모
두 이 쌍대성을 표현한다.

는 양태인 한에서 각각의 개체는 강한 의미에서, 무한하게 많은 다른 개체들로 주어져 있는 자신의 실존 조건들 전체다.[138] 『윤리학』 2부 정리 7은 복잡성의 일차 수준을 (실재들과 관념들 안에서 동일하게 전개되는) "동일한 연관의 질서"라고 부른다. 하지만 뒤따르는 정리들은 곧바로 여기에 두번째의 복잡성을 도입하며, 이는 우리가 자연에 대한 우리의 공통개념을 좀더 엄밀하게 가다듬을 수 있게 해준다. 곧 여기서 문제는 ('하위의' 통합 수준들에 속하는) 다른 개체들을 포섭하고, 또 반대로 다른 개체들과 함께 '상위의' 통합 수준들에 포섭되는 개체, 곧 **통합**의 규정된 수준으로서의 개체라는 개념이다. 내가 보기에는 바로 여기서, 환원 불가능한 관개체적 차원을 지닌 **개체 (성)화의 과정**을 고려할 수 있을 만큼 개체라는 통념 자체가 확장된다.

물론 '부분들'로 합성되어 있으면서도 또한 좀더 일반적인 '전체들'을 합성할 수도 있는 개체라는 관념은 전혀 독창적인 게 아니다. 더욱이 부분과 전체 중 한 가지가 일차적인 것으로 정립된다는 사실에서 비롯하는 고전적인 이율배반들(개체론과 유기체론, 기계적 통일성과 유기체적 통일성 등)을 낳는 것이 바로 이 관념이다. 32번째 편지에서 스피노자는 자연 중에는 객관적인 등급을 지닌 질서들이 존재하며, 이는 상호활동actions réciproques 또는 상호작업interaction과 결합되어 있음을 보여 주기 위해 이를 다시 취하고 있다 ("왜냐하면 모든 물체들은 다른 물체들에 둘러싸여 있으며, 일정하게 규정된 비율로 실존하고 작업하도록 서로 규정된다."[139]). '부분'과 '전체'의 구분은 상대적인 것으로 보인다. 곧 어떤 수준에서는 부분인 것이 다른 수준에서는 전체가 되

---

138) 따라서 게루처럼 외면성과 내면성, '주변의 압력'이 규정하는 대로의 실존과 본질의 코나투스가 규정하는 대로의 실존을 구분할 여지는 없다. 더욱이 이는 우리가 결국 기계적 원인들과 목적적 원인들의 이원성(예컨대 라이프니츠에서 볼 수 있는)을 재도입하지 않으려고 한다면 피해야 할 오해다.

139) "omnia enim corpora ab aliis circumcinguuntur, et ab invicem determinatur ad existendum et operandum certa ac determinata ratione."

며, 그 역도 마찬가지다. 하지만 이로부터 수준들 자체가 자의적이라는 결론을 내려서는 안 된다. 수준들은 자신의 형태를 보존하는 또는 안정되게 머물러 있는 (또 그렇게 머물러 있는 한에서의) 각각의 통일체의 부분들 사이에 존재하는 '운동과 정지의 항상적 비율ratio'의 실존에 기초하고 있다.[140] 결과적으로 (2부 정리 13 다음의 보조정리들이 설명하고 있듯이) 모든 개체의 동일성(개체가 '같은 것'으로, 따라서 '그 자신'으로 머물러 있다는 사실)은 어떤 규정된 수준에서의 항상적인 비율에 따라 설명된다. 하지만 이 동일성의 변이 또는 전환들은 [앞의 수준과] 다른 수준에서의 비율의 항상성에 따라 설명된다.

하지만 이러한 설명은 '동역학적' 개념들(운동과 정지의 비율)에 준거하고 있음에도 불구하고, 형태들의 위계로서 인식된, 그리고 복잡성의 정도(또는 그 요소들의 다양성)에 따라 어떤 개체들이 다른 개체들로 포섭되는 포섭의 일반 질서로서 인식된 자연에 대한——궁극적으로는 목적론적인——정역학적 표상에 의존하고 있다. 이런 결함은 스피노자가 소산적 자연natura naturata이라고 부르는 것에 우리가 머물러 있기 때문에 생겨나는데, 여기서 '개체'는 형식적 통념에 불과하기 때문에 통합의 모든 수준에 무차별적으로 적용된다('단 하나의 개체'로 자연 전체를 표상하는 것은 정확히 이런 관점에 속한다). 이런 관점에 따르면 가장 단순한 물체들에서부터 우주 전체의 모습에 이르는 두 개의 극단 사이에 주어져 있는 위계적 질서로서의 소산적 자연은, '능산적' [자연의] 역량이 자신의 목적으로서 지향하는 결과인 것처럼 나타난다. 하지만 정리 13 다음의 '물체에 대한 소론'은 요청 3~6이 표현

---

140) 알다시피 스피노자는 데카르트의 '자연의 법칙들'이라는 정식(이 정식들 자체는 아리스토텔레스 『자연학』 2권에 나오는 '운동 원리들'과 대립한다)과 거리를 둔다. 하지만 항상적 합(合)이라는 통념을 항상적 비율이라는 통념으로 대체함으로써 그는 통합 수준들을 자율화하고 개체들에게 상대적인 동역학적 안정성을 부여할 수 있는 수단들을 얻게 된다. 데카르트의 '연장 실체' 안에서는 소용돌이들에도 불구하고, 개체들은 외양적인 실존만 지니고 있을 뿐이다.

하고 있는 인과관계에 대한 또 다른 관념을 포함하고 있으며, 이는 정확히 말하면 개별적인 물체가 자신에 외적인 다른 개별적 물체들에 의해 변용되는 방식과 관련된다. 여기에 서술되어 있는 학설이 운동법칙들에 관한 좁은 의미의 물리학이 아니라, 연장 속성 안에서 표현되는——하지만 이는 다른 모든 속성들에서도 동일하게 표현될 수 있다——'실재들' 또는 '개체들'의 본성 자체에 관한 이론이라는 점은 정리 19와 24의 증명들과 함께 명료하게 드러난다. 스피노자가 연속성을 해체하지 않고『윤리학』3부에서 자신의 실존 안에서 존속하려는 노력인 한에서 이 동일한 '운동과 정지의 항상적 비율'——이는 각각의 유한양태를 자연 또는 능산적 자연의 무한한 역량을 구성하는 요소로 만든다——을 본질의 코나투스라고 이름붙일 수 있게 해주는 게 바로 이 이론이다.

스피노자는 우리에게 무엇을 말하고 있는가? 그가 말하는 것은 각각의 개체의 보존, 곧 그 안정성과 동일성은 그 부분들의 '연속적인 재생'régénération——우리가 요즘 출입 흐름의 조절이라고 부르는——과 양립 가능해야 한다는 점이다.[141] 한 개체가 연속적으로 실존한다는 것은 간단히 말하면 그것이 재생되거나 재생산된다는 것을 의미한다. 또는 달리 말하면 고립된 개체, 자신의 환경을 이루는 다른 개체들과 교환하지 않는 개체는 재생될 수 없다. 따라서 이 개체는 실존하지 않을 것이다. 결과적으로 스피노자는 처음부터 모든 개체는 자신의 형태와 실존을 보존하기 위해 다른 개체들을 요구한다는 점을 암시하고 있다(2부 [정리 13 다음]의 요청 4[142]와 4부 정리 39 증명에서 이 요청의 활용을 보라. "인간 신체의 부분

---

141) 물질적으로는 다른 개체들과의 연속적인 교환이 문제다. 정신적으로는 신체의 모든 의식이 자신의 고유한 상태를 다른 실재들의 관념들과 혼합하거나 '혼융'(confond)시키듯이, 외부 대상들에 대한 지각은 신체 자체에 대한 표상과 혼합되거나 혼융된다는 사실이 문제다. 그런데 여기서 문제는 단순한 가상이 아니라, 신체의 관념으로서 정신(mens)의 본성이다.

들이 서로에 대해 유지하고 있는 운동과 정지의 비율을 보존하게 해주는 것은 모두 좋은 것이다. 그리고 인간 신체의 부분들이 서로 간에 다른 운동과 정지의 비율을 갖게 만드는 것들은 나쁜 것들이다."[143]

하지만 우리는 조절이라고 말했다. 이는 힘들potentiae 사이의 관계에서 비롯하는 교환을 의미하며, 이 교환은 구성적 효과들만이 아니라 파괴적 효과들까지 포함하므로 평형점을 발견해야 함을 의미한다. 그런데 여기서 교환이 상이한 개체들 '사이에서' 발생한다고 가정하는 것만으로는 충분치 않으며, **교환되는 것이 무엇인지** 좀더 분명히 해명해야 한다. 이 점에 관해 스피노자는 간단하지만 확고한 관념을 언표하고 있다. 곧 교환되는 것은 개체 자체의 **부분들**이다. '재생'은 주어진 개체(자아라 부를 수 있는)가 계속해서 개체 자체의 어떤 부분들을 버리고, 다른 개체들(**타자들**이라 불릴 수 있는)의 부분들을 계속해서 받아들인다는 것을 의미하는데, 단 이때 이러한 교체는 어떤 '비율' 또는 본질은 불변적으로 남겨 둔다는 것을 전제한다.[144] 그런데 이

---

142) [옮긴이] "인간 신체가 자신을 보존하기 위해서는 매우 많은 다른 물체들이 필요하며, 이는 마치 그것이 이 다른 물체들을 통해 계속 재생되는 것과 같다."(Corpus humanum indiget, ut conservetur, plurimis aliis corporibus, a quibus continuo quasi regeneratur)

143) "Quae efficiunt, ut motus, et quietis ratio, quam corporis humani partes ad invicem habent, conservetur, bona sunt; et ea contra mala, quae efficiunt, ut corporis humani partes aliam ad invicem motus, et quietis habeant ratione." [옮긴이] 약간의 착오가 있는 것 같다. 이 인용문은 4부 정리 39의 '증명'이 아니라, 정리 39다.

144) 사람들은 이러한 서술은 스피노자가 개체의 **형태** 보존에 대한 설명에서 지적하고 있는 세 가지 과정 중 한 가지만 고려하고 있다고 반론할 것이다. 다른 두 가지는 다음과 같다. ①외부 원인의 효과에 따라 개체의 부분들 중 하나의 운동이 변화되는 것. ②개체를 구성하는 부분들이 동일한 운동과 정지의 비율을 유지하면서도 크기가 변화하는 것. 스피노자는 아마도 여기서 상이한 생리학적 현상들을 염두에 두고 있는 듯하다. 하지만 나는 근본적으로는 **동일한** 자연 과정 또는 자연의 동일한 '작용'이 문제이며, 다만 이것이 상이한 **언어**들로 또는 상이한 이미지들을 수단으로 표현되고 있을 뿐이라고 믿는다. 개체의 연속적인 재생을 가능하게 해주는 '출입 흐름'이라는 관념은 에피쿠로스에서 유래한 것이며, 입자론적 언어에 상응한다. 문제의 핵심은 스피노자가 입자론과 파동론적 관점 ―이 양자 각각은 실재에 대한 부분적인, 따라서 부적합한 이미지를 이룰 뿐이다― 을 넘어서는 또는 양자를 통합하는 인과관계에 대한 관념을 전개하고 있다는 점이다. 운동들이 부분들과 마찬가지로 '교환'되거나 '공유'될 수 있듯이, 자연히 '구성적 부분들'도 물질의 일부로서만이 아니라 부분적 운동 또는 운동의 구성소들 ―이 역시

자아를 개체로 정의하는 동역학적 비율이 타자들의 본질적 비율이 보존되는지 여부와 관계없이 보존될 경우, 자아가 자신의 본질을 보존하게 된다는 점은 분명하다. '나의' 보존은 얼마든지 '그들의' 파괴를 함축할 수 있다는 점은 분명하다. 하지만 그 역도 역시 참이다. 곧 전체 과정은 여기에 참여하는 각 개체들 모두의 관점에서 고려될 수 있기 때문에, '그들의' 보존은 얼마든지 '나'의 파괴를 함축할 수 있다.

이러한 설명은 스피노자의 학설에 위배되지 않는다 해도 여러 가지 문제를 제기한다. 특히 이런 의미로 이해된 조절 과정은 어떻게 정도들을 포함할 수 있는가? 스피노자가 인간의 생명을 기술할 때, 그는 기억의 불연속성 내지는 단절로서의 죽음이라는 '확장된' 개념 정의로 귀착되는 전부 아니면 전무의 논리에 따라 보존과 파괴 사이의 근본적인 양자택일을 정립하는 경향이 있다(4부 정리 39 및 그 주석 참조).[145] 하지만 개체의 '행위 역량의 증대'나 '감소'라는 통념, 개체의 자율성의 증대나 감소라는 통념을 낳는 이 통념 자체는 코나투스에 정도들이 존재한다는, 또는 개체의 무한정한 보존과 직접적 파괴 사이에는 변이의 여지들이 존재한다는 점을 함축하는 듯 보인다. 여기에다가 주어진 개체의 보존을 다른 개체들의 보존(따라서 자아의 관점에서 볼 때 '나의' 보존을 '그들의' 보존)과 양립 가능하게 하거나 불가능하게 만드는 기준들 또는 상황들은 무엇인가 하는 난점이 추가된다.

하지만 이 난점이야말로, 적어도 인간 개인들의 경우에는, 『윤리학』 뒷부분에서 전개될 프로그램을 제시해 주는 것 아닌가?[146] 내가 보기에 이 난

물질적이다——로서도 상상될 수 있다. 내가 보기에는 바로 이 기초 위에서 모든 설명의 '은유적'이거나 '개념적'인 특정이라는 질문을 다시 제기해야 한다.

145) [옮긴이] 발리바르는 이 책 2부 1장 「스피노자, 반오웰」 맨 마지막 단락에서 이 문제를 검토하고 있다. 이 문제에 관한 좀더 상세한 논의는 Charles Ramond, *Quantité et qualité dans la philosophie de Spinoza*, PUF, 1995 ; François Zourabichvili, *Le conservatisme paradoxale de Spinoza*, PUF, 2002를 각각 참조.

점을 해소하기 위한 방법은, 근원적으로 관개체적인 인과관계에 따른 개체 (또는 개체(성)화)의 구성이라는 스피노자 모델의 함의들 안에서 찾아야 한다. 2부 정리 24의 증명은 각각의 개체가 다른 개체들과 부분들을 교환할 수 있 기 위해서는 **잠재적**virtuelle **해체**를 겪어야 한다는 점(이는 물론 '타자들'에 대해 서만이 아니라 '자아'에 대해서도 타당하다)을 보여 준다. 달리 말하면 개체의 어떤 부분들이 외부 실재들의 작용을 겪는다면, 이는 이 부분들이 다른 개 체들의 어떤 부분들과 전이적 통일체unité transitoire를 형성하기 위해, 자신 들이 속하는 전체로부터 절단되거나 또는 간단히 말하면 고립되기 때문이 다. 스피노자의 용어법대로 하면, 우리는 이 경우 이 부분들은 처음의 개체 의 본질이나 특징적인 내적 비율에 대해 이것들이 기여하는 바에 따라 고 려되는 게 아니라, 다른 관계들rationes 아래 포섭될 수 있는 분리된 개체성 들로서 고려된다고 말할 수 있다. 따라서 스피노자가 우리에게 말하는 것 은 다른 것들에 작용하고 다른 것들의 작용을 겪는(이 두 측면은 필연적으로 연결되어 있다) 모든 개체는 어떤 식으로든 '자기 바깥에'hors de soi 놓여 있 는 셈이지만, 그렇다고 해서 이러한 상호작용을 분할 불가능한 개체들 사 이의 '대면관계'로 인식해서는 안 된다는 점이다. 개체들은 서로를 변양하 고 서로 '뒤섞이는'데, 왜냐하면 이들은 자신들을 구성하는 부분들을 교환 하기 때문이다. 또는 그들은 '분해'되고 '합성'되며, 좀더 기초적인 부분들 로 해체되고 상대적으로 자율적인 통일체들로 재합성되기 때문이다.

그렇다면 잠재적이거나 전이적인 또는 가역적인 해체와 현행적이거 나 비가역적인 해체, 곧 개체의 파괴[147]를 구분해 주는 것은 무엇인지 물어

---

146) 사실은 인간의 경우가 특권화되는데, 왜냐하면 『윤리학』의 독자나 저자 모두는 그들 자신이 사 람들인 한에서, 또는 사람들과 유사한 존재들인 한에서, 여기에 특별히 관심을 갖게 되며, 이에 따라 이를 '공통통념들'에 따라 다루는 것이 그만큼 더 중요해진다.

보는 게 좋을 것이다. 스피노자는 『윤리학』 4부의 사회적 관계에 관한 이론에서 이 질문에 답변하고 있다. 이는 인간 개인성들을 다루고 있지만, 그 증명들은 공통통념들에만 기초하기 위해 주의를 기울이고 있다. 사실은 모든 것은 4부의 유일한 공리에 의존한다. "자연 안에는 그보다 더 위력적이고 강력한 다른 실재들이 존재하지 않는 독특한 실재는 아무것도 없다. 어떤 실재가 주어지면, 이 실재를 파괴할 수 있는 더 위력적인 다른 실재가 존재한다."[148] 한 개체가 복잡할수록, 이 개체는 외부 세계와 더 많은 관계를 가지며, 유사하거나 유사하지 않은 다른 개체들과의 '부분들'의 교환은 더 집약적이게 되고, 이 개체의 실존을 보존하기 위해 이 교환들은 더욱 필수적이게 되며, 또한 이 개체[의 보존]에 필요한 실재들 자체의 우월한 역량 때문에 이 개체의 보존은 더욱 위협받게 될 것이다. 따라서 나는 스피노자의 테제를 다음과 같이 파악한다. 최종 분석에서 다른 독특한 실재들의 **다양체**는 주어진 모든 독특한 실재('자아')보다 더 강하고 더 위력적(이고 잠재적으로 더 파괴적)이며, 이는 이 실재들 전체가 '내'가 그로부터 배제되어 있는 어떤 통일체 또는 집합을 형성할수록 더욱더 그렇게 된다. 역으로 (적대적인) 외부 실재들의 주어져 있는 유한한 모든 다양체의 힘은 '나' 자신이 필수적인 일부를 이루고 있는(곧 내가 필연적으로 그것에 특징적인 운동과 정지의 비율 안으로 들어가게 되는) 어떤 집합 또는 '힘들의 조합'(합치convenientia) ── 최종 심급에서는 자연 전체 ──에 의해 항상 제압될 수 있다.[149]

---

147) 스피노자는 정치적 개체 또는 국가의 경우 이를 "대중으로의 복귀"(『정치론』 7장 25절 ; 8장 3절)라고 부른다. 나는 「스피노자, 반오웰」에서 이 정식("대중으로의 복귀"ad multitudinem redire)에 관해 논의하면서 스피노자의 '국상학'은 통치자들만이 아니라 대중들 자신에게도 위험스러운 물티투도의 영속적인 해체와 재합성의 과정을 포함한다는 점을 보여 주려고 했다.

148) "Nulla res singularis in rerum Natura datur, qua potentior et fortior non detur alia. Sed quacunque data datur alia potentior, a qua illa data potest destrui."

149) 이러한 관점에서 5부 정리 38과 39 및 주석을 읽어 보라.

4부 정리 2에서 7까지 스피노자는 부분적인 원인들의 작용, 따라서 인간 개인의 보존에서 수동성의 필수적인 역할에 관해 기술하고 있다. 수동성은 외부 원인들의 우월성, 개체의 잠재적 해체를 의미한다. 이는 불가피하지만, 모든 변용은 상반된 변용에 의해 억제될coerceri 수 있다. 여기에서 나온 관념이 처음에는 4부 정리 29에서 31까지 일반적으로 전개되고 있고(개체들의 보존에서 합치의 효과들에 관한 일반적 기술), 다음에는 (상호 유용성의 체계로서 사회를 도입한 이후에) 정리 38에서 40까지 인간의 문제에 적용되고 있다. 개체들의 '공통적인 본성' 덕분에 개체들 사이에서 확립되는 관계들은 개체들의 자율성을 제거하지 않고서도 집합적인 또는 '상위의' 개체성을 형성한다. 반대로 이 관계들은 개체들의 행위 역량potentia agendi(여기에는 사고 및 인식 능력까지 포함된다) 및 따라서 개체들의 실존 역량을 증대시킨다.[150] 이제 우리가 이 4부의 공리(외부 세력의 필연적 우월성)를 다시 떠올린다면, 우리는 이로부터 개체들의 상호 '합치'를 수단으로 한 개체들의 다양성의 통합은 개체들 각자가 자신의 자율성(개체화) 및 독특성(개성화)을 유지하기 위한 내생적 조건이라는 결론을 내릴 수 있다. 만약 개체가 이를 재생하기 위해 자신과 '합치하는' 다른 개체들을 발견하지 못한다면, 개체는 한마디로 말해 실존하지 못할 것이다.

따라서 마지막으로 우리는 개체의 완결된 개념은 고정되지 않은 역동적인 평형을 표현하며, 만약 이 평형이 계속해서 재구성되지 않는다면, 이는 곧바로 파괴될 것이라고 생각할 수 있다. 이러한 평형(시몽동을 따라 준안정적인[151] 평형이라고 부를 수 있는)은 잠재적인 해체 또는 탈구축 과정에는 영속적으로 재합성 또는 재구축 과정이 중첩된다는 것을 전제한다.

---

150) 변용[정서, 변용태]의 어휘에 따라 말하면, 이것들은 각 개체에 대해 기쁨을 증대시키고 슬픔을 제거한다.

그런데 이 평형[152]은 개체의 독특한 본질과 다른 것을 표현하지 않긴 하지만(곧 이 균형은 엄밀히 말하면 스피노자가 코나투스라고 부르는 것이긴 하지만), 이는 자신의 본질 자체 내에서 '집합적' 과정들, 곧 개체를 좀더 커다란 개체, 또는 '상위' 질서의 개체에 합체시키는 '운동과 정지의 항상적 비율들' 내지는 합치들convenientiae에 의해 규정된다.

이 때문에 나는 스피노자의 자연적 인과관계 이론은 1부 정리 28이 표현하고, [2부 정리 7의] 인과 연관의 질서ordo et connexio causarum가 축약하고 있는 일차 수준의 복잡성을 넘어 '이차 수준의' 복잡성을 포함하고 있다고 제안했던 것이다. 단지 '같은 수준에' 위치한 원인들의 상호작용 내지는 상호성만이 아니라, 각각의 유형의 개체(2부 정리 13 다음의 보조정리 7은 [세 가지] "종류의 개체"individuorum genus라고 말하고 있다)에 대해서 기저에 놓인 하위 수준으로 후퇴하면서 동시에 포괄적인 상위 수준으로 전진하는 통합 과정 역시 문제가 된다.[153] 분명히 스피노자는 이 도식이 보편적—이 때문에 이는 '공통개념들'에 따라 해명될 수 있다—이며, 모든 자연적 인

---

151) [옮긴이] '평형'(equilibre)이나 '준안정적'(métastable)이란 열역학이나 양자역학에서 널리 쓰이는 개념이다. 평형이란 간단히 말하면 하나의 계(界)가 물체 사이의 상호작용이나 외력(外力)의 작용하에 정지할 때를 가리킨다. 그리고 이러한 평형 상태 내에서 변동이 미소한 범위에 머무르거나 또는 계 외부와의 에너지 교환이 일정한 조건에 따라 일어나는 평형상태의 경우에는 내부 에너지나 자유 에너지 등이 극소로 되는 경우를 '안정상태'(état stable)라 부르며, 양자역학에서는 '정류상태'(état stationair), 곧 계의 에너지가 일정한 값을 갖는 상태가 이에 해당한다. 그런데 이러한 정류상태 중에서 가장 에너지가 낮은 '바닥상태'에서 소위 '들뜨기'(excitation) 또는 충돌에 따른 복합입자 생성을 통해 높은 에너지 준위로 전이하게 되는 경우 정류상태는 '들뜬상태'로 바뀌게 된다. 준안정상태란 바로 이러한 들뜬상태가 다른 정류상태로 전이되지 못하고 상당히 오랜 기간 동안 지속되는 것을 가리킨다. 간단한 사례를 들자면, 얇은 책이 모서리로 간신히 서 있는 상태나 또는 이른바 '과냉각'(supercooling) 상태에 있는 물 따위가 준안정상태에 있는 경우다. 따라서 일반적으로 '준안정적'이라는 것은 '평형'과 대립하는 또는 상반되는 것이라고 할 수 있는데, 시몽동은 반대로 준안정상태의 퍼텐셜 에너지를 출발점으로 해서 안정상태 또는 평형상태(존재론적 용어로 하자면 '개체')를 사고하려고 하기 때문에, 여기에서 보듯이 '준안정적인 평형'과 같은 역설적인 표현이 나오게 된다.

152) [옮긴이] 이 단어는 원문에는 'celle-ci'라는 여성 지시대명사로 표시되어 있는데, 문맥상 이는 남성 명사인 '평형'(un équilibre)을 가리키는 것으로 보인다.

과관계 아래 놓여 있다고 생각한다(이는 개체들 사이의 정역학적 연관을 표현하는 복잡성의 '일차 수준'은 항상 부분적인 해체들 및 재합성들의 집합적 균형을 표현하는 이차 수준으로부터 생산됨을 의미한다). 하지만 문제의entrent en jeu 개체들이 인간 존재들로 표상될 때에만 설명은 완결적으로 주어질 수 있다. 이는 우리가 우리 자신의 경험에서 필수적인 요소들을 이끌어 내기 때문에(『정치론』 1장 3절에서는 '경험 또는 실천'experientia sive praxis이라고 말한다) 그런 것이다. 하지만 어떤 경험인가? 정확히 말하면 이는 우리의 능동성이나 수동성의 정도에 영향을 미치는, 우리가 부분적인 원인들에 대한 우리의 독립성의 증대와 감소 사이에서 동요하게 만드는 상반된 정서들에 대한 경험이다. 곧 우리가 다른 실재들, 특히 다른 인간들과 함께 형성하는 조화로운 또는 갈등적인 통일에 대한 경험이다. 이런 의미에서 본다면 이는 실존 그 자체, 하지만 이성과 대립하는 한에서가 아니라, 항상 이미 이성을 포함하고 있는 한에서의 실존 그 자체의 경험이다.[154]

---

153) 여기서 시몽동의 분석과 비교해 보면 특히 흥미진진해진다. 준안정적인 균형이라는 관념은 모든 개체화는, 계기적인 '구조화들'—이것들은 각각 '환경과 거리두기'이다—가운데서 개체가 그로부터 생성되어 나온 선개체적인 퍼텐셜에 의존하고 있다는 데서 나온다. 따라서 개체의 실존 자체는 항상 '문제적인' 것으로 남아 있으며, '긴장'을 표현한다. 개체들이 집단성의 구성을 통해 개성화의 상위 정도를 획득함으로써 해소하려고—또는 포괄/파악하려고—하는 것이 바로 이 긴장이다. 하지만 생명 집단은 미리 실존하는 개체들의 단순한 집계도 융합도 아니다. 이는 개별적 문제들의 역동적 해결, 하나의 문화(시몽동은 이를 '정신성'이라 부르는데, 스피노자라면 이성과 상상의 복합체라고 기술했을 것이다)가 되어야 한다. 이 때문에 시몽동에게는 이 문제들을 '상위' 질서에 속하는 새로운 준안정적 통합체에 통합시키기 위해서는 선개체적 수준(특히 정서적 도식들의 수준)으로 돌아가야 한다. 따라서 이 새로운 통합체는 개체들에 외적이지도 내적이지도 않으며, 정확히 관개체적이다. "개체 안에서는, 환경임과 동시에 개체인 선개체적인 것이 작용한다/관통한다(passe). 이것, 이 비분해된 것, 아직 비개체화된 이 실재성의 하중(charge)으로부터 인간은 이차적인 개체화를 통해 [자신의] 현존을 발견할 수 있는 집단을 형성하기 위해 자신과 유사한 것을 찾는다."(『심리적·집합적 개체화』, p. 192)

154) 이 주제에 관해서는 모로(P.-F. Moreau)의 최근 저서, 『스피노자. 경험과 영원성』(Spinoza. L'expérience et l'éternité, PUF, 1994) 전체, 특히 pp. 379~465를 보라.

3장_스피노자, 루소, 맑스:
정치적인 것의 자율성에서 정치의 타율성으로[155]

1. 1925년 맨체스터에서 찰스 에드윈 본C. E. Vaughan의 루소 연구 및 루소 저작의 주석본들에 대한 보충으로 그의 유작 연구논문집이 출간되었다. 『루소 전후의 정치철학사 연구』*Studies in the History of Political Philosophy before and after Rousseau*라는 제목을 지닌 이 책은 이후 정치철학 교육의 고전이 된다. 여러 세대가 이 책에서 제네바 철학자의 이름이 붙은 '부재하는 중심' 주위로[이 저서에는 루소에 관한 논문이 빠져 있음을 의미한다] 스피노자와 로크, 비코, 버크, 피히테, 마치니와 다른 사람들의 학설이 배치되어 있음을 발견하게 된다. 그런데 우리는 우리와 『공산당 선언』(1847년 작성), 『자본』(1867년 1권 출간) 또는 『반-뒤링』(1878년) 사이의 시간적 거리가 최초의 '맑스주의자' 세대와 『인간 불평등의 기원 및 기초에 관한 논고』(1754년)나 『사회계약』(1762년) 사이에 존재하는 시간적 거리와 동일함을 깨닫게 된다. 그리고 우리는 앞서 루소에 대한 관계에서처럼 '맑스 이전'과 '맑스 이후' 사이의 대조가 스피노자를 포함하는 정치적 전통에 대한 우리의 독해 ──우리는 여기서 현재의 실마리들을 찾아보려고 한다 ──의 부재하는 중심을 구성하지 않는지 질문해 볼 수 있을 것이다.

'루소주의'와 '맑스주의'는 그것들이 산출한 모순적인 ── 혁명적이면서 반혁명적인 ──정치적 효과들이라는 사실 때문에, 각자의 세기에 서로 비교될 만한 중요한 후계자들을 지녀 왔다.[156] 하지만 둘 사이의 유비는 훨씬 더 엄밀한 토대들을 갖고 있다. 『사회계약』 첫 부분(1부 5장)에 나오는 유명한 구절에서 루소는 **인민을 인민으로 만드는 것**, 따라서 그 내적 통일성의 원리에 관해 질문했다.[157] 이는 하나의 통치(정부, gouvernement)의 구성에 대한 모든 반성에 전제되는 질문이다. 맑스와 엥겔스는 그들 나름대로 계급투쟁과 대중운동 및 사회주의적이고 공산주의적인 '세계관'의 역할에 대해 반성하면서, 국가 속에서 제도화된 하나의 인민의 내적 통일성이

---

155) [옮긴이] 이 글의 출전은 다음과 같다. E. Balibar, "Le politique, la politique. De Rousseau à Marx, de Marx à Spinoza", *Studia Spinozana 9*, 1995. 원래 제목대로 하면 「정치적인 것, 정치. 루소에서 맑스로, 맑스에서 스피노자로」가 되겠지만, 다음과 같은 두 가지 점을 고려해서 제목을 약간 바꿨다. 첫째, 정치적인 것의 자율성의 기획 ──곧 **근대성의 기획 자체** ──은 루소가 가장 명시적으로 제시했지만, 이는 맑스의 정치경제학 비판, 곧 **정치의 타율성**의 발견에 따라 근본적인 변모를 맞게 된다. 따라서 이 글의 제목의 의미는 '정치적인 것'(le politique)의 자율성의 기획과 맑스의 '정치'(la politique)의 타율성의 문제설정 사이의 차이, 후자에 의한 전자의 지양을 함축한다. 둘째, 하지만 맑스는 정치의 타율성의 조건을 **경제의 영역**에서만 발견했으며, 이는 **맑스주의적인** 정치의 불가능성, 따라서 역사적 맑스주의 종언의 한 가지 원인으로 작용했다. 그런데 스피노자는 맑스와는 달리, 그리고 이미 루소 이전에, 정치적인 것의 자율성의 한계, 따라서 정치의 타율성의 또 다른 조건을 이데올로기의 영역 ──스피노자의 용어법대로 하면 상상과 정서의 영역 ──에서 발견했다. 이런 관점에서 보면 스피노자의 이데올로기 비판과 맑스의 정치경제학 비판, 이 양자의 결합 **(불)가능성**의 조건들에 대한 해명은 주류 ──곧 **자유주의적** ──근대성 논쟁에서 **억압되어온** 핵심 쟁점의 하나라고 할 수 있다.

156) 나는 각자의 세기들이라는 표현을 **사후**(après-coup)에 도래하는 것들로 이해한다. 곧 19세기가 '루소의 세기'였듯이 20세기는 '맑스의 세기'가 될 것이다. 이는 19세기에 루소에 대한 관심이 소멸되었다는 것이 사실이 아닌 것처럼 앞으로 수십 년 동안 맑스의 망각이라는 생각이 개연성이 없다는 것을 우리가 사고할 수 있게 해준다.

157) [옮긴이] "그로티우스는 말하기를 인민은 국왕에게 자신을 바칠(se donner) 수 있다고 했다. 따라서 그로티우스에 따르면 인민은 자신을 바치기 전에 이미 인민인 셈이다. 이 헌신(don)은 그 자체가 시민적인 행위이므로 공적인 토론을 전제한다. 따라서 인민이 왕을 선출하는 행위를 검토하기에 앞서 우선 인민을 인민으로 만드는 행위를 검토하는 게 좋을 것이다. 왜냐하면 이 행위는 필연적으로 전자의 행위에 앞서는 것이며, 따라서 사회의 진정한 기초가 되기 때문이다." *Du contrat social, in Oeuvres complètes* III, Gallimard, 1964, p. 359[국역: 『사회계약론』, 이환 옮김, 서울대학교 출판부, 1999, 17쪽, 번역은 수정]. 이에 관한 발리바르의 논의는 E. Balibar, "Ce qui fait qu'un peuple est un peuple ──Rousseau et Kant", *Revue de Synthèse*, 1989[*La crainte des masses : Politique et philosophie avant et après Marx*, Galilée, 1997에 재수록] 참조.

라는 문제로부터 **인민** 자체의 혁명적 통일성이라는 문제로 질문을 전위시킨다. 좀더 정확히 말하면, 그들은 '인민 중의 인민'이라는 질문을 제기하고 있으며, 노동자 계급 안에서 '프롤레타리아'라는 이름 아래 이를 찾아내려고 한다. 이로써 그들은 **근대** 민주주의 정치사상만이 아니라──루소의 저작이 특히 분명하게 보여 주는──이 사상을 특징짓는 '봉기'와 '구성' 사이의 내적 긴장 역시 발본화한 것으로 보인다(발리바르, 「시민 주체: 주체 다음에는 누가 오는가」라는 장-뤽 낭시의 질문에 대한 답변」Citoyen Sujet — Réponse à la question de J. L. Nancy : Qui vient après le sujet?, 1985). 하지만 다른 관점에서 보면 그들은 단순히 그 사상을 반대로 취했을 뿐이다.

맑스 정치이론의 독창성 및 이것이 표상했던 절단coupure의 정확한 본성, 그리고 그 이후에 도래하는 이론에 이것이 부과하는 제약들(따라서 우리 모두는 돌이킬 수 없게 '포스트 맑스주의자들'이다)을 평가해 보려고 하는 사람은 반드시 루소주의의 선례를 알고 있어야 한다.

한 가지 본질적인 점에서 루소는 '구성'[헌정]에 대한 이전의 모든 이론과 단절했다. 이제부터 입법은, 인민주권의 표현이기 때문에 내재적인 것이 된다. 그리고 정치를 규칙들의 집합으로 또는 통치와 통치자들(이들이 집단적이라 하더라도)의 '기술'art로 계속 사고한다는 것은 불가능함이 판명된다. 이 사실 때문에 그의 선행자들에 대한 독해와 활용은 완전히 의미가 변화된다. 마찬가지로 맑스와 엥겔스(이 점에서 양자는 사실상 분리될 수 없다)는 역사의 원동력과 의미를 의지나 이성의 목적이라는 관점에서 표상하는 이론들과 단절한다. 정치를 순수하게 '이데올로기적인'[관념론적인] 방식으로 사유하는 것은 불가능하게 된다. 우리 눈앞에서 전개되는 '맑스주의의 위기'는 이러한 단절을 완화시키기는커녕, 그 효력을 부각시키고 있다.

2. 이러한 관점에서 나는 다음과 같은 일반적 관념을 주장할 수 있다

고 믿는다. 우리가 루소에서 맑스로 나아갈 때 한 가지 전도가 이루어진다. 만약 맑스가 완전히 의식적으로(특히 그가 사적 소유를 소외의 근원으로 들고 있는 루소의 이론을 자주 암시하고 있다는 점을 생각하자) 루소의 민주주의적 참여를 심화시켰다radicalisé면, 이는 **정치라는 통념의 의미 자체를 전도시키는 것**을 조건으로 한다. 루소는 **정치적인 것의 자율성**이라는 관점의 탁월한 대표자다.[158] '주권'과 '통치'를 분리시키고 '통치자들'과 '피통치자들'을 최초로 전위시키면서 정치적인 것의 자율성이라는 관점이 고전주의 시기 이후까지 살아남게 해준 것은 바로 그다. 이러한 관점에서 볼 때 정치는 조건들을 가질 수 있으며, '정념들'과 '이해관계들'로 이루어진 복합적인 사회적 소재와 관계할 수 있지만,[159] 그것은 최종 분석에서는 인민과 인민을 구성하는 개인들의 활동 또는 '구성적' 권력으로서의 **자기 자신 위에 합리적으로 기초한다.**[160] 따라서 우리는 일종의 '악순환'에 빠지게 된다. 곧 정치는 자신이 그 조건들을 창출해 내는 개념들과 결단들의 자율성을 전제하는 것이다.[161] 우리는 이러한 정치적인 것의 자율성의 선례를 시민의 모습에 초점을 맞추는 고대의 공화적 전통에서 찾아볼 수 있다. 스피노자가

---

158) [옮긴이] 발리바르가 이 글에서 사용하는 '정치'(la politique)와 '정치적인 것'(le politique)의 구분은 프랑스의 저명한 정치철학자 클로드 르포르(Claude Lefort)의 구분을 차용하면서 동시에 그것을 비판적으로 전환하고 있는 것으로 보인다. 이에 관한 좀더 자세한 논의는 「용어 해설」 참조.

159) [옮긴이] 이에 대해서는 특히 Albert O. Hirshman, *The Passions and The Interests : Political Arguments for Capitalism before its Triumph*, Princeton University Press, 1977[국역 : 『열정과 이해관계』, 김승현 옮김, 나남, 1994]을 참조할 수 있다.

160) 근대 정치에서 구성 권력이라는 개념의 중요성을 강조하는 데서 네그리와 일치할수록, 우리는 그가 루소를, 루소가 중심적으로 내표하는 전통으로부터 체계적으로 배제시키는 데 더욱더 놀라게 된다!(Negri, *L'anomalie Sauvage : puissance et pouvoir chez Spinoza*, PUF, 1982 ; *Il Potere Constituente : Saggio sulle alternative del moderno*, SugarCo Edizioni, 1992 참조).

161) 알튀세르가 자신의 1966년 논문에서 주장하는 것은 그가 읽기에 『사회계약』은 정치적 자율성의 조건들──이는 또한 정치의 자율성의 조건이기도 하다──을 **재창출**하려는 아포리아적인 (그리고 절망적인) 시도라는 점이다.

『신학정치론』및 특히『정치론』에서 민주주의를, 각각의 개인이 '역량만큼 의 권리'tantum jus quantum potentia를 누리는 '가장 자연적인' 국가, 완전하 게 절대적인omnino absolutam 국가로 정의할 때, 그에게서도 이 전통의 흔 적을 발견할 수 있다. 프랑스 혁명 및 미국 혁명과 더불어, 정치적인 것의 자율성은 또 다른 자율성, 곧 집단적 주체로 생성하고 영속적인 '봉기'의 행위 속에서 인민주권을 강제하는 '인민' 그 자체의 자율성을 표현하는 경 우에만 현실적인 것이 된다는 점이 분명해진다. 하지만 이 전통에 속해 있 는 맑스는 정확히 말하면 그 이론적 표현을 완전히 전도시켰다. 곧 그는 **정 치의 타율성**이라는 관점을 제시한다. 그에게 정치의 '진리'와 '현실성'은 **그 것의 고유한 영역 속에,** 그것의 고유한 자기의식이나 활동에 존재하는 것이 아니라, **그 자체의 바깥에,** 그 '외적' 조건들과 대상들에 존재하는 것이다. 이 러한 정치의 외재성은 정치를 내생적으로 구성한다.

바로 여기에 맑스 **유물론**의 근본 측면이 존재한다(반면 구성적 봉기의 영속적 흔적으로서 정치적인 것의 자율성에 대한 루소주의적 관점은 근원적으로 는 관념론의 쇄신이다). 하지만 이러한 유물론을 환원주의나 속류 경제주의 로 이해하는 것은 완전히 잘못이다. 알다시피 맑스는 개인들 및 사회적 집 단들의 활동이 포함되어 있는 정치적 과정을, **그것의 타자,** 곧 넓은 의미에 서 **경제의** 모순들의 발전과 변증법적으로 동일시했다. 그렇다면 정치적 실 천의 존재를 무화시키거나 부정하는 게 문제인가? 반대로 좀더 현실적인 방식으로 그것을 **재구성하는** 게 문제다. 이 경우 그것은 '계급정치'가 된다. 곧 그것은 양쪽 모두에서(혁명적 계급과 마찬가지로 지배계급의 관점에서도) 인정된 정치적인 것du의 제도적 한계들을 영속적으로 넘어서야 하는 사회 적 실천으로 사고된다. 만약 착취와 지배, 따라서 사회적 생산관계 속에 함 축된 적대의 결과들이 사회적 삶의 측면들 전체로 확장된다는 게 사실이 라면, 정치를 달리 사고할 수는 없다. 우리가 맑스로부터 물려받은 명시적인 역설은 다음과 같이 설명된다. 곧 **인민의 자율성**——인민의 자기규정 및 해방——을 정치의 중심에 실제로 기입하기 위해서는 근원적인 민주화주의는 정치적인 것의 자율성을 유지하기를 포기해야 한다. 맑스는 인민 중의 인민을 혁명적인 노동자 계급으로 정의한다. 그는 이러한 동일화를 중심으로 정치의 타율성 이론을 구축한다. 분명히 이것은 정치와 그 타자인 경제에 대한 도발적인 유물론적 동일시 위에 정초된, 근대철학에서 가장 강력하고 가장 완성된 이론이다.[162]

맑스 이후 한 세기가 지난 지금 우리는 정치의 타율성에 대한 이러한 근본적인 정식화가 시대의 변화를 규정했음을 무시할 수는 없다. (자유주의적 전통에 속하는 논쟁을 비롯한) 모든 정치적 논쟁은 전위되었다. 하지만 맑스주의의 위기와 그것을 지탱하는 사회적 변화들에 의해 오늘 의문스럽게 된 것이 바로 정치와 경제의 이러한 **단락**(이것의 맞짝은 국가의 기능과정 자체 속에서 '노동의 정치'의 중심적 중요성이었다)이라는 점 역시 그에 못지않게 분명하다. 이러한 조건들 속에서 정치적인 것의 자율성의 이론으로서 '정치철학'이라는 관념이 전면에 재등장하는 게 놀라운 일은 아닐 것이다. 그리하여 문제는 루소로의 회귀나, 이와는 약간 다른 방식으로, 로크 또는 칸트로의 회귀로 제기된다. 이때 스피노자로 회귀하는 경우는 훨씬 드문데, 그를 이러한 관점[정치적인 것의 자율성]으로 이끌어 오기란 힘겨운 일이라는 것을 사람들이 감지하고 있기 때문이다. 이는 철학적으로 결정적인 질문이며, 현재의 작업들 중 한 부분 전체를 관통하는 것임에도 불

---

162) 따라서 맑스에서 정치주의에 대한 '경제적' 비판과 경제주의에 대한 '정치적' 비판을 결코 분리시키지 말아야 한다. 내가 다른 곳에서 맑스주의와 그의 계급투쟁 이론에 특징적인 **단락**(短絡)으로 기술하려고 했던 것이 바로 이 점이다(Balibar, "L'idée d'une politique de classe chez Marx", *Marx en perspective*, ed. Bernard Chavance, Editions de l'EHESS, 1985[「붙잡을 수 없는 프롤레타리아트」, 서관모·최원 옮김, 『대중들의 공포』, 도서출판b, 2007]).

구하고, 전혀 분명한 해결책을 얻지 못하고 있다.

3. 스피노자 사상과의 대면이 결정적이라고 판명될 수 있는 곳이 바로 이 지점이다. 스피노자를 그의 텍스트와 콘텍스트 속에서 읽고, '스피노자주의적인' 개념들과 지향들을 근대 정치에 대한 반성에 작동시키려고 시도하는 것은, 맑스의 정치의 이율배반들 속에서 작용하고 있는 것뿐만 아니라, 이러한 이율배반들을 봉기와 구성적 권력, 국가적 제도화라는 고전적 딜레마들에 결부시키는 것을 동시에 이해하게 해주는 수단이 되지 않겠는가? 이미 스피노자는 17세기에 '정치적 주체'를 **민족**이나 **인민**이 아니라 좀더 원초적인 실재인 대중 또는 '대중들'multitudo과 동일시하면서, 성숙기의 세 권의 위대한 저작(『윤리학』, 『신학정치론』, 미완성된 『정치론』)에서 정치와 존재론의 교차지점에서 자율성과 타율성의 딜레마가 제기하는 모든 질문들을 자신의 방식에 따라 조우했었다.

우리에게 스피노자의 철학이 지니고 있는 특유의 중요성은, 내가 다른 곳에서 보여 주려고 했던 것처럼 그가 (시민들의 자연권을 다수자의 역량 potentia multitudinis으로 정의하면서) 대중들[163]에게 국가를 구성하는 기능을 부여한다는 사실에만 존재하는 게 아니다. 그것은 또한 그가 역사 속에서 '대중운동들'의 현상의 양면성을 탐구하는 방식에도 존재한다. 근저에서 사회적이고 종교적인 대중운동들이 국가들imperia의 보존에 필수적인 '민주적' 합의의 필수적인 기초를 구성하면서 또한 동시에 (『정치론』 7장 25절에서 말하는 '대중으로의 복귀'를 통해) 그들의 실존을 가장 강력하게 짓누르는 파괴의 위협을 이루기도 한다는 것이야말로──고전주의 시기의 위기들과 혁명들의 정세가 강제하는──결정적인 정치적 문제이며, 이는 대중

---

163) 나는 multitudo라는 용어에 대한 가장 좋은 불어 번역은 복수로 사용된 '대중들'(masses)이라고 생각한다(Balibar, 「스피노자, 반오웰 : 대중들의 공포」Spinoza, l'anti-Orwell : La Crainte des masses, 이 책 2부 1장으로 수록).

들의 '존재론'(또는 좀더 정확히 말하면 **병인론**étiologie)으로 거슬러 올라갈 수밖에 없게 만든다. 대중운동은 법과 정치적 권위를 활용해서 몰아낼 수 있는 '자연상태'의 환영들로 사고되어서는 안 되며, 역사 속에 존재하는 정치의 **현실태** 자체로 사고되어야 한다.[164] 이는 **상상**의 요소 안에서 구성되고 진화하는 현실태다. 하지만 스피노자는 고전주의 시기의 다른 이론가들과 비교가 안 될 만큼 정치의 이러한 상상적 토대에 주의를 기울였음에도 불구하고, 또한 그 역시도 심원한 양면성을 보여 주고 있다. [대중들은] 공포를 느끼지 않으면, 사람들을 공포에 떨게 만든다Terrere nisi paveant라는 타키투스의 표현(『연대기』 1권 29장)은 『정치론』 7장 27절에서 사용되고 『윤리학』에서도 약간 상이한 형태 아래 다시 사용되고 있으며(4부 정리 54의 주석("우중들은 위협받지 않으면 사람들을 공포에 떨게 만든다"Terret vulgus, nisi metuat), 스피노자에게는 항상 설명적이면서 규범적인 의미를 지니고 있었다. 민주주의에 대한 그의 법적 정의 — 그는 우리가 여기에서 '가장 본성적'이고 '가장 절대적인' 국가를 보도록 인도한다 — 를 아포리아적이게 만드는 원인들 중 하나가 여기 있음을 분명히 인식해야 한다. 스피노자에서 민주주의의 아포리아(이는 주권적 대중들이 자신들의 정념들을 통제할 수 있게 해주는, 또는 **자기 자신에 대해 공포에 떨지 않을 수 있게 해주는** 제도적 메커니즘을 단번에 정의하는 것은 불가능하다는 사실에 존재한다)는 우리가 그의 논거들로부터 이끌어 낼 수 있는, 때로는 보수적이고 때로는 혁명적인 결과들을 설명해 준다. 하지만 우리가 보기에 그의 철학의 가치 전체는 바로

---

164) 사람들은 오늘날에 이르러서야 비로소 3세기에 걸친 '형이상학적' 독해들을 극복하고 스피노자가 위대한 (반종말론적) 역사이론가라는 점을 이해하기 시작했다. 특히 André Tosel, *Du Matérialisme de spinoza*, Kimé, 1994 ; Gabriel Albiac, *La Synagogue vide : Les sources marranes du spinozisme*, PUF, 1994 ; Pierre-François Moreau, *Spinoza : L'expérience et l'éternité*, PUF, 1994를 참조하라.

여기에 있다. 그것이 없다면 우리는 스피노자에게서 인간본성에 대한 독창적인 '관-개체적' 관점과 긴밀하게 결부되어 있는 유물론적 자유 개념을 읽어 내지 못할 것이며, 정서적 **동일화**와 합리적 **교통**(개인들의 상호 유용성에 기초해 있는) 사이의 상호전제 관계들에 대한 해명에 기초하고 있는 역사 속에서 '공동체'의 변증법 ──이는 정치적인 것의 본질에 대한 현재의 토론 대부분이 그에 종속되어 있는, 공동사회Gemeinschaft와 이익사회 Gesellschaft, '전체주의'와 '개인주의' 사이의 대립을 단숨에 뛰어넘는 것이다──도 읽어 낼 수 없을 것이다.

분명 스피노자는 집단적 자유와 개인의 자유들이나 권리들(특히 사고와 표현의 자유)의 상호보충적 기능들에 대해 매우 민주주의적인 관점을 지니고 있다. 그에게서 전자와 후자는 최종 분석에서는 관개체적 코나투스의 구성적이고 활동적인 역량 속에 뿌리를 두고 있다. 하지만 그는 또한 그것이 지니고 있는 가공할 만한 실천적 난점들을 의식하고 있었다. 그리고 그는 '혁명들'에 대해 매우 부정적인 표상을 지니고 있었으며, 혁명들을 항상 고대적인 관점에 따라 대중적인 폭동들을 동반하는 정체형태의 변화나 통치자들의 개인적 교체로 생각했다. 분명 여기에는 민주주의 정치의 또 다른 측면, 곧 하나의 국가'장치'나 국가장치 전체 속에 **조직되어 있는** 지배(또는 소외)와 차별(또는 불평등)에 저항하는 모든 봉기가 함축하는 **부정성**의 측면에 가치를 부여하지 못하는 그의 무능력(그리고 우리가 그를 뒤따를 때, 우리의 무능력)이 존재한다. 그런데 정확히 말하면 근대 정치의 보편성이 전제하는 것이 바로 이러한 부정성이다.

4. 나는 다른 곳에서(발리바르, 『민주주의의 경계들』*Les frontières de la démocratie*) 이러한 이중적 봉기를 지시하기 위해 하나의 특이한 표현, 곧 **평등자유**égaliberté **명제**를 제시한 바 있다.[165] 근대혁명의 텍스트들(특히 『인간과 시민의 권리선언』)은 평등과 자유가, 하나의 부정 또는 좀더 정확

히 말하면 하나의 이중 부정이라는 논리적 형식 속에서 원리상 불가분하며, 심지어 동일하다고 정립한다. 곧 평등 없이 자유 없으며, 자유 없이 평등 없다. 그것들은 이러한 동일성 위에 (아리스토텔레스의 정치적 동물ᶻôon politikon 및 로마의 시민과 같이 국지적이며 배제적인 시민성만이 아니라, 또한 스토아적인 세계시민cosmopolis과 같은 도덕적 시민성 및 아우구스티누스의 신의 백성civitas dei과 같은 초월적 시민성과 대조적으로) '무한한' 실천적 시민성이라 불릴 수 있는 새로운 시민성의 정의를 정초한다.

하지만 평등한 자유 명제는 안정적인 공리, 자기규제적인 법적 질서의 근본규범Grundnorm을 구성하지는 못한다. 일단 **언표되면**(역사 속에서 물질적으로 각인되고 주기적으로 반복되면),[166] 그것은 그 이후 무시될 수 없다. 하지만 그것은 모순들이나 갈등 없이 제도들 속에 실현될 수는 없다. 그리고 이러한 모순들은 근대 정치의 제도들 속에 존재하는 평등과 자유의 두 가지 거대한 매개들, 곧 소유와 공동체ownership and membership에 불가분하게 관련되어 왔다. 왜냐하면 이것들 각자는 공개적인 갈등을 산출하기 때문이다. 곧 **계급** 공동체에 대립하는 **민족** 공동체(전자의 이상적 형태는 맑스가 보기에 유일하게 현실적인 국제주의였던 프롤레타리아 국제주의인데, 맑스는 『공산당 선언』에서 이러한 반정립에 대한 고전적 정식을 제시했다)와, **자본주의적** (또는 독점적) 소유에 대립하는 **개인적 노동** 위에 기초한 소유(이들 각자는 상대편을 '수탈'이라고 부른다)가 바로 그러한 갈등들이다. 계급투쟁의 담론(그것이 부르주아적이든 프롤레타리아적이든)은 지난 2세기 동안 다양한

---

165) [옮긴이] 이에 관해서는 특히 Etienne Balibar, "La proposition de l'égaliberté" in *La proposition de l'égaliberté*, PUF, 2010 참조.

166) 가장 명시적이고 가장 결정적인 반복들 중 하나를 정확히 말하면 1864년 제1 인터내셔널의 창립연설이다. "노동자들의 해방은 노동자들 자신의 작업이 될 것이다." 우리는 여기서 평등한 자유 명제로부터 비롯하는 정치에 대한 보편적 권리의 정확한 표현을 재발견하게 된다.

방식으로 이러한 두 개의 반정립을 교차시켜 왔을 뿐이다.[167]

　여기서 우리에게 특히 흥미있는 것은 **공동체**가 사고되어 왔던 대립 형태들 사이의 대결 및 따라서 근대 시기의 **집합적 주체** 내지는 **역사의 주체**의 모습이다.[168] 루소를 우회한 다음 다시 피히테를 우회해 보면 문제가 좀더 명료해질 것이다. 오늘날에도 여전히 빈발하는 너무 성급한 독해들이 주장하는 것(이는 특히 프랑스에서 그런데, 이런 점에서 본다면 여기에는 견고한 민족주의적 편견들이 계속 지배하고 있는 셈이다)과는 달리, 1808년의 『독일 민족에게 고함』에서의 피히테는 문화주의나 역사주의, 게다가 인종주의와는 아무런 공통점이 없다. '독일민족의 선택'이라는 그의 표현은 종교개혁과 자코뱅주의의 이중적 유산을 결합하는 것으로 심원하게 보편주의적인 표현이다.[169] 따라서 그것은, 능동성과 주체성이라는 변증법적 개념들 위에 기초하고 있는 집단적 동일성들의 형성 및 이상화에서 도덕적 보편주의(또는 **상징적** 보편주의. 이에 대해서는 Jean-Claude Milner, *Les noms indistinct*, Seuil, 1983을 참조)의 범주들이 수행하는 역할을 이해하기 위해

---

167) 여기서는 정치적 담론 속에서 공개적으로 표현되고 그 자체로 인정된 갈등들이 문제라는 점에 주목해 두자. 다른 것들은 억압되거나 주변화된다. 특히 성적 차이와 지적 차이, 곧 사후에 드러나는 거대한 인간학적 분할들의 사회적 표현들이 그것인데, 이것들은 오늘 우리에게 '포스트모던' 정치의 시기에 진입했다는 느낌을 부여한다.

168) '역사의 주체'라는 표현은 19세기의 위대한 역사철학들이 **활동** 내지는 **실천**이라는 주제와, 집단적 의식 내지는 **정신**이라는 주제를 결합하고 있는 한에서 ——그것이 칸트의 인류이든, 피히테의 **민족** 또는 헤겔의 **인민**이나 맑스의 **프롤레타리아**이든 간에 ——그것들 사이의 전체적인 비교를 직접 요구하는 듯 보인다. 하지만 이 표현은 이 저자들 중 누구에서도 나타나지 않는다. 이 표현을 발명하고 고전들에 대한 해석을 포함한 모든 현대철학들에 이 표현을 강제한 사람은 『역사와 계급의식』(1923)의 루카치다.

169) [옮긴이] 이에 대해서는 Balibar, "Fichte et la frontière intérieure : à propos des *Discours à la nation allemande*", *Cahiers de Fontenay* nº 58~59, juin 1990[*La crainte des masses*에 재수록] 참조. 발리바르의 논의는 최근의 국경 및 주권에 관한 일련의 논의로 훨씬 정교하게 전개되고 있다. 특히 Balibar, *Nous, citoyens d'Europe?*, La Découverte, 2001 ; *L'Europe, l'Amérique, la guerre : Réflexions sur la médiation européenne*, La Découverte, 2003을 참조.

'개인주의'와 '전체주의', 또는 '합리주의'와 '비합리주의'와 같은 추상적인 양자택일들로부터 탈출하고 싶어 하는 사람 모두에게 특권적인 반성의 요소를 제공해 준다. 하지만 피히테의 **민족**에 대해 타당한 것은 거의 동일한 용어들 속에서, '실재들의 실존상태의 해소'를 통해 현재의 영역 자체에서 미래를 창출해 내는 힘으로서 맑스의 **프롤레타리아**——이것은 그 해소의 의식적 표현에 불과하다——에게도 타당하다.

5. 다시 우리는 여기서 스피노자를 향해 거슬러 올라갈 수 있는데, 그의 철학은 정치, 따라서 철학에서 보편주의의 양면적 기능들을 분명하게 해명해 준다. (니체와의 몇몇 성급한 비교들이 제시하는 주장에도 불구하고) 스피노자는 분명히 **반보편주의자**로 간주될 수는 없다. 하지만 그는 또한 인간주의와 계몽주의에서 유래하는 고전적 형태의 보편주의의 옹호자도 아니다. 관개체성에 대한, 또는 개체들(여기에는 인간 개인도 포함된다) 사이의 현실적 관계들 전체의 무한한 연관망으로서의 자연에 대한 그의 사상이 궁극적으로 준거하고 있는 개념은 보편성 개념이 아니라 **독특성** 개념이다. 일체의 목적론과 달리 그에게 보편자는 하나의 본질이 아니라 독특한 본질들 사이의 갈등이나 구성적인 합치들convenientiae에 대한 이성적이거나 정념적인, 얼마간 부적합한 표상으로 나타난다. 바로 이 때문에 그는 우리에게 보편성에 대한 '형식적'이거나 '실질적'인, 그리고 '부정적'이거나 '긍정적'인 관점들 사이에서 발생하기 쉬운 모순을 이해할 수 있는 수단을 제공해 준다. 정치에 대한 보편적 권리라는 혁명적 관념(『인간과 시민의 권리선언』, 『인터내셔널 창립연설』)과 민족공동체에 대한 그 역시 보편주의적인 표상(『독일 민족에게 고함』) 사이의 모순이 그 한 예가 될 수 있을 것이다. 또는 프롤레타리아라는 맑스의 범주의 영역 내부에서 전개되는 모순도 그러한데, 이는 보편성을 이해하는 두 가지 방식과 명백하게 관련된다.

스피노자 철학의 이러한 비판적 기능은 경제와 정치, 정보의 '세계화'

Globalization라고 불리는 것 때문에 보편성이 '현실적'인 것으로 되고 있는 오늘날 분명히 결정적 중요성을 갖는다. 하지만 이러한 세계화는 계급이나 민족의 (또는 종족적이고 종교적인 공동체의) 투쟁들의 조화나 화해라는 의미가 아니라, 오히려 ── 불행하게도 ── 그러한 투쟁들로부터 비롯된 적대들의 세계 전체로의 확장이라는 의미의 세계화이다. 그것은 **혁명** 개념에 대한 우리의 용법과 관련하여 결정적인 것이다. 기성권력의 '전도'라는 은유는 알다시피 혁명 개념의 고대적인 용법 이래로 결코 소멸되지 않았다. 하지만 그 근대적인 의미는 무엇보다도 억압에서 저항으로, 감수된 불의에서 봉기로, 그리고 봉기에서 집단적 해방으로 인도하는 연속적인 과정이라는 의미다. 이는 분명히 목적론적 도식으로, 만약 이것이 필연적으로 자신의 '목표들'의 실현을 통한 '역사의 종말'의 이론, 곧 새로운 종말론으로 인도하지는 않는다면, 이것은 우리가 본 것처럼 연속적인 단계들을 통해 스스로를 구성하는 역사의 주체에 대한 표상을 함축한다. 그리하여 이러한 교육과정Lernprozess 또는 도야과정Bildungsprozess은 주체 자신에 의한 주체의 구성이자 해방이다. 이는 근대의 위대한 '관념론'(루소 이후, 칸트에서 피히테와 헤겔, 맑스 자신에까지 이르는), 곧 우주와 그 완전한 질서에 대한 표상의 관념론인 형상들이나 본질들, 이데아들의 관념론이 아니라, 혁명의 정세와 이상에 긴밀하게 결부되어 있는 관념론인 역사적 관념론의 핵심이다.[170] 피히테의 원민족Urvolk은 주체의 활동성Tätigkeit이라는 이러한 혁명적 이상의 순수한 표현이며, 이것은 맑스의『포이어바흐에 관한 테제들』의 위험스러운 마지막 정식에 이르기까지 다시 중심적인 위치를 차지하고 있다. "철학자들은 단지 세계를 상이하게 해석해 왔을 뿐이

---

170) [옮긴이] 이런 의미에서 백종현 교수가 제안하듯이 'deutsche Idealismus'를 '독일 이상주의'로 번역할 수도 있다.

지만, 중요한 것은 세계를 **변화시키는** 것이다."

6. 그렇지만 여기서 철학 텍스트들을 관통하는 대립축들 사이의 복잡성과 긴장을 해소하지 않도록 주의하자. '세계의 변혁'의 형태이자 행위자인 맑스의 '프롤레타리아'는 확실히 자신의 고유한 해방과정 속에서 그 자신을 구성하는 역사의 주체의 한 모습이다. 피히테의 원민족과 마찬가지로 그것은 인류를 구원할 사명을 부여받은(스피노자라면 '선택'élection이라고 말했을 것이다) 도덕적 공동체를 명명하는 '경험적–초월론적'empirico-transcendantal[171] 개념이다. 마찬가지로 지난 2세기 동안 민족주의(또는 애국주의)와 사회주의는 호명하면서 동시에 호명되는 상징적 동일성들로서, 계속해서 대칭적으로 기능해 왔다. 하지만 내가 앞에서 정치의 타율성 이론에 따라 그 지평이 구성된다고 말했던 맑스의 **유물론** 속에는 또한 아주 명시적으로 **주체의 표상에 대한 해체**의 요소가 존재하며, 이것 역시 마찬가지로 프롤레타리아의 모습에 작용한다.

여기서 이러한 해체가 '자연적이고 인간적인' 생산과정(사상사가들은 자주 이러한 측면에서 맑스와 스피노자 사이의 유비를 탐구해 왔다[172])의 조직형태로서 착취에 대한 분석과, 적대나 '계급의식'(맑스 자신은 결코 이 표현을 사용하지 않았다)의 단순한 발전으로 환원될 수 없는 계급투쟁들 및 그에 고유한 정치적 복합성에 대한 구체적 묘사tableau로부터 분리 불가능하게 도출된다는 것에 주목해야 한다. 알튀세르는 다음과 같은 점에서(그리고 이러한 독창성이 맑스주의자들에게 불러일으킨 대대적인 부인否認에 직면하여 이를 고집했다는 점에서) 옳았다. 곧 여러 가지 점에서 볼 때 맑스의 프롤레타리

---

171) [옮긴이] 이는 푸코의 『말과 사물』 9장에서 유래하는 표현이다.

172) 요벨이 잘 보여 준 것처럼(Yirmiyahu Yovel, *Spinoza and Other Heretics II. The Adventures of Immanence*, Princeton University Press, 1989), 이러한 유비는 포이어바흐, 좀더 일반적으로는 자연주의적 전통의 매개에 따라 이루어진다.

아는 역사의 주체라기보다는 역사 속의 비주체인 것이다.[173)

하지만 이러한 비판이 봉기와 해방이라는 통념들과 양립 가능한 것
인가? 좀더 정확히 말하면 그것은 혁명의 원리들이 사실과 권리의 독특한
응축을 통해 표현하고자 하는 진리의 요소와 양립 가능한가? 하나의 참된
명제가 주어진 역사적 조건들 속에서 생성될 수 있다는 것, 그리고 이러한
명제를 다른 모든 인간들에 준거시키는 인류의 한 부분에 의해, 그리고 그
부분을 위해——하지만 진리를 인지reconnaît하며 이 진리에서 자기 자신을
[재]인지하는s'y reconnaît 그 집단이 거울에 스스로를 하나의 주체로 비추지
않으면서——이 명제가 언표된다는 것을 어떻게 사고할 수 있는가? 이 질
문은 간단한 게 아니며, 이는 계속해서 맑스주의와 사회주의에 대한 토론
에 따라다녔다. 하지만 이는 우리가 스피노자적인 용어들로 하면 관념들
과 정념들, 집단적 활동에 대해 제기할 수 있는 문제와 정확하게 일치한다.
우리는 스피노자주의의 한 요소가 절대자를 다룬 다른 철학자들만이 아
니라 피히테에게도 자주 전가되어 왔음을 알고 있다.[174)] 우리가 보기에는
피히테의 민족을, 인민의 자율적 구성을 필연적으로 되풀이하게 되는 상상
의 공동체의 완전한 예시(인민 자체Das Volk는 하나의 민족ein Volk이 되며, 그
역도 성립한다)로 분석하는 것이 좀더 적합할 것 같다.[175)] 마찬가지로 맑스
에서 발견할 수 있는 목적론적 표현들 및 프롤레타리아의 보편적인 역사
적 사명에 대한 상상적 묘사에 입각하여 맑스를 위의 경우와 유비적인 스

---

173) 이는 특히 맑스가 그의 성숙기 작업들에서 '대중'과 '계급' 사이의 관계들의 '변증법'을, 완전히
    이론화한 것은 아니지만, **실천적으로** 취급했던 방식으로부터 비롯한다(Balibar, "L'idée d'une
    politique de classe chez Marx"). 이는 스피노자와의 또 다른 결정적인 대면지점이다.
174) [옮긴이] 여기에 관해서는 특히 Martial Gueroult, *L'évolution et la structure de la doctrine
    de la science chez Fichte*, Georg Olms, 1982(1st edition, 1932) 참조.
175) [옮긴이] '상상적 공동체'의 개념에 대해서는 Benedict Anderson, *Imagined Communities*,
    Verso, 1991(1st edition, 1983)[국역 : 『상상의 공동체』, 윤형숙 옮김, 나남, 2002] ; *The Spectre of
    Comparisons : Nationalism, Southeast Asia, and the World*, Verso, 1998 참조.

피노자적 해체에 종속시키는 것 역시 그리 어렵지 않은 일이다(Albiac, 『비어 있는 시냐고그』*La Synagogue vide: Les sources marranes du spinozisme* 참조).

하지만 우리의 출발점으로 되돌아가서, 나는 만약 이러한 비판이 스피노자와 맑스가 공통적으로 지니고 있었던 문제나 대상 ——직접적인 원천이나 영향과 관련된 모든 문제는 제쳐 두고서—— 곧 '대중들' 및 역사에서 그들의 결정적 역할이라는 문제를 고려한다면, 훨씬 더 흥미롭게 될 것이라고 믿는다. 이러한 비교는 스피노자가 맑스에게는 지각되지 않은 채 남아 있는 어떤 것을 설명한다는 (그리고 따라서 이것은 대부분의 맑스주의자들에게는 기본적으로 모호하고 죽은 문자로 남아 있는 맑스 자신의 어떤 것을 설명할 수 있다는) 관념으로 우리를 이끌어 갈 것이다. 하지만 이러한 관념의 맞짝은 맑스가 스피노자에게는 지각되지 않은 채 남아 있는 어떤 것을 설명한다는 (그리고 따라서 이것은 대부분의 스피노자주의자들에게는 ——자발적이든 아니든 간에—— 은폐된 채 남아 있는 스피노자 그 자신의 어떤 것을 설명할 수 있다는) 관념이다. 스피노자에게는 (정서들의 모방으로부터 시작되는) 대중의 동일화/정체화에 대한 이론 속에 심리학적 분석 또는 '상호개인적인 정신현상'에 대한 분석의 한 요소가 존재하며, 우리는 이것을 단지 맑스주의의 한계로서만이 아니라 유물론적 역사관에 본래적인 아포리아로 간주할 수 있을 것이다. 하지만 후자는 분명히 정치에 내재적인 경제적 조건 및 더 나아가 그것에 내재적인 적대들이라는 개념을 포함하고 있는데, 이는 사회의 '생산'에서 개인적 역량들의 합성을 보는 공리주의적(이고 낙관주의적인) 관점 때문에 본질적으로 스피노자가 파악하지 못하고 있는 점이다.

하지만 맑스가 자신의 역사적 분석에서 상상적인 것의 필연적인 장소(이데올로기 또는 물신숭배라는 이름 아래)를 표시해 둘 만큼 충분히 변증법적이었던 것과 마찬가지로, 스피노자 역시 상상의 정치적 효과들에 대한 그의 분석에서 필요한 경우마다 용어의 넓은 의미에서 경제적이고 현실적인 조건들의 필연성을 언급해 둘 만큼 충분히 변증법적이었다. 우리가 정치적인 것의 자율성과 타율성이라는 반정립을 넘어서, 맑스의 질문들과 스피노자의 질문들의 상호보완성을 정치에 대한 현재의 사고를 위한 특권적 지평으로─적어도 하나의 연구방향으로서─파악할 수 있게 해주는 것이 바로 이 점이다.

부록

관개체성의 철학자 스피노자:
에티엔 발리바르의 스피노자론에 대하여

이 책은 국내에 잘 알려진 프랑스의 철학자 에티엔 발리바르의 스피노자에 관한 주요 연구를 묶은 책이다. 이 책에는 한 권의 단행본과 세 편의 논문이 수록되어 있는데, 이 글들은 지난 20여 년 동안 발리바르가 발표한 스피노자에 관한 연구들 중에서 옮긴이가 보기에 국내에 소개할 필요가 있다고 생각한 것들을 선별한 것이다.[1]

1부에 수록된 『스피노자와 정치』*Spinoza et la politique*는 1985년 프랑스 대학출판부PUF에서 내는 '철학들'Philosophies이라는 총서에서 단행본으로 출간된 저작이다. 문고본 판형의 작은 책자이지만, 이미 여러 나라 말로 번역된 것에서 알 수 있듯이 스피노자 정치철학에 관한 권위 있는 해설서로 널리 인정받아 온 책이다(우리가 번역 대본으로 삼은 것은 1996년에 나온 제3판이다).

2부에 수록된 글들 중 첫번째 논문인 「스피노자, 반오웰:대중들의 공포」는 발리바르가 1982년 이탈리아의 우르비노Urbino에서 열린 스피노자 탄생 350주년 기념 국제 학술회의에서 발표했다가 1985년 유명한 『현대』 *Les Temps modernes*에 수정·보완하여 실은 글이다(우리가 번역 대본으로 사용한 것은, 약간의 수정을 거쳐 1997년 『대중들의 공포. 맑스 전후의 철학과 정치』 *La Crainte des masses. Philosophie et politique avant et après Marx*에 수록된 완결본이다). 이 논문은 발리바르가 발표한 스피노자에 관한 첫번째 논문일 뿐만 아니라 현대 스피노자 연구에 지대한 영향을 미친 논문이기도 하다. 뒤에서 좀더 자세히 이야기하겠지만, 이 논문의 중요성은 안토니오 네그리의 『야생의 별종』(1981)과 더불어 스피노자 철학에서 대중들multitudo이라는 개념의 위치를 체계적으로 해명한 최초의 작업이라는 점에서, 더욱이 네그리와는 여러 가지 점에서 대비되는 관점에서 대중들이라는 개념을 부각시키고 있다는 점에서 찾을 수 있다.

그리고 두번째 「스피노자에서 개체성과 관개체성」이라는 글은 알렉상드르 마트롱 기념 논문집인 『이성의 건축』*Architectures de la raison*(1996)에 수록된 글로서, 스피노자의 철학, 특히 그의 '존재론'을 관개체성이라는 개념을 통해 체계적으로 재구성하고 있는 논문이다. 이 글은 비교적 적은 분량임에도 현대의 스피노자 연구, 더 나아가 구조주의 철학의 이론적 진전을 위해 매우 풍부한 시사점을 제시해 주는 글이다.

마지막 세번째 논문인 「스피노자, 루소, 맑스:정치적인 것의 자율성에서 정치의 타율성으로」는 국제 스피노자 학회에서 내는 『스피노자 연구』*Studia Spinozana* 제9호(1993)에 수록된 글로서, 스피노자에서 루소를 거쳐 맑스 또는 20세기 후반에 이르는 근대 정치학의 역사를 조감하면서, 맑스주의의 위기를 돌파할 수 있는 이론적 해결책의 실마리를 스피노자의 정치학에서 찾고 있다.[2] 맑스의 정치경제학 비판과 스피노자의 이데올로기 비판의 결합을 이론적인 과제로 제시하고 있는 이 글은 우리에게 90년대 이후 발리바르의 이론적 작업의 방향을 가늠할 수 있는 기회를 제공해 준다.

---

1) 이 글들의 출전은 각 글의 앞에 표시해 두었으니 참조하기 바란다.
2) 『스피노자 연구』 9호의 주제는 '스피노자와 근대성'이었다.

사실 발리바르는 별도의 소개가 필요 없을 만큼 국내 인문사회과학계에 널리 알려진 철학자다. 발리바르는 80년대 한국사회성격논쟁 당시 이른바 PD파의 이론적 작업의 중요한 철학적 전거가 되었고, 90년대 초에 맑스주의 위기를 돌파하기 위한 모색 작업에서도 막대한 이론적 영향을 미쳤기 때문이다.

　　하지만 그 이후 발리바르의 저작들은 국내에 거의 소개되지 못했는데, 제일 마지막으로 번역된 발리바르의 저서가 『맑스의 철학, 맑스의 정치』(1995)인 점을 생각하면, 10년 동안 거의 소개가 되지 못한 셈이다.[3] 사실 발리바르가 국내 사회과학계에 미친 영향을 감안한다면, 그의 저작들의 번역이나 소개는 상당히 단편적·선별적으로 이루어져 온 편이다. 예컨대 발리바르(및 알튀세리엥)의 연구 중 가장 중요한 것으로 꼽을 수 있는 『『자본』을 읽자』는 아직까지도 국내에 소개되지 못하고 있으며,[4] 이매뉴얼 월러스틴Immanuel Wallerstein과 공동으로 저술한 『계급, 민족, 인종. 애매한 동일성들』Classe, nation, race. Les identités ambiguës(1988) 역시 일부만 소개되었을 뿐 책 전체가 번역되지 않고 있다. 더 나아가 90년대 중반 이후 발리바르가 매우 체계적이고 집약적으로 수행하고 있는 반폭력의 정치와 유럽 구성에 관한 작업들도 국내에 거의 소개되지 못하고 있다.[5]

　　이는 그의 스피노자 연구의 경우에도 마찬가지다. 발리바르는 국내에서는 주로 알튀세르의 제자로서 맑스주의에 관한 주목할 만한 이론가로

---

3) 그 이후 논문 두어 편 정도가 번역되었지만, 수용의 공백을 메우기에는 턱없이 부족한 양이다.
4) 이 책(사실은 알튀세르와 발리바르의 글만 수록되어 있는 영역본)은 지난 90년대에 번역된 적이 있으나, 심한 오역 때문에 사실상 국내의 논의에 거의 영향을 미치지 못했다.
5) 하지만 서관모·최원의 번역으로 발리바르의 대작인 『대중들의 공포:맑스 전과 후의 정치와 철학』(도서출판 b, 2007)이 출간되었고, 세계화와 유럽의 구성이라는 정세에 대한 발리바르의 철학적·정치적 고찰을 집약하고 있는 『우리, 유럽의 시민들? 세계화와 민주주의의 재발명』(후마니타스, 2010, 원제는 Nous, citoyens d'Europe?: Les frontières, l'État, le peuple, Découverte, 2001) 및 『정치체에 대한 권리』(후마니타스, 2011, 원제는 Droit de cité, PUF, 1998)도 출간되었다.

알려져 있지만, 스피노자에 관한 탁월한 연구자로서도 국제적인 명성을 얻고 있다. 실제로 지난 80년대 이후 발리바르는 집약적인 연구를 통해 스피노자 철학 및 정치학의 새로운 면모를 밝혀 줌으로써 스피노자 연구의 새로운 방향을 개척해 왔지만, 국내에는 고작 그의 논문 한 편만이 번역되었을 만큼(「스피노자, 정치와 교통」, 윤소영 옮김, 『스피노자의 현재성』, 공감, 1996) 거의 주목을 받지 못했다. 발리바르의 이론 체계에서 스피노자 철학이 차지하고 있는 중요성을 고려해 볼 때, 또 발리바르의 스피노자 연구의 독창성과 영향력을 감안할 때 이는 매우 아쉬운 일이 아닐 수 없다. 이런 점에서 본다면 여기 우리가 묶어서 펴내는 이 책은 그동안 제대로 소개되지 못했던 발리바르의 최근 작업, 특히 그의 스피노자 연구의 중요한 일부를 소개한다는 점에서 나름대로의 의미를 지닐 수 있다고 본다.

맑스주의의 일반화를 위하여 : 발리바르의 최근의 이론 작업

발리바르의 최근 작업이 국내에 거의 소개되지 못하고 있기 때문에, 그의 스피노자론을 소개하기에 앞서 먼저 지난 10여 년간 수행된 발리바르의 연구 작업에 대해 간단히 개괄해 보는 게 좋을 것 같다.

발리바르의 철학 연구는 알튀세르의 이른바 '구조적 맑스주의'에서 출발한다. 알튀세르는 1965년 『맑스를 위하여』와 『『자본』을 읽자』를 출간함으로써 맑스주의를 개조하기 위한 이론적 작업을 시작했다. 알튀세르의 작업은 맑스주의의 철학 범주들을 이론적으로 쇄신함으로써 헤겔 변증법과 구분되는 맑스주의 변증법의 독자성을 밝히고, 이를 기반으로 1950년대 이후 소련과 중국의 갈등으로 표출된 역사적 맑스주의(와 노동자 운동의 융합)의 위기를 극복하려는 데 초점을 맞추고 있었다.

발리바르는 알튀세르, 피에르 마슈레, 자크 랑시에르Jacque Rancière,

로제 에스타블레Roger Establet와 함께 『『자본』을 읽자』를 공동 저술·발표함으로써, 알튀세르의 작업에 동참한다. 그 이후 그는 80년대 중반까지 알튀세르의 문제설정을 기반으로 역사유물론에 관한 깊이 있고 독창적인 연구를 수행했는데, 이 시기의 작업들은 『역사유물론 연구』(1974)나 『민주주의와 독재』(1976) 같은 저작들, 또는 『맑스주의의 역사』(1991)와 『역사유물론의 전화』(1993) 같은 논문 선집을 통해 국내에 잘 알려져 있다.

역사적 맑스주의에 대한 일종의 **해체** 작업으로 평가할 수 있는 이러한 연구는 현실 사회주의(또는 역사적 공산주의)가 몰락한 90년대 들어 좀더 광범위한 역사적·이론적 전망 아래 **맑스주의의 일반화**라는 폭넓은 주제의 연구로 심화·발전되고 있다. 곧 80년대까지 발리바르가 맑스(주의)의 주요 범주들(잉여가치, 계급투쟁, 이행, 이데올로기, 당, 대중, 육체노동과 정신노동의 분할 등과 같은)의 아포리아를 분석하면서 맑스의 이론적 독창성과 한계를 해명하는 데 치중했다면, 90년대 이후에는 이러한 맑스(주의)의 아포리아를 넘어설 수 있는 길을 모색하기 위해 근대성의 철학적 기초에 관한 연구에서 세계화와 유럽의 구성이라는 현실 정세에 이르기까지 작업의 범위를 확대하고 있다. 그리고 80년대 이후 발리바르가 본격적인 스피노자 연구를 시작하게 된 것도 이러한 일반 구도를 배경으로 삼고 있다.

90년대 이후 발리바르의 맑스주의의 일반화 작업은 크게 세 가지 소주제로, 곧 근대의 철학적 인간학에 대한 계보학적 탐구, 구조주의 운동에 대한 철학적 평가, 자본주의의 세계화 및 유럽의 구성이라는 정세에 대한 이론적·정치적 분석 등으로 분류될 수 있을 것 같다.

이 중에서 근대의 철학적 인간학에 대한 탐구는 다시 세 가지 분야로 구분될 수 있을 것 같다. 첫째는 스피노자의 철학에 대한 연구를 들 수 있고,[6] 둘째는 근대철학에서 의식과 정신, 주체 같은 범주들이 발명되고 전개되어 온 과정에 대한 계보학적 탐색이고, 셋째는 근대 정치철학의 범주들에 대한 재고찰이다. 첫번째 스피노자에 관한 연구는 뒤에서 좀더 자세하게 논의할 생각이니까 논외로 한다면, 두번째와 세번째 연구는 발리바르의 이론적 독창성을 잘 보여 주는 매우 중요한 연구들이다.

근대의 철학적 인간학에 관한 연구는 구조적 맑스주의의 이론적 축 가운데 하나를 이루고 있던 이론적 반인간주의를 이론적으로 정교화하기 위한 작업으로 볼 수 있다. 잘 알려져 있다시피 알튀세르는 맑스와 프로이트의 이론 혁명의 공통점 중 하나는 사고와 활동의 중심으로서 주체라는 관점을 비판한 데 있다고 지적했다. 프로이트의 경우는 의식을 인간의 사고 활동의 한 부분으로 국지화시키고, 무의식 개념을 정신 장치의 핵심으로 파악함으로써 탈주체적인 문제설정을 제시했다면,[7] 맑스의 경우는 자유롭고 평등한 주체라는 근대의 정치적(또는 자유주의적) 이념을 경제과정의 착취를 위해 필수적인 이데올로기적 보충물로 간주함으로써 근대 주체 개념을 해체하고 있다는 것이다. 알튀세르는 그 이후 「이데올로기와 이데올로기 국가장치」(1970)에서 이데올로기론의 관점에서 이러한 이론적 반인간주의를 좀더 정교하게 전개하고 있다(알튀세르, 「이데올로기와 이데올로기 국가장치」, 『아미엥에서의 주장』, 김동수 옮김, 솔, 1991 ;『재생산에 대하여』*Sur la reproduction*, PUF, 1995 참조).

발리바르는 알튀세르의 문제설정을 수용하면서 동시에 그의 문제설정의 난점을 보완·정정하고 있다. 이를 위해 발리바르는 하이데거 이래 현대 철학의 논의에 큰 영향을 미치고 있는 이른바 '주관성의 형이상학'이

---

6) 스피노자에 관한 발리바르의 저술 목록은 책 뒤에 붙인 「참고문헌」을 보기 바란다.
7) 근대 주체철학의 핵심은 의식과 자기의식을 주체의 본질적인 속성 또는 활동으로 간주하는 데 있음을 고려해 볼 때, 프로이트의 관점은 한편으로 의식을 부차적인 정신 활동으로 간주하고 있다는 점에서, 다른 한편으로 정신의 심급들(의식, 전의식, 무의식으로 보든 이드, 자아, 초자아로 보든) 사이의 분할과 갈등, 왜곡이 정신 장치에 내재적이라고 보았다는 점에서, 프로이트 자신이 스스로 평가하듯 주체 개념과 관련하여 코페르니쿠스적 전회를 이룩했다고 할 만하다.

라는 통념이 주체에 관한 칸트주의적 관점을 데카르트로 투사한 데서 비롯한 것이라는 점을 해명하고 있다(발리바르, 「시민 주체: 주체 다음에는 누가 오는가라는 장-뤽 낭시의 질문에 대한 답변」). 곧 그에 따르면 이는 프랑스 혁명과 독일 관념론이라는 이중적인 전환점을 통해 등장한 '시민 주체'라는 개념 및 그것의 아포리아, 곧 능동 시민과 수동 시민으로 또는 봉기적 주체와 예속적 주체로의 분할을 얼마간 (상상적으로) 은폐하는 기능을 수행하고 있다는 것이다.

따라서 발리바르의 주체 개념의 계보학적 재고찰은 한편으로는 하이데거의 관점과는 다른 시각에서 근대의 주체 철학의 주요 개념들(의식, 영혼/정신, 주체 등)의 전개 과정을 탐색하는 작업[8]과 프랑스 혁명을 통해 등장한 '시민 주체' 또는 '인권과 시민권의 주체'라는 통념에 내재한 개념적·제도적 쟁점들을 주체화subjectivation 양식에 대한 분석의 관점에서 수행하는 작업[9]으로 분화되어 이루어지고 있다.

발리바르 작업의 두번째 축을 이루고 있는 것은 자본주의의 세계화 및 유럽의 구성이라는 정세에 대한 이론적·정치적 분석이다. 사실 이 분야는 발리바르 연구의 중심을 이루고 있으며, 따라서 가장 많은 업적들을 배출하고 있는 분야다. 발리바르의 연구의 초점은 민주주의라는 서양 근대

---

8) 특히 *Identité et différence. L'invention de la conscience*. Seuil, 1998(이 책은 존 로크의 『인간 지성에 관한 시론』 중 「동일성과 차이」 장을 번역한 뒤, 여기에 매우 긴 해설과 용어 해설, 주석 등을 붙인 책이다); "âme", "conscience", "praxis", "sujet" in Barbara Cassin ed., 『유럽 철학 사전』 *Vocabulaire européen des philosophies*, Seuil, 2004 등 참조.

9) Balibar, 「'인권'과 '시민권': 평등과 자유의 현대적 변증법」, 윤소영 옮김, 『인권의 정치와 성적 차이』, 공감, 2004(원본은 Balibar, 『민주주의의 경계들』*Les frontières de la démocratie*, La Découverte, 1992에 수록); 「정치의 세 개념」, 『대중들의 공포』, 1997; 「1장 국민적 인간」·「11장 주권 개념에 대한 서론」, 『우리, 유럽의 시민들?』; "Is a Philosophy of Human Civic Rights Possible?", *The South Atlantic Quarterly* 103, 2/3, 2004; "Le renversement de l'individualisme possessif", Hervé Guineret et al. eds., *La Propriété: Le propre, l'appropriation*, Ellipses, 2004 등.

정치의 가장 일반적인 제도에 대한 개념적·정치적 분석에 맞춰져 있다.

개념적인 측면에서 볼 때 이 분야의 연구는 근대 정치철학의 범주들에 대한 재고찰과 상당 부분 중첩된다. 발리바르의 연구는 근대 민주주의의 기초로서 프랑스 혁명기의 「인권선언」, 특히 거기에서 공표된 인간과 시민의 동일성, 평등-자유égaliberté 명제에서 출발한다. 우선 발리바르는 인간과 시민의 동일성은 모든 사람이 이러저러한 인간적·제도적 차이 이전에 인간 자체로서 시민의 권리, 따라서 정치의 보편적 권리를 가진다는 점을 확립하고 있다고 주장한다. 따라서 이는 근본적으로 봉기적인 언표 행위이며, 역사 속에서 나타나는 여러 유형의 차별에 맞서 저항할 수 있는 원리로서 기능한다. 또한 발리바르는 이러한 명제와 쌍을 이루는 평등-자유 명제, 곧 평등과 자유의 상호 전제, 상호 구성이라는 명제가 인권의 정치의 근거를 제공하면서 근대의 정치적 담론과 제도의 모형을 이루고 있다고 간주한다.

하지만 다른 한편으로 그는 이것이 근본적으로 부정적인 명제이기 때문에, 제도적인 갈등과 분화를 낳을 수밖에 없다고 보고 있다. 발리바르는 이러한 제도적인 갈등과 분화는 두 개의 축, 소유라는 축과 공동체라는 축을 중심으로 이루어진다고 말한다. 곧 공동체의 축을 중심으로 인민의 평등한 연합이라는 관점과 민족 공동체라는 관념이 대립하는 것처럼 소유의 축을 중심으로 해서 노동의 소유와 자본의 소유가 대립한다는 것이다. 따라서 근대의 정치적 제도와 담론을 분석하기 위해서는 이 두 가지 축에 따라 전개된 역사적 형태들을 고찰하는 게 필요하다.

더 나아가 발리비르는 싱의 분할(또는 성적 차이)과 육체와 정신의 분할(또는 지적 차이)을 이러한 평등-자유 명제로 환원될 수 없는 '탈근대적인' 정치적 모순으로서 제시하고 있다. 곧 성의 분할은 근대 공동체가 성립하기 위한 현실적·상상적 전제를 이루고 있으며, 반대로 지적 차이는 개인과 집단이 소유자가 되기 위한 전제가 된다는 것이다. 그리고 바로 이처럼 두 가지 정치적 매개의 전제를 이루기 때문에 이러한 인간학적 차이들은 근대의 정치적 제도의 경계에 위치해 있으며, 고유하게 탈근대적인 정치적 과제들을 제기한다. 이러한 관점에 따라 발리바르는 민족 형태와 주권 같은 공동체 개념과 소유 개념의 전개 과정에 대한 이론적·역사적 분석을 수행하고 있다.[10]

아울러 발리바르는 「정치의 세 가지 개념:해방, 변혁, 시빌리테」(1995)라는 논문에서 근대 정치의 세 가지 유형을 분류한 이후, 반폭력의 정치 또는 시빌리테의 정치라는 문제설정에 따라, 해방과 변혁의 정치에 고유한 아포리아에 대한 분석 및 새로운 진보 정치의 공간을 창출할 수 있는 가능성을 모색하고 있다. 그리고 최근에는 반폭력의 정치를 구체화하고 확장할 수 있는 이론적·정치적 쟁점으로서 유럽의 구성을 둘러싼 정치적·법적·제도적 문제들 및 유럽과 미국의 관계에 대한 분석에 몰두하고 있다.[11]

마지막으로 구조주의 운동의 이론적 쟁점에 대한 재고찰은 발리바르 연구의 세번째 축을 이루고 있다. 사실 발리바르는 이전부터 알튀세르를 비롯해서 라캉과 푸코 또는 캉길렘에 관한 몇 편의 논문을 발표했지만,[12] 최근에는 알랭 바디우와의 논쟁을 거쳐[13] 구조주의 운동 전체에 관한 이론적 분석으로 연구의 영역을 확대하고 있다.[14] 이 분야에서 발리바르의

10) Balibar, 『민주주의의 경계들』(Les frontières de la démocratie), La Découverte, 1992 ; 『우리, 유럽의 시민들?』; 『정치체에 대한 권리』.
11) Balibar, 『유럽, 미국, 전쟁』(L'Europe, l'Amérique, la guerre, La Découverte, 2003 이외에 최근의 여러 논문, 대담 등을 참조.
12) Balibar, Ecrits pour Althusser, La Découverte, 1991 ; 『알튀세르와 맑스주의의 전화』, 윤소영 옮김, 이론, 1993 ; 『푸코와 맑스:명목론이라는 쟁점』, 「라캉과 철학:주체성과 상징성의 이론이라는 쟁점」, 윤소영 옮김, 『알튀세르와 라캉』, 공감, 1995 등 참조.
13) 「보편적인 것들」, 『대중들의 공포』; "Équivocité de l'universel?", Le temps philosophique, no. 3, 1998 등 참조.

이론적 관심은 '구조주의/후기구조주의'structuralism/poststructuralism라는 전형적인 영미식 구분법에서 벗어나 구조주의 운동의 전개와 분화 과정을 좀더 내재적으로 분류하고 평가하는 데 맞춰져 있다. 주제상으로 본다면 이는 '구조 대 주체(인간)', 또는 '구조 대 역사'라는 불모의 이분법[15]에서 벗어나, **구조 안에서 주체의 생산과 재생산**을 구조주의의 핵심적인 이론적 쟁점으로 제시하는 데 중점을 두고 있다고 할 수 있다.[16]

지금까지 간단히 윤곽을 묘사해 본 90년대 이후 발리바르의 작업은 (탈)맑스주의와 (탈)근대성에 대한, 더 나아가 세계화의 정세에 대한 중요한 철학적·정치적 고찰들로 간주될 수 있다. 내가 보기에 발리바르의 작업의 중요성은 무엇보다도 포스트모더니즘(또는 문화이론) 계열의 일부 '이론가들'에게서 볼 수 있는 허망한 언어유희라든가 대중문화와의 거울놀이와 달리, 현실 정세(탈공산주의라고 하든 세계화라고 하든 또는 유럽의 구성이라고 하든 간에)에 대한 구체적 분석에 기초하여 이 정세를 구조적으로 뒷받침하고 있는 근대 정치제도의 아포리아를 밝혀내고, 또 이 정세에 대한 우리의 인식의 이데올로기적·이론적 틀을 이루고 있는 근대의 철학적 개념들의 흐름을 계보학적으로 분석하고 있다는 점에 있다. 바로 이런 이유 때문에 발리바르의 작업은 비단 철학자들만이 아니라 인문사회과학자들 및 활동가들에게도 현재의 정세에 대한 분석과 정치적 실천을 위해서도 중요한 통찰을 제공해 주고 있으며, 그만큼 체계적으로 수용되고 학습

---

14) 이러한 연구의 직접적 계기가 된 것은 발리바르가 미국의 철학자 존 라이크만(John Rajchman)과 미국의 뉴프레스(New Press) 출판사에서 '20세기 후반 프랑스 철학'이라는 논문 선집의 편집 책임을 맡게 된 일이있나고 한다.

15) 이는 사실 구조주의 전성기에 독일과 영미권에서 구조주의를 비판하기 위해 제시했던 전형적인 대립항들이다. 최근에는 지젝이 자신의 일부 저작에서 이러한 대립항으로 유희를 벌이고 있기도 하다.

16) 여기에 관해서는 특히 "Le structuralisme : une destitution du sujet?", *Revue de Métaphysique et de Morale*, no. 1/2005 참조.

될 필요가 있는 것 같다.

어쨌든 발리바르의 이러한 작업은 그가 지난 80년대 이후부터 수행해온 스피노자에 관한 연구들과 긴밀하게 결부되어 있으며 상호 영향을 미치고 있다. 따라서 우리가 여기에 묶어서 펴내는 이 책은 발리바르의 최근외 작업을 좀더 정확하게 이해하기 위해서는 한번 읽고 공부해 볼 만한 연구서라고 할 수 있다.

발리바르의 이론 작업의 일반 구도와 관련해서 본다면, 이 책에 실려있는 글들이 다루고 있는 주제는 다음과 같이 네 가지로 집약될 수 있다.

① 정치(학)으로서 스피노자 철학
② 스피노자 정치학의 아포리아로서 대중들에 대한/대중들의 공포
③ 관개체성의 '존재론'
④ 스피노자 철학의 현재성

이제 이 주제들을 간략하게 고찰하면서 발리바르의 스피노자 해석의몇 가지 특징을 살펴보기로 하자.

정치학으로서 스피노자 철학

스피노자에 대한 뿌리 깊은 편견, 아마도 범신론자라는 편견만큼이나 뿌리 깊은 편견 중 하나는 스피노자는 형이상학자라는 것이다. 그런데 이것이하나의 편견이라면, 이는 스피노자가 형이상학자가 아니기 때문이 아니라,[17] 스피노자가 형이상학자라는 사실을 이유로 스피노자가 정치학자라는 점을 (원칙적으로) 부정하고 있기 때문이다. 곧 스피노자는 형이상학자다라는 언표는 암묵적으로 스피노자에게는 (좋은 의미든 나쁜 의미든 간에)

정치학이 없다는 언표를 함축하고 있는 것이다.

이는 좀더 미묘한 형태로 변형될 수도 있다. 다시 말해 스피노자가 정치적 저술을 남기긴 했지만, 역시 스피노자 철학의 **본질** 내지는 **요체**는 그의 형이상학에 있다는 식으로 표현될 수도 있고, 좀더 구체적으로 스피노자 철학의 본질 내지는 요체는 『신학정치론』이나 『정치론』이 아니라 『윤리학』에 있다고 표현될 수도 있다.

그런데 이 경우 범위는 다시 더 좁혀지기 마련이다. 왜냐하면 『윤리학』은 5부로 이루어져 있고, 1부에서 5부에 이르기까지 각각의 부는, 상이한 제목이 달려 있는 데서 알 수 있듯이, 상이한 논의 주제를 다루고 있기 때문이다. 그래서 이번에는 다시 이런 식의 주장이 제기되곤 한다. 곧 『윤리학』의 **핵심**은 1부에 있는데, 왜냐하면 「신에 대하여」De Deo라는 제목이 붙은 데서 알 수 있듯이 1부는 유일한 실체로서 신을 주제로 하고 있고, 바로 여기서 형이상학이 논의되기 때문이다.[18] 또는 마르샬 게루가 『윤리학』 1, 2부에 대한 기념비적인 주석서를 남긴 데서 알 수 있듯이, 존재론을 다루는 1부와 인식론을 다루는 2부가 『윤리학』의 핵심이라는 주장을 듣는 것도 어렵지 않은 일이다.

이 경우 배제되는 것은 다음과 같은 질문이다(사소한 것이기 때문일까?). 그렇다면 왜 스피노자가 자신의 철학의 요체를 담고 있는 이 책에 『제1철학』이나 『형이상학』 또는 그냥 간단히 『철학』이라는 이름을 붙이지 않고 하필 『윤리학』이라는 제목을 붙였을까? 왜 그는 1부와 2부로 끝내지 않고, 그

---

17) 우리가 이 말을 비판적인 의미(곧 칸트 이래 다양한 형태로 전개되어 온 서양의 형이상학에 대한 비판이라는 관점에서 파악된)가 아니라 통용되는 의미에서, 곧 제1철학적인 주제들에 관해 깊은 사변을 전개하는 철학자라는 의미에서 받아들인다면.
18) 이는 사실은 헤겔로부터 유래하는 태도다. 이 문제에 관해서는 마슈레, 『헤겔 또는 스피노자』, 진태원 옮김, 그린비, 2010 참조.

보다 훨씬 더 길게 5부까지 책을 썼을까? 물론 다음과 같은 질문은 더욱 더 제기되지 않는다. 왜 그는 『윤리학』의 집필을 중단하고 5년여 동안이나 『신학정치론』 같은 사소한 책을 쓰는 데 몰두했을까? 왜 그는 생애의 말년에 『정치론』 집필에 몰두했으며, 왜 그럼에도 그 책을 완성하지 못했을까?

이 책에 수록된 발리바르의 글들이 공통의 출발점으로, 곧 공통의 비판 대상으로 삼고 있는 것은 바로 스피노자 철학에 대한 이러한 편견들이다. 발리바르는 이 책 첫머리에서 바로 이 질문을 제기하고 있다.

> 스피노자와 정치. 처음 보기에는 단순한 이 정식에 얼마나 많은 역설이 존재하는가! 만약 정치가 역사의 질서라면, 여기 이 철학자는 자신의 전 체계를, 인식은 신을 인식하는 것이며 '신은 곧 자연'이라는 관념의 전개로 제시한다. 만약 정치가 정념의 질서라면, 여기 이 철학자는 인간의 욕망 및 활동을 '기하학자들의 방식에 따라 …… 곡선과 평면, 입체의 문제들'(『윤리학』 3부 서문)로 인식하자고 제안한다. 만약 정치가 현재성 안에서 입장을 취하는 것이라면, 여기 이 철학자는 현자와 훌륭한 주권자란 모든 독특한 실재를 '영원성의 관점에서'(『윤리학』 5부) 인식하는 사람들이라고 주장한다. 어떻게 그가 우리에게 순수한 사변이 아닌 정치에 대해 말해 줄 수 있는가?(이 책, 9쪽)

이런 편견에 맞서 발리바르는 처음부터 자신의 과제를 "스피노자 정치학의 문제들로부터 **출발해** 이 문제들의 통일성을 탐구하면서 스피노자의 철학을 소개하는" 것으로 제시하고 있으며, 또 「대중들의 공포」에서는 "스피노자의 사상이 철저하게 정치적"이라는 점을 긍정하면서 논의를 시작하고 있다. 그런데 "스피노자의 사상이 철저하게 정치적"이라는 주장은 그 자체로 일의적인 것은 아니며, 다양한 해석의 여지를 남겨 놓고 있다.

가령 알렉상드르 마트롱은 프랑스의 스피노자 연구자들 중에서 스피노자의 철학 체계에서 정치학의 중요성을 가장 먼저, 그리고 가장 체계적으로 입증한 사람인데, 그에게 스피노자의 사상이 정치적이라는 주장은 발리바르와는 다른 의미를 가진다. 곧 그에게 이 주장은 스피노자의 정치학은 스피노자의 형이상학 또는 존재론에 함축되어 있는 개체성에 관한 일반 명제로부터, 또『윤리학』3부 이하에서 전개되는 인간학에 관한 명제로부터 체계적으로 연역될 수 있다는 것을 의미하며, 역으로『윤리학』으로 대표되는 스피노자의 체계는 인간들 사이의 사회적 관계에 관한 논의를 통해서만 완결될 수 있다는 점을 뜻한다. 따라서 마트롱은『윤리학』의 마지막 5부에 나오는 (겉보기에는) 매우 수수께끼 같고 비의적秘義的인 내용들이 사실은 정치학적으로 이해될 수 있고 또 그래야 한다고 주장한다.[19]

반면 네그리 같은 경우는 마트롱과 달리 스피노자의 체계는 연역적이고 통일적인 게 아니라, 단절적이라고 주장한다. 그에 따르면 스피노자 철학은 초기부터 후기까지 변화하지 않은 채 완전한 연속성을 유지하고 있는 게 아니라, 근본적인 단절을 경험한다. 이러한 단절은 바로 1665~1670년에 이르기까지 스피노자가『신학정치론』을 집필하던 시기에 발생했는데, 이를 통해 스피노자는 신플라톤주의 형이상학자에서 실천적인 구성의 정치학자로 변모한다. 다시 말해 마트롱의 주장과 달리『윤리학』1~2부에 담겨 있는 스피노자의 철학은 르네상스의 신플라톤주의 신학의 유산에서 완전히 탈피하지 못한 초월적 형이상학이며, 스피노자 철학의 정수, 스피

---

19) 특히 마트롱,『스피노자 철학에서 개인과 공동체』, 김문수·김은주 옮김, 그린비, 2008 참조. 그 이후 발표한 여러 논문에서 이런저런 문제들에 관한 마트롱의 생각은 조금씩 변화하고 좀더 치밀하게 다듬어지고 있지만, 이런 점에서는 불변적이라고 할 수 있을 것 같다. 더욱이 마트롱은 80년대 후반 이후에는 스피노자의 형이상학, 곧 그의 존재론과 인식론을 체계적으로 고찰하는 데 몰두하고 있다.

노자 철학의 진정한 핵심은 『윤리학』 3~4부와 『정치론』에 담겨 있는 실천적 구성의 존재론/정치학이라는 것이다. 따라서 네그리에게 '스피노자의 철학이 철저하게 정치적'이라면, 이는 스피노자의 형이상학과의 단절을 먼저 요구한다.

이 책에서 발리바르가 택하고 있는 입장은 이 두 사람의 관점과 모두 구분된다. 우선 그는 네그리와 달리 스피노자의 형이상학 또는 존재론과 정치학 사이에는 단절이 아니라, 연속성이 존재한다고 주장한다. 곧 발리바르의 관점에 따를 경우 스피노자의 정치학은 스피노자 존재론을 특징짓는 자연주의적 관점에 따라 논증되고 서술되고 있으며, 따라서 그의 존재론(및 인식론)은 정치학의 주장 및 분석을 이해하기 위한 개념적인 전제 또는 적어도 도구가 된다는 점에서 정치학의 논의에 내재적인 것이다.

하지만 다른 한편으로 그는 마트롱과 달리 존재론과 정치학의 관계는 연역적인 관계가 아니라고 보고 있다. 곧 스피노자의 인간학과 정치학에 관한 논의는 그의 형이상학적 **기초로부터 연역적으로 도출**될 수 있는 것이 아니라, 오히려 그의 존재론에 내재한 난점 내지는 아포리아를 드러내고, 또 더 나아가 이를 새롭게 파악할 수 있는 통찰을 제공해 준다는 것이다(이는 특히 2부 첫번째 논문에 나오는 대중들이라는 개념 또는 대중들의/대중들에 대한 공포라는 개념에 대한 분석에서 살펴볼 수 있다). 따라서 발리바르가 네그리처럼 양자 사이에 단절이 있다고 파악하지는 않지만, 스피노자의 정치학이 그의 형이상학 체계에 대해 파생적인 위치에 있지 않고 구성적인 지위를 갖고 있다고 주장한다는 점에서는 네그리에 좀더 가깝다고 볼 수 있다.

발리바르가 네그리와 공유하고 있는 또 다른 점은 스피노자의 철학을 당대의 정치적·이데올로기적 정세 속에서 파악하고 있다는 점이다. 마트롱은 스피노자의 정치학을 그의 철학 체계로부터 엄밀하게 연역해 내는 데 중점을 두고 있기 때문에 당대의 정세와 같은 '외재적인' 요인들은 거의 고려하지 않고 있는 반면,[20] 네그리와 발리바르는 스피노자의 철학은 당대의 정치적 상황이나 이데올로기적 형세 속에서 형성되었으며, 또 그것들에 대한 대응과정에서 변모하고 발전해 나갔다고 본다는 점에서는 일치하고 있다. 다만 네그리는 생산력과 생산관계의 상호관계라는 좀더 고전적인 맑스주의적인 관점을 채택하여, 스피노자의 철학적 발전을 발흥하고 있던 자본주의적 생산관계에 대한 해방적 생산력의 저항과 대응이라는 노선 위에서 고찰하고 있는 반면,[21] 발리바르는 넓은 의미의 이데올로기론의 관점에서 스피노자의 정치적 개입과 이론적 분석을 고찰하고 있다는 점에서 차이를 보이고 있다.

이러한 두 사람의 차이는 네그리가 스피노자에서 맑스에 결여된(또는 맑스를 능가하는) **정치적 존재론**(다시 말해 해방적인 생산력을 이론화할 수 있는 개념적 수단)을 찾고 있는 반면,[22] 발리바르는 이 책 2부의 세번째 논문이 보여 주듯이, 스피노자에서 맑스의 정치경제학 비판(또는 일반화된 경제론)을 보완할 수 있는 **이데올로기 비판**(또는 일반화된 이데올로기론)을 찾고 있다

---

20) 이런 점에서 마트롱은 스피노자 연구에서 마르샬 게루의 구조적·발생적 방법론을 계승하고 있다고 할 수 있다. 게루는 『윤리학』의 1, 2부, 곧 스피노자의 존재론과 인식론을 연구의 대상으로 한정하고 있고(그는 『윤리학』의 나머지 부분들은 그의 연구서 3권에서 다룰 예정이었으나, 죽음 때문에 실현되지 못했다), 서양 철학의 전통과 스피노자 철학을 매우 체계적으로 대비하여 논의를 진행하고 있다는 점에서는 마트롱과 대비되지만, 구조적인 방법을 택하고 있다는 점이나 이론적 체계 외부의 요인들은 전혀 고려하지 않고 있다는 점에서는 마트롱과 일치한다. 이는 크리스치안 라체리(Christian Lazerri, *Droit, Pouvoir, liberté. Spinoza critique Hobbes*, PUF, 1998)나 로랑 보베(Laurent Bové, *La stratégie du conatus. Affirmation et résistance chez Spinoza*, Vrin, 1995) 같은 그의 제자들의 연구에서 마찬가지로 엿볼 수 있는 특징이다.

21) 네그리는 자본주의적 생산관계/지배관계와 생산력/해방 운동이라는 두 가지 대립항에 대해 매우 체계적으로 (그리고 얼마간 독단적으로) 두 가지 사상적 계보를 할당하고 있다. 곧 전자는 홉스에서 루소, 헤겔로 이어지는 초월적 매개의 노선이며, 후자는 마키아벨리에서 스피노자를 거쳐 맑스로 이어지는 노선, 다시 말해 일체의 외재적 매개를 거부하고 스스로를 조직하고 표현하는 내재적 구성의 노선이다.

22) 이러한 스피노자의 정치적 존재론, 특히 다중 개념은 마이클 하트와 공저한 『제국』이나 『다중』의 핵심적인 이론적 기초를 이루고 있다.

는 점에서 비롯한 것으로도 볼 수 있다.

따라서 발리바르에게 '스피노자의 철학이 철저하게 정치적'이라면, 이는 스피노자의 철학이 『신학정치론』과 『정치론』이라는 두 가지 저서로 축소된다는 것을 의미하지 않으며, 또 이 두 권의 저서야말로 스피노자의 가장 중요한 저서라고 주장한다는 뜻도 아니다. 이는 스피노자의 정치학은 당대의 네덜란드 연합주 공화국에서 제기되었던 정치적 쟁점들에 대한 스피노자의 관심과 개입으로부터 자신의 문제, 자신의 대상을 얻어 왔으며, 이러한 문제, 대상은 『윤리학』을 포함한 스피노자의 성숙기의 철학에 큰 영향을 미쳤다는 것을 의미한다. 따라서 스피노자의 철학을 정확하게 이해하기 위해서는 그의 정치학, 더 나아가 현실의 정치적 쟁점에 대한 그의 개입을 이해하는 것이 필수적이라는 점에서, 스피노자의 철학은 철저하게 정치적이라고 할 수 있는 것이다.

스피노자 정치학의 아포리아 : 대중들에 대한/대중들의 공포

그렇다면 발리바르가 제시하는 스피노자 정치학의 문제 또는 대상은 어떤 것인가? 한마디로 말한다면, 이는 대중들 또는 좀더 정확히 말하면 대중들에 대한/대중들의 공포라고 말할 수 있다. 사실 이 책의 1부에 수록된 『스피노자와 정치』에서부터 2부의 「스피노자, 반오웰」이나 「스피노자, 루소, 맑스」에 이르기까지, 대중들에 대한/대중들의 공포라는 개념은 발리바르가 스피노자 정치학을 해석하는 가장 중심적인 개념으로 작용하고 있다.

발리바르가 말하는 대중들에 대한/대중들의 공포라는 개념은 사실은 스피노자가 고대 로마의 역사가였던 타키투스의 『연대기』*Annales*에서 따온 "[대중들은] 공포를 느끼지 않으면, 사람들을 공포에 떨게 만든다"Terrere nisi paveant는 문장에서 유래하는 것이다(스피노자는 『정치론』 7장 27절과 『윤리학』 4부 정리 54의 주석에서 각각 한 차례씩 이 표현을 인용하고 있다). 이처럼 스피노자가 불과 단 두 차례 사용한 표현에 불과하지만, 발리바르는 이 문장, 또는 이 문장을 통해 표현되는 대중들에 대한/대중들의 공포라는 개념이 스피노자 정치사상의 이론적 핵심 및 그것이 내포하는 근본적인 아포리아를 드러내 준다고 말한다. 왜냐하면 이러한 이중적 공포야말로 스피노자 정치학에서 **온전한 민주주의의 구성 불가능성**을 보여 주며, 더 나아가 근대 정치학에서 전개된 **민주주의 개념 자체의 아포리아**를 집약적으로 표현해 주기 때문이다. 그리고 이 점에서 발리바르는 네그리와 갈라지고 있다.

네그리는 1981년 『야생의 별종』이라는 스피노자 연구서를 출간함으로써 스피노자 연구에 일대 전환점을 마련해 주는데, 이는 무엇보다도 그가 『정치론』에 나오는 물티투도multitudo 개념, 또는 국내 네그리 연구자들의 번역을 따른다면 '다중' 개념을 스피노자의 정치학, 더 나아가 스피노자 철학 체계의 핵심 개념으로 제시했기 때문이다. 네그리는 이 다중 개념에서 초월적·법적 매개 없이 스스로 자신의 생산적·정치적 역량을 구성하고 표현할 수 있는 정치적 존재론의 토대를 발견한다. 곧 이 개념은 스피노자가 『신학정치론』을 저술하면서 경험한 현실의 정치적 세계, 다중의 상상적 역량에 대한 믿음에 근거하여, 그 이전까지의 초월적 형이상학을 포기하고 그 대신 다중 자신의 자발적인 구성의 역량을 표현하기 위해 제시한 개념이라는 것이다. 따라서 네그리는 이 개념이 스피노자 사상의 단절을 표시할 뿐만 아니라, 근대 정치사상에서 가장 대담하고 가장 완성된 해방의 존재론의 기초를 제공해 준다고 간주한다. 네그리에 따르면 다중은 자율적인 집합적 주체의 다른 이름인 것이다.

반대로 발리바르는 1982년에 처음 발표된 「스피노자, 반오웰: 대중들의 공포」라는 논문에서 물티투도, 또는 발리바르 자신이 제시한 번역어에 따르면 '대중들'masses이 스피노자 정치학의 핵심 개념이라는 점에서는 네그리에 동의하지만, 이 개념의 중요성은 이중적 측면에 있다고 주장한다. 곧 대중들, 또는 대중운동을 표현하는 물티투도라는 개념은 기존의 법적·제도적 질서를 초과하는 정치적 세력이 항상 존재한다는 점을 가리키지만, 동시에 이는 그 자체로 자율적이거나 능동적인 해방의 역량이 아니라, **근본적으로 양가적인 성격을 띠는 역량을 표현한다는 것이다.**

이를 보여 주기 위해 발리바르가 분석하고 강조하는 것이 바로 타키투스의 인용문을 통해 표현되는 대중들에 대한/대중들의 공포라는 개념이다. 곧 발리바르는 이 문장에서 표현되고 있는 것은 한편으로 통치자들이 무자비하고 걷잡을 수 없는 대중들의 소요와 폭력에서 느끼는 두려움('대중들에 대한 공포')이며, 다른 한편으로 대중들이 통치자들의 권력과 압제에 대해 느끼는 공포('대중들의 공포')라고 말한다. 다시 말해 통치자들로서는 기성의 법적·제도적 질서 안에 존재하지만 이 질서로 완전히 포섭하거나 억압할 수 없으며, 더 나아가 끊임없이 이 질서를 동요시키고 위협하는 대중들의 집합적 행동이 가장 큰 두려움의 대상이라는 것이다. 또 반대로 대중들의 편에서는 자신들의 사고와 행위의 자유를 제한하고 이에 대한 저항을 처벌과 폭력으로 억압하는 통치자들의 폭력이 큰 두려움의 대상이 된다는 것이다.

발리바르는 스피노자가 이러한 이중적인 공포야말로 국가의 평화와 안전을 위협하는 가장 큰 요인이라는 점을 인식했지만, 동시에 이를 완전히 제거하는 것은 불가능하다는 점 때문에 이론적으로 고심했다고 본다. 그리고 그에 따르면 『정치론』이 민주정을 다루는 11장에서 단 4절까지만 진행된 채 중단된 것은 그의 죽음 때문에 생긴 결과가 아니라, 바로 이러한 이론적 아포리아의 표현이다.

그런데 다른 한편으로 발리바르는 바로 이 점이야말로 스피노자의 이론적 강점이라고 본다. 곧 이러한 대중들의 양가성을 이상적인 규범적 모델(곧 스피노자가 『신학정치론』이나 『정치론』 등에서 자주 말하고 있는 것처럼 '가장 자연적인 국가', '완전하게 절대적인 정체'로서 민주주의)에 따라 가상적으로 해소하거나 심지어 보수주의적으로 통제, 억압하려고 하지 않고, 이것이 함축하는 난점들을 끝까지 전개하면서 당대의 주어진 이론적·정치적 공간 속에서 이 난점들을 해결할 수 있는 방법들을 찾으려 했다는 점에 스피노자의 이론적 독창성과 현재성이 있다고 본다.

어떤 점에서 이것이 이론적인 강점이 될까? 그리고 더 나아가 어떤 점에서 이것이 스피노자의 이론적 현재성의 핵심적인 내용이 될까? 이 책에 수록된 발리바르의 글들은 어떤 의미에서는 이 질문에 대한 얼마간 다른 강조점을 지닌 답변들이라고 할 수 있다.

1) 자기 자신에 대한 대중들의 공포

우선 발리바르가 강조하고 있는 것은 이러한 대중들에 대한/대중들의 공포라는 이중적 공포는 사실은 대중들이 자기 자신에 대해 느끼는 공포에서 유래한다는 점이다. 곧 대중들이 스스로의 정념적인 갈등을 합리적으로 조절하지 못하고 따라서 자기 자신을 자율적인 정치적 주체로 구성하지 못한다는 사실이야말로 대중들에 대한 공포와 대중들의 공포를 낳는 핵심 원인이라는 것이다. 이는 발리바르의 분석에서 여러 차례에 걸쳐 표현되고 있다. 가령 다음과 같은 구절들이 그렇다.

> [『정치론』 7장 27절의]이 분석은 다음과 같이 다시 표현될 수 있다. 곧 지배자들과 피지배자들, 주권자와 시민들은 동등하게 다중의 일부를 형성한다. 따라서 최종 심급에서 근본적인 질문은 항상 다중이 스스로를 통치할 수 있는, 곧 자신의 역량을 증대시킬 수 있는 자질의 문제가 된다. (이 책 107쪽)

하지만 스피노자는 계속 다음과 같이 말하고 있다. "만약 절대권력이 실존한다면, 이는 인민 전체가 소유하는 권력일 수밖에 없다." 따라서 이러한 정치적 계산의 논리에 따르면 군주제와 귀족제 이후 한 걸음 더 나아가서 문제를 민주정으로 해결할 수 있지 않을까? 하지만 이러한 한 걸음은 용어모순이다. 곧 항상 이미 대중 전체에 속하기 때문에, 대중으로 복귀할 위험에서 결정적으로 벗어나 있는 권력이라는 개념은 도대체 어떤 것일 수 있겠는가? 또는 다음과 같이 말할 수도 있을 것이다. 만약 대중이 본성상 "권력의 보유자들에게 가공할 만한 존재라면"(『정치론』 8장 4절), 그리고 바로 이 점이 "사실상 권력을 절대적이지 않은 것"으로 만든다면, 한계(민주정)로 이행한다 해도 권력을 보유한 대중이 대중 자신에게 가공할 만한 존재가 되지는 않으리라는 것을 지극히 미약한 수준에서라도 어떻게 보증할 수 있는가? (이 책 179쪽)

이 구절들에서 발리바르가 주목하고 있는 점은 우선 민주주의 개념 또는 좀더 정확히 말하면 **법적 관점에서 정의된 민주주의**의 근본적인 아포리아다. 스피노자가 제시하는 법적인 정의에 따르면 군주정은 군주 혼자서 주권자 곧 통치자가 되는 정체이고, 귀족정은 다수의 귀족들이 통치하는 정체이며, 민주정은 '인민 또는 대중들의 집합적 통치'다. 따라서 이러한 분류법에 따를 경우 민주정은 인민이나 대중들이 스스로를 통치할 수 있는 역량을 갖추고 있다는 것을 전제로 삼고 있다. 하지만 동시에 스피노자가 끊임없이 강조하는 것은 정치체의 안전을 위해서는 '대중들로의 복귀'를 피해야 한다는 점인데, 왜냐하면 대중들로의 복귀는 주권의 통일성의 와해, 따라서 정치체의 해체를 의미하며, 이는 결국 자연상태로의 복귀와 다르지 않기 때문이다. 그렇다면 대중들은 한편으로는 민주정을 사고하기 위해서는 통치자의 위치에 놓여야 하지만 동시에 다른 한편으로는 정치체의 안전을 위해서는 어떻게든 피해야 하는 대상의 위치에 놓이기도 하는 셈이다.

따라서 형식적 일관성을 유지하기 위해서는 대중들을 정치의 공간에서 배제하거나(이것이 바로 홉스의 노선이다) 아니면 대중들이 이미 자치의 역량을 보유하고 있다고 (부당) 전제하거나 해야 한다. 하지만 스피노자는 이 두 가지 노선을 모두 거부하면서 한편으로는(『정치론』 3장 2절의 주장에서 볼 수 있듯이[23]) 대중들이 모든 정치체의 기초에 있다고 주장하면서, 다른 한편으로는 대중들의 자치의 불가능성을 긍정하고 있다.

그런데 겉으로 보기엔 비일관적인 것으로 보이는 스피노자의 이러한 모순적인 태도는 다음과 같은 두 가지 중요한 결과를 낳는다. 첫째, 대중들이 **모든** 정치체의 기초에 놓이게 되므로, 군주정이나 귀족정 역시 법적 정의와 무관하게, 또는 그에 앞서 자신의 존재를 대중들의 역량에 의존하게 된다. 따라서 군주정이나 귀족정이 자신의 정체政體를 보존하고 안전을 유지하기 위해서는(곧 정치적 '절대성'을 얻기 위해서는) 자신의 정치적 질서 안에 대중적인 토대를 확보해야 한다. 이는 곧 대중들의 욕망과 의견이 충분히, 그리고 효과적으로 정치적 결정 과정에서 **대표**될 수 있어야 함을 의미한다. 그러나 그렇다면 이는 군주정이나 귀족정 내부에서 항상 이미 민주주의 또는 **민주화** 과정이 진행되고 있고 또 진행되어야 한다는 말이 된다.

둘째, 대중들이 그 자체로 통치의 역량을 갖추고 있지 않기 때문에, 곧 대중들이 스스로의 정념을 합리적으로 조절할 수 없기 때문에, 대중들의 통치 역량을 증대시키는 문제는 민주주의의 고유한 정치적 과제가 된다. 그런데 이러한 과제는 모든 민주주의는 항상 자기 내부에 분열을, 따라서 갈등을 내포하고 있음을 의미한다. 대중들이 스스로를 통치할 수 없다는 것은 다

---

23) "국가의 권리 또는 주권자의 권리는 자연의 권리와 다르지 않으며, 각 개인의 역량이 아니라 마치 하나의 정신에 의해 인도되는 듯한 대중들의 역량에 의해 규정된다."

시 말하면 대중들이 둘로(그 이상으로) 분할된다는 것, 따라서 필연적으로 갈등을 포함한다는 것을 의미하기 때문이다. 하지만 이러한 갈등은 구조적인 것이다. 곧 이러저러한 계몽주의적 교육이나 주의주의적인 동원 또는 제도적인 대의장치의 마련 등을 통해 온전히 해소될 수 없는 것이다(이는 이런 방법들이 전혀 무익함을 의미하지는 않는다). 따라서 왜 이러한 갈등이 나타나고, 또 그 경우 어떤 정치적·제도적인 해결책이 발명되어야 하는지 좀더 체계적으로 해명될 필요가 있다. 『신학정치론』에 대한 발리바르의 분석은 이 문제와 관련하여 매우 시사적인 통찰을 제공해 주고 있으므로, 좀더 상세히 살펴볼 필요가 있다.

2) 신정 분석의 의미

이 책 1부 2장에 나오는 발리바르의 『신학정치론』 해석은 여러 가지 측면에서 주목할 만하다. 우선 이 해석은 『『자본』을 읽자』에 나오는 알튀세르의 수수께끼 같은 말을 새롭게 해명할 수 있는 계기를 제공해 준다. 알튀세르는 다음과 같이 말한다.

> 읽기라는 문제, 따라서 **글쓰기/기록하기**écrire라는 문제를 처음으로 제기했던 인물인 스피노자는 또한 역사이론과 동시에 직접적인 것의 불투명성에 관한 철학을 처음으로 제시했던 사람이기도 하다. (Althusser, *Lire le Capital*, PUF, 1996, p. 8. 강조는 알튀세르)

스피노자에 대한 알튀세르의 논의 중에서 제일 덜 주목받고 있지만, 또한 제일 놀라운 사례 중 하나로 꼽힐 만한 이 주장은 겉보기에는 매우 당혹스러운 주장이다. 사실 스피노자의 저작에서 역사에 관한 언급을 거의 찾아볼 수 없고, 또 역사에 대한 고찰이 전혀 스피노자 철학의 중심 주제가 아니었다는 점을 감안한다면, 이는 상당히 뜬금없는 소리로 들릴 수 있다. 더 나아가 역사철학 또는 역사에 대한 철학적 고찰이 18세기 말 계몽주의 이후, 특히 독일 관념론 이후 하나의 철학적 주제로 등장했다는 점을 감안한 다면, 알튀세르의 지적은 시대착오적인 주장이라는 비난까지 받을 만하다.

그런데 여기서 알튀세르는 스피노자의 역사이론은 그것 혼자서만 따로 존재하는 게 아니라, '동시에' '직접적인 것의 불투명성에 관한 철학'과 결부되어 있음을 지적하고 있다. 마치 후자가 없이 전자는 존재할 수 없다는 듯이, 그리고 이 양자를 결부시켰다는 점이야말로 스피노자의 고유한 철학적 업적이었다는 듯이 말이다. 그리고 또한 그는 '읽기'라는 문제, '글쓰기/기록하기'라는 문제와도 결부시키고 있다.

왜 알튀세르는 스피노자가 거의 언급하지도 않은 그의 '역사이론'에 주목하고 있을까? 그리고 이 역사이론이 '직접적인 것의 불투명성'과 어떤 관계에 있을까? 더 나아가 이는 '읽기'나 '글쓰기/기록하기'의 문제와 무슨 관련이 있는 것일까? 이처럼 의문들은 끊임없이 생겨나지만, 알튀세르는 스피노자에 관한 그의 다른 언급들과 마찬가지로, 대담한 주장을 한마디 던져 놓은 다음, 마치 아무 말도 하지 않았다는 듯이 다른 논의로 성큼 건너뛰고 있다.

발리바르의 해석은 바로 이 문제들과 관련하여 흥미로운 통찰을 제공해 주는데, 왜냐하면 그는 바로 스피노자의 『신학정치론』에서 하나의 역사이론('역사철학'이 아니라)을 발견하고 있기 때문이다. 곧 발리바르는 성서에 나타나 있는 히브리 신정국가의 구성 및 전개과정을 분석하고 있는 17장만이 아니라 성서에 내한 역사석 비병을 시도하고 있는 『신학정치론』의 전반부(곧 1~15장)의 분석 역시 하나의 역사이론을 함축하고 있다고 보고 있다.

먼저 그는 스피노자의 성서 비평은 '이차 수준의 역사'(또는 스피노자의 표현대로 하면 '비판적 역사')를 구성하고 있다고 주장한다. 이는 다시 말하면 성서는 히브리 백성들의 상상에 기초를 둔 하나의 역사적 담론이며, 스피노자의 성서 비평은 이러한 역사적 담론에 대한 이차적 담론, 곧 비판적 역사라는 것을 뜻한다. 더 나아가 그는 성서는 바로 서사故事로 이루어져 있으며, 이러한 서사는 히브리 민족의 고유한 **역사적 기록/글쓰기의 관행**에 기초를 두고 있음을 지적한다. 따라서 스피노자는 알튀세르의 표현대로 '글쓰기/기록'이라는 문제, 그리고 이에 대한 '읽기/독해'의 문제를 역사의 문제이자 철학의 문제로 제기한 최초의 인물인 셈이다.

그리고 발리바르는 이러한 스피노자의 역사이론을, 알튀세르식으로 말하자면 '직접적인 것의 불투명성', 곧 **대중들의 상상**이라는 문제와 결부시킨다. 발리바르의 분석에서 직접적인 것의 불투명성/상상계는 두 가지 측면에서 제시되고 있다.

우선 자신들의 역사에 대한 대중들의 무지가 있다. "이러한 이차 수준의 서사는 재구성될 수 있는 한에서의 사건들의 필연적인 연쇄과정 및, **자신들을 움직이는 원인들 대부분에 대해 알지 못하는 역사적 행위자들**이 자신들의 역사의 '의미'를 **상상하는 방식**을 자신의 대상으로 한다."(이 책 63쪽) 대중들의 상상은 비판적 역사의 필연적인 구성 요소인데, 왜냐하면 이러한 비판적 역사의 소재를 이루는 성서 및 히브리 인민의 삶 자체가 상상의 요소에 따라 이루어지고 있기 때문이다. 그리고 이처럼 대중들의 삶이 상상으로 이루어지는 것은 대부분의 인간들이 자신들의 삶의 조건을 구성하는 실제 원인에 대해 알지 못하고, 이를 상상에 따라 재구성하기 때문이다.

이는 스피노자의 일반적인 인간학적 테제에서 따라나온다. "인간들은 자신들의 의욕과 욕구는 **의식하고 있지만**, 그들이 무지하기 때문에 그것들을 야기시킨 **원인들에 대해서는 꿈에서조차 생각하지 않는다**."(『윤리학』 1부 「부록」) 자신들의 욕망은 의식하되 그러한 욕망을 낳은 원인에 대해서는 무지하다는 사실은, 한편으로 인간의 자유의지라는 가상을 낳으며, 다른 한편으로 인간의 자유의지에 따라 좌우되지 않는 현실의 진정한 창조주(곧 전능한 의지와 권능을 가진 존재자)에 대한 또 다른 가상을 낳는다. 이러한 자유와 목적론의 가상은 인간의 근본적인 두 가지 가상이며 미신의 온상이기도 하다. 따라서 성서의 서사가 이러한 가상에 기초해 전개된다는 것은 스피노자 인간학으로부터 자연스럽게 따라나온다고 할 수 있다.

그 다음 히브리 신정국가의 구성의 기초가 되었던 정치적 상상의 요소가 있다. 스피노자는 『신학정치론』 17장에서 성경에 나오는 히브리 신정국가의 구성을 분석하고 있는데, 그가 주목하는 것은 히브리 국가의 구성이 일종의 계약에 따라 이루어졌다는 점이다. 그런데 이 계약은 단순한 계약이 아니라 이중적인 계약의 형식을 띠고 있다. 곧 이는 주권자와 신민들 사이에 맺어지는 정치적 계약이면서 동시에 야훼라는 신에 대한 개개의 신자들(곧 개개의 히브리 사람들) 사이에 맺어진 종교적 계약이기도 하다.[24] 따라서 히브리 백성들에게 신은 종교적인 경배의 대상이면서 동시에 정치적 주권자이기도 하며, 신의 계율의 위반은 동시에 국법의 위반을 의미했다. "요컨대 시민법과 종교 사이에는 어떤 구분도 존재하지 않았다. 이 때문에 이 국가는 신정국가라 불릴 수 있었다."(『신학정치론』 17장 7~8절, 282~283 ; 모로판, 544~546)

스피노자 자신이 말하고("이 모든 것은 하나의 실재라기보다는 하나의 의견opinione magis quam re에 속하는 것이다."『신학정치론』 17장 8절 ; 모로판, 546 ; 이 책, 76쪽) 발리바르가 지적하듯이 이러한 이중적 계약이라는 것은 물론 하나의 허구다. 하지만 이러한 허구는 매우 실제적인 효과를 낳는데, 왜냐하면 이러한 허구를 통해 하나의 국가가 구성될 수 있었고, 적어도 모세가

---

24) 「이데올로기와 이데올로기 국가장치」에서 알튀세르는 이데올로기 개념, 특히 호명 테제와 이중적 거울 구조 개념을 설명하기 위해 스피노자의 이 분석에 준거하고 있다.

살아 있는 동안에는 놀랄 만한 안정과 번영을 이룩했기 때문이다. 이러한 허구가 이처럼 중요한 결과를 낳을 수 있었던 이유는 신을 각 개인의 신으로서만이 아니라 또한 히브리 민족 전체의 신으로, 따라서 히브리 국가의 유일한 주권자로 만듦으로써, 각자가 신에게 바치는 절대적 헌신과 복종이 동시에 국가에 대한 헌신과 복종으로 되게 만들었다는 점에 있다.

여기서 이런 질문을 던져 볼 수 있다. 왜 이러한 이중적 계약이 필요한가? 스피노자에 따르면 이는 무엇보다도 오랜 노예 생활 때문에 스스로 국가를 구성할 만한 역량을 갖추지 못한 히브리 인민들의 '미개인 같은 심성' 때문이다. 그렇다면 하나의 허구에 기초한 히브리 신정국가는 역사적으로 유일한 국가인 것처럼, 일반적인 설명적 가치를 갖지 못하는 것처럼 보인다. 그런데 발리바르는 여기서 보편적인 논점을 도출해 낸다. 곧 발리바르는 히브리 신정국가에 대한 스피노자 분석의 요체를 민주주의(또는 국가 일반)에 대한 법적 관점의 한계를 보여 준다는 점에서 찾고 있다.

이를 보여 주기 위해 발리바르는 신정이 내포하는 이중적 측면에 주목한다. 신정은 한편으로 민주정과 등가적인 것으로 볼 수 있다. 왜냐하면 신과의 계약을 통해 신에게 모든 권력을 부여하고 자신들을 신의 백성으로 재인지함으로써, 히브리인들 모두는 신 앞에서 동등한 신의 백성들, 신의 시민들이 되었기 때문이다. 하지만 다른 한편으로 이러한 '상상적 민주정'은 민주정의 핵심인 집합적 권리, 집합적 주권을 '다른 무대'로 옮겨 놓는 것을 조건으로 한다. 곧 신정에서 인민들 스스로가 동등하게 집합적 주권을 행사할 수 있다면, 이는 신이라는 진정한 주권자가 초월적인 자리를 차지하는 한에서다(곧 신의 거주지로서 신전이 특별한 경배와 존경의 대상이 되는 한에서). 따라서 신정은 집합적인 주권이 초월적인 신의 자리, 비어 있는 상징적 자리의 매개를 통해서만 실행될 수 있는 국가라고 할 수 있다.

여기서 다음과 같은 발리바르의 질문이 나온다.

그렇다면 이제 고유한 의미의 민주정으로 되돌아가 보자. 개인들이 신과의 동맹이라는 허구(곧 주권의 상상적인 자리 이동) 없이도 명시적인 '사회계약'에 따라 **직접** 집합적 주권을 행사할 수 있다고 판명되면, 문제는 완전히 사라진다고 말할 수 있는가? 대중들의 미신은 차치한다 해도, 이는 분명히 그렇지 않다. 권리의 동등성과 의무의 상호성 위에 구성된 민주국가는 개인적 의견들의 결과인 다수결 법칙에 따라 통치된다. 그러나 다수결 법칙이 효과적으로 작용하기 위해서는 주권자가 공적인 이익과 관련된 활동을 명령할 수 있고 또한 그것이 존중받을 수 있게 만드는 절대적 권리를 지니는 것만으로는 충분하지 못하다. 이것 외에도 또한 야심들보다는 이웃에 대한 사랑을 선호하는 것, 곧 '이웃을 자기 자신처럼 사랑하는' 것의 필요성에 대한 합의가 지배하고 있어야 한다. (이 책, 77~78쪽)

따라서 얼핏 보기에는 일회적인 것에 불과한 히브리 신정국가는 사실은 정치에 대해, 민주주의에 대해 중요한 보편적 교훈을 제공해 준다. 그것은 첫째, 법적 제도만으로는 민주주의(또는 국가 일반)는 충분한 안정성을 확보할 수 없으며, 대중들의 정념적 삶을 조절할 수 있는 별도의 메커니즘 내지는 장치가 필요하다는 점이다.

둘째, 하지만 정념적 삶을 조절하는 메커니즘으로서 종교는 근본적인 한계를 지니고 있다는 점이다. 히브리 신정국가가 개인들의 종교적 삶과 정치적 삶을 일체화함으로써 상당한 기간 동안 정치적 통합을 이뤄 내긴 했지만, 이러한 국가의 통합, 일체화는 그 자체가 정념적인 양가성에 지배받고 있다. 왜냐하면 신자들끼리의, 국민들끼리의 놀라운 유대는 신과의 동일시/정체화를 매개로 한 서로에 대한 정념적 사랑에 기초하고 있는데, 이러한 사랑의 이면은 초월적인 신의 감시와 처벌에 대한 공포와 잠재적인 적으로서 이웃에 대한 일반화된 증오를 동반할 수 있기 때문이다. 다른 한편 예수는 이처럼 종교적 삶과 정치적 삶을 일체화하는 것이 아니라, 종교적 삶을 정치적·교권적 권위로부터 분리하여 이를 각자의 믿음과 판단에 따른 윤리적 실천으로 전환시켰다는 점에서 하나의 문화혁명을 이룩했다. 하지만 이는 신자로서의 개인들을 정치적 권위만이 아니라 사회적 관계 자체로부터 분리시켰으며, 또 그에 비례하여 이웃에 대한 사랑을 핵심으로 하는 신의 말씀을 내면화된 도덕법으로 전환시켰다는 점에서 또 다른 한계를 지니고 있다.

셋째, 상상계가 개인의 삶 및 사회적 삶에서 구성적인 요소로 존재하는 한에서 대중들은 '자기 자신'(이렇게 말할 수 있다고 가정한다면)과 합치할 수 없다는 것, 곧 대중들은 온전한 자율적 주체로 성립할 수 없다는 점이다. 반대로 자기 자신에 대한 공포에 사로잡혀 있는 대중들은 초월적인 타자(신이나 절대군주)와의 동일시/정체화를 통해서만 통일성을 얻을 수 있으며, 이 경우 대중들의 역량은 쉽게 자기 자신에 맞선 파괴적인 역량으로 전도되기 쉽다는 점에 상상적인 동일시/정체화의 위험이 존재한다.

관개체성의 '존재론'

지금까지 우리가 살펴본 스피노자의 정치학, 또는 그것에 대한 발리바르의 분석은 자기 자신에 대한 대중들의 공포야말로 스피노자의 민주주의, 더 나아가 현대의 민주주의 일반의 근본적인 아포리아라는 점을 지적하고 있다. 이것이 아포리아가 되는 이유는, 자기 자신에 대한 대중들의 공포 또는 대중들의 자기 통치 역량의 부족은 국가의 안전을 위협하는 근본 요인일 뿐만 아니라, 더 나아가 스피노자가 『신학정치론』 「서문」에서 경고하듯이 국가 형태 자체의 도착을 낳을 수 있는 근본 요인이기 때문이다. 다시 말해 "전제정치의 근본적인 신비", 곧 전제정치가 사람들로 하여금 "마치 구원인 양 자기 자신들의 예속을 위해 싸우게 만들고, 한 사람의 영예를 위해 피를 흘리고 목숨을 바치는 것을 수치가 아니라 최고의 명예인 것처럼 간주"(모로판, 61~63)하게 만들 수 있는 근본 요인이 바로 여기에 존재하기 때문이다. 그리고 대중들의 역량이 어떤 특정한 정치체가 아니라 모든 정치체, 모든 국가의 기초를 이루고 있는 한에서 이러한 도착의 위험은 모든 국가에 내재해 있다고 할 수 있고, 그만큼 더 심각한 정치적 문제가 되는 것이다.

이제 여기서 발리바르가 관개체성 개념에 입각하여 스피노자 존재론을 재구성한 것을 살펴보기로 하자. 발리바르는 「스피노자, 반오웰」에서 들뢰즈를 따라 스피노자의 근본적인 인간학적 테제 중 하나는 모든 개체들 안에는 '압축 불가능한 최소'의 개체성이 존재한다는 점에 있음을 지적하고 있다. 그리고 이러한 압축 불가능한 최소의 개체성은 단지 자연적인 개체, 그리고 개인들 안에만 존재하는 것이 아니라 사회적 관계, 국가 자체에도 존재한다는 점을 역설하고 있다.

발리바르에 따르면 바로 이 점이야말로 스피노자의 철학을 근원적인 반오웰의 철학자로 만드는 점이다. 왜냐하면 오웰식의 전체주의적 상상력에 고유한 가정은 모든 사람이 동일한 사고를 하고 동일한 욕망의 형태를 가질 수 있다는 것, 요컨대 어떤 (초월적) 타자와 완전한 동일시/정체화의 관계를 맺을 수 있다는 데 있지만, 압축 불가능한 최소의 개체성이라는 원리는 이것이 원칙적으로 불가능하다는 점을 보여 주기 때문이다.

스피노자 철학에서 이는 특히 다음과 같은 두 가지 요소로 표현된다.

① 환원할 수 없는 개인들의 고유한 기질이 존재한다. 따라서 개인들의 기질의 차이를 제거하고 모든 사람이 동일한 것을 사고하고 동일한 것을 욕망하도록 만들려는 시도는 필연적으로 반발과 저항에 부딪치게 된다.

② "스피노자는 『신학정치론』에서 지나치면서 '언어가 우중과 지식인들 양자에 의해 동시에 보존되기 때문에', 언어에는 적어도 신학자들의 조작으로 환원될 수 없는 한 요소──단어들의 의미──가 존재함을 지적하고 있다(『신학정치론』 7장 9절, 146 ; 모로판, 296). 이는 '지식인들'과 '무지자들'이 서로 교통하는 과정에서 형성되는 언어의 공통적 사용에 의해 단어들의 의미가 규정됨을 의미한다."(이 책, 145쪽) 이처럼 언어의 공통성이 존재하기 때문에 사고는 고립된 개인의 수준에서 이루어질 수 없으며, 항상 한 개인의 사고는 다른 사람과의 소통 내지는 교통을 전제하고 있다.

그리고 이 두 가지 요소는 서로 상관적인 윤리적 실천의 쟁점이 된다. 다시 말해 각자의 독특성이 줄어들수록, 다시 말해 각자가 상상적인 유사성에 따라 동일시/정체화될수록, 각각의 개인 사이에 합리적으로 교통될 수 있는 여지는 축소된다. 반대로 각각의 개인들의 독특성이 증대하고 개인들이 서로를 상상적으로 덜 동일시/정체화할수록, 합리적 교통 가능성은 더욱 증가한다.

발리바르는 스피노자 철학의 이러한 존재론적 핵심을 "고전적인 개인주의와 대립하는 개체성의 **최소의** 원리 또는 개체의 **최대한의 압축** 가능성의 원리"(이 책, 205쪽)라고 집약적으로 제시하고 있다. 인상적이지만 암시의 수준에 머물렀던 이 명제를 좀더 명시적이고 좀더 풍부한 이론적 분석의 대상으로 삼고 있는 것이 바로 「스피노자에서 개체성과 관개체성」 논문이다. 이 논문은 프랑스의 과학철학자였던 질베르 시몽동의 '관개체성' transindividualité 개념을 빌려와서 스피노자의 철학, 특히 그의 인과관계론을 체계적으로 재구성하고 있다.

이론적으로 매우 풍부한 이 논문의 논점은 다음과 같이 몇 가지로 정리해 볼 수 있다.

① 이 논문은 우선 스피노자의 '존재론'을 관개체성의 개념, 곧 **관계론**

의 관점에서 재조명하고 있다는 점에서 주목할 만하다. 스피노자는 대개 실체의 철학자, 더 나아가 유일실체의 철학자로 불린다. 그런데 전통적인 규정에 따라 실체를 '자립적으로 존재하는 것'이나 '독립적으로 존재하는 것'으로 이해한다면, 스피노자 철학에서는 신만이 실체, 그것도 유일한 실체가 되기 때문에, 다른 나머지 자연 실재들은 실재성을 박탈당하게 된다. 곧 스피노자의 철학은 범신론 철학이 되는 셈이다.

하지만 이러한 규정은 우선 실체 개념의 애매성을 교묘하게 활용하여 전통적인 실체 개념을 스피노자의 실체에 대해 그대로 적용한 데서 나오는 결과다. 다시 말해 스피노자의 실체가 유일하다면, 이는 실체가 **하나뿐이다**라는 뜻이 아니라, 실체로 표현되는 자연 이외의 다른 '세계'는 존재하지 않는다는 것, 따라서 자연은 **내재적인 실존의 원리**를 지니고 있으며 초월적인 근거나 목적에 의존하지 않는다는 뜻이다.

더 나아가 스피노자가 실체의 자립성을 매우 엄격하게 강조한다면(존재의 측면에서만이 아니라 인식의 측면에서도. "나는 실체를 자기 안에 있고 자기 자신을 통해 인식되는 것으로 …… 이해한다."『윤리학』1부 정의 3), 이는 실체 이외의 다른 실재들, 특히 유한양태들의 실재성을 박탈하기 위해서가 아니다. 이는 오히려 자연 실재들, 곧 개체들은 **일종의 원자처럼** 다른 개체들과 독립해서 실존할 수 없으며, 다른 개체들과의 **관계를 통해서만 실존할 수** 있다는 것을 뜻하기 위해서다. 따라서 실체만이 자립성을 갖는다는 것은 다른 개체들의 실재성을 박탈하는 것은 아니며, 오히려 개체들의 **실존 형식, 곧 개체성에 대한 새로운 인식 원리를 요구하는 것**이다.

바로 이런 관점에서 발리바르가 세 가지 관념, 곧 개체성은 실재적인 실존 형식이고(반범신론), 개체는 하나의 통일체라는 것(반원자론), 그리고 '개체들의 구성과 활동은 원초적으로 다른 개체들과의 관계를 함축한다는 사실'(반기계론)을 처음부터 강조하는 것을 이해할 수 있다.

② 하지만 이 논문에서 좀더 중요한 것은 스피노자의 인과관계론을 '변조'modulation(시몽동의 어휘를 따르자면)의 관점에서, 또는 스피노자 자신의 어휘를 사용하면 '변용'affectio의 관점에서 재해석하고 있다는 점이다. 왜냐하면 이를 통해서 능산적 자연과 소산적 자연 사이의 외재적 관계가 불식될 수 있으며, 관계를 통한 개체들의 구성과 재생산이라는 의미가 좀더 엄밀하게 해명될 수 있기 때문이다.

스피노자의 인과관계론을 변조나 변용의 관점에서 해석하기 위해서는 우선 선형적인 기계론이나 목적론과 다른 인과관계 도식을 제시해야 하는데, 발리바르는 『윤리학』 1부 정리 28에 의거하여 이런 도식을 제공하고 있다. 이 도식은 우선 다수의 항들이 어떤 기원적인 항에서 파생되지 않고 항상 이미 주어져 있다는 점에 특징이 있다. 더 나아가 이 도식은 A의 인과작용 자체가 B의 인과작용에 의해 변용되고, 다시 B의 인과작용은 C에 의해 변용되고 하는 식으로 제시함으로써, 목적론의 은폐된 원리인 필연적인 경향이나 성향이라는 관점을 비판할 수 있게 해준다.

따라서 변용의 인과관계의 관점에서 이해한다면 개체란 변용시키는 한에서 변용되는 것들이고(왜냐하면 개체에게 활동한다는 것, 곧 어떤 결과를 산출하는 원인으로서 작업한다는 것은 바로 다른 개체의 활동방식을 변용시키는 것이고, 이러한 변용작용 자체에서 또 다른 개체에 의해 변용되는 것이기 때문이다), 이러한 변용의 활동 자체, 곧 타자들과의 관계가 각각의 개체의 실존을 구성한다.

발리바르는 여기에서 더 나아가 하위의 개체와 상위의 개체 사이의 관계, 따라서 개체들을 구성하는 부분들이 이 개체의 통일성을 어떻게 구성하고 변화시키는지, 또 이 개체는 자신보다 상위의 개체의 형성에 어떻게 참여하는지에 관해 질문을 던지고 있다. 왜냐하면 이러한 이차 수준의 복잡성에 관해 적합한 인식을 얻을 때에만, 가장 단순한 물체들로부터 '우주 전체의 모습'에 이르기까지 위계적인 순서로 배열되어 있는 소산적 자연이라는 관점에 빠지지 않을 수 있기 때문이다. 이 문제에 관해 발리바르는 두 가지 테제를 제시한다. 곧 '개체가 개체로서 존립하기 위해서는 개체는 **자신**의 부분들을 다른 개체들과 교환해야 한다'는 테제와, '개체들의 상호합치를 수단으로 한 다양성의 통합은 개체들 각자가 자신의 자율성(개체화) 및 독특성(개성화)을 유지하기 위한 조건'이라는 테제가 그것이다.

간단히 말하면, 이 두 가지 테제의 논점은 다음과 같이 요약될 수 있다. 먼저 첫번째 테제는 개체는 통일체, 더 나아가 동역학적 과정을 통해 형성되는 통일체이기 때문에, 자신의 부분들을 다른 개체들과 교환함으로써만 개체로서의 자율성을 유지할 수 있음을 뜻한다. 그런데 이렇게 개체가 자율성을 얻고 하나의 개체로서 실존하게 되면, 개체들은 필연적으로 다른 개체들과의 갈등, 적대관계를 겪게 된다. 왜냐하면 자율성 자체는 이미 독특성의 최소(곧 다른 개체들과의 구분)를 함축하고 있기 때문이다. 따라서 개체들은 공통의 본성을 지닌 다른 개체들과의 결합을 통해 자신의 자율성 및 독특성을 유지하게 된다. 더 나아가 이러한 결합체 또는 상위의 개체의 역량의 정도는 다양성의 통합의 정도와 비례하기 때문에, 어떤 결합체가 자신의 하위 개체들의 자율성과 독특성을 더 잘 보존하면서 더 많은 다양한 개체들을 통합할 때, 그 결합체의 실존 역량은 증대할 것이다. 따라서 이런 관점에서 파악되면 소산적 자연은 더 이상 위계적 순서에 따라 인식되지 않고, 각각의 유형의 개체가 하위 수준으로 후퇴하면서 동시에 상위 수준으로 전진하는 복잡한 통합 과정으로 인식될 수 있다. 다시 말하면 능산적 자연과 소산적 자연의 관계는 내재적으로 인식된다.

③ 스피노자의 존재론에 대한 이러한 관개체론적 해석은 인간학과 정치학에 관해 매우 중요한 함의를 지니고 있다.

먼저 이러한 해석은 개체를 기원이 아니라 개체화/개성화 과정의 결과로 이해할 수 있게 해준다. 곧 관개체론의 관점에 따르면 개체는 타자들과의 관계 바깥에서 미리 구성되어 실존하는 원자와 같은 항이 아니라, 타자들과의 관계를 통해 형성되고 변화하는 실재인 것이다. 이처럼 개체 또는 개인을 관계의 결과로서 이해할 수 있을 때 스피노자의 정치학이 갖는 독창성을 좀더 잘 이해할 수 있다. 왜냐하면 근대 사회계약론에 대한 스피노자의 근본적인 비판은 권리의 주체로서 개인이라는 관점을 거부하고, 오히려 개인의 실존 및 권리는 사회적 관계를 통해 성립하고 유지될 수 있다는 관점에 의거하고 있기 때문이다.[25] 따라서 스피노자의 관점에 따르면 정치학의 진정한 과제는 계약의 타당한 절차를 형식화함으로써 주권의 정당성을 근거짓는 데 있는 게 아니라, 사회적 관계 속에서 이루어지는 개인들의 생산과 재생산 과정에 대한 분석에 있다. 이는 푸코가 제안하듯이 권력 또는 정치를 분석하는 데서 법적 모델이 아니라 관계론을 채택함을 의미한다.[26]

둘째, 관개체론의 관점은 역량 개념을 관계의 관점에서 파악할 수 있게 해준다. 이는 다시 두 가지를 의미할 수 있다. 먼저 이는 개체를 모델로 하여 행위 및 행위 역량을 이해하는 관점을 비판할 수 있게 해준다. 현대의 스피노자 연구자들은 대체로 스피노자가 역량의 철학자라는 점에 동의하고 있다. 이는 스피노자가 **주체의 의지에 따라서 실행되거나 실행되지 않을 수 있는** 가능태로서의 힘/능력potestas이라는 개념을 비판하고, 그 대신 **필연적으로 실행될 수밖에 없는 힘/역량**potentia이라는 개념을 자신의 존재론의 핵심 개

---

25) 이 문제에 관한 좀더 상세한 논의는 진태원, 「스피노자 정치학에서 사회계약론의 해체 I : 『신학 정치론』에서 홉스 사회계약론의 수용과 변용」, 『철학사상』 제17호, 2004; 「스피노자 정치학에서 사회계약론의 해체 II : 다중의 역량이란 무엇인가」, 『트랜스토리아』 제5호, 2005 참조.

26) Pierre Macherey, "Pour une histoire naturelle des normes", in collectif, *Michel Foucault philosophe*, Seuil, 1988 ; Olivier Remaud, "La question du pouvoir : Foucault et Spinoza", *Filozofski Vestnik*, no. 2. 1997 참조.

념 중 하나로 삼고 있기 때문이다(이에 대한 좀더 자세한 내용은 이 책의 「용어해설」 참조).

그런데 스피노자의 이러한 역량 개념은 그 자체만으로는 모호성을 지니고 있다. 왜냐하면 이러한 역량 개념을 **주체의 역량**으로, 그리고 **그 자체로 긍정적인 힘**으로 이해할 소지가 여전히 남아 있기 때문이다. 이렇게 되면 역량은 다시 한번 주체가 지닌 일종의 소유물로, 따라서 주체에게 부여된 가치에 따라 그 가치가 결정되는 힘으로 파악된다. 정치학의 영역에서 이러한 관점이 문제가 되는 이유는 이러한 관점이 **대중들의 역량**이 **폭력으로 전도되는 것**, 곧 대중들의 역량이 <u>스스로를 억압하고 지배하는 권력을 위해 활용되는 것</u>(다시 말하면 파시즘)을 **하나의 문제**로 보지 못하기 때문이다. 왜냐하면 역량 개념이 주체의 역량으로, 주체의 소유물로 이해되면, 원칙적으로 역량은 **주체의 자율적인 통제의 대상이 되기 때문이다**. 따라서 어떤 정치적인 역량(가령 노동자 계급 또는 다중)이 긍정적인 가치를 부여받으면 부여받을수록, 그것의 도착 가능성은 점점 더 인식하기 어려워질 수밖에 없다.

따라서 파시즘과 같은 정치적 현상을 이해하고, 더 나아가 세계화가 산출하는 구조적 폭력(심지어 초객관적-초주체적 폭력)을 하나의 정치적 문제로 인식하기 위해서는 역량 개념을 관계의 개념으로 이해하는 것이 필수적이다. 이렇게 이해하면 역량은 항상 수동성과 능동성의 차이(또는 오히려 **차이의 차이**)로 나타나고, 수동성은 정의상 '우리가 할 수 있는 것으로부터 분리되는 것'(들뢰즈), 곧 이러저러한 타자들에 의해 **우리의 역량**이 **전유되는 것**을 함축하기 때문에, 역량의 전도, 역량의 도착에 대한 비판과 퇴치의 노력은 정치의 가장 본원적인 목표 중 하나가 된다. 따라서 발리바르가 반폭력의 정지 또는 시빌리테의 정치로 부르는 것은 역량에 대한 이러한 관계론적 관점을 요구하고, 또 역으로 이 후자는 반폭력의 정치를 정치의 핵심 과제 중 하나로 부과한다고 할 수 있다.

스피노자 철학의 현재성

지금까지 우리가 개략적으로 살펴본 것처럼 발리바르의 이 책은 스피노자의 정치학, 더 나아가 스피노자의 철학에 대해 매우 새로운 관점을 제안하고 있을 뿐만 아니라, 현대의 정치적 쟁점을 이해하는 데서 스피노자의 철학이 매우 귀중한 이론적 자원이 될 수 있음을 보여 주고 있다.

하지만 스피노자의 철학은 일종의 만능열쇠는 아니며, 발리바르가 세 번째 논문에서 지적하듯이 자신의 고유한 한계를 지니고 있다. 발리바르는 특히 "하나의 국가'장치'나 국가장치 전체 속에 **조직되어 있는** 지배(또는 소외)와 차별(또는 불평등)에 저항하는 모든 봉기가 함축하는 **부정성**의 측면에 가치를 부여하지 못하는 그의 무능력(그리고 우리가 그를 뒤따를 때, 우리의 무능력)"(이 책 238쪽)을 지적하고 있다.[27] 사실 이러한 부정성은 '근대 정치의 보편성이 전제하는' 것인 만큼 이 점에 관한 스피노자의 무능력은 중요한 이론적 한계라고 할 수 있다.

하지만 다른 한편으로 근대 정치에서 이러한 부정성이 항상 주체의 관념론과 결부되어 표상되었다는 점을 감안하면, 스피노자의 무능력은 그의 철학적 비타협성, 이론적 반인간주의의 엄밀한 결과라고 볼 수도 있을 것이다. 사실 스피노자는 사회적 관계, 국가 형태의 전복을 꾀하는 모든 종류의 혁명들에 대해 커다란 불신감을 가지고 있었는데, 이는 이러한 전복이나 혁명이 대중들의 공포라는 정념적인 요인에 기초를 두고 있고, 따라서 지배권력의 보유자들을 몰아낸다 하더라도 지배 관계 자체는 그대로 남겨 두게 되기 때문이다.

---

27) 그 외에 「스피노자, 반오웰」의 한 각주에서는 '여성들의/여성들에 대한 공포'를 대중들의/대중들에 대한 공포의 환유로 제시하고 있다(이 책 189쪽, 각주 101).

그렇다면 발리바르의 이 책이 우리에게 던지는 질문은 아마도 다음과 같은 것이리라. 주체를 전제하지 않은 가운데, 자기만족적인 해방의 주체의 가상에 굴복하지 않은 가운데 어떻게 정치적 부정성을 사고할 수 있을 것인가? 시빌리테의 정치는 어떻게 해방의 정치, 변혁의 정치와 접합될 수 있는가? 이는 진보 정치의 가능성을 모색하는 사람이라면 누구도 비껴 가지 못할 질문일 것이다. 그리고 이런 질문들을 숙고할 수 있게 해준다는 점에서 이 책은 많은 독자들에게 흔치 않은 독서의 기회가 될 수 있을 것이다.

***

번역에 관해 한마디 간단히 해두고 싶다. 이미 『헤겔 또는 스피노자』의 「옮긴이 후기」에서 말한 것처럼 국내에는 스피노자 전공자가 극히 드문 편이지만, 상대적으로 스피노자 철학에 대한 대중들의 관심은 점점 늘어 가고 있다. 이는 알튀세르와 들뢰즈, 발리바르나 네그리 같은 현대의 주요 이론가들이 스피노자 철학에서 자신들의 이론적 원천을 얻고 있기 때문일 것으로 짐작된다. 그러나 그동안 비전공자들이 스피노자 철학을 소개하고 또 스피노자에 관한 현대의 중요한 연구 성과들을 번역하다 보니까, 스피노자 철학에 관한 이런저런 이론적인 오해들이 생겨나고 스피노자의 용어들에 대한 부적절한 번역어들이 널리 사용되는 일이 일어나곤 했다.

이런 점을 감안하여 이 책에서는 번역에도 나름대로 신경을 썼지만, 특히 스피노자 철학 및 정치학의 용어들을 우리말로 옮기는 일에 노력을 기울였다. 그 결과 스피노자의 원전이 아닌 스피노자에 관한 해설서로서는 다소 많은 분량의 용어 해설을 싣게 되었다. 현재 통용되고 있는 그릇된 번역어들을 교정하고 앞으로 이루어질 스피노자 원전 번역을 대비하려는 한 가지 자세로 이해해 주길 바란다.

그리고 이 책에서 내가 제시한 번역어나 그에 대한 해설은 말 그대로 하나의 제안일 뿐이라는 점도 염두에 두길 바란다. 이는 스피노자 철학의 이런저런 주제들만이 아니라 그의 여러 용어들에 대한 토론이 활발히 이루어지길 바라는 소망의 표현이며, 앞으로 더 적절한 번역어가 제시된다면 얼마든지 그 용어들을 수용하겠다는 뜻이기도 하다. 독자들의 많은 관심과 조언을 바란다.

마지막으로 이 책을 내기까지 여러 가지로 도움을 준 분들에게 고마움의 말을 전하고 싶다. 우선 2004년 여름/가을 동안 이 책과 관련된 공부 모임에 참여해서 부지런히 관련 글들을 발제해 주고, 발리바르 및 기타 이론가들에 관한 논의에도 열심히 참여해 준 강희경, 김문수, 김은주, 김지홍, 손찬국, 안준범 선배, 이보경 선배, 이재환, 정재화, 주재형, 한형식 등에게 감사하고 싶다. 그들의 도움 덕분에 혼자서는 미처 이해하지 못했던 많은 점들을 깨우칠 수 있었다.

어려운 상황에서도 출판을 맡아주시고 이 책이 무사히 출간될 수 있도록 그야말로 물심양면으로 애써주신 이제이북스의 전응주 사장님에게는 어떻게 감사의 말을 전해야 할지 모르겠다. 원고가 인쇄소에 넘어가기 직전까지 옮긴이에게 계속 시달림을 당한 편집부 직원분들에게는 위로와 감사의 말을 함께 전하고 싶다. 그들의 꼼꼼한 눈과 섬세한 손길 덕택에 거친 원고가 제법 모양을 갖추게 된 것 같다.

책을 오래 기다려 주고 격려와 조언을 아끼지 않은 여러 독자분들 덕분에 부족한 능력이지만 번역을 무사히 마칠 수 있었다. 그분들에게 이 책이 유익한 독서의 기회가 될 수 있기를 바랄 뿐이다.

2005. 5. 17.

옮긴이

용어 해설

관개체성貫個體性, transindividualité

2부 세번째 논문 제목의 일부를 이루고 있고 발리바르의 스피노자 해석의 핵심 개념이기도 한 'transindividualité', 곧 관개체성 개념은 프랑스의 철학자인 질베르 시몽동Glibert Simondon, 1924~1989이 철학적으로 체계화한 개념이다. 시몽동은 프랑스 바깥에는 거의 알려져 있지 않은 철학자이지만, 구조주의 운동에 중요한 이론적 동력을 제공해 준 사람 중 한 명이다. 그는 생전에 국가박사학위 주논문의 일부인 『개체와 그 물리·생물학적 발생』*L'individu et sa genèse physico-biologique*, PUF, 1965, 그리고 부논문인 『기술적 대상들의 존재 양식에 대하여』*Du mode d'existence des objets techniques*, Aubier-Montaigne, 1969[국역 : 김재희 옮김, 그린비, 2011] 두 권만을 출간했고, 그의 사후에도 국가박사학위 주논문의 나머지 부분인 『심리·집합적 개체화』*L'individuation psychique et collective*, Aubier, 1989만 출간되었을 정도로 과작寡作의 철학자이지만, 그가 사망한 이후 이 세 권의 저작은 프랑스 철학계에 점점 더 많은 영향을 미치고 있다.

시몽동 철학의 핵심 과제는 개체를 원초적인 실체로 간주하지 않고, 그 발생 과정 속에서, 곧 개체화 과정 속에서 파악하는 데 있다. 이를 위해 시몽동은 개체 및 개체화individuation를 사고하는 서양 철학의 두 전통, 곧 아리스토텔레스에서 유래하는 질료형상론과 원자론을 비판하고 있다. 그에 따르면 이 두 전통은 이미 형성된, 또는 더 이상 분해될 수 없는 원초적인 단위로서 개체에서 출발하여 한 개체가 시공간 상에서 변화를 겪는 양상들이나 다른 개체들과 맺는 관계(이것이 일반적인 의미의 개체화다)를 사고하려 한다는 점에서 공통적인 한계를 지니고 있다.

이런 철학 전통에 맞서 그는 개체는 원초적 실체, 기원이 아니라 개체에 구조적으로 앞서 개체를 생산하는 과정, 곧 개체화 과정에 의해 생산된 **결과**라고 주장한다. 그런데 이렇게 되면, 개체화 과정에 의해 개체들로 산출되는 것, **그것**은 무엇인가, 곧 개체화되기 이전에 **존재하는 그것**은 무엇인가라는 질문이 불가피하게 제기된다. 시몽동은 이처럼 개체에 앞서는 이것을 "선先개체적 존재"être préindividuel라고 부른다. 시몽동에 따르면 이러한 선개체적 존재는 "하나 이상", 곧 "통일성/단위 이상이자 동일성 이상"(Simondon, 『개체와 그 물리·생물학적 발생』*L'individu et sa genèse physico-biologique*, Jérôme Millon, 1989, p. 30)인 것이다. 왜냐하면 개체들에 대해서만 하나나 통일성 또는 정체성에 대해서 말할 수 있으므로, 개체화 이전에 존재하는 이 선개체적 존재는 정의상 하나, 통일성, 정체성을 지니지 않기 때문이다.

하지만 선개체적 존재는 이처럼 부정적으로만 파악되는 것은 아니다. 우리가 선개체적 존재를 단순히 '하나 아님'non-un이 아니라 '하나 이상' 또는 '통일성/단위 이상이자 동일성 이상'으로 부를 수 있다면, 이는 선개체적 존재가 고정된 동일성을 갖는 개체들 이상의 어떤 것을 갖고 있음을 의미한다. 곧 시몽동이 말하는 선개체적 존재는 **이행/변화의 역량**, 퍼텐셜 자체로서, 이는 개체화 과정을 가능하게 하는 동력일 뿐만 아니라, 개체화 과정을 통해 산출된 개체가 자기 차례에서 멈추지 않고 계속 자신을 재생산하거나 변화시킬 수 있게 하는, 또는 자기 자신을 변화시킴으로써 재생산하거나 일정한 임계점을 통과하면 스스로 변화되도록 하는 힘이다(따라서 데리다식으로 말한다면, 시몽동의 '하나 이상'plus qu'un이라는 개념은 또한 동시에 '더이상 하나 아님'ne plus qu'un이기도 하다라고 말할 수 있다).

시몽동은 열역학에서 빌려 온 준안정성^{métastabilité}이라는 개념을 통해 선개체적 존재의 의미를 구체적으로 해명하고 있다. 열역학 또는 양자역학에서 말하는 준안정적인 상태란 체계의 변수들 중 하나(가령 압력, 온도 따위)가 최소한으로 변동되기만 해도 평형 상태가 깨지는 상태를 가리킨다. 쉬운 사례를 하나 든다면, 이른바 '과냉각액체'^{supercooling liquid}로 남아 있는 물, 곧 0℃ 이하에서도 얼지 않고 계속 액체 상태로 남아 있는 물 같은 경우가 여기에 해당하는데, 이 물은 약간의 충격만 가해도 바로 얼어 버린다. 시몽동에 따르면 선개체적 존재는 바로 이처럼 준안정적인 상태에 있는 체계 일반을 가리킨다. 따라서 선개체적 존재는 서로 긴장상태에 있는 이질적인 퍼텐셜들(예컨대 액체와 고체)의 집합이라고 볼 수 있으며, 퍼텐셜들의 긴장이 해소되는 것, 곧 '위상변화'^{déphasage}를 통해 퍼텐셜들이 서로 다른 수준, 서로 다른 위상의 체계로 해소되는 것이 바로 개체들의 생성이다.

따라서 선개체적 존재는 단순히 개체에 시간적으로 앞서는 상태가 아니라, 개체 안에서 개체의 존속 및 변화를 이끌어 가는 퍼텐셜 또는 역량의 의미로 이해되어야 한다(그리고 이 때문에 'préindividuel'은 전前개체적이라고 해서는 안 되며, 구조적으로 우선한다는 의미에서 선先개체적이라고 번역하는 게 적합하다).

관개체성 개념은 『심리·집합적 개체화』에 등장하는 개념으로서, 원래는 심리적 개체화와 집합적 개체화라는 두 가지 개체화 사이의 관계, 또는 오히려 인간의 개체화의 두 측면 사이의 관계를 해명하기 위해 제시된 것이다. 곧 이 개념은 정신 또는 심리활동은 인간의 내면을 이루고(심리주의), 사회 또는 다른 인간들과의 관계는 인간의 외면을 이룬다고 보는(사회학주의) 대개의 이원론적 관점을 극복하는 것을 목표로 하는 개념이다. 하지만 발리바르는 이 책의 2부 두번째 논문인 「스피노자에서 개체성과 관개체성」에서 시몽동의 이 개념을 빌려 와서 스피노자 철학, 특히 그의 '존재론'을 체계적으로 재구성하는 데 활용하고 있다. 따라서 발리바르는 이 개념을 시몽동이 원래 사용하던 맥락보다 좀더 넓은 '존재론' 일반의 영역으로 확장하고 있는 셈이다. 그리고 이런 의미에서 본다면 발리바르가 사용하는 관개체성 개념은 시몽동이 말하는 일차적 개체화/이차적 개체화(또는 발리바르의 용어법대로 하면 개체화/개성화)를 포괄하는 개체화 과정 전체를 지시하는 개념으로 볼 수 있다.

'관개체성'의 원어는 'transindividualité'인데, 이를 우리말로 옮기는 것은 쉽지 않다. 윤소영 교수는 이 개념을 '초개인성'이라고 번역하는데, 이는 몇 가지 이유에서 부적합하다. 첫째, 'individualité'는 '인간 개인'에 국한된 개념이 아니라, 일반적인 '존재론적'(또는 발리바르의 표현을 따르자면 '비非존재론적'mé-ontologique) 함축을 지닌 개념이기 때문에, '개인성'보다는 '개체성'으로 번역하는 게 옳을 것이다. 둘째, 이 개념의 접두어인 'trans-'는 '초월'이라는 의미를 갖는다기보다는 오히려 'traverser'라는 단어처럼 '가로지르다', '관통하다'는 의미, 또는 'transformer'라는 단어처럼 '전환하다', '형태가 변화하다'라는 의미를 갖는다. 더욱이 위에서 살펴본 것처럼 'trans-'는 선개체적인 준안정상태의 퍼텐셜이 나중에 성립된 개체들을 관통하여 존립하고 있고, 더 나아가 이 퍼텐셜이 개체의 형태들을 변화시키는 동력으로 작용한다는 의미를 담고 있다는 점도 고려해야 한다. 셋째, 더 나아가 이 접두어는 부분과 전체, 개체와 우주, 개인과 국가/사회 등과 같이 미리 독립적으로 존재하는 실체적 항들 사이에서 이루어지는 **추상적 관계** 개념을 해체하려는 의미를 지니고 있기 때문에, 'trans-'의 집합적 측면만을 강조하는 '초-'라는 번역은 다소 일방적이라고 할 수 있다.

따라서 'trans-'라는 접두어가 지닌 다의적 의미를 살리고, 무엇보다도 이 개념이 기계론 및 유기체론(또는 사회학주의와 심리학주의)에 맞서 관계의 우월성 내지는 원초성을 표현하고 있다는 점을 감안하여, 우리는 이를 '관貫'이라는 단어로 번역했다. 'trans-'가 갖고 있는 복합적 의미를 모두 담기에는 한계가 있지만, 개체를 관통하는 퍼텐셜 또는 역량의 흐름을 표현해 줄 수 있다는 점에서 '초'나 '횡단' 등보다는 좀더 적절한 역어라고 생각한다.

국가imperium/Respublica/Civitas

스피노자 정치학에서는 오늘날 우리가 '국가'(영어로는 state, 불어로는 état)라고 부르는 것을 가리키기 위해 키비타스civitas와 레스푸블리카respublica, 임페리움imperium이라는 세 가지 상이한 용어가 사용되고 있다. 스피노자는 『정치론』3장 1절에서 이 용어들에 대해 간단한 정의를 내리면서 이 세 가지 용어를 구분하고 있다.

> 어떤 유형의 것이든 간에 임페리움imperii이 있는 상태는 사회 상태status civilis[또는 본문에서 발리바르가 번역한 대로 하면 시민사회]를 가리킨다. 임페리움의 몸체 전체는 키비타스라 불린다. 임페리움을 보유하고 있는 이의 지도에 의존하는 임페리움의 공통의 업무는 레스푸블리카라 불린다.

이 정의에서 우리가 알 수 있는 것은 우선 국가의 내포를 규정하는 것은 임페리움이고, 이러한 내포에 상응하는 국가의 외연은 키비타스라는 점이다. 곧 이 정의에 따를 경우 정치적 질서('사회 상태')로서 국가를 규정하는 것은 임페리움이며, 이러한 임페리움이 적용되는 '몸체 전체'integrum corpus가 바로 키비타스인 것이다. 이런 의미에서 본다면 임페리움은 내용상 '주권'summa potestas이나 '통치권'과 다르지 않다는 것을 알 수 있으며, 사실 스피노자는 『정치론』에서 주권이라는 사태를 가리키기 위해 임페리움이라는 용어를 자주 사용하고 있다. 그리고 끝으로 위의 정의에 따를 경우 레스푸블리카는 임페리움, 곧 주권의 보유자의 결정에 따라서 이루어지는 국가의 활동을 총칭해서 부르는 개념이라는 점을 알 수 있다.

이런 구분을 잘 염두에 둔다면 본문에 나오는 발리바르의 다음과 같은 주장을 좀더 분명하게 이해할 수 있다.

국가 개념은 지배장치imperium와 함께 공화적 성격respublica을 내포한다. 다시 말해 신민의 조건은 **시민성**, 곧 민주주의 국가가 충분하게 발전시키는 능동성(과, 평등성이 능동성과 비례적인 한에서, 평등성)을 전제한다. (이 책, 58쪽)

더 나아가 이런 구분법은 『신학정치론』과 『정치론』에서 볼 수 있는 스피노자의 다소 상반된 주장의 진의를 좀더 분명히 이해할 수 있게 해준다. 스피노자는 『신학정치론』 20장에서 "그러므로 사실 레스푸블리카의 목적은 자유다"(모로판, 636쪽)라고 선언하고 있는데, 『정치론』에서는 다음과 같이 주장하고 있다. "사회 상태의 목적은 평화 및 생활의 안전과 다른 어떤 것이 아니다."quilfine status civilis] nullus alius est quam pax vitaeque securitas(『정치론』 5장 2절) 만약 우리가 'respublica'와 'status civilis'를 구분하지 않고 모두 '국가'로 이해한다면, 전자는 '국가의 목적은 자유'라고 주장하는 데 반해, 후자는 '국가의 목적은 평화 및 생활의 안전'이라고 주장하는 게 된다. 그리고 몇몇 주석가들은 이러한 차이를 『신학정치론』과 『정치론』이 보여 주는 입장 변화의 한 증거로 해석하기도 한다. 하지만 우리가 스피노자가 정의한 대로 두 용어를 구분해서 이해한다면, 이는 그리 명확한 증거로 보기는 어렵다. 스피노자가 이미 『신학정치론』에서 『정치론』 5장 2절의 주장과 거의 유사한 주장을 하고 있다는 점을 고려하면 더욱 그렇다. "왜냐하면 전체 사회 및 전체 국가의 목적은 …… 안전하고 편리하게 살아가는 것이기 때문이다."nam finis universae societas & imperii est …… secure & commode vivere(『신학정치론』 3장 6절, 모로판, 158쪽).

발리바르는 이 책에서 'imperium'이라는 용어를 '통치권'이나 '국가권력' 또는 '국가' 등과 같이 비교적 다양한 용어로 번역해서 사용하고 있고, 'civitas'와 'respublica'는 대부분 '국가'로 번역해서 사용하고 있다. 하지만 때로 'respublica'는 '공화국'으로 이해할 때 좀더 의미가 정확해진다는 점을 유념하기 바란다.

마지막으로 imperium과 관련하여 하나 더 주목해 둘 만한 표현법이 있다. 스피노자는 『윤리학』 3부 「서문」 및 『신학정치론』 몇 군데에서 '국가 속의 국가'로 번역될 수 있는 'imperium in imperio'라는 말을 사용하고 있다. 이는 인간이 자연의 일부임에도 마치 인간이 자연과 분리된 그 자신만의 독립적인 본성과 세계를 지니고 있는 듯이 생각하는 가상을 가리킨다. 곧 사람들은 대개 자기 자신을, 자연이라는 국가 안에서 그와 별개의 또 다른 국가를 이루고 있는 것처럼 생각한다는 뜻이다.

놀람/경탄admiratio/admiration

'admiration'은 일상 어법에서는 보통 '경탄'이나 '찬양' 같은 의미로 사용되는 말이지만, 데카르트나 스피노자 철학, 특히 그들의 정념 이론(따라서 인간학 및 정치학)에서는 고유한 개념적 의미를 지니고 있다.

데카르트는 정념passion을 여섯 가지 기초 정념들passions primitives로 분류하는데, 이 중 첫번째 기초 정념이 바로 admiration이다. 그러나 이때의 admiration은 경탄이나 찬양 등을 의미하지 않으며, '놀람'을 뜻한다. 곧 알려지지 않은 외부 실재와 처음으로 마주쳤을 때 마음이 느끼는 놀라움의 감정이 바로 admiration이다. 따라서 이는 이로움과 해로움이 알려지지 않은 상태에서 생겨나는 정념 또는 좀더 일반적으로는 자신의 반대항을 갖지 않는 정념이다. 이런 의미에서 단순성을 정념 분류의 기준으로 삼는 데카르트에게 admiration은 제일 첫번째 정념이 된다.

반대로 정확히 같은 이유, 곧 아직 이롭지도 해롭지도 않고, 따라서 우리의 역량의 증대나 감소와 무관하다는 바로 그 이유 때문에, admiration은 스피노자에게는 정념으로 분류되지 않고 상상의 한 종류로 간주된다. 스피노자에게 정서는 바로 역량의 증대나 감소를 낳는 것으로 정의되기 때문이다. 더욱이 데카르트와는 달리 스피노자에게 admiration은 알려지지 않는 외부 실재와의 마주침을 함축한다는 바로 그 이유 때문에 사람들을 더욱 수동적으로 만드는 것이 된다. 왜냐하면 사람들의 인식이 부적합할수록 사람들의 수동성은 더욱 강화되는데, admiration은 새로운 어떤 것과의 마주침을 뜻하기 때문에 다른 관념들과 연결되기 어려우며, 이러한 연관의 부재는 필연적으로 실재에 대한 부분적이고 단편적인 인식, 곧 부적합한 인식을 낳기 때문이다.

그렇지만 admiration이 반드시 부정적인 의미만 갖는 것은 아니며, 적어도 『신학정치론』에 나타나는 이 개념의 용법을 고려하면 그렇다. 『신학정치론』에서는 admiration에 관해 적어도 두 가지 상이한 용법을 볼 수 있다. 곧 admiration은 한편으로는 놀람이라는 의미로 사용되기도 하고 다른 한편으로는 찬양이나 경탄의 의미로 쓰이기도 한다.

예컨대 『신학정치론』의 「서문」에 나오는 다음과 같은 용법은 admiration이 '놀람'의 의미로, 게다가 우중vulgus과 관련된 의미로 쓰이고 있다는 것을 잘 보여 준다.

게다가 만약 그들이 커다란 놀라움과 함께cum admiratone 신기한 어떤 것을 본다면, 그들은 이것을 신이나 지고한 신성의 분노를 드러내는 기이한 징조라고 믿게 된다. (모로판, 56~58쪽)

[종교가 타락한 이후] 신전 자체는 연극무대로 타락해서, 사람들은 더는 여기에서 교회 교사들의 가르침이 아니라 연설가들의 말만 듣게 되는데, 이들은 사람들을 가르치기보다는 경탄으로써 그들을 매혹시키고 자신들의 견해에 따르지 않는 사람들은 공개적으로 비방하고, 우중이 가장 찬양해마지 않는maxime admiraretur 새롭고 신기한 것들만을 가르칠 뿐이다. (모로판, 64쪽)

이러한 용례에서 admiration은 일차적으로 무지와 관련된 놀람이라는 의미를 갖고 있으며, 무지로 인해 생겨나는 놀람은 곧잘 경탄이나 찬양으로 연결되어 예속의 도구로 활용되기도 한다는 것을 알 수 있다.

하지만 반대로 다음과 같은 용례는 admiration이 반드시 예속의 도구로만 사용되지는 않음을 보여 준다.

신은 유일하다.

신이 헌신devotio, 곧 사랑과 경탄의 지고한 대상이 되기 위해서 이러한 교의가 필요하다는 점은 조금도 의심할 수 없다. 왜냐하면 다른 모든 존재들에 대한 한 존재의 우월성이야말로 그에 대한 헌신, 곧 경탄과 사랑을 낳기 때문이다. (모로 판, 475쪽)

스피노자는 여기서 보편 신앙을 위한 교의, 곧 참된 종교를 확립하기 위해 필요한 최소의 공통통념들을 열거하고 있으며, 그중 하나로 '신은 유일하다'는 것을 들고 있다. 왜냐하면 이러한 명제 또는 공통통념이야말로 사람들의 헌신을 이끌어 내기에 가장 적합한 것이기 때문이다. 따라서 이런 의미에서 본다면, 경탄 또는 적어도 사랑과 결부된 경탄(곧 헌신)은 긍정적인 효과를 낳는 정서적 동력이 될 수 있다. (발리바르가 본문 152쪽에서 지적하고 있는 것이 바로 이것이다)

하지만 이 경우에도 경탄이나 찬양은 상상적인 놀람을 전제한 가운데 생겨나는 감정이기 때문에, 논리적으로는 『윤리학』에서 정의한 admiration의 의미를 내포한다고 할 수 있다.

대중들multitudo ; masses

'multitudo'는 지난 1980년대 이후 스피노자 정치학의 핵심 개념으로 등장한 개념이다. '많은', '다수의' 또는 '큰'이라는 뜻을 지닌 'multus'에서 유래한 이 용어는 17세기 정치철학자들, 특히 홉스와 스피노자의 저작에서 중요한 위치를 차지하고 있다.

홉스의 경우 물티투도는 법제도의 틀 안에서 구성된 인민^{people}과 대립하는 것으로서, 고유한 정치적 실재성을 지니지 못한 '군중' 내지는 '무리'(『시민론』^{De} ^{Cive} 영역본에서는 이를 'crowd'로 번역하고 있다. Hobbes, *On the Citizen*, ed. & trans. Richard Tuck, Cambridge University Press, 1998 참조)라는 의미를 지닌다. 따라서 홉스 정치학의 원칙에 따를 경우 물티투도는 적법한 정치적 지위를 갖지 못하고 심지어 전혀 정치적 행위를 수행할 수도 없다. 이 때문에 물티투도는 정치학의 대상이 될 수 없지만, 불법적인 소요와 폭력으로 정치적 질서를 위협한다는 점에서는 홉스 정치학이 꼭 해결해야 할 중요한 문제 중 하나였다. 홉스는 물티투도를 서로 독립해 있는 '다수의 개인들' 또는 '다수의 의인^{疑人}들persons'로 해체함으로써 이 과제를 해결하려고 했다(이 문제에 관한 좀더 자세한 논의는 진태원, 「스피노자 정치학에서 사회계약론의 해체 I:『신학정치론』에서 홉스 사회계약론의 수용과 변용」,『철학사상』 제17호, 2004 참조).

반면 스피노자는 물티투도에 대해 좀더 미묘한 태도를 보여 준다. 정치학에 관한 스피노자의 첫번째 주저인 『신학정치론』에서 이 개념은 단 세 차례만 사용되고 있으며, 거의 이론적 논의의 대상이 되지 않고 있다. 하지만 6년 뒤에 씌어진 『정치론』에서는 사용 빈도도 늘어날뿐더러, 스피노자의 논의의 핵심 대상으로 등장한다. 『정치론』에서 이 개념은 한편으로 주권 또는 통치권을 규정하는 위치에 놓인다. "**대중들의 역량에 의해 정의되는** 법/권리를 보통 통치권^{imperium}이라 부른다. 공동의 동의에 따라 국정의 책임을 맡은 이가 이 통치권을 절대적으로 보유한다."(『정치론』 2장 17절, 강조는 인용자. 또한 3장 2절, 7절, 9절도 참조) 하지만 다른 한편으로 스피노자는 물티투도를 결코 자기통치적인 주체로 간주하지는 않는다. 그는 물티투도의 삶을 지배하는 정념적인 동요에 대해 두려움을 품고 있었고, 이를 조절하고 제어할 수 있는 제도적인 매개를 추구했다. 따라서 『정치론』에서 물티투도는 기본적으로 양가적인 성격을 지니고 있다고 볼 수 있다.

1980년대 이후 물티투도 개념이 스피노자 정치학의 핵심 개념으로 등장하게 된 것은 이탈리아의 정치철학자인 안토니오 네그리의 『야생의 별종』(1981)이라는 저서와 발리바르의 「스피노자, 반오웰」(1982)이라는 논문 덕분이다. 그러나 이 두 사람은 물티투도 개념이 단지 스피노자 정치학만이 아니라 스피노자 철학 전체에 대해 결정적인 중요성을 지니고 있다는 점을 긍정한다는 점에서는 일치하지만, 어떤 점에서 이 개념이 중요한가에 관해서는 상당히 다른 입장을 보여주고 있다. 이 문제는 이 책 2부에 수록된 「스피노자, 반오웰」에서 좀더 자세하게 다루고 있으므로 여기서는 간단하게 몇 가지 점만 지적하겠다.

첫째, 두 사람은 물티투도 개념이 스피노자의 철학 체계 전체를 새롭게 고찰하는 계기를 제공해 준다고 본다는 점에서는 일치한다. 네그리는 물티투도 개념이 실체, 속성 같은 초월적인 형이상학의 범주들 없이 유한양태들의 차원에서 완전한 구성의 존재론을 전개할 수 있게 해준다는 점을 중시하며, 이 때문에 이 개념이 스피노자의 철학 체계를 '재정초'하는 역할을 담당한다고 본다. 반면 발리바르에게 대중들이라는 개념의 중요성은 이 개념이 『윤리학』 1부와 2부에서 전개된 스피노자의 철학, 특히 그의 '존재론'을 대체할 수 있게 해준다는 점에 있지 않고, 오히려 '존재론'에서 자연학, 그리고 인간학에서 정치학에 이르는 스피노자의 철학 체계를 관개체성의 관점에서 재고찰할 수 있게 해준다는 점에 있다.

둘째, 네그리는 물티투도를 일종의 정치적 주체, 더 나아가 해방 운동의 주체로 간주하는 데 비해, 발리바르는 물티투도가 근본적으로 양가적이라고 주장한다는 점에서 두 사람은 큰 차이를 보인다. 좀더 정확히 말하면 네그리는 스피노자의 물티투도가 현대 사회학의 주요 주제 중 하나인 '대중'masse이나 '군중'crowd과 구분되는 존재론적 위상을 지닌다고 본다. 곧 대중이나 군중은 자신의 독특성을 상실한 익명적인 개인들의 집합, 따라서 지배장치에 포섭되어 있는 수동적인 집단을 가리키는 데 반해, 스피노자의 물티투도는 능동적인 역량과 독특성을 지닌 개인들의 결합체를 의미한다는 것이다. 따라서 네그리는 물티투도는 초월적인 통일성으로 환원되지 않는 자율성을 지닌 다수의 독특한 개인들의 결합체라는 점에서 해방 운동의 정치적 주체로 간주되어야 한다고 주장한다. 반면 발리바르는 스피노자의 물티투도는 '존재론적'으로 토대의 위치에 있기는 하지만 수동적인 집단으로서 '대중'이나 '군중'이라는 차원도 포함하고 있다고 간주한다. 그리고 발리바르에 따르면 물티투도에 고유한 이러한 양가성·이중성은 결코 부정적인 것만은 아니다. 왜냐하면 이는 스피노자의 역량의 존재론이 관계론적 존재론이라는 것, 곧 능동과 수동의 끊임없는 변이과정이라는 것을 반영할 뿐만 아니라, 적대와 갈등을 환원 불가능한 정치의 요소로서 사고할 수 있게 해주기 때문이다. 따라서 발리바르에게 물티투도의 양가성이라는 관점의 중요성은 정치를 막연한 유토피아적(또는 목적론적) 이상이 아니라 실질적인 개조와 변혁 운동으로 사고할 수 있게 해주는 개념적 토대가 된다는 점에 있다.

셋째, 이러한 차이점은 두 사람이 선호하는 용어법의 차이로 이어진다. 네그리는 스피노자가 사용하는 라틴어 multitudo를 줄곧 'multitude'라고 번역해서 사용한다. 그리고 국내의 네그리 연구자들은 다시 이를 '다중'多衆이라는 말로 번역하고 있다. 이는 물티투도가 지닌 '다수, 여럿'의 의미(곧 주권의 초월적 '하나'에 대립하는)를 포함하면서 동시에 네그리의 주장과 일치하게 물티투도를 정치적 주체로 간주한다는 점에서 나름대로 일리가 있는 번역어라고 볼 수 있다. 반면 발리바르는 이 책 2부에 수록된 세번째 논문의 한 각주에서 물티투도에 대한 가장 좋은 번역어는 'masses', 곧 '대중들'이라고 분명히 지적하고 있으며, 스피노자의 물티투도 개념을 (단수로 쓰인) 'multitude', 곧 '다중'으로 번역하는 데 대해 명시적으로 반대하고 있다. 이는 스피노자의 물티투도 개념이 지닌 이중성 내지는 양가성을 보존하기 위한 태도라고 볼 수 있다. 따라서 라틴어 원어는 하나인 데 반해, 이 용어에 대한 적어도 두 가지 상이한 현대적 번역과 용법이 존재하는 셈이다.

그런데 이 책의 경우에는 또 다른 번역의 어려움이 존재한다. 왜냐하면 발리바르는 이 책에 수록된 글들에서 물티투도를 몇 가지 상이한 불어 단어('masse'와 'masses', 그리고 'multitude')로 번역하고 있고 있기 때문이다. 따라서 비록 발리바르가 'masses', 곧 '대중들'이라는 번역을 물티투도에 대한 최상의 번역어로 제시하고 있기는 하지만, 이 책에서는 이처럼 다양한 번역어들이 혼재되어 있는 점을 감안해서 발리바르가 'masse'라고 번역할 때는 '대중'으로, 'masses'로 번역할 때는 '대중들'로, 그리고 'multitude'로 번역할 때는 '다중'으로 각각 번역했다.

동일시/정체화 identification

현대 인문사회과학에서 사용되는 'identification'(독일어로는 'Identifizierung')이라는 개념은 프로이트의 정신분석에서 유래하는 개념이다. 이 개념은 사전의 정의에 따른다면 "어떤 주체가 다른 사람의 모습이나 특성이나 속성을 동화시켜, 전체적으로나 부분적으로 그 사람을 모델로 자신을 변화시키는 심리과정. 인격은 일련의 동일시에 의해 구성되고 분화된다"(장 라플랑슈·장 베르트랑 퐁탈리스,『정신분석 사전』, 임진수 옮김, 책세상, 2005, 118쪽)를 뜻한다.

가장 넓은 의미로 이해한다면, identification은 어떤 사람이나 사물과 자신 사이에 유사성이 있음을 인지하는 행위, 더 나아가 그 사람이나 사물과 자신을 (인지적으로든 감정적으로든) 동일시하는 행위를 가리킨다. 가령 집단적인 대중이 어떤 정치 지도자나 유명 인물에 대해 열광하며 자신들과 동일시하는 경우가 이에 해당한다. 그런데 좀더 근본적인 정신분석의 관점에서 본다면 identification은 단순히 이런 의미의 동일시에 그치는 게 아니라, 이러한 동일시를 통해 자신의 동일성/정체성을 구성하는 행위나 과정을 뜻한다. 오이디푸스 콤플렉스를 통과하는 과정에서 아이가 부모를 동일시의 대상으로 삼고 부모를 따라 자신의 동일성/정체성을 형성하게 되는 것이 그 대표적인 사례다.

따라서 identification을 단순히 '동일시'라고 번역하는 것(위에서 인용한 국역본 『정신분석 사전』에서도 이렇게 번역하고 있다)은 이 개념이 지니고 있는 의미를 충분히 담아내기 어렵기 때문에, **동일성/정체성 형성**이라는 의미까지 번역어에 포함시키는 게 옳을 것 같다. 이런 의미에서 우리는 이 단어를 '동일시/정체화'라고 번역했다.

발리바르는 스피노자의 인간학 및 사회심리학을 이해하는 데 프로이트가 고안하고 발전시킨 '동일시/정체화' 개념을 활용할 수 있다고 보고 있으며, 더 나아가 스피노자 자신이 이미 독자적으로 이 개념에 상당하는 이론을 발전시킨 것으로 본다. 실제로 스피노자의 정서들의 모방 개념은 그 나름의 고유한 방식으로 동일시/정체화 개념을 보여 준다고 할 만하다.

마음animus - 정신mens

우리가 '마음'과 '정신'이라고 번역한 'animus'와 'mens'는 17세기 철학에서 매우 널리 사용된 심리학 용어들 중 일부다(이외에도 'anima', 'cor', 'spiritus' 같은 용어들도 자주 사용되고 있다). 이 두 용어는 모두 전통 라틴어 어휘에서 빌려 온 것들이며, 따라서 전통적인 의미와 용법, 특히 중세 기독교 문화의 흔적들을 강하게 포함하고 있다. 그리고 바로 이 때문에 이 개념들의 정확한 의미를 파악하기가 어려울뿐더러, 특히 이 개념들에 대한 적절한 번역어를 선택하는 일이 더욱 힘들게 된다.

왜냐하면 (데카르트, 홉스 같은 경우도 마찬가지이기는 하지만) 스피노자는 자신의 고유한 어휘를 창안해서 자신의 철학을 표현하는 대신, 당대에 널리 사용되던 라틴어 어휘들을 빌려 와서 그것들에 자신의 고유한 의미를 부여해서 사용하고 있기 때문이다. 따라서 단어는 똑같은 단어지만, 당대의 일상 어법에서 이 용어들이 지니던 의미나 다른 철학자·사상가들이 이 용어들에 부여하는 의미와, 스피노자가 이 용어들에 부여하는 의미가 상당히 달라지는 일이 생겨난다. 더 나아가 스피노자의 사상이 초기 저작에서 후기 저작으로 넘어가면서 상당한 변화를 보임에 따라 불가피하게 이러한 용어들의 용법이 상당히 달라진다는 점도 이 개념들의 의미를 이해하는 것을 어렵게 만든다.

두 개념 가운데 좀더 많이 논의되는 것은 바로 '멘스'^{mens} 개념이다. 이 개념은 사실 데카르트 철학이 이룩한 혁신을 대표하는 개념 가운데 하나로 간주될 수 있을 만큼 중요한 의미를 갖고 있다. 왜냐하면 멘스는 사유와 연장, 정신과 물질의 이원론을 대표하는 개념 중 하나이기 때문이다. 곧 데카르트에게 멘스는 연장 및 물체와는 전혀 무관한, 순수하게 사유 속성의 질서에 속하는 '사유하는 실재'$^{res\ cogitans}$를 가리키며, 따라서 정신적 실체인 멘스는 중세 스콜라철학에서 말하는 '신체의 형상'$^{forma\ corporis}$인 '영혼'^{anima}과 달리 생장과 발육, 운동의 원리 같은 생물학적·물질적 기능과 분리되어 있다(라이프니츠는 데카르트에 맞서 '신체의 형상으로서 영혼'이라는 생각을 복권시킨다).

스피노자는 이러한 데카르트의 용법을 받아들이고 있으며, 어떤 의미에서는 데카르트보다 훨씬 더 일관성 있게 이러한 용어법을 준수하고 있다. 이는 몇 가지 사실을 통해 입증될 수 있다.

첫째, 데카르트는 (신학적인 검열을 피하기 위한 방편이기는 하지만)『성찰』의 라틴어 제목에서 여전히 정신을 가리키기 위해 '영혼'이라는 의미를 지니는 아니마라는 단어를 사용하고 있다(우리가 이탤릭체로 굵게 표시한 데서 알 수 있듯이 초판(1641년)의 제목 "Renati Descartes Meditationes de prima philosophia in qua(원문 그대로) Dei existentia et *animae* immortalis demonstratur"에서는 '영혼 불멸'에 관한 부분에서, 그리고 재판(1642년)의 제목 "R. D. Meditationes de prima philosophia, in quibus Dei existentia et *animae* humanae a corpore distinctio demonstratur"에서는 '인간 영혼과 신체의 구분'에 관한 부분에서 아니마가 사용되고 있다). 반면 스피노자는『데카르트의 철학원리』(1663) 및 그 부록인『형이상학적 사유』다음부터는 '정신'을 가리키기 위해 항상 '멘스' 개념을 사용하고 있다. "나는 아니마보다는 멘스라고 말하는데, 왜냐하면 아니마라는 단어는 애매

할뿐더러, 이 용어는 자주 물질적 실체를 지시하기 위해 사용되기 때문이다."
(『데카르트의 철학원리』1부 정의 6)

둘째, 데카르트는 불어로 쓴 『정념론』*Passions de l'âme, 1649* 라틴어 번역본에서 제목을 'Passiones animae'로 표시함으로써, 다시 한번 정신(이번에는 '정념들'의 관점에서 파악된 정신)을 표현하기 위해 아니마라는 단어에 의존하고 있다. 반면 스피노자는 데카르트의 저작인 『정념론』을 가리킬 경우에는 라틴어 제목 그대로 'Passiones animae'라는 말을 사용하고 있지만(『윤리학』5부 「서문」참조), 자신의 이론적 논의의 맥락에서 정념들을 가리킬 경우에는 'Passiones animi'라는 말을 사용하고 있다(『윤리학』3부 「부록」참조). 곧 이 후자의 경우에는 '아니마'라는 용어 대신 '아니무스'라는 용어를 사용하고 있다.

그리고 스피노자는 여기에서 한 걸음 더 나아가 멘스 개념 안에 인식론적 측면과 정서적인 측면을 모두 포함시키려고 했으며, 이 점이 스피노자 멘스 개념의 가장 독창적인 측면 중 하나다. 곧 스피노자는 『윤리학』에서 데카르트처럼 사고와 관련된 정신적 실체로서 멘스와 정념 및 삶의 보존 일반과 관련된 영혼으로서 아니마를 분리하지 않고, 멘스를 유일한 정신적 실재로 제시하고 있다. 그리고 이처럼 유일한 정신적 실재로서 멘스 안에서 사고와 정서가 함께 포함되어 있기 때문에, 사고와 정서가 상호 배제적이거나 외재적인 관계를 맺지 않게 되며, 이로써 정서 역시 수동 정서에 머물지 않고 능동적인 정서로 전환될 수 있게 된다(이는 특히 『윤리학』5부에서 잘 드러난다).

이처럼 멘스 개념이 『윤리학』에서 중심 개념으로 사용되고 있다면, 아니무스는 정치학 저술들, 특히 『신학정치론』에서 여러 번 사용되고 있으며, 『윤리학』에서도 74번이나 사용되고 있을 만큼 자주 나타나고 있다. 그런데 『신학정치론』과 『윤리학』에서 아니무스의 용법에는 약간의 차이가 있다.

『신학정치론』에서 아니무스는 당대의 일상적인 어법을 따라 사람들의 마음, 특히 무지자나 대중의 마음을 가리키는 용어로 사용되고 있다. 가령 『신학정치론』첫머리에 나오는 "사람들은 희망과 공포 사이에서 가련하게 동요한다. 이 때문에 그들은 아무것이든 믿고 싶어 하는 마음animum을 가진다"(모로판, 56)는 표현이나 정치학에 관한 논의를 다루는 17장의 다음과 같은 표현, "이는 다시 복종은 외적인 행위보다는 마음의 내부 작용animi internem actionem과 더 관계가 있다는 점을 아주 명확하게 확인하게 해준다. 이 때문에 자기 마음을 다해integro animo 다른 사람의 명령들에 복종하기로 결심한 사람은 다른 사람의 지배를 가장 많이 받는 사람이다. 따라서 자신의 신민들의 마음subditorum animos을 지배하는 사람은 가장 큰 지배권을 보유하게 된다"(모로판, 538)에서 이를 쉽게 확인할 수 있다.

반면『윤리학』에서 아니무스는 정신적 실재가 아니라 멘스의 어떤 특정한 상태를 가리키는 용어로 사용되고 있다. 이는 예컨대 '마음의 동요'fluctatio animi, 곧 두 가지 상반된 정서들로부터 영향을 받고 갈등에 빠져 있는 상태를 가리키는 표현(3부 정리 17의 주석, 정리 31의 증명, 정리 35의 주석 등)이나 '마음의 만족' animi acquiescentia(4부 부록 4항, 5부 정리 20의 주석, 정리 36의 주석 등) 같은 표현, 또는 '마음의 자유'animi libertas(4부 부록 19항, 20항 등) 같은 표현이나 '마음의 무기력'impotentia animi(4부 정리 56 등) 같은 표현에서 살펴볼 수 있다.

따라서『윤리학』같은 경우는 아니무스를 '심정'으로 번역하는 것도 충분히 생각해 볼 수 있지만,『신학정치론』의 용법까지 고려한다면, 아니무스는 '마음'이라고 번역하는 게 가장 무난할 것 같다. 그리고 멘스는 '정신'으로 번역하는 것이 여러 가지 점에서 적절하다고 생각한다.

불어와의 관계에 대해서 한마디 해두어야 할 것 같다. 데카르트는 라틴어로 책을 쓰기도 하고 불어로 책을 쓰기도 했으며, 자신이 쓴 라틴어 책의 불어 번역이나 불어 책의 라틴어 번역을 감수하기도 했다. 그런데 데카르트는 'mens'라는 라틴어를 불어로 옮길 때 어떤 경우에는 'âme'라는 단어로 옮기게 하고 또 어떤 경우에는 'esprit'라는 단어로 옮기게 하고 있다. 그리고 현대의 번역자들 역시

'mens'를 어떻게 옮길 것인가에 대해서는 쉽게 합의를 보지 못하고 있으며, 각자의 해석에 따라 'âme'나 'esprit'로 옮기고 있다. 그리고 'mens'를 'âme'로 옮기느냐 'esprit'로 옮기느냐에 따라 'animus'의 번역도 대개 달라진다. 곧 전자의 경우에는 아니무스는 'coeur'라는 단어, 곧 우리말로 하면 '심정'에 해당하는 용어로 번역하고, 후자처럼 멘스를 'esprit'로 옮기는 경우에는 아니무스는 'âme'로 번역한다.

참고로 영역본의 경우 mens는 주로 mind로 번역하지만 animus의 경우는 합의된 번역어가 없고, 경우마다 다르게 번역하고 있어 혼란스러운 느낌을 준다. 반면 독역본의 경우 최신 번역본(Spinoza, *Ethik*, tr. Wolfgang Bartuschat Felix Meiner, 1999 참조)에서는 각각 'Geist', 'Gemüt', 'Seele'라고 옮기고 있다.

『윤리학』 국역본도 animus에 관해 매우 혼란스러운 번역을 보여 주는데, 왜냐하면 이를 네 가지의 상이한 단어로 옮기고 있기 때문이다. 곧 국역본은 3부 정리 17의 주석과 31의 주석에서는 'fluctatio animi', 곧 '마음의 동요'를 '심정의 동요'로 번역하다가 다시 3부 정리 35에 나오는 똑같은 'fluctatio animi'는 '마음의 동요'로 옮기고 있고, 3부 「부록」에 나오는 '정서들에 대한 일반 정의'에서는 'animus'를 '정신'으로 옮기고 있다(그리고 4부에 나오는 'animus' 역시 계속 '정신'으로 옮기고 있다). 또 5부 정리 2에서는 'fluctatio animi'를 '영혼의 동요'로 옮기고 있다. 따라서 이런 식으로는 스피노자 철학의 엄밀한 용어법 및 체계적인 논의를 거의 이해하기 힘들 수밖에 없다.

변용affectio/affection-정서affectus/affect

변용變容과 정서 개념은 스피노자의 인간학에서 가장 중심적인 개념들이다. 어원상으로 볼 때 두 개념이 긴밀하게 연결되어 있다는 점은 분명히 알 수 있지만, 개념의 측면에서 볼 때 변용과 정서가 서로 어떤 관계에 있는지는 그렇게 썩 분명치 않다. 더욱이 같은 어원에서 유래한 두 개념이지만 우리말로는 따로따로 번역해야 한다는 점도 또 다른 어려운 점 중 하나다.

변용과 정서의 관계에 대해 가장 널리 퍼져 있는 생각은 변용은 신체에 속하는 데 반해, 정서는 정신에 속한다는 관점이다. 하지만 이런 생각은 문헌학적인 전거에 의해 쉽게 반증될 수 있을 뿐만 아니라, 변용이나 정서 자체의 의미도 제대로 이해하기 어렵게 만든다는 점에서 문제가 있는 생각이다.

스피노자에서 변용은 afficere, 곧 '어떤 대상에 대해 이러저러한 영향을 끼치다, 작용을 가하다'라는 개념과 함께 이해해야 한다. 이 개념은 『윤리학』 1부에서는 볼 수 없지만, 『윤리학』 2부에서 물체들/신체들 사이의 물리적 인과 관계(곧 변용 관계)를 지시할 때 계속 되풀이해서 사용되고 있다. afficere, 다시 말해 '변용시키기'라는 행위는 두 가지의 결과를 함축한다. 곧 변용시키기는 어떤 물체를 특정한 방식으로 규정한다는 의미와 함께, 이러한 규정의 결과로 이 대상을 어떤 식으로 변화시킨다는 의미도 포함하고 있다. 따라서 작용을 가한다는 점에서 본다면 변용은 능동적인 활동으로 이해할 수 있으며, 작용의 결과 생겨난 변화 또는 그 결과라는 점에서 본다면 수동적인 상태라는 의미로 이해할 수 있다. 스피노자에게 모든 자연 실재는 이러한 'afficere/affici', 곧 '변용시키기/변용되기'의 두 측면을 모두 지니고 있다. 이러한 두 측면은 변용이라는 용어의 용법에서도 확인할 수 있다.

스피노자 철학에서 변용은 우선 '양태'와 거의 동일한 의미로 사용된다. "나는 양태modus를 실체의 변용들로, 곧 다른 것 안에 있으며 또한 이 다른 것에 의해 인식되는 것으로 이해한다."(『윤리학』 1부 정의 5) 이런 정의에 따라 이해하면 변용은 존재론적·인식론적으로 비자립적인 실재, 곧 다른 것에 존재를 의지하고 있고 다른 것에 의해서만 인식되는 실재, 따라서 특히 유한한 실재들과 거의 같은 의미라고 볼 수 있다. 하지만 이러한 존재론적 비자립성이 수동성을 가리키는 것은 아니다. 변용들은 독특한 실재들이고, 독특한 실재들은 "일정하게 규정된 방식으로 신의 본질을 표현"(『윤리학』 1부 정리 25의 따름정리)하기 때문에, 그리고 "신의 본질은 역량"(1부 정리 34)이기 때문에, 변용들은 능동성을 지닌다.

두번째로 변용은 유한한 실재들 내지는 독특한 실재들의 **변용**이라는 의미도 지니고 있다. 곧 두번째의 변용은 한 물체가 다른 물체(또는 인간 신체)를 접촉했을 때 생겨난 결과를 가리킨다. 스피노자는 이를 실재들의 이미지^{imago}라 부르고, 정신이 이를 지각하는 것을 상상^{imaginatio}이라 부른다. "인간 신체의 변용들……을 우리는 실재들의 이미지들$^{rerum\ imagines}$이라 부를 것이다.…… 그리고 정신이 물체들을 이런 식으로 고찰할 때 우리는 정신이 상상한다고 말할 것이다."(『윤리학』 2부 정리 17의 주석) 이런 의미에서 본다면 변용은 외부 물체의 작용을 받는 것, 그리고 그에 따라 생겨난 결과를 가리키며, 따라서 수동성을 의미한다.

신은 (절대적으로) 무한하며 따라서 타자나 외부를 생각할 수 없기 때문에 항상 능동적이며, 신이 산출하는 변용들 역시 정의상 능동적이다. 하지만 모든 자연 실재는 유한하기 때문에 절대적으로 능동적이거나 수동적이지 않고, 수동성과 능동성의 경향적 차이 속에서 실존하게 된다.

다른 한편으로 스피노자는 정서 개념에 대해, 얼마간 상이한 두 가지 정의를 제시하고 있다. 정서 개념의 일차적인 의미는 바로 변용의 이러한 수동성에서 출발하여 이해할 수 있다. 스피노자는 『윤리학』 3부 「부록」에서 이러한 수동적인 의미의 정서 개념을 제시하고 있다.

> 마음의 정념$^{animi\ pathema}$이라 불리는 정서는 혼잡한 관념$^{confusa\ idea}$으로서, 정신^{mens}은 그것을 통해 자신의 신체 또는 신체 일부가 지닌 실존할 수 있는 힘, 전보다 더 크거나 작은 힘을 긍정하며, 이러한 정서의 현존은 이것보다는 저것을 사고하도록 정신을 규정한다.

하지만 스피노자는 3부 정의 3에서 이것과 구분되는 또 다른 정의를 제시하고 있다.

나는 정서를, 신체의 행위 역량을 증대시키거나 감소시키고 촉진시키거나 저해하는 신체의 변용들corporis affectiones로, 그리고 동시에et simul 이러한 변용들의 관념들affectionum ideas로 이해한다. 따라서 만약 우리가 이러한 변용들 중 하나의 적합한 원인이 될 수 있다면, 그 경우에 나는 정서를 능동으로 이해하고, 그와 다른 경우에는 수동으로 이해한다.

3부 「부록」에 나온 정의와 비교할 때 이 정의가 갖는 특징은 첫째, 전자가 "마음의 정념들"이라는, 아리스토텔레스에서 유래하고 데카르트가 되풀이해서 사용하고 있는 전통적인 표현을 사용해서 정서를 규정하고, 이로써 정서를 수동성의 차원에 한정하는 데 반해, 정의 3은 정서를 수동과 능동의 경향적 차이를 낳는 개념으로 정의하고 있다는 데 있다. 곧 정의 3에 따를 경우 정서는 반드시 수동적이지 않으며, 우리가 신체의 변용들 중 하나의 적합한 원인이 될 수 있다면, 그때 정서는 능동 정서가 된다. 사실 3부 정리 58~59나 5부 정리 4 이하의 논의는 이러한 정서가 존재할 수 있음을 보여 준다.

둘째, 3부 「부록」에 나온 정의는 정서를 '마음'에 한정시키는 데 반해 이 정의는 정서가 정신의 차원에만 속하는 게 아니라는 점을 함축하고 있다. 왜냐하면 스피노자는 정서를 '신체의 변용들로, 그리고 동시에 이러한 변용들의 관념들'로 정의하고 있기 때문이다. 실제로 스피노자는 3부 정리 14의 증명에서 "우리 신체의 정서들"nostri corpus affectus 같은 표현을 사용하고 있고, 3부 정리 18의 증명에서도 "신체의 상태 또는 정서"corporis constitutio seu affectus라는 표현을 쓰고 있다.

실재res ; chose

'실재'는 불어의 chose와 라틴어의 res를 번역한 말이다. 이 책에서 사용되는 chose라는 불어(또는 영어로는 thing, 독어로는 Ding)는 라틴어 res를 번역한 것으로, 이는 우리말로는 대개 '사물'이라고 번역된다. 하지만 이렇게 번역해서는 라틴어의 res가 가진 의미를 제대로 전달하기 어렵다. 왜냐하면 스피노자에게서 res는 인간이나 생물과 구분되는 '사물'을 가리키는 게 아니라 실재하는 모든 것을 총칭해서 부르는 용어이기 때문이다.

스피노자의 이러한 용어법은 중세철학에서 유래한 것으로, 라틴어의 레스라는 용어, 특히 신학이나 철학에서 사용되는 레스라는 용어는 이른바 '초월범주'transcendentale 중 하나를 가리킨다. 초월범주란 아리스토텔레스 형이상학을 보완 및 개조하기 위해 중세의 신학자·철학자들이 체계화한 개념들이다. 초월범주는 모든 실재가 공유하고 있고 따라서 유적인 차이들을 넘어서는 속성들을 가리키는 개념이나 용어를 말한다. 사람들에 따라 개수에 차이가 있지만 중세에서 가장 널리 인정받은 초월범주는 총 6개인데, 일자unum, 진리veritas, 선bonum, 실재res, 존재자ens, 어떤 것aliquid이 바로 그것들이다(res를 초월범주 중 하나로 포함시켜 초월범주를 6개로 간주한 이는 바로 토마스 아퀴나스다).

스피노자는 이러한 초월범주들에 대해 매우 비판적인 태도를 보인다. 그에 따르면 이 '용어들'termini은 신체에서 일어난 변용의 결과들을 제대로 식별하지 못한 채, 그것들을 하나로 뭉뚱그려 부르는 데서 생겨난 표현들이다. 따라서 스피노자에 의하면 이 용어들은 상상에서 비롯한 '극도로 혼란스러운' 관념만을 제공해 줄 뿐이다.

하지만 다른 한편으로 스피노자는 당대의 강단철학자들이 즐겨 사용하던 이 초월범주들(특히 엔스와 레스)를 표현의 수단으로 비교적 광범위하게 사용하고 있다. 스피노자의 용어법에서 엔스는 '사고상의 존재자'ens rationis나 '실존하는 존재자'ens reale를 구별하지 않고 사용되는 용어이며, 레스는 무와 대립하는 것, 곧 실재성을 가진 존재자를 가리키는 용어다. 이런 의미에서는 신도 레스라고 불릴 수 있고, 또 실제로 그렇게 부르고 있다.

따라서 스피노자의 용어법을 고려해 볼 때 res는 '실재'라고 옮기는 게 적절하며, 이 책에서 스피노자와 관련해 사용되는 chose라는 용어는 모두 '실재'라고 옮겼다. 하지만 94쪽에 나오는 chose라는 단어는 '사물'이라고 그대로 번역했는데, 이 경우는 '인간'과 대비되는 '사물'로서의 chose를 가리키기 때문이다.

야심/암비치오ambitio ; ambition

암비치오는 스피노자의 『윤리학』 3부에 나오는 정서들 중 하나로서, 스피노자의 사회심리학을 이해하는 데 매우 중요한 개념이다. 하지만 이 단어는 겉보기와는 달리 현대어에서 쓰이는 '야망'이나 '야심'과는 다른 의미를 갖고 있다. 현대어에서 '야망'이 '무언가를 크게 이루어 보려는 희망'을 의미하고, '야심'은 '이를 이루려는 마음'이나 좀더 부정적으로는 '이를 이루기 위해 남을 해치려는 마음' 곧 '음모'라는 의미를 지니고 있는 데 비해, 스피노자가 말하는 암비치오는 자신이 무언가를 이루기 위해, 곧 자신의 이익이나 기쁨을 위해 어떤 일을 하는 것이라기보다는 일차적으로 **다른 사람의 기쁨이나 이익을 위해 노력하는 것**을 가리키기 때문이다. 『윤리학』 3부 정리 29와 그 주석은 이를 명확히 보여 준다.

> **정리 29**
>
> 우리는 또한 사람들이 기쁘게 간주할 만한 모든 것을 하려고 노력할 것이며, 반대로 사람들이 싫어할 만한 것을 피하려고 노력할 것이다.
>
> ……
>
> **주석**
>
> 이처럼 단지 사람들을 기쁘게 하기 위해 어떤 것을 하고 어떤 것을 피하려는 노력은 암비치오ambitio[다른 사람에게 잘 보이려는 욕망]라 불린다. 특히 우리가 어떤 것을 하거나 삼가는 일이 우리 자신이나 다른 사람에게 해가 됨에도 불구하고 우중을 기쁘게 하려고 열정적으로 노력할 때 그렇다.

여기에서 볼 수 있듯이 암비치오, 곧 다른 사람들에게 '잘 보이려는 욕망'은 일차적으로 나 자신의 이익이나 명예를 추구하려는 노력과는 다른 것이다. 암비치오는 나에게 손해가 되는 것을 무릅쓰고라도 다른 사람들, 특히 대중에게 잘 보이고, 대중을 기쁘게 하려는 욕망이기 때문이다.

그런데 암비치오는 때로는 다른 사람을 자신의 기질 또는 욕망에 따라 살아가게 만들려는 욕망으로 전도되기도 한다. 스피노자는 『윤리학』 3부 정리 31의 따름정리에서 이를 지적하고 있다.

따름정리 29

이로부터, 그리고 3부 정리 28로부터, 사람들 각자는 다른 모든 사람들이 그 자신이 사랑하는 것을 사랑하고 증오하는 것을 증오하도록 만들기 위해 노력할 것이라는 결론이 따라 나온다.

주석

그 자신이 사랑하거나 증오하는 대상을 모든 사람이 따르게 만들려는 이 노력 conatus은 실은 암비치오다(3부 정리 29의 주석 참조). 그러므로 우리는 모든 사람은 본성상 다른 사람들이 그 자신의 고유한 기질ingenium에 맞춰 살아가기를 욕망한다는 것을 알 수 있다. 하지만 모든 사람이 똑같이 그것을 욕망하기 때문에, 사람들 모두는 각자 서로에게 장애물이 되며, 사람들 각자가 모두에게 인정받거나 사랑받기를 원하기 때문에, 사람들 모두는 서로를 증오하게 된다.

이를 전도라고 말할 수 있는 것은 다른 사람들에게 잘 보이려는 욕망이 이 경우에는 거꾸로 다른 사람들로 하여금 자신의 욕망에 따라, 자신의 기질에 따라 살아가게 하려는 욕망으로 바뀌고 있기 때문이다. 따라서 두번째 종류의 암비치오, 곧 '명예에 대한 무절제한 욕망'(『윤리학』 3부 「부록」 41항)으로서 암비치오는 다른 모든 사람들이 자신의 욕망과 동일한 욕망을 갖도록 욕망하고, 더 나아가 보편적인 증오와 갈등을 낳는다는 점에서 단순한 명예욕을 넘어서는 **지배에 대한 욕망**이라 할 만한 것이다.

대개의 『윤리학』 불역본이나 영역본에서는 이를 어원에 따라 'ambition'으로 번역하고 있는데, 바르투샤트Bartuschat의 최신 독역본Spinoza, *Ethik*, tr. Wolfgang Bartuschat, Felix Meiner, 1999에서는 이를 '공명심'이나 '명예심'이라는 뜻을 지닌 'Ehrgeiz'라는 단어로 번역하고 있고, 강영계의 국역본에서는 '명예욕'(『에티카』, 강영계 옮김, 서광사, 1990, 158쪽)이라고 번역하고 있다. 독역본이나 국역본의 번역은 고전 라틴어의 ambitio가 지니는 의미를 비교적 잘 살려 주고 있으나, 이런 점에서 본다면 스피노자가 사용하는 의미를 표현해 주기에는 좀 미흡하다. 왜냐하면 명예욕이라는 것도 자신의 명예를 위해, 자신의 이익을 위해 다른 사람들의 좋은 평판을 얻으려는 욕망을 가리키기 때문이다. 이런 점에서 본다면 마슈레가 제안하는 '잘 보이려는 욕망'désir d'être bien vu이라는 역어(Macherey, 『스피노자의 윤리학 입문』*Introduction à L'Ethique de Spinoza*, vol. 3, PUF, 1995, p. 235)가 스피노자의 암비치오가 지닌 의미를 가장 잘 표현해 주는 것으로 볼 수 있다. 하지만 암비치오를 이렇게만 번역하기에는 좀 무리가 따른다. 왜냐하면 뒤에서 보게 될 것처럼, 스피노자가 사용하는 암비치오라는 개념의 핵심적 중요성은 이처럼 다른 사람에게 잘 보이려는 욕망이 모든 사람으로 하여금 자신의 욕망을 따르도록 하는 욕망으로 전도된다는 데 있기 때문이다. 이 후자의 경우 암비치오는 '잘 보이려는 욕망'은 물론이거니와 '명예욕'을 넘어서는 의미를 지니게 된다. 어떤 의미에서는 암비치오가 지니고 있는 이 이중적 의미, 전자의 의미에서 후자의 의미로 전환되는 것에 대한 이해가 정서들의 모방의 이해의 핵심을 이룬다고 할 수 있다. 이렇게 본다면 미드롱이 암비치오를 'ambition de gloire'와 'ambition de domination'으로, 곧 '명예욕'과 '지배욕'으로 구분해서 사용하는 것은 일리가 있다. 더 나아가 이러한 구분은 두 가지 경향이 서로 상이한 유래를 갖는 것이 아니라, 암비치오라는 동일한 하나의 원천에서 유래한다는 점을 보여 주는 장점을 지니고 있다. 하지만 그럼에도 첫번째 암비치오를 '명예'와 관련짓고 두번째 암비치오는 '지배'와 관련짓는 것은 얼마간 **주체중심적인** 관점인데, 왜냐하면 ambitio의 근본적인 함의는 **주체의 지향적 구조를 해체**한다는 데 있지만, 이 두 가지 번역은 이러한 지향적 구조를 고스란히 보존하고 있기 때문이다.

역량potentia - 권능/권력/권한potestas

우리가 '역량'이라고 번역한 포텐샤potentia/puissance 개념은 스피노자 철학의 핵심 개념 중 하나다(피에르-프랑수아 모로 같은 이는 심지어 스피노자를 '역량의 철학자'로 부르기까지 했다). 이는 라틴어의 '포세'posse라는 어근에서 유래한 개념으로, 보통은 '~을 할 수 있는 능력'을 뜻한다. 그런데 스피노자 철학에서 이 개념은 자신의 고유한 의미를 지니고 있으며, 이러한 고유성은 당대의 이론적·이데올로기적 맥락에서 스피노자의 철학적 입장의 특징을 매우 잘 표현해 주고 있다. 스피노자의 포텐샤 개념의 고유성을 이해하기 위해서는 이 개념을 포테스타스potestas/pouvoir라는 개념과 결부시켜 고찰하는 게 좋다. 스피노자가 대개의 경우 이 두 개념을 함께 사용하고 있으며, 두 개념의 상관적인 용법은 두 개념의 차이뿐만 아니라 스피노자 철학의 이론적 고유성을 좀더 잘 이해할 수 있게 해주기 때문이다.

1) 존재론-신학적 의미

존재론-신학의 영역에서 두 개념은 대립적인 의미로 쓰이고 있다. 곧 포텐샤는 합리적으로 인식된 신의 본성을 나타내며, 포테스타스는 신의 본성에 대한 상상적이고 미신적인 견해를 나타낸다.

『윤리학』에서 포텐샤는 다음과 같은 두 가지의 분명한 규정을 얻고 있다.

"포텐샤는 실존할 수 있는 있음이다."posse existere potentia est (『윤리학』 1부 정

리 11의 두번째 또 다른 증명)

　"신 자신과 모든 실재가 그에 따라 존재하고 행위하는 포텐샤는 신의 본질 그 자체다."Potentia Dei, qua ipse, et omnia sunt, et agunt, est ipsa ipsius essentia (『윤리학』 1부 정리 34의 증명)

　이 두 가지 규정은 각각 분명한 이론적 목표를 지니고 있다. 첫번째 규정은 포텐샤를 **잠재력**으로, 곧 **실행될 수도 있고 실행되지 않을 수도 있는 능력**으로 이해하는 것에 반대하여 항상 현행적인 힘으로서 제시하고 있다. 이처럼 포텐샤가 현행적인 힘으로 이해되는 것은, 스피노자가 '실존할 수 있음'과 '실존할 수 없음'을 존재론적으로 불균등한 사태로 파악하고 있기 때문이다. 곧 스피노자에게 "실존할 수 없음은 무능력/비역량"posse non existere impotentia est(1부 정리 11의 두번째 또 다른 증명)이며, 따라서 실존하지 못하게 만드는 특정한 원인이 지정될 수 있는 사태이지("모든 실재에 대해 그것이 실존하는 사실에 대해서만이 아니라 실존하지 않는 사실에 대해서도 이유 또는 원인을 지정해야 한다."—1부 정리 11의 첫번째 또 다른 증명), 원초적인 무와 같은 것이 아니다.

　두번째 규정은 신과 피조물 또는 오히려 자연 실재들 사이에 초월적인 거리는 존재하지 않으며, 신은 모든 실재들의 실존 및 행위의 내재적 원인이라는 점을 주장하고 있다. 이는 이미 정리 18 및 정리 25의 주석 등을 통해 증명되었지만, 스피노자는 1부 마지막 부분에서 포텐샤의 관점에서, 곧 원인의 관점에서 신과 자연 실재들의 내재적 관계를 해명하고 있다. 따라서 신은 항상 능동적이고 수동적일 수 없기 때문에, 신에 의해 실존하고 행위할 수 있는 역량을 부여받은 모든 자연 실재는 항상 최소한의 포텐샤, 곧 원인으로서의 능동성을 지니게 된다. 이런 의미에서 『윤리학』 1부가 "그 본성으로부터 아무런 결과도 따라나오지 않는 것은 실존하지 않는다"는 정리로 끝나는 이유를 이해할 수 있다. 따라서 스피노자의 포텐샤 개념은 아리스토텔레스 이래 표준화된 현실태-가능태의 구분법을 해체하는 의미를 지니고 있다.

반면 포테스타스는 초월자(이는 신학자들이 말하는 초월적 인격신을 의미하지만, 바로크 시대의 절대군주를 함축하기도 한다)의 의지에 따라 **실행되거나 실행되지 않거나 할 수 있는 능력**을 가리키며, 주로 논쟁적인 맥락에서 사용되고 있다. 다시 말해 포텐샤 개념의 경우 주체의 의지와 무관하게 필연적으로 작용하는 인과관계와 그 작용을 가리키는 데 반해, 포테스타스는 이러한 인과적 필연성을 초월하는 어떤 목적을 전제하거나 (초월적) 주체의 의지의 무한성에 의존한다는 점에 양자의 차이점이 존재한다. 따라서 이 두 개념의 구분은 당대의 신학 및 존재론에 대한 비판을 함축하고 있으며, 실제로 스피노자는 『윤리학』 1부 정리 17의 주석이나 1부 정리 33의 따름정리 2 같은 곳에서 역량의 관점에서 포테스타스의 신학·존재론에 대해 매우 신랄한 비판을 제기하고 있다. 예컨대 다음과 같은 구절은 이 점을 분명히 보여 준다.

> 다른 사람들은 신이 자유로운 원인인 이유는 ——그들은 이렇게 생각하는데 —— 우리가 그의 본성으로부터 따라나온다고 말했던 것, 곧 그의 권능 안에 존재하는 것을 그렇지 않게끔, 다시 말해 그 자신에 의해 산출되지 않게끔 할 수 있기 때문이라고 생각한다. (1부 정리 17의 주석)

> 모든 것을 신의 어떤 무관심한 의지에indifferenti cuidam Dei voluntati 종속시키고 모든 것을 신의 기분에 의존하게 만드는 이러한 의견은, 신이 모든 것을 선을 고려하여 실행한다고 주장하는 사람들의 의견보다는 진리에서 덜 멀어진 것 같다는 점을 나는 인정한다. 왜냐하면 이 후자의 사람들은 신에 의존하지 않는 어떤 것, 신이 자신의 작용에서 표본으로 삼거나 마치 정해진 목표인 것처럼 주의를 기울여야 하는 어떤 것을 신 바깥에 설정하는 것처럼 보이기 때문이다. 이는 분명 신을 운명fato에 종속시키는 일과 다르지 않다. (1부 정리 33의 주석 2)

스피노자가 이처럼 포테스타스의 신학·존재론을 치열하게 비판하고 있는 이유는, 포테스타스 개념을 중심으로 자연을 설명하게 되면, 자연을 구성하는 실제 인과관계 및 그 일부로서 인간 자신의 본성을 적합하게 인식할 수 없을 뿐만 아니라, 초월적인(곧 비합리적인) 위치에서 자연을 지배하는 인격신이나 주권자에 대한 맹목적인 예속을 정당화하고 강화하는 결과를 낳기 때문이다(이는 특히 『윤리학』 1부 「부록」에 잘 나타나 있다).

2) 인간학적-윤리학적 의미

인간학-윤리학의 영역에서 두 개념의 용법이나 관계는 존재론-신학의 경우와 좀 차이가 난다. 왜냐하면 인간학의 영역에서는 유한한 자연 실재로서 인간이 문제이기 때문에, 포텐샤 개념이 항상 능동적이고 현행적인 의미를 갖지 않기 때문이다. 대신 포텐샤는 코나투스, 곧 "자신의 존재 안에서 존속하려는 노력"(『윤리학』 3부 정리 6)으로 표현되며, 이러한 코나투스는 모든 자연 실재의 현행적 본질로 정의된다. 그리고 인간의 경우 코나투스는 '충동'appetitus 또는 '욕망'cupiditas 으로 제시된다. 이처럼 코나투스나 욕망으로 규정되면 포텐샤는 항상 능동적인 힘을 가리키는 게 아니라, 능동성과 수동성의 경향적인 차이를 통해 표현된다. 이러한 자연적 조건에서 인간이 추구하는 목표는 대부분의 인간의 삶을 지배하는 수동적인 상황에서 벗어나 능동성을 얻는 길이다. 『윤리학』 3부 이하의 논의는 이처럼 인간이 수동적인 정서 또는 정념들에 종속된 삶에서 벗어날 수 있는 방법에 관한 내용이 중심 주제를 이루고 있다.

따라서 인간학-윤리학의 영역에서 포텐샤-포테스타스의 관계는 상이한 쟁점을 갖게 되는데, 핵심적인 것은 정신 또는 의지에 대한 신체 활동의 종속이라는 문제다. 이는 특히 『윤리학』 3부 정리 2의 수석과 5부 『서문』에서 잘 나타난다.

스피노자는 3부 정리 2의 주석에서 두 가지 대립항을 설정하고 있다. 하나는 스피노자 자신의 관점으로서, 그에 따르면 "정신과 신체는 하나의 동일한 실

재이며, 이것은 때로는 사유 속성 아래서 때로는 연장 속성 아래서 인식된다. 이
로부터 실재들의 연관과 질서는 자연이 이 속성 아래서 인식되든 아니면 저 속성
아래서 인식되든 간에 하나이며, 따라서 우리 신체의 능동과 수동의 질서는 본성
상 우리 정신의 능동과 수동의 질서와 함께 간다^{simul}는 점이 따라나온다". 반대
로 스피노자의 가상의 적수들은 신체의 능동과 수동의 질서와 정신의 능동과 수
동의 질서가 상반되며, 더 나아가 "말을 하거나 침묵하는 것은 정신의 포테스타
스에만 달려 있다는 것을 경험으로 알 수 있다고 말하며, 따라서 다른 많은 것들
은 정신의 결단$^{mentis\ decreto}$에 달려 있다고 믿는다".

그런데 스피노자에 따르면 이 후자의 관점은 "자신의 행동은 의식하지만
$^{suarum\ actionum\ sunt\ conscii}$ 자신이 그렇게 행동하도록 결정하는 원인은 **알지 못하기**
$^{causarum\ a\ quibus\ determinantur\ ignari}$ 때문에 자기가 자유롭다고 믿는" 사람들의 일
반적인 가상에서 유래한다. 곧 정신이 내리는 결단이나 신체의 행동이나 모두 **하
나의 동일한 코나투스 또는 그 인간적 표현인 욕망에서 생겨나지만**, 가상에 빠진 사람들은
이러한 인과관계를 인식하지 못한 채 이를 **정신에 고유한 포테스타스**, 또는 의지의
권능이라고 착각한다는 것이다. 그래서 스피노자의 신랄한 표현에 따르면, 젖먹
이는 자유의지로 젖을 원한다고 믿고, 겁쟁이는 자유의지로 도망친다고 믿고, 술
주정뱅이는 술에 취한 상태에서 자유의지로 지껄인다고 믿는 것이다.

스피노자는 5부 「서문」에서 스토아학파 및 데카르트, 특히 『정념론』의 데
카르트 역시 이러한 가상에 빠져 있다고 비판하고 있다. 곧 이들은 "정서들이 절
대적으로 우리의 의지에 의존하며 우리는 정서들을 절대적으로 지배하고 있다
$^{absolute\ imperare}$고 믿고" 있으며, 데카르트의 경우는 '송과선'(뇌 안에 존재하는, 정
신과 신체가 결합하는 부분)이라는 '은밀한 성질'$^{qualitas\ occultus}$로 정서들에 대한
정신의 지배력, 포테스타스를 확립하려고 시도하고 있다는 것이다. 스피노자에
따르면 이러한 가상 역시 우리의 신체와 정신의 작용을 규정하는 것은 동일한 코
나투스이며, 우리 신체와 정신의 능동과 수동은 함께 간다는 사실을 몰인식하는

데서 비롯하는 것이다.

결국 인간학-윤리학에서 포텐샤-포테스타스 관계의 쟁점은, 신체에 대한 정신 또는 의지의 권능으로 표현되는 포테스타스의 관점이 우리의 인간학적 조건에 대한 적합한 인식을 가로막고, 이에 따라 윤리적인 능동화의 과정을 방해한다는 점에서 찾을 수 있다.

3) 정치학적 의미

정치학의 영역에서도 두 개념은 체계적으로 구분되어 사용되지만, 존재론-신학이나 인간학-윤리학의 영역과는 달리 두 개념 사이의 관계는 대립의 관계로 나타나지 않고, 비제도적인 또는 선先제도적인 행위 능력으로서 포텐샤와 법제도에 의해 부여받은 권력 또는 권한으로서 포테스타스 사이의 관계로 나타난다. 곧 정치학의 영역에서 포텐샤는 법적·제도적 질서의 존재론적 기초를 표현하면서 동시에 그 제도로 완전히 포섭되지 않는, 정치적 행위의 자연적 기초를 표현한다면, 포테스타스는 법제도에 따라 규정된 행위 능력이나 권한을 의미한다. 이 점은 『신학정치론』이나 『정치론』 모두에서 살펴볼 수 있지만, 특히 『정치론』에서 좀더 분명하게 나타난다.

먼저 자연 상태에 존재하는(또는 그렇다고 가정되는) 인간을 포함한 자연 실재들의 행위는 그가 갖고 있는 자연권 곧 그의 포텐샤에 따라 규정된다. "나는 자연권을 자연의 법칙들 자체로, 또는 모든 실재가 생산되는 규칙들, 곧 자연의 포텐샤 자체로 이해한다. 바로 이 때문에 자연 전체의 자연권 및 따라서 각 개체의 자연권은 그것의 포텐샤가 미치는 곳까지 확장되어야 한다."(『정치론』 2장 4절)

반면 사회 상태에서 각각의 개인은 그가 지닌 자연권을 계속 보존하고 있지만, 이세 그의 행위는 자연권 자체가 아니라 법적으로 부여받은 권한, 곧 포테스타스에 의해 규정된다. "만약 국가가 누군가에게 자신의 기질에 따라 살아갈 권리, 따라서 포테스타스[권한]를 부여한다면, 이로써 국가는 자신의 권리를 포기한 셈이며, 이를 그 자신이 이러한 포테스타스를 부여한 사람에게 양도한 게 된다"(3장 3절). 여기에서 볼 수 있듯이, 포테스타스는 법제도, 궁극적으로는 주권자에 의해 어떤 개인이나 집단에게 부여된 권력 내지는 권한을 의미한다. 따라서 이러한 권력 내지 권한으로서 포테스타스는 자연 상태에서는 성립할 수 없으며, 오직 주권이 존재하는 국가 안에서만 부여받고 행사될 수 있다. 예를 들어 나는 도로를 무단횡단할 수 있는 자연적 역량, 곧 포텐샤를 지니고 있지만, 교통법규가 존재하는 사회에서 이를 실행할 수 있는 권한, 곧 포테스타스는 가지고 있지 않다.

국가 전체의 차원에서 이러한 포텐샤와 포테스타스 사이의 관계는 일차적으로 대중들의 포텐샤와, 주권, 곧 최고의 포테스타스$^{summa\ potestas}$ 사이의 관계로 표현된다. 『정치론』 3장 2절은 이를 명시적으로 보여 준다. "국가의 권리 또는 주권자의 권리는 자연의 권리와 다르지 않으며, 각 개인의 역량이 아니라 마치 하나의 정신에 의해서 인도되는 듯한 대중들의 역량에 의해 규정된다." 따라서 둘 사이의 관계는 존재론-신학이나 인간학-윤리학의 영역과 달리 대립적인 관점에서 파악하기는 어렵다. 왜냐하면 주권이 없이는 국가, 정치 질서가 성립할 수 없다는 점에서 정치의 영역에서 포테스타스는 단순한 가상이나 착각으로 볼 수 없기 때문이다. 따라서 스피노자의 철학을 포텐샤의 철학, 곧 역량의 철학이라고 부르는 것은 한편으로는 매우 적절한 일이지만, 다른 한편으로는 포텐샤-포테스타스의 관계를 일의적인 대립 관계로 파악하지 않도록 주의해야 한다.

우리가 지금까지 살펴본 포텐샤와 포테스타스의 용법은 이 개념들, 특히 포테스타스라는 개념을 한 가지 용어로 번역하기가 매우 어렵다는 점을 잘 보여 준다. 그럼에도 이 개념들에 대한 번역어를 선택한다면, 나는 포텐샤의 경우는 '역량'이라고 번역하고, 포테스타스의 경우는 각각의 영역에 따라 '권능', '권력', '권한' 등으로 번역하고 싶다.

포텐샤는 그동안 국내에서 주로 '역능'이라는 용어로 번역되어 왔다. 이 번역은 '역능'이라는 단어가 우리말에 존재하지 않는 단어라는 점에서 일차로 포텐샤의 번역어로 부적합하다. 하지만 그렇다고 해도 이 단어가 특별히 스피노자의 포텐샤 개념의 의미와 용법을 잘 표현해 준다면, 이를 사용하는 것도 생각해 볼 수 있겠지만, 위에서 본 것처럼 이 단어는 내용상으로도 스피노자의 포텐샤 개념을 제대로 표현해 주지 못한다. 그렇다면 이 단어를 굳이 사용해야 할 이유가 없을 것이다.

반대로 우리가 이를 '역량'力量이라는 말로 번역한 것은 스피노자 당대의 과학적 세계관의 변화를 고려했기 때문이다. 곧 스피노자 시대는 거대한 과학혁명의 시대였고, 이러한 혁명의 주요 과제 중 하나는 자연을 수학적으로 양화하는 데 있었다. 자연적 실재들이 제각각의 고유한 질을 갖고 있는 것으로 이해되는 한 자연 전체를 일양적一樣的인 법칙에 따라 인식하는 것은 불가능하며, 따라서 자연의 인식 가능성을 얻기 위해서는 무엇보다도 각각의 개체나 실재가 지니고 있는 고유한 질이나 특성을 양적인 차이들로 환원하는 것이 필요하기 때문이다. 이는 '가능성'possibilitas이나 '실재성'realitas, '완전성'perfectio이나 우리의 주제인 포텐샤 같이 형이상학 영역에서 사용되는 통념들의 경우도 예외가 아니었다. 이 때문에 데카르트나 스피노자 또는 라이프니츠의 철학에서 우리는 '실재성의 정도'나 '완전성의 정도' 또는 '포텐샤의 차이'(곧 '힘의 양의 차이') 같은 표현들을 접하게 되며, 경우에 따라서는 아예 철학적인 어휘에서 배제되는 경우도 목격하게 된다(스피노자의 형이상학에서는 '가능성' 같은 관념이 그렇다. 하지만 이는 '윤리'의 영역에서는 고유한 역할을 수행한다).

따라서 스피노자가 사용하는 포텐샤는 각각의 자연적 실재가 지니고 있는 고유한 특성이나 비교 불가능한 힘을 가리키기보다는 양적으로 측정될 수 있고, 따라서 상호 비교될 수 있는 힘을 가리킨다고 할 수 있다. 이런 의미에서 포텐샤라는 용어는 '역량'이라는 말로 옮기는 게 적절하다고 생각한다.

인식의 종류들genres de connaissance/genera cognitionis

스피노자는 초기 저작부터 『윤리학』에 이르기까지 인식의 몇 가지 종류를 구분하고 있다. 예컨대 『지성교정론』에서 스피노자는 네 가지 지각을 구분하고 있다.

① 풍문이나 자의적[또는 관습적]이라 불리는 기호들로부터 얻은 지각.

② 확실치 않은(지성에 의해 규정되지 않은) 경험으로부터 얻은 지각.

③ 한 실재의 본질을 다른 실재로부터 추론하여 얻은 지각. 적합하지는 않음.

④ 우리가 어떤 실재에 대해, 그것의 본질을 통해서만 또는 그것의 가까운 원인을 통해서 얻은 지각. (『지성교정론』 19절)

그리고 『소론』에서도 스피노자는 '의견Waan, 믿음Geloof, 명석한 지식klaare Kennis'이라는 세 가지 종류의 인식을 구분하고 있다.

하지만 역시 가장 잘 알려져 있고, 스피노자의 인식이론이나 인간학과 관련하여 가장 중요한 분류법은 『윤리학』에서 제시된 분류법이다. 스피노자는 『윤리학』 2부 정리 40에서 인식의 종류를 다음과 같이 세 가지로 구분하고 있다.

① **의견opinio 또는 상상imaginatio**

'단편적이고 혼잡한' 감각을 통해 우리에게 제시되는 개별적인 통념들에서 출발하여 보편적인 통념들을 형성하여 얻는 지식. 기호들로부터 얻는 지식.

② **이성ratio**

'모든 실재에 공통적이고 부분과 전체에 균등하게 존재하는' 실재의 특성들에 대한 공통통념들notiones communes이나 적합한 관념들로부터 얻는 지식.

③ **직관적 인식scientia intuitiva**

신의 속성들의 형상적 본질에 대한 적합한 관념으로부터 출발하여 실재들의 본질에 대한 인식으로 나아가는 인식. 독특한 실재들의 본질을 파악.

스피노자는 이 세 가지의 인식을 설명하기 위해 비례식의 사례를 들고 있다. 곧 '1:2 = 3:x'라는 비례식에서 4번째 항이 6이라는 것을 아는 데는 여러 가지 방식이 있다. 첫째는 왜 그런지는 모르지만, 남들이 옳다고 하니까, 또 그렇게 책에 써 있으니까 6이라고 외워서 아는 경우가 있고(첫번째 종류), 추론을 통해 1×6=2×3이라는 식이 성립하니까 6이 된다고 아는 경우가 있으며(두번째 종류), 마지막으로 굳이 추론해 볼 필요도 없이 직관적으로, 당장 6임을 아는 경우가 있다. 이러한 사례는 스피노자에 고유한 것도 아니고 또 인식의 종류들 각각의 특성과 그들 사이의 관계에 대한 충분한 설명이 되는 것도 아니지만, 분류의 의미를 이해하는 데는 얼마간 도움이 될 수 있다.

스피노자에 따르면 첫번째 종류의 인식은 우리가 일상적인 삶을 살아가는 데 필요한 대부분의 지식을 포함하며 따라서 유용하지만, 신뢰할 수 없는 인식이며, '오류의 유일한 원천'을 이룬다. 반대로 두번째와 세번째 인식은 우리에게 '참된', 또는 '적합한' 인식을 제공해 준다는 점에서, 첫번째 종류의 인식과 단절을 이룬다. 두번째와 세번째 인식의 차이점은 두번째 인식의 경우 실재의 독특한 본질이 아니라 모든 실재들이나 일부의 실재들에 공통적인 특성을 인식하는 데 반해, 세번째 인식은 두번째 인식을 바탕으로 실재의 독특한 본질을 인식한다는데 있다. 더 나아가 세번째 인식의 경우는 단지 '참된' 인식을 얻게 해줄 뿐만 아니라 우리를 '구원'으로, 곧 윤리적인 해방의 길로 인도해 준다.

『윤리학』 2부에 제시된 이러한 분류법은 인식의 종류들을 분류하는 형식적 기준을 제시했다는 점에서 가치를 지니지만, 아직 **명목적인** 분류법에 불과하다. 다시 말해 이러한 분류를 모든 인식활동에 일반적으로 적용될 수 있는 선험적인 원칙이나 보편적인 기준으로 간주해서는 안 된다.

더 나아가 『윤리학』에 제시된 이러한 분류법이, 『윤리학』과 같은 시기 또는 나중 시기에 씌어진 스피노자의 다른 저작들에도 그대로 적용될 수 있는지 의문이 제기될 수 있다. 가령 스피노자가 『신학정치론』에서 사용하고 있는 '공통통념들'의 용법은 『윤리학』의 용법과 얼마간 차이를 지니고 있다(아래에 나오는 '공통 통념들'에 대한 해설 참조).

정치la politique, 정치적인 것le politique

'정치'와 '정치적인 것'을 처음으로 구분해서 사용한 사람은 프랑스의 정치철학자인 클로드 르포르Claude Lefort다. 메를로-퐁티의 제자이며 저명한 마키아벨리 연구자이기도 한 르포르는 마키아벨리에 대한 연구와 라캉의 정신분석학 등에 기초하여 정치에 관한 매우 독창적인 개념화를 시도하고 있는데, 이러한 시도의 이론적 기초를 이루고 있는 것 중 하나가 바로 정치와 정치적인 것의 개념적 구분이다.

우리가 보통 말하는 '정치', 곧 경제, 문화, 종교, 사회 등과 구분되는 제도적 영역으로서의 정치는 불어로는 '라 폴리티크'la politique에 해당한다. 그런데 클로드 르포르는 이처럼 경험적인 제도적 구분을 전제하는 '라 폴리티크'라는 용어는 정치의 깊은 의미를 제대로 드러내 주지 못한다고 본다. 그에 따르면 정치의 핵심적인 의미는 사회의 한 제도적 영역을 가리키는 게 아니라, **인간들이 세계 및 자신들 사이에서 맺고 있는 관계를 산출**함으로써 사회를 성립 가능하게 해주는 산출적 원리를 가리킨다. 곧 르포르에 따르면 넓은 의미의 사회가 먼저 존재하고, 그 다음 경제, 종교, 문화 등과 같이 사회의 한 제도로서 정치가 존재하는 게 아니라, 사회 자체의 제도화를 실현하는 게 곧 정치다. 일반적인 의미의 정치와 구분하기 위해 르포르는 이런 의미의 정치를 '정치적인 것', 곧 '르 폴리티크'le politique(영어로 하면 the political)라고 부른다(『정치적인 것에 대한 시론. 19~20세기』*Essai sur le politique: XIXe-XXe siècles*, Seuil, 1986에 수록된 여러 논문 참조). 그리고 르포르는 이런 의미의 '정치적인 것'의 차원(또는 사회의 상징적 차원)을 처음으로 발견한 공적을 마키아벨리에게 돌린다(Claude Lefort, 『저작의 노동. 마키아벨리』*Le travail de l'oeuvre. Machiavel*, Gallimard, 1972 참조). 반면 그가 보기에 맑스는 상부구조인 정치의 본질을 하부구조인 경제에서 찾음으로써, 오히려 정치적인 것의 고유한 상징적 차원을 해명하지 못하고, 당관료제와 경제결정론의 이중적 굴레에 빠지게 된다. 르포르의 이런 구분법은 라클라우와 무페를 비롯한 영미권의 좌파 정치이론가들에게 큰 영향을 미쳤다.

그런데 발리바르는 이 책의 2부 세번째 논문인 「스피노자, 루소, 맑스」에서 르포르를 따라 '정치'와 '정치적인 것'을 구분하면서도, 다른 한편으로는 이 양자를 각각 '타율성'과 '자율성'을 지시하는 개념으로 사용하고 있다. 발리바르가 말하는 '정치의 타율성'이란, 르포르식의 '정치적인 것'을 포함하는 모든 정치의 차원은 자기 자신으로 환원될 수 없는 근원적 타자, 또는 이질적 차원에 의해 규정되어 있음(바로 이 때문에 정치는 타율적이다)을 가리킨다. 하지만 그렇다고 해서 정치의 차원을 규정하는 이 타자(맑스주의에서는 '경제')가 다른 어떤 것에 의해서도 규정되지 않는 초월적 지위, 곧 **최종 심급**의 지위를 갖는 것은 아니다. 더욱이 이 타자는 **한 가지만 존재하는** 게 아니다. 이 논문에서 발리바르가 보여 주려는 것은 루소의 업적은 정치적인 것의 자율성을 발견해 낸 데 있는 반면, 맑스는 경제의 영역에서 정치적인 것의 자율성을 제약하는 근원적인 장소를 발견하고, 더 나아가 새로운 정치(노동의 정치)의 가능성의 장소를 찾고 있다는 점이다. 그러나 이 새로운 정치는 '인민 중의 인민으로서의 프롤레타리아', 곧 역사의 주체의 선험적(또는 적어도 실제적) 가능성에 근거하고 있으며, 이는 곧 본질주의와 목적론의 굴레에 빠져들게 된다. 이에 비해 스피노자는 대중들masses/multitudo이라는 개념을 정치의 중심 문제로 부각시킴으로써, 맑스식의 정치의 타율성 이론이 지닌 한계를 분명히 보여 준다. 곧 맑스와는 달리 스피노자는 이데올로기의 영역에서 정치의 타율성의 또 다른 차원을 발견하며, 이는 맑스 이론이 지닌 본질주의와 목적론의 한계를 정정할 수 있는 중요한 이론석 원천을 제공해 준다.

따라서 맑스가 발견한 경제의 차원을 경험적인 사회영역으로 환원시키는 르포르와는 달리, 발리바르는 경제가 함축하는 '정치의 타율성'의 측면을 부각시키고 있으며, 더 나아가 이를 또 하나의 정치의 타자, 곧 스피노자의 이데올로 기론과 **연결**시키려고 하고 있다(이 양자의 관계는 대립이나 모순이 아닐 뿐만 아니라, 종합이나 접합, 보완 또는 병치나 나열의 관계가 아니다). 발리바르의 이러한 이론적 문제설정은 다시 「정치의 세 개념 : 해방, 변혁, 시빌리테」 Trois concepts de la politique : Emancipation, transformation, civilité, 『대중들의 공포 : 맑스 전과 후의 정치와 철학』 La Crainte des masses : Politique et philosophie avant et après Marx, Galilée, 1997 에서는 '시빌리테'라는 새로운 차원의 문제와 연결되어, 좀더 복합적인 시도로 전개된다. 이런 의미에서 '정치적인 것의 자율성'과 '정치의 타율성'의 구분은 르포르의 작업에 대한 비판적인 전유의 시도로 읽는 게 타당할 것이다.

종교religio ; religion, 경건함/도의심pietas ; piété

렐리기오와 피에타스는 고대 로마에서 유래한 용어들인데, 스피노자는 다른 용어들과 마찬가지로 이 용어들에 대해 자신의 고유한 의미를 부여해서 사용하고 있다.

고래 로마의 용법에 따르면 피에타스는 자신이 마땅히 존중하거나 경배해야 한다고 생각하는 대상들에 대한 의무감 또는 이런 의무를 충족시키려는 태도나 성향 등을 의미한다. 로마인들이 이런 의무의 대상으로 생각했던 것은 부모와 조국, 그리고 신이었다. (고대 로마에서 피에타스의 의미에 관한 좀더 자세한 논의는 Henry Wagenvoort, *Pietas*, Leyde, 1980 ; Blandine Colot, "Pietas", in Barbara Cassin ed., *Vocabuliare européen des philosophies*, Seuil/Le Robert, 2004 참조.) 렐리기오는 원래는 어떤 징조나 전조(omen 또는 signum 일반)에 대해 주의를 기울이는 것, 곧 그러한 징조 때문에 마음의 거리낌을 갖는 것이라는 의미로 쓰이다가, 키케로를 비롯한 후기 스토아학파에 와서 종교적인 의미를 부여받게 되었다. 키케로에게 렐리기오는 신들에 대한 의례를 충실히 준수하는 것을 의미했으며("신들의 제사와 관련되는 만사를 열심히 전념해서 반복하는 자들은 …… religiosi

라 불렸다. 이것은 relegere[다시 수집하다, 새로운 선택을 위해 다시 취하다]에서 파생된 것이다."『신들의 본성에 관하여』*De natura deorum* 2권 28장 72절 ; 에밀 벤베니스트, 『인도·유럽 사회의 제도·문화 어휘 연구 2』, 김현권 옮김, 아르케, 1999, 322쪽에서 재 인용), 따라서 엄밀한 신학적인 의미보다는 선조로부터 내려온 의례를 충실하게 보존하고 이로써 전통과 질서를 유지한다는 의미를 지니고 있었다. (렐리기오에 관한 좀더 자세한 논의로는 벤베니스트, 앞의 책, 7장 ; John Scheid, *Religion et piété dans la Rome antique*, Albin Michel, 2001 참조.)

따라서 고대 로마에서 피에타스나 렐리기오는 반드시 종교적인 내용에 국 한된 것이 아니었는데, 초기 기독교 교부들이 이 용어들을 받아들여 기독교적 의미를 부여함으로써 종교적인 의미를 얻게 된다. 피에타스에 '신에 대한 경배' cultus Dei라는 의미를 부여하고, 이를 통속적 의미 또는 이교도적 의미의 피에타 스와 구분한 것은 바로 아우구스티누스였다. 그리하여 아우구스티누스 이래 17 세기에 이르기까지 라틴어 피에타스는 한편으로는 신에 대한 경배 및 경건한 태 도를 가리키는 종교적 의미와 인간들 사이의 관계에 적용되는 심리적 의미를 모 두 포함하게 되었다. 그리고 렐리기오의 경우는 락탄티우스Lactantius, 250~?의 『신 론』*Divinae Institutiones* 이후 경배를 드리는 의례보다는 경배의 대상으로서 신을 강조하는 것으로 의미가 변화되었다.

스피노자에서 피에타스와 렐리기오는 한편으로 기독교식의 용법을 전제하 면서도 여기에 윤리학적이고 정치학적인 의미를 부여해서 사용하고 있다. 피에 타스가 종교적인 의미로 사용되면서 동시에 그 의미가 변화되고 있는 곳은 『신 학정치론』의 전반부, 곧 성서에 대한 역사적 고증과 성서의 도덕적 의미를 고찰 하고 있는 1장에서 15장에 이르는 부분이다. 이 부분의 논의에서 스피노자의 독 창성은 피에타스와 임피에타스, 곧 '경건함'과 '불경함'의 기준은 지식이나 사변 에 있지 않고 성서가 가르치는 신의 참된 말씀, 곧 신에 대한 복종을 실천으로 수 행하는 데 있다고 역설한다는 점에 있다. 왜냐하면 스피노자에 따를 경우 신에 대한 복종은 이웃을 사랑하는 것 이외에 다른 것이 아니기("더구나 신에 대한 복종은 오직 자신의 이웃을 사랑하는 것에 있기 때문이다."『신학정치론』13장 3절 ; 모로판, 450~452) 때문에, 경건함과 불경함의 기준은 이웃 사랑을 실천하는지 거부하는지에 있게 되고, 이로써 피에타스에 담긴 기독교 신학적인 의미는 윤리적인 의미로 전환되기 때문이다.

이러한 의미의 변화를 거쳐『신학정치론』의 후반부, 곧 16장에서 20장에 이르기까지 정치학에 관한 논의를 전개하고 있는 부분에서는 피에타스가 정치적인 의미를 부여받게 된다. 가령 다음과 같은 구절은 이를 명료하게 보여 준다.

> 이제 우리가 신에게 올바르게 복종하기를 원한다면, 종교의 외적 예배 및 피에타스의 모든 실행은 국가의 평화 및 보존과 일치해야 한다는 점을 보여 줄 차례다. …… 조국에 대한 피에타스야말로 사람들이 보여 줄 수 있는 가장 높은 정도의 피에타스라는 점은 확실하다. 왜냐하면 국가가 없어지면, 더는 어떤 선도 존립할 수 없고 …… 보편적인 공포의 와중에서 오직 분노와 임피에타스만이 지배할 것이기 때문이다. (『신학정치론』19장 9~10절 ; 모로판, 612~614)

여기서 볼 수 있듯이 스피노자는 신자로서의 시민들 각자가 신에 대해 가져야 할 피에타스는 국가의 평화 및 보존, 곧 조국에 대한 피에타스와 일치해야 하며, 더 나아가 조국에 대한 피에타스야말로 최상의 피에타스라고 주장한다. 이는 스피노자가 주권자에게 종교 감독권(또는 '성무에 관한 권한'jus circa sacra)을 부여하고, 따라서 신에 대한 경배 및 피에타스를 정치적 질서에 종속시키는 데서 비롯한 결과다.

렐리기오의 경우에는 우선 고대 로마식의 용법과 마찬가지로 미신superstitio과의 구분을 일차적 특징으로 지니고 있다. 하지만 스피노자는 여기서 더 나아가 렐리기오를 신학Theologia 또는 (이론적) 사변Speculatio과 구분하고 있는데, 『신학정치론』의 주요한 목표 중 하나는 바로 이 양자가 전혀 상이하다는 점을 입증하는 데 있다. 곧 스피노자에 따르면 성서는 본래 무지한 대중들을 위해 쉬운 언어와 이야기로 매우 단순한 가르침(이웃에 대한 사랑으로서 신에 대한 복종)을 전달하고 있으며, 이것이 바로 진정한 의미의 종교인 데 반해, 신학자들과 주교들은 성서의 가르침에 충실하기보다는 난해한 사변을 동원하여 자신들의 교권을 강화하는 데 몰두하고 그리하여 정치적 주권의 통일성을 침해함으로써 국가의 평화와 안전을 위협한다는 것이다.

따라서 스피노자는 이러한 위험을 피하기 위해 그 자신이 "보편 신앙의 교의"fidei universalis dogmata라고 부르는 것으로 종교의 가르침을 한정하고 있다. 이 보편 신앙의 교의는 7개로 이루어져 있는데(『신학정치론』 14장 참조), 마지막 3개는 스피노자가 생각하는 렐리기오의 핵심을 잘 보여 준다.

5. 신에 대한 경배와 복종은 오직 정의와 박애 안에, 곧 이웃에 대한 사랑 안에 있을 뿐이다.
6. 이러한 삶의 규칙을 따라 신에게 복종하는 모든 사람은 구원받으며, 오직 그들만이 구원받는다.……
7. 마지막으로 신은 참회하는 자들의 죄를 사해 주신다.……
(『신학정치론』 14장 10절 ; 모로판, 476)

여기서 볼 수 있듯이 스피노자에게 신에 대한 복종과 이웃에 대한 사랑을 핵심으로 하는 렐리기오는 윤리적 실천의 규칙들과 다르지 않다.

다른 한편 『윤리학』에서는 렐리기오와 피에타스가 좀더 스피노자 자신의 철학적 관점에 가깝게 사용되고 있다. 이는 특히 발리바르가 118쪽에서 인용하고 있는 『윤리학』 4부 정리 37의 주석의 용법에서 잘 드러난다. 여기서 렐리기오와 피에타스, 그리고 호네스타스는 서로 체계를 이루어 사용되고 있다. 곧 렐리기오는 "신에 대한 관념을 갖고 있는 한에서, 또는 신을 인식하는 한에서의 우리 자신이 원인이 되어 생겨나는 모든 욕망과 행동"으로, 피에타스는 "이성의 인도에 따라 살아감으로써 생겨난 좋은 일을 하려는 욕망"으로, 호네스타스는 "이성의 인도에 따라 살아가는 어떤 사람이 다른 사람들과 우정을 맺을 수밖에 없게 만드는 욕망"으로 규정되고 있다.

따라서 렐리기오는 종교 그 자체라기보다는 신에 대한 합리적 인식과 이것이 낳는 윤리적 효과를 가리킨다. 다시 말해 렐리기오는 신에 대한 적합한 인식이 우리를 욕망과 행동의 원인으로, 곧 능동적으로 만든다는 것을 가리키는 것이며, 이는 『윤리학』의 관점에서 보면 곧 2종의 인식에서 3종의 인식으로 나아가는 것과 다르지 않다. 피에타스는 이러한 신에 대한 인식과 그 윤리적 효과에 의거하여 이루어지는 좋은 일을 실행하려는 욕망, 곧 스피노자식의 의미에서 도덕 내지는 윤리를 가리킨다. 마지막으로 호네스타스는 이러한 윤리적 욕망을 바탕으로 다른 사람들과 우정 어린 유대를 맺으려는 노력을 의미한다. 이 세 가지 개념은 모두 스피노자가 말하는 이성의 '덕목'virtus의 핵심을 이룬다. 따라서 렐리기오를 실정종교의 의미에서 종교로 이해하거나 피에타스를 종교적 의미의 경건함으로 이해하지 않도록 주의해야 한다.

이 책에서 발리바르는 피에타스의 경우 줄곧 'piété'라는 용어를 사용하고 있으며, 렐리기오 역시 줄곧 'religion'으로 번역해서 사용하고 있다(이는 대개의 불어 번역본들이 관행적으로 따르고 있는 번역어들이다). 이 책에서는 피에타스가 종교적인 맥락에서 사용되는 경우에는 '경건함'이라고 번역했고, 좀더 윤리적/정치적인 의미를 강조할 필요가 있을 때에는 '신실함'으로, 『윤리학』 4부 정리 37의 첫번째 주석에 나오는 피에타스의 경우는 '도의심'이라고 번역했다. 렐리기오의 경우는 모두 '종교'라고 번역했지만, 독자들은 이 용어가 지니고 있는 윤리적 의미를 염두에 두기 바란다.

통념notion

notion(라틴어로는 notio)이라는 단어는 우리말로 번역하기가 매우 까다로운 용어다. 이는 서양 철학 전통에서 이 용어가 서로 구분되는(어떤 점에서는 대립적인) 의미로 사용되어 왔기 때문이다. 스피노자의 저작에서도 이 용어는 한 가지의 의미로만 사용되고 있지 않다.

notio 또는 그리스어로는 ἔννοια라는 개념은 스토아학파에서 유래한 것으로, 원래의 의미는 정신이 경험을 통해 습득한 일반적인 관념을 뜻하며, 정의를 내릴 때나 변증술을 실행할 때 기초로 사용되는 것이다. 그 이후 기독교 전통으로 전승되면서 이 개념은 주로 기독교 신학의 맥락에서 사용되었다.

그리고 다시 데카르트는 이 개념을 인식론의 맥락에 국한시킴으로써 중세 철학의 전통과 단절을 이룬다. 데카르트에게 notio는 별도의 정의가 필요 없는 '가장 단순하고 자명한 것'을 가리키거나notio simplex, 아니면 '그것의 후견을 받아 우리가 우리의 다른 모든 인식을 형성할 수 있는' 것notions primitives, 또는 '영원한 진리', 곧 '공리'로 간주될 수 있는 것notio communis 등을 의미한다(이처럼 notio communis를 공리axioma로 생각하는 것은 유클리드에서 유래하는 것이다). 그리고 이런 측면에서 보면 데카르트의 notion은 '개념'으로 번역될 수 있다.

스피노자는 한편으로 notio communis를 '공리'와 등가적인 것으로 간주한다는 점에서는 데카르트와 일치한다("만약 사람들이 실체의 본성에 주의를 기울인다면 …… 이 정리[1부 정리 기는 모든 사람에게 공리이며, notiones communes 중 하나로 간주될 만하다." 『윤리학』 1부 정리 8의 주석 2). 하지만 다른 한편으로 스피노자가 『윤리학』 2부 정리 38의 따름정리 이하에서 전개한 이론은 notio communis를 수학적이거나 논리학적인 공리(가령 모순율 같은 것)와는 다른 것으로 간주하고 있다. 곧 이 경우 notio communis는 "모든 사람에게 공통적인 관념들ideas 또는 통념늘notiones이 존재하는데, 왜냐하면 모든 물체는 어떤 점에서 일치하며 이는 우리에게 적합하게, 곧 명석하고 판명하게 지각되어야 하기 때문이다"라고 규정되고 있다. 따라서 notio communis는 자명한 진리가 아니라, 우리가 획득하고 구성해 나가야 하는 참된 인식 또는 적합한 인식을 가리키는 것이다.

더 나아가 『윤리학』 4부 또는 『신학정치론』에는 이처럼 『윤리학』 2부에서 규정되고 있는 것과는 다른 종류의 notiones communes가 등장한다. 그리고 이 책 2부에 수록된 「스피노자, 반오웰: 대중들의 공포」에서 발리바르가 주목하고 있는 점이 바로 이것이다. 발리바르는 데카르트와 달리 스피노자에서는 notio communis 개념이 일의적인 의미를 갖지 않는다고 주장한다. 곧 『신학정치론』이나 『윤리학』 4부에 등장하는 이 개념은 더 이상 공리라든가 참된 인식 같은 의미를 갖지 않고, 오히려 이론과 실천을 매개하는 지식, 다시 말해 모든 사람(또는 다수의 사람)이 공유하고 있고, 따라서 서로의 이익을 증대하기 위해 사용될 수 있는 합리적인 인식을 가리킨다. 이런 측면에서 보면 notio communis는 '그 진리성을 의심할 수 없는 자명한 인식'이라는 의미보다는 사람들끼리 공유할 수 있고, 이를 바탕으로 유용한 효과를 산출할 수 있다는 점에 중요성이 있는 인식, 곧 의미론적 진리성 여부보다는 화용론적 소통 가능성/유용성이 notio communis의 더 중요한 인식이 된다.

실제로 『신학정치론』의 몇몇 구절에서 나타나는 notio communis의 용례를 보면, 이 용어를 '공통개념'이나 '공리'로 이해하기는 매우 어렵다. 가령 다음과 같은 구절이 그렇다.

> 단지 유대인들만이 아니라 인류 전체에 가르침을 주기 위해 온 그리스도가 자신의 생각을 유대인들의 의견에만 맞추는 것으로는 불충분하다. 그의 생각은 인류의 보편적인 의견들 및 교훈들에, 곧 notiones communes에 맞춰져야 한다. (『신학정치론』 4장 10절, 모로판, 196쪽)

서양 근·현대철학에서 notion은 상당히 자주 사용되는 용어지만, 국내에서는 아직 notion에 대한 표준적인 번역어가 존재하지 않는 것으로 알고 있다. 사실 철학자들마다 이 개념의 용법이 상이하기 때문에, 한 가지 역어를 선택하는 일이 쉽지는 않다. 하지만 적어도 스피노자 철학에서 이 단어 또는 notio communis라는 단어는 '통념'과 '공통통념'으로 번역하는 게 적합하다고 생각한다. notio communis는 때로는 '공통개념'으로, 때로는 '공통관념'으로 번역되어 왔지만, 전자는 앞에서 말했듯이 이 용어가 지닌 실용적 함의를 살리지 못한다는 의미에서 부적합하고, 후자는 '관념'이라는 용어가 'idea'의 번역어이고 따라서 혼동의 우려가 있기 때문에 (당장 편리할 수는 있지만) 부적합하다. idea와 notio의 관계는 더 엄밀하게 해명되어야 할 문제이기 때문에 서로 구분되는 용어로 번역하는 게 옳을 것이다. 이런 점을 감안해서 우리는 이 책에서 잠정적으로 notio와 notio communis을 각각 '통념'과 '공통통념'으로 번역했다.

참고문헌[†]

스피노자의 철학은 3세기 동안 계속해서 ——아마도 다른 철학들보다 훨씬 더 많이 ——모순적인 논의들과 해석들을 불러일으켰다. 따라서 스피노자에 대한 문헌은 방대하다. 우리는 그중에서 이러저러한 측면에서 독자들이 지금까지 읽은 것을 보충해 주거나 또는 그것을 토론하게 해줄 수 있는 저작들을 선별해 볼 것이다. 그리고 특히 쉽게 구할 수 있는 것들은 *로 표시해 두겠다.

이 점에서 볼 때 최근 두 저작은 내가 채택한 것과는 다른 관점에서 스피노자주의에 대한 입문서로 사용될 수 있다.

* 피에르-프랑수아 모로Pierre-François Moreau, 『스피노자』*Spinoza*, Ecrivaints de toujours, Editions du Seuil, 1975.

* 질 들뢰즈Gilles Deleuze, 『스피노자 : 실천철학』*Spinoza : Philosophie pratique*, Editions de Minuit, 1981 [국역 : 『스피노자의 철학』, 박기순 옮김, 민음사, 1999].

불행하게도 프랑스에는 퇸 데 브리스Theun de Vries의 『스피노자 : 삽화가 곁들인 전기』*Spinoza in Selbst-zeugnissen und Bilddokumenten*, Hambourg, Rowohlt

---

[†] 이하의 참고문헌에서 340쪽까지는 발리바르가 『스피노자와 정치』(PUF, 1985)에 붙였던 것이고, 그 이후의 '보충 참고문헌'은 옮긴이가 추가한 것이다.

Taschenbuch, 1970에 필적할 만한 훌륭한 짧은 전기가 없다. 스피노자의 생애와 당시의 역사적 환경, 그가 접했던 이데올로기 전통들에 대한 정보를 원하는 독자들에게는 이제는 대체될 수 없는 귀중한 도구인 *마인스마Meinsma의 불역본 저서, 『스피노자와 그의 친구들』*Spinoza et son cercle*, Vrin, 1983(이 책은 프랑스와 네덜란드의 연구자들에 의해 증보되고 갱신되었다)이 있다. 독자들은 이 책에서 아주 생생한 이야기 외에도 스피노자가 암스테르담의 유대인 공동체 및 '제2의 종교개혁'의 조류들(소치니파, 콜레지언파, 천년지복파 등)과 맺고 있는 관계들에 대한 상세한 주석을 발견할 수 있을 것이다.

　*뮈니에-폴레L. Mugnier-Pollet의 『스피노자의 정치철학』*La philosophie politique de Spinoza*, Vrin, 1976은 훌륭한 개론서이며, 스피노자의 텍스트들에 대한 설명과 관련하여 연합주 공화국에서의 신학적·정치적 갈등들과 그에 선행한 것들에 대한 그의 개요는 특히 가치 있다.

　마들렌 프랑세즈Madeleine Francès의 『스피노자와 17세기 후반 네덜란드』*Spinoza dans les pays néerlandais de la seconde moitié du XVIIᵉ siècle*, Alcan, 1937는 논란의 여지가 많고 부분적으로는 마인스마의 관점과 모순되지만, 스피노자와 당대 네덜란드 정치 정세의 연관성에 대한 자극적인 질문들의 원천으로 남아 있다.

　독자들이 17세기 네덜란드사에 대한 자신의 지식을 늘리거나 새롭게 하고 싶다면, 우선 *피에르 자냉Pierre Jeannin, 『17~18세기 북서부 및 북부 유럽』*L'europe du Nord-Ouest et du Nord aux XVIIᵉ et XVIIIᵉ sciècles*, PUF, Nouvelle Clio, 1969(이 책은 또한 영국적 상황을 병행적으로 연구하고 있다는 장점을 지니고 있다)을 참조하면 좋을 것이다.

　좀더 보충해서, 집정관파의 사상과 활동이라는 중요한 문제에 대해서는, 허버트 로웬Herbert H. Rowen, 『얀 더빗. 홀란트의 위대한 재상』*John de Witt, Grand Pensionary of Holland, 1625~1672*, Princeton University Press, 1978을 참조할 수 있다.

열강들의 세력다툼 속에서 연합주 공화국의 위치에 대해서는 이매뉴얼 월러스틴Immanuel Wallerstein, 『중상주의와 유럽 세계 경제의 공고화, 1600~1750』 *Le mercantilisme et la consolidation de l'économie-monde européenne, 1600~1750*, Flammarion, 1984 중 2장 「네덜란드 헤게모니 시기」와 『근대 세계 체제 2』[국역 : 나종일 외 옮김, 까치, 1999]를 참조할 수 있다. (또한 페르낭 브로델Fernand Braudel, 『물질문명, 경제와 자본주의(15~18세기) 3권 : 세계의 시간』 *Civilisation matérielle, Economie et Capitalisme (XVe~XVIIIe sciècle). Le temps du monde*, Armand Colin, 1979 중 3장, 「도시가 지배하는 유럽의 구경제 : 암스테르담」En Europe, les économies anciennes à domination urbaine : Amsterdam[국역 : 『물질 문명과 자본주의 3-1』, 주경철 옮김, 까치, 1997] 참조.)

정치적 측면들에 대해서는 *로베르 망드루Robert Mandrou, 『'절대주의 시기' 유럽. 이성과 국가이성(1649~1775)』 *L'Europe "absolutiste", Raison et Raison d'Etat, 1649~1775*, Fayard, 1977을 참조하고, 같은 맥락에서 마키아벨리의 후예에 대해서는 프리드리히 마이네케Friedrich Meinecke의 고전, 『근대 역사에서 국가이성의 이념』 *L'idée de la Raison d'Etat dans l'histoire des temps modernes*, trad. franç., Genève : Droz, 1973[국역 : 『국가권력의 이념사』, 이광주 옮김, 민음사, 1990](이 책은 그로티우스와 홉스, 스피노자에 한 장씩을 할애하고 있다)을 참조할 수 있을 것이다.

아르미니우스파와 고마르파 사이의 갈등에 대한 상세한 해설은 더글러스 놉스Douglas Nobbs의 『신정과 관용』 *Teocracy and Toleration*, Cambridge University Press, 1938에 제시되어 있다. 17세기, 특히 네덜란드에서 반항적이고 신비적인 종교적 조류들에 대한 흥미진진한 해석과 철저한 연구는 레셰크 콜라코프스키Leszek Kolakowski, 『교회 없는 기독교인들』 *Chrétiens sans Eglise*, tr. franç., Gallimard, 1969의 대상을 이루고 있으며, 나는 이 책을 준거로 삼았다. 이후 시대에 스피노자주의가 미친 심원한 영향은 특히 폴 베르니에르Paul Vernière의 『스피노자와 혁명 이전의 프랑스 사상』 *Spinoza et la pensée française avant la Révolution*, PUF, 2e éd., 1982에서 연구되었다.

이제 정치적 문제와 신학적 문제에 중요한 또는 중심적인 위치를 부여하면서 스피노자의 철학을 연구하고 있으며, 내가 나의 관점을 발전시키는 동안 줄곧 영감을 받은 저작들 또는 논문집들을 언급해 보자면 다음과 같다.

미셸 베르트랑Michèle Bertrand, 『스피노자와 상상계』*Spinoza et l'imaginaire*, PUF, 1983(이 책은 스피노자에게서 상상계의 동역학과 사회적 기능들을 프로이트와 비교하여 해명하면서 연구한 유일한 저작이다).

스타니슬라스 브르통Stanislas Breton, 『스피노자 : 신학과 정치』*Spinoza : Théologie et politique*, Desclée, 1977(엄격하지만 고루하지는 않은 신학자의 관점에서 서술).

질 들뢰즈, 『스피노자와 표현의 문제』*Spinoza et le problème de l'expression*, Minuit, 1968(난해한 대작으로서, 독자들은 끝에서부터, 곧 16장 「윤리적 세계관」에서 출발하는 것도 좋을 것이다).

알렉상드르 마트롱Alexandre Matheron, 『스피노자 철학에서 개인과 공동체』*Individu et communauté chez Spinoza*, Minuit, 1969 [국역 : 김문수·김은주 옮김, 그린비, 2008]; 『스피노자에서 그리스도와 무지자의 구원』*Le Christ et le salut des ignorants chez Spinoza*, Aubier-Montaigne, 1971(마트롱은 개인의 관점과 국가의 관점 사이의 상호 연관성을 충분히 해명해 내면서 놀라운 엄밀함으로 스피노자의 정치학을 그의 체계의 원리들로부터 연역하고 있다. 나는 입문서라는 구실로 반대의 순서를 따르는 모험을 감행했다).

안토니오 네그리Antonio Negri, 『야생의 별종 : 스피노자에서 역량과 권력』*L'anomalie Sauvage : puissance et pouvoir chez Spinoza*, PUF, 1982(그가 변증법의 전통과 대립시키는 스피노자 형이상학의 중심에 '다중'multitude이라는 개념을 위치시키면서 우리의 관점 선제를 쇄신하는 저작).

앙드레 토젤André Tosel, 『스피노자 또는 예속의 황혼』*Spinoza ou le crépuscule de la servitude*, Aubier-Montaigne, 1984(종교 이데올로기에 대한 구체적 분석에 기초한 '해

방 철학의 선언'으로서『신학정치론』을 연구).

실뱅 자크$^{Sylvain\ Zac}$,『스피노자와 성서 해석』$^{Spinoza\ et\ l'interprétation\ de\ l'écriture,}$ PUF, 1965(철학의 예비학으로서 성서 주해와 역사 비평의 관계들에 대한 필수 저작);
*『스피노자 저작에서 철학, 신학, 정치』$^{Philosophie,\ théologie,\ politique\ dans\ l'oeuvre\ de}$ ^{Spinoza,} Vrin, 1979(따로따로 읽을 수 있는 논문 모음집.『신학정치론』에서 히브리 국가 의 '모델'에 대한 뛰어난 분석들이 담겨 있다).

끝으로 내가 너무 간략하게 취급한 점들을 해명해 줄 수 있는 논문 몇 편을 적어 두자.

마들렌 프랑셰즈,「스피노자의 도덕과 칼뱅의 예정설」$^{La\ Morale\ de\ Spinoza\ et\ la}$ $^{doctrine\ calvinienne\ de\ la\ prèdestination,}$『종교사와 종교철학 평론』$^{Revue\ d'histoire\ et\ de}$ $^{philosophie\ religieuse},$ 1933년 4~5호.

알렉상드르 마트롱, *「홉스와 스피노자에서 정치와 종교」$^{Politique\ et\ religion}$ $^{chez\ Hobbes\ et\ Spinoza},$ CERM,『철학과 종교』$^{Philosophie\ et\ religion,\ Editions\ sociales,}$ 1974;「스피노자의 민주주의에서 여성과 예속자들」$^{Femmes\ et\ serviteurs\ dans\ la}$ $^{démocratie\ spinoziste},$『철학평론』$^{Revue\ philosophique},$ 1977년, 2~3호[지금은 두 편 모 두『17세기의 인간학과 정치학(스피노자 연구)』$^{Anthropologie\ et\ politique\ au\ XVII^e\ sciècle}$ $^{(Etudes\ sur\ Spinoza),}$ Vrin, 1986에 수록되어 있다. 이 책에는 마찬가지로 중요한 논문인 「스피노자와 토마스 정치학의 해체」$^{Spinoza\ et\ la\ décomposition\ de\ la\ politique\ thomiste}$도 수록되어 있다].

에밀리아 지안코티-보셰리니$^{Emilia\ Giancotti-Boscherini},$「스피노자에서 자유, 민주주의, 혁명」$^{Liberté,\ démocratie\ et\ révolution\ chez\ Spinoza},$『계몽주의 연구 논총』 $^{Tijdschrift\ voor\ de\ Studie\ van\ de\ Verlichting},$ 1978년, 1~4호;「현실주의와 유토피아: 스피노자 정치철학에서 정치적 자유의 한계들과 해방의 전망」$^{Réalisme\ et\ utopie:}$

limites des libertés politiques et perspective de libération dans la philosophie politique de Spinoza, 『스피노자의 정치 · 신학사상』*Spinoza's Political and Theological Thought*, edited by C. De Deugd, North Holland, 1984.

피에르-프랑수아 모로, 「『정치론』에서 임페리움이라는 통념」*La notion d'Imperium dans le Traité politique*, 우르비노 콜로퀴엄 자료집*Actes du Colloque d'Urbino*, 『스피노자 탄생 350주년』*Spinoza nel 350° anniversario della nascita*, Bibliopolis, 1985 ; 「언어의 정치학(홉스와 스피노자에 대하여)」*Politique du language(sur Hobbes et Spinoza)*, 『철학 평론』*Revue philosophique*, 1985년 2호.

에티엔 발리바르, 「스피노자, 반오웰 : 대중들의 공포」[이 책에 수록] ; 「스피노자, 정치, 교통」*Spinoza, politique et communication*, 『철학 논집』*Cahiers philosophiques*, Centre national de Documentation pédagogique(29, rue d'Ulm, 75005 Paris), 39호, 1989년 6월호[국역 : 「스피노자, 정치, 교통」, 윤소영 옮김, 『알튀세르의 현재성』 공감, 1996].

『스피노자 연구』*Studia Spinozana*(Walter & Walter Verlag, Alling[4호부터는 Königshausen & Neumann, Würzburg, RFA]) 1호 전체는 스피노자의 정치학을 다루고 있으며(독어와 영어, 프랑스어, 이탈리아어로 된 논문들 수록), 3호는 '스피노자와 홉스'를 다루고 있다[2014년 현재 16호까지 출간].

스피노자 친우회*L'Association des Amis de Spinoza*(9, rue Dupont-des-Loges, Paris, 7e) 는 정기회보를 간행하고 있으며, 레플리크*Réplique* 출판사에서 『스피노자 논고』*Cahiers spinoza*(5권까지 출간)를 출간하고 있다[6권(1991)까지 출간된 후 사실상 종간되었다].

보충 참고문헌

* 발리바르의 책이 출간된 이후 지난 20여 년 동안 주목할 만한 스피노자 연구서들이 많이 배출되었다. 이를 감안해서 몇 가지 참고문헌을 보충했다.

1. 스피노자 저작

1) 고증본 전집

Spinoza, Baruch(1925). *Spinoza opera*. vol. 1~4., Carl Gebhardt ed., Carl Winter, 1925.

_____(1999). *Tractatus-Theologico-Politicus/Traité théologique-politique*, Fokke Akkerman ed., Pierre-François Moreau & Jacqueline Lagrée tr., PUF.

_____(2005). *Traité politique*, texte établi par Omero Proetti, trad. par Charles Ramond, PUF.

_____(2009). *Premiers Écrits*, texte établi par Filippo Mignini, trad. par Joël Ganault et Michelle Beyssade, PUF.

2) 현대어 번역본

_____(1990). 『에티카』, 강영계 옮김, 서광사.

_____(2001). 『국가론』, 김성근 옮김, 서문당.

_____(1953). *Œuvre de Spinoza*, Charles Appuhn ed. & tr., Garnier-Flammarion.

_____(1977~1991). *Baruch de Spinoza. Sämtliche Werke*, vol. 1~6, Carl Gebhardt et al. eds., Felix Meiner.

_____(1985). *The Collected Works of Spinoza*, vol. 1, Princeton University Press.

_____(1989). *Tractatus Theologico-Politicus*, tr. Samuel Shirley, E.J. Brill.

_____(1992). *Traité de la réforme de l'entendement*, ed. & tr. Bernard Rousset, Vrin.

_____(1994). *Politischer Traktat/Tractatus politicus*, tr. Wolfgang Bartuschat, Felix Meiner.

_____(1999). *Ethique*, tr. Bernard Pautrat, Seuil.

_____(1999). *Ethik*, tr. Wolfgang Bartuschat, Felix Meiner.

_____(1999). *The Letters*, tr. Samuel Shirley, Hackett.

_____(2000). *Political Treatise*, tr. Samuel Shirley, Hackett.

_____(2002). *Traité politique*, tr. Laurent Bové, LGF.

2. 스피노자 연구 문헌

1) 발리바르의 스피노자 연구

1. 「스피노자, 반오웰 : 대중들의 공포」 "Spinoza, l'anti-Orwell : La Crainte des masses", *Spinoza nel 350° anniversario della nascità. Atti del congresso internazionale(Urbino 4~8 ottobre 1982)*. ed. Emilia Giancotti, Bibliopolis, 1985 ; *La Crainte des masses*, Galilée, 1997에 재수록 ; 이 책에 수록.

2. 「권리, 계약, 법 : 『신학정치론』에서 신민/주체의 구성에 관하여」 "Jus, Pactum,

Lex : Sur la constitution du sujet dans le *Traité théologico-politique*", *Studia spinozana*, vol. 1. 1985.

3. *Spinoza et la politique*, PUF, 1985; 이 책의 1부.

4. 「개체성, 인과성, 실체 : 스피노자의 존재론에 대한 성찰」 "Individualité, causalité, substance : Réflexions sur l'ontologie de Spinoza", *Spinoza. Issues and Directions. The Proceedings of the Chicago Spinoza Conference(1986)*. eds., Edwin Curley & Pierre-François Moreau, E.J. Brill, 1990.

5. 「진리의 제도화. 홉스와 스피노자」 "L'institution de la vérité. Hobbes et Spinoza", *Hobbes e Spinoza. Scienza e politica, Atti del Convegno Internazionale(Urbino, 14~17 ottobre 1988)*. ed. Daniela Bostrenghi, Bibliopolis, 1992.

6. 「스피노자, 정치, 교통」 "Spinoza, politique et communication", *Cahiers philosophiques*. n°39, 1989 [국역 : 「스피노자, 정치, 교통」, 윤소영 옮김, 『스피노자의 현재성』, 공감, 1996].

7. 「『윤리학』에서 '의식/양심' 개념의 용법에 대한 노트」 "A Note on 'Consciousness/Conscience' in the *Ethics*", *Studia Spinozana*, vol. 8, 1992.

8. 「하이데거와 스피노자」 "Heidegger et Spinoza", Olivier Bloch ed., *Spinoza au XXe siècle*, PUF, 1993.

9. 「정치적인 것의 자율성, 정치의 타율성 : 스피노자, 루소, 맑스」 "Le politique, la politique : De Rousseau à Marx, de Marx à Spinoza", *Studia Spinozana*. vol. 9, 1993 ; 이 책에 수록.

10. 「스피노자에서 개체성과 관개체성」 "Individualité et transindividualité chez Spinoza", *Architectures de la raison, Mélanges offerts à Alexandre Matheron*, ed. P.-F. Moreau, ENS Editions, 1996 ; 이 책에 수록.

11. 「스피노자 : 개체성에서 관개체성으로」 "Spinoza : From Individuality to Transindividuality", *Mededelingen vanwege het Spinozahuis* 71, Eburon, 1997.

12. 「'마치 하나의 정신에 의해 인도되는 듯한 대중들의 역량'이라는 구절의 의미」 "Potentia multitudinis, quae una veluti mente ducitur", *Ethik, Recht und Politik bei Spinoza*, eds. Marcel Senn und Manfred Walther, Schulthess, 2001.

2) 스피노자 개론서

스크러턴, 로저(2000). 『스피노자』, 정창호 옮김, 시공사.

_____(2002). 『스피노자』, 조현진 옮김, 궁리.

Allison, Henry(1987). 『베네딕투스 데 스피노자. 입문』 *Benedict de Spinoza : An Introduction*, Yale University Press(1st edition, 1975).

Bartuschat, Wolfgang(1996). 『바루흐 데 스피노자』 *Baruch de Spinoza*, C. H. Beck.

Cristofolini, Paolo(1998). 『스피노자. 『윤리학』 안에 있는 여러 갈래의 길』 *Spinoza. Chemins dans l'Ethique*, PUF.

Curley, Edwin(1988). 『기하학적 방법 배후에』 *Behind the Geometrical Method*, Princeton UP.

Delbos, Victor(1950). 『스피노자주의』 *Le Spinozisme*, Vrin(1st edition, 1915).

Donagan, Alan(1988). 『스피노자』 *Spinoza*, Harvester.

Moreau, Pierre-François(2003). 『스피노자와 스피노자주의』 *Spinoza et le spinozisme*, PUF.

Scala, André(2000). 『스피노자』 *Spinoza*, Les Belles Lettres.

3) 스피노자 전기, 역사적·지적·정치적 배경 및 네덜란드 역사에 관한 문헌

Albiac, Gabriel(1994). 『비어 있는 시냐고그: 스피노자주의의 마라노적 기원』 *La Synagogue vide: Les sources marranes du spinozisme*, PUF.

Bunge, Wiep van(2001). 『스티빈에서 스피노자로. 17세기 네덜란드 공화국의 철학에 관한 시론』 *From Stevin to Spinoza: An Essay on Philosophy in the Seventeenth-Century Dutch Republic*, Brill.

Israël, Jonathan(1995). 『네덜란드 공화국: 성립, 전성기, 몰락. 1477~1806』 *The Dutch Republic: Its Rise, Greatness, and Fall 1477~1806*, Oxford University Press.

_____(2002). 『급진적 계몽: 철학과 근대성의 형성 1650~1750』 *Radical Enlightenment: Philosophy and the Making of Modernity 1650~1750*, Oxford University Press.

Méchoulan, Henry(1990). 『스피노자 시대의 암스테르담: 돈과 자유』 *Amsterdam au temps de Spinoza: Argent et liberté*, PUF.

_____(1991). 『스피노자 시대 암스테르담에서 유대인으로 살기』 *Être juif à Amsterdam au temps de Spinoza*, Albin Michel.

_____ed.(1993). 『17세기 암스테르담. 상인들과 철학자들: 관용의 혜택』 *Amsterdam, XVIIe siècle. Marchands et philosophes: Les Bénéfices de la tolérance*, Autrement.

Nadler, Steve(1999). 『스피노자: 생애』 *Spinoza: A Life*, Cambridge University Press.

Osier, Jean-Pierre(1983). 『우리엘 다 코스타에서 스피노자로』 *D'Uriel da Costa à Spinoza*, Berg.

Revah, Israël Salvato(1995). 『마라노에서 스피노자로』 *Des Marranes à Spinoza*, Vrin.

Yovel, Yirmiyahu(1989a). 『스피노자와 다른 이단아들 1권 : 이성의 마라노』 *Spinoza and the Other Heretics I : The Marrano of Reason*, Princeton University Press.

_____(1989b). 『스피노자와 다른 이단아들 2권 : 내재성의 모험들』 *Spinoza and Other Heretics II. The Adventures of Immanence*, Princeton University Press.

4) 스피노자 정치철학에 관한 문헌

진태원(2004). 「스피노자 정치학에서 사회계약론의 해체 I : 『신학정치론』에서 홉 스 사회계약론의 수용과 변용」, 『철학사상』 제17호.

_____(2005). 「스피노자 정치학에서 사회계약론의 해체 II : 다중의 역량이란 무 엇인가?」, 『트랜스토리아』 제5호.

Bagley, Paul(1999). 『경건, 평화, 철학의 자유』 *Piety, Peace and the Freedom to Philosophize*. Kluwer Academic.

Bové, Laurent(1995). 『코나투스의 전략. 스피노자에서 긍정과 저항』 *La stratégie du conatus. Affirmation et résistance chez Spinoza*, Vrin.

Gatens, Moira & Lloyd, Genevieve(1999). 『집합적 상상. 스피노자, 과거와 현재』 *Collective Imaginings : Spinoza, Past and Present*. Routledge.

Israël, Nicolas(2001). 『스피노자. 경계의 시간』 *Spinoza. Le Temps de la vigilance*, Payot.

Lazzeri, Christian(1998). 『법, 권력, 자유. 스피노자의 홉스 비판』 *Droit, Pouvoir, liberté. Spinoza critique Hobbes*, PUF.

Matheron, Alexandre(1969). 『스피노자에서 개인과 공동체』 *Individu et communauté chez Spinoza*, Minuit.

_____(1971). 『스피노자에서 그리스도와 무지자들의 구원』 *Le Christ et le*

salut des ignorants chez Spinoza, Aubier-Montaigne.

_____(1986). 『17세기의 인간학과 정치학』 *Anthropologie et politique au XVIIᵉ siècle*, Vrin.

Montag, Warren(1999). 『신체들, 대중들, 역량: 스피노자와 그의 동시대인들』 *Bodies, Masses, Power: Spinoza and His Contemporaries*, Verso.

Negri, Antonio(1990). 『야생의 별종』 *The Savage Anomaly*, trans. Michael Hardt, University of Minnesota Press(1st edition, 1981).

_____(1994). 『전복적 스피노자: (비)현행적 변이들』 *Spinoza subversif: Variations (in)actuelles*, Kimé.

Senn, Marcel, ed.(2001). 『스피노자에서 윤리, 법, 정치』 *Ethik, Recht und Politik bei Spinoza*, Schulthess.

Smith, Steven(1997). 『스피노자, 자유주의, 유대인 정체성의 문제』 *Spinoza, Liberalism, and the Question of Jewish Identity*, Yale University Press.

Strauss, Leo(1965). 『스피노자의 종교 비판』 *Spinoza's Critique of Religion*, Schocken Books.

Terpstra, Marin(1990). 『정치의 전환에 대하여』 *De wending naar de politiek: Een studie over het gebruik van de begrippen "potentia" en "potestas" door Spinoza in het licht van de verhouding tussen ontologie en politieke theorie*, Proefschrift, Katholieke Universiteit Nijmegen.

Tosel, André(1984). 『스피노자 또는 예속의 황혼』 *Spinoza ou le Crépuscule de la Servitude*, Aubier.

_____(1994). 『스피노자의 유물론에 대하여』 *Du matérialisme de Spinoza*, Kimé.

Zourabichvili, François(1992). 「스피노자, 불구스, 사회심리학」 "Spinoza, le vulgus et la psychologie sociale", 『스피노자 연구』 *Studia Spinozana* 8.

_____(2002). 『스피노자의 역설적 보수주의: 유년과 왕국』 *Le Conservatisme paradoxal de Spinoza. Enfance et royauté*, PUF.

5) 『윤리학』 및 기타 저작에 관한 문헌

델보스, 빅토르(2003). 『스피노자와 도덕의 문제』, 이근세 옮김, 선학사.

들뢰즈, 질(1999). 『스피노자의 철학』, 박기순 옮김, 민음사.

_____(1969). *Spinoza et le problème de l'espression*, Minuit[국역: 『스피노자와 표현의 문제』, 권순모·이진경 옮김, 인간사랑, 2003].

박삼열(2002). 『스피노자의 윤리학 연구』, 선학사.

Bartuschat, Wolfgang(1992). 『스피노자의 인간이론』 *Spinozas Theorie des Menschen*, Felix Meiner.

Bennett, Jonathan(1984). 『스피노자의 『윤리학』 연구』 *A Study of Spinoza's Ethics*, Cambridge University Press.

Bertrand, Michèle(1983). 『스피노자와 상상계』 *Spinoza et L'imaginaire*, PUF.

Gueroult, Martial(1968). 『스피노자 1권. 신』 *Spinoza. vol. 1 : Le Dieu*, Aubier.

_____(1974). 『스피노자 2권. 정신』 *Spinoza. vol. 2 : L'Âme*, Aubier.

Jaquet, Chantal(1997). *Sub specie aeternitatis*, Kimé.

_____(2004). *Fortitude et servitude. Lectures de l'Ethique IV de Spinoza*, Kimé.

Macherey, Pierre(1994~1998). 『스피노자의 윤리학 입문』 *Introduction à L'Ethique de Spinoza*, vols. 1~5, PUF.

_____(2004). 『헤겔 또는 스피노자』, 진태원 옮김, 이제이북스.

Moreau, Pierre-François(1994). 『스피노자: 경험과 영원』 *Spinoza : L'expérience et l'éternité*, PUF.

Ramond, Charles(1995). 『스피노자 철학에서 양과 질』 *Quantité et qualité dans la philosophie de Spinoza*, PUF.

_____(1998).『스피노자와 근대 사상. 객관성의 구성』*Spinoza et la pensée moderne: Constitutions de l'objectivité*, Harmattan.

Rousset, Bernard(1968).『『윤리학』의 궁극적 전망』*La perpsective finale de l'Éthique*, Vrin.

_____(2001).『내재성과 구원. 스피노자의 시각』*L'immanence et le salut. Regards spinozistes*, Kimé.

Wolfson, H. A.(1983).『스피노자의 철학』*The Philosophy of Spinoza*, Harvard University Press(1st edition, 1934).

Yovel, Yirmiyahu ed.(1991).『신과 자연. 스피노자의 형이상학』*God and Nature: Spinoza's Metaphysics*, Brill.

_____ ed.(1994).『스피노자의 지식론과 심리학』*Spinoza on Knowledge and the Human Mind*, Brill.

_____ ed.(2000).『욕망과 정서. 심리학자로서 스피노자』*Desire and Affect: Spinoza As Psychologist*, Little Room Press.

_____ ed.(2004).『이성과 자유인에 대한 스피노자의 이론』*Spinoza On Reason and The Free Man*, Little Room Press.

3. 일반 문헌

김형효(1990).『구조주의의 사상과 사유체계』, 인간사랑.

데꽁브, 뱅쌍(1993).『동일자와 타자. 현대 프랑스 철학』, 박성창 옮김, 인간사랑.

도스, 프랑수아(1998~2002).『구조주의의 역사 1~4』, 이봉지 외 옮김, 동문선.

임봉길 외(2000).『구조주의 혁명』, 서울대출판부.

제임슨, 프레드릭(1985). 『언어의 감옥』, 윤지관 옮김, 까치.

진태원(2002). 「라깡과 알뛰쎄르. '또는' 알뛰쎄르의 유령들 L, 김상환·홍준기 엮음, 『라깡의 재탄생』, 창작과비평사.

Althusser, Louis(1966). "Sur le Contrat social(Les Décalages)", 『분석 노트』 *Les Cahiers pour l'Analyse*, vol. 8, pp. 5~42 ; Althusser, 『마키아벨리의 고독』 *Solitudes de Machiavel*, ed. Yves Sintomer, PUF, 1998에 재수록[국역 : 「사회계약에 대하여(탈구들)」, 김석민 옮김, 『마키아벨리의 고독』, 새길, 1992].

_____(1973). 『존 루이스에 대한 답변』 *Réponse à John Lewis*, Maspero ; Althusser, 『마키아벨리의 고독』에 재수록.

_____(1974). 『자기 비판의 요소들』 *Éléments d'auto-critique*, Maspero ; Althusser, 『마키아벨리의 고독』에 재수록.

_____(1991). 「이데올로기와 이데올로기 국가장치」, 『아미엥에서의 주장』, 김동수 옮김, 솔.

_____(1993). 『철학·정치학 저작집 1권』 *Écrits philosophiques et politiques I*, eds. Olivier Corpet & François Matheron, IMEC/Stock.

_____(1994). 『철학·정치학 저작집 2권』 *Écrits philosophiques et politiques II*, eds. Olivier Corpet & François Matheron, IMEC/Stock.

_____(1995). 『재생산에 대하여』 *Sur la reproduction*, PUF.

_____(1996). 『철학과 맑스주의 : 우발성의 유물론을 위하여』, 서관모·백승욱 옮김, 새길.

_____(1996). 『맑스를 위하여』 *Pour Marx*, La Découverte(1st edition, 1965) [국역 : 『맑스를 위하여』, 이종영 옮김, 백의, 1997].

_____(1996). 『자본을 읽자』 *Lire le Capital*, PUF(1st edition, 1965).

_____(1998). 『마키아벨리의 고독』 *Solitudes de Machiavel*, ed. Yves Sintomer, PUF.

Balibar, Etienne(1985). "L'idée d'une politique de classe chez Marx", *Marx en perspective*, ed. Bernard Chavance, Editions de l'EHESS[국역:「붙잡을 수 없는 프롤레타리아」,『대중들의 공포』, 서관모·최원 옮김, 도서출판b, 2007].

_____(1989).「시민 주체:주체 다음에는 누가 오는가라는 장-뤽 낭시의 질문에 대한 답변」 "Citoyen Sujet—Réponse à la question de J. L. Nancy:Qui vient après le sujet?", *Cahiers confrontation* 20, 1989(Trad. angl. in *Who comes after the Subject?* eds. Eduardo Cadava, Peter Connor, and Jean-Luc Nancy, Routledge, 1991).

_____(1992).『민주주의의 경계들』 *Les frontières de la démocratie*, La Découverte[부분 국역:『맑스주의의 역사』, 윤소영 옮김, 민맥, 1992].

_____(1993). *La philosophie de Marx*, La Découverte[국역:『맑스의 철학, 맑스의 정치』, 윤소영 옮김, 문화과학, 1995].

Breton, Stanislas(1991). *Esquisses du politique*, Messidor/Editions sociales.

Cassin, Barbara ed.(2004).『유럽 철학 사전』 *Vocabulaire européen des philosophies*, Seuil.

Foucault, Michel(1989).『1970~1982 강의 보고』 *Résumé des cours 1970~1982*, Gallimard.

_____(1997). *Il faut défendre la société*, Seuil[국역:『"사회를 보호해야 한다"』, 박정자 옮김, 동문선, 1998].

Gauthier, Florence(1992).『프랑스 혁명에서 자연권의 승리와 죽음』 *Triomphe et mort du droit naturel en révolution. 1789-1795-1802*, PUF.

Grotius, Hugo(1999).『전쟁과 평화의 법』 *Le droit de la guerre et de la paix*, tr. Paul Pradier-Fodéré, PUF.

_____(2001).『성무聖務에 관한 주권자의 권한에 대하여』 *De imperio*

summarum potestatum circa sacra, ed., Harm-Jan van Dam, 2 vols., Brill.

Hobbes, Thomas(1994). 『리바이어선』 *Leviathan*, ed., Edwin Curley, Hackett.

_____(1998). 『시민론』 *On the Citizen*, ed. & trans., Richard Tuck, Cambridge University Press.

_____(1999). 『인간본성론과 정치체론』 *Human Nature and De Corpore Politico*, ed. & tr., J. C. A. Gaskin, Oxford University Press.

Macherey, Pierre(1988). "Pour une histoire naturelle des normes", in collectif, *Michel Foucault philosophe*, Seuil.

Macpherson, C. B.(1962). *The Political Theory of Possessive Individualism : Hobbes to Locke*, Clarendon Books, 1962[국역:『소유적 개인주의의 정치이론』, 이유동 옮김, 인간사랑, 1991].

_____(1973). 『민주주의 이론: 회복을 위한 시론』 *Democratic Theory : Essays in Retrieval*, Oxford University Press, 1973.

Milner, Jean-Claude(1983). 『구분되지 않는 이름들』 *Les noms indistincts*, Seuil.

Montag, Warren(1998a). 「알튀세르의 유명론: 구조와 독특성 1962~1966」 "Althusser's Nominalism : Structure and Singularity 1962~1966", *Rethinking Marxism*, vol. 10, no. 3, 1998.

_____(1998b). "Introduction", *In a Materialist Way: Selected Essays*, by Pierre Macherey. Verso.

Negri, Antonio(1992). 『구성 권력/제헌 권력. 근대성의 대안에 관한 시론』 *Il Potere Constituente : Saggio sulle alternative del moderno*, SugarCo Edizioni ; *Insurgencies: Constituent Power and the Modern State*, tr. Maurizia Boscagli, University of Minnesota Press, 1989.

Remaud, Olivier(1997). 「권력의 문제 : 푸코와 스피노자」 "La question du pouvoir : Foucault et Spinoza", *Filozofski Vestnik*, no. 2.

Simondon, Gilbert(1989a). 『개체와 그 물리·생물학적 발생』 *L'individu et sa genèse physico-biologique*, Jérôme Millon.

_____(1989b). 『심리·집합적 개체화』 *L'individuation psychique et collective*. Aubier.

Vaughan, C. E.(1939). 『루소 전후의 정치철학사 연구』 *Studies in the history of political philosophy before and after Rousseau*. ed. A. G. Little with portrait and memoir, vol. I : *From Hobbes to Hume* ; vol. II : *From Burke to Mazzini*, New and cheaper edition, Manchester University Press.

연표

1536년   칼뱅, 『기독교 요강』*Institution de la religion chrétienne* 출간.

1565년   네덜란드의 반스페인 독립전쟁 개시.

1579년   연합주 공화국의 모태인 '위트레흐트 동맹'Union d'Utrecht 결성

1594년   예수에 대한 소치니의 저서 『구세주 그리스도에 대하여』*De Christo Servatore* 출간.

1600년경   에스피노자Espinosa 가족이 포르투갈에서 낭트로, 이후에는 암스테르담으로 이주.

1602년   동인도, 서인도 회사 설립.

1603년   관용과 자유의지를 둘러싸고 아르미니우스와 고마르가 라이덴에서 대결.

1609년   암스테르담 은행 설립.

1610년   아르미니우스의 제자이자 올덴바르네벨트의 자문관인 위텐보가르트 Uytenbogaert가 『간쟁파 선언』*Manifeste des Remontrants*을 작성.

1614년   그로티우스, 『종교문제에서 주권자의 권한에 대하여』(1647년 출간) 집필 시작.

1619년   도르트레흐트 공회, 아르미니우스를 비판하고 올덴바르네벨트를 처형. 콜레지언 분파 설립. 같은 시기에 30년 전쟁 발발(데카르트는 마우리츠 데 나사우의 군대로 참전).

1628년   데카르트, 홀란트에 정주.

1632년 암스테르담에서 바루흐 데스피노자Baruch d'Espinosa 출생.

1633년 갈릴레이 유죄 확정. 데카르트는 『세계론』Traité du monde 출간을 포기.

1636년 갈릴레이의 『새로운 두 과학에 대한 대화』Discours concernant deux sciences nouvelles가 암스테르담으로 몰래 반입되어 엘제비에르Elzevier에 의해 발행.

1638년 암스테르담의 '포르투갈계' 유대인 대공동체 설립. 스피노자는 랍비학교의 학생이었다.

1639년 '자유사상적' 신학자인 노데Naudé가 마키아벨리의 영향을 받아 『국가 정변에 대한 정치적 고찰』Considérations politiques sur les coups d'Etat 출간

1640년 영국 내란 발발.

1641년 데카르트, 『형이상학적 성찰』Méditations métaphysiques 출간.
　　　　얀세니우스Jansenius 『아우구스티누스』Augustinus 출간.

1642년 홉스, 『시민론』De cive 출간.

1645년 밀턴, 언론의 자유를 표현하고 있는 『아레오파지티카』Areopagitica 출간. 또한 허버트 드 셰버리Herbert de Cherbury, 『이교도의 종교에 대하여』De religione gentilium 출간.

1648년 뮌스터 평화조약. 연합주 공화국의 확정적인 독립. 프랑스에서는 프롱드의 난Fronde 발생.

1649년 영국의 찰스 1세 처형.

1650년 오라녜 가家 빌렘 2세의 쿠데타 실패. 얀 더빗은 네덜란드의 재상이 됨.

1651년 크롬웰, 『항해조례』 공포. 홉스, 『리바이어던』 출간.

1654년 홀란트에서 총독제 폐지.

1656년 스피노자, 암스테르담의 유대인 공동체에서 추방. 그는 구예수교도였던 반 덴 엔덴Van den Enden의 학교에서 라틴 인문학과 과학, 철학을 공부.

1660년 영국에서 스튜어트 왕가의 복위. 스피노자는 네덜란드를 떠나도록 명령받

았다. 그는 레인스뷔르흐의 콜레지언 집단에 정착하여, 미완성으로 남은 『지성교정론』을 저술(1677년 출간).

1661년 루이 14세의 '친정'親政 시작.

1662년 왕립협회 창설. 올덴부르크가 간사를 맡고, 보일과 뉴턴이 가입.

1663년 스피노자, 포르스뷔르흐에 정착. 『데카르트의 철학 원리』와 그 부록으로 『형이상학적 사유』 출간.

1665년 제2차 영국-홀란트 전쟁 발발.

1668년 스피노자의 제자인 아드리안 쿠르바흐Adriaan Koerbagh 처형.

1670년 스피노자, 익명으로 『신학정치론』 출간. 같은 해 파스칼의 『팡세』가 유고로 출간.

1671년 스피노자, 헤이그에 정착. 그는 『신학정치론』의 네덜란드어 번역을 중단해야 했는데, 이것은 얀 더빗의 요구 때문이었던 것 같다(옐레스Jelles에게 보내는 44번째 편지 참조).

1672년 루이 14세, 홀란트 침공. 더빗 형제는 군중에 의해 살해되고, 빌렘 3세가 총독이 됨.

1673년 스피노자, 하이델베르크 철학교수직 거절. 그는 콩데Condé 공 진영으로부터 초빙받음. 하위헌스, (진자이론과 크로노미터의 구성에 관한) 『진자 시계』Horologium oscillatorium 출간.

1674년 홀란트 의회, 『신학정치론』 및 다른 '이단적'이거나 '무신론적인' 저술들을 금서로 규정. 말브랑슈는 『진리 탐구』Recherche de la vérité를 출간했는데, 이 책은 '스피노자적인' 테제들이 담겨 있다고 비난받게 됨.

1675년 스피노자는 『윤리학』을 완성하지만 출간을 포기하고, 『정치론』을 저술하기 시작함.

1676년 라이프니츠의 스피노자 방문. 헤이그 공회는 『신학정치론』의 저자를 '탐문'할 것을 요구.

1677년	스피노자 사망. 그의 친구들은 『유고집』을 출간했는데, 이 책은 다음 해 판매 금지됨.
1681년	보쉬에Bossuet는 『성경에서 이끌어낸 정치학』Politique tirée de l'Ecriture sainte을 저술하고, 『보편사론』Discours sur l'histoire universelle을 출간했다. 그는 『신학정치론』의 방법을 연상시키는 리샤르 시몽Richard Simon의 『구약에 관한 역사비평』Histoire critique du Vieux Testament을 금서로 만들었다.
1685년	루이 14세, 낭트 칙령 폐지.
1687년	뉴턴('유니테리언' 신학에 영향받은), 『자연철학의 수학적 기초』 출간.
1688년	'명예혁명'. 기욤 3세는 영국의 왕이 되었다.
1689년	로크, 『관용에 대한 서한』과 『시민정부론』 출간.
1697년	피에르 벨은 자신의 『역사적·비판적 사전』에서 스피노자를, '체계적 무신론자'였지만 이상하게도 고결했던 인물로 정의했다.
1710년	라이프니츠는 스피노자에 대한 간접적인 응답인 『신정론』Théodicée을 출간했다.

찾아보기

* 발리바르는 『스피노자와 정치』에 붙은 찾아보기에서 주요한 용어들을 대문자로 표시해서 구분하고 있다. 여기에서는 고딕체로 표시했다.

개체/개인, 개체성/개인성 individu, individualité; individuum, unusquisque 21, 50~53, 55, 56, 62, 63, 86, 92~95, 98~100, 102~105, 111, 115, 125, 126, 137, 140, 155, 162, 169, 172, 173, 176, 177, 180~182, 189~194, 197~199, 201~207, 212~216, 218~229, 233, 238, 239, 241

개체화, 개성화 individuation, individualisation 183, 212~214, 220, 224, 227, 228

게루, 마르샬 Gueroult, Martial 212, 217, 219

결정 décision; decretum 54, 107, 109, 112, 137, 146, 173, 174, 177, 182, 183, 200

경건, 경건한, 불경한 piété, pieux et impie 51, 53, 54, 73, 75, 166, 203

계시 révélation 23, 25, 69, 72

계약, 동의, 협약 pacte, consentement, contrat 33, 56~58, 73, 77, 78, 80, 86, 87, 96, 139, 167, 171, 184, 196, 198, 205

공동선 bien commun 59, 122, 131, 142

(공통)통념 (communes) notions 54, 89, 141, 145, 154, 159, 160, 180, 194, 198, 220, 224, 225, 228

관개체성 貫個體性 transindividualité 214, 215, 224, 237, 238, 241

교통 communication 66, 114, 141, 142, 144~146, 189, 194~196, 198, 201, 237

교회 église(s) 27, 39, 50, 54

구원/복리 salut 17, 26~28, 34, 35, 45, 59, 71, 75, 85, 98, 103, 174, 175

국가 état; respublica, imperium, civitas 27, 38~40, 42, 47~51, 53~61, 64~66, 78, 80, 81, 83~85, 87~90, 93, 97~102, 104~106, 110, 111, 121, 122, 132, 133, 135, 137~140, 142, 144, 151, 152, 155~158, 162, 167~176, 178, 179, 181, 183~188, 197~203, 205, 213, 225, 232, 235, 236, 238

　국가 속의 국가 imperium in imperio 53, 100, 144, 184

　본래적인 국가 Etat de Nature 57

군주정, 군주정의 monarchie, monarchque 88, 89, 162, 164, 169, 174, 175, 177, 179, 180, 184~186, 202

권능/권력/통치권 pouvoir, potestas, imperium 30, 33~35, 39, 53, 54, 59, 61, 73~76, 87, 95, 103, 132, 134, 142, 165, 170, 172, 174, 178, 182, 185, 194, 213, 232, 233, 236, 237, 241

　권리 droit; jus 20, 49, 50, 54, 60, 61, 70, 74, 77, 86, 90~97, 101, 108, 119, 120, 170, 174, 180, 197, 200, 201, 233, 238

　자연권 droit naturel; jus naturae/naturale 56, 59, 62, 86, 92, 162, 170, 176, 187, 213, 236

그로티우스, 후고 Grotius, Hugo 39, 45, 231

기쁨과 슬픔 joie et tristesse 126, 127, 129, 137, 144, 191, 192, 211, 227
기질, 성정 naturel de chacun, complexion(ingenium) 52, 54, 63, 66, 78, 91, 95, 118~120, 122, 128, 129, 131, 142, 143, 166, 169, 194
기체 sujet 212, 218

네그리, 안토니오 Negri, Antonio 148, 149, 152, 156, 168, 170, 174, 184, 195, 215, 233
노력/코나투스 effort/conatus 66, 118, 122, 125, 127, 129, 143, 144, 153, 164, 189, 192, 194, 199, 201, 213, 218, 222, 224, 228, 238

당파/입장 parti(s) 18, 19, 29, 36~46, 65, 111, 146
대중들, 다중, 대중, 군중, 우중, 평민 masses, multitude, masse, foule, vulgaire; multitudo, plebs, vulgus 16, 17, 22, 26, 27, 37, 38, 40, 43, 45, 59, 63~66, 74, 77, 78, 81, 91, 103, 105~111, 130, 137, 139, 140, 142, 144~146, 148~155, 157~164, 166~183, 185~189, 194~197, 199, 205~208, 215, 225, 231, 236~238, 243~245
대중들의 역량 puissance des masses 65, 170, 177, 187
대표/대의 représentation 109
더빗, 얀 de Witt, Jan 37, 44, 184
데카르트, 르네 Descartes, René 23, 24, 39, 42, 44, 133, 185, 190, 200, 201, 221
도덕 moralité; pietas, honestas 240
독특성, 독특한(실재, 본질) singularité, singulières(choses, essences) 9, 63, 74, 89, 123, 126, 131, 132, 143, 145, 190, 193, 194, 215, 216, 225~228, 241
동요 fluctuation 55, 108, 112, 128, 129, 131, 137, 151, 153, 189, 191, 204
동일시/정체화 identification 129, 130, 245
들뢰즈, 질 Deleuze, Gilles 159~161, 168, 204

라이프니츠, 고트프리트 빌헬름 Leibniz, Gottfried Wilhelm 157, 213, 219
로크, 존 Locke, John 209, 230, 235
루소, 장-자크 Rousseau, Jean-Jacques 115, 133, 173, 188, 189, 230~233, 235, 242

마슈레, 피에르 Macherey, Pierre 149, 216, 219
마음 coeur; animus 52, 61, 68, 70, 78, 112, 129, 142, 169, 173, 191, 199
마키아벨리, 니콜로 Machiavelli, Niccolò 84, 85, 88, 169, 171, 174, 176, 181, 182, 184
마트롱, 알렉상드르 Matheron, Alexandre 64, 156, 160, 168, 183, 184, 204, 209~212
만장일치 unanimité 107, 111, 142, 172~174, 179
말/발언 parole(s); dictum 18, 48, 49, 54
맑스, 칼 Marx, Karl 115, 189, 193, 230~236, 240~245
메예르, 루이 Meyer, Louis 83
명령 commandement 27, 30, 42, 54, 59~61, 66, 68, 71, 73, 77, 133~140
모로, 피에르-프랑수아 Moreau, Pierre-François 10, 152, 184, 229
모세 Moses 27, 64, 68, 73, 76, 155
모순 contradiction 46, 50, 59, 68, 71, 72, 74, 91, 231, 239, 241
모어, 토머스 More, Thomas 84, 204
목적, 목적성, 목적론 fin, finalité, finalisme 51, 155, 161, 216, 219, 221, 232, 241, 244
무지자(들), 무지 ignorant(s), ignorance 32, 145, 146, 154, 161, 162, 183, 194

물체/신체 corp. 133~135, 137, 138, 141, 143, 146, 153, 155, 156, 164, 172, 180, 181, 183, 190, 191, 195, 196, 207, 220~222

　정치체 corps politique; imperii corpus, civitas 143, 146

미덕과 악덕 vertu(s) et vice(s) 121

미신 superstition 17, 26, 32, 41, 66, 75, 77, 98, 108, 138, 144, 146, 158, 159, 163, 164, 194, 196, 206

민족, 민족적 nation, national 63, 66, 68, 74, 194, 202, 240, 241

민주정, 민주주의 démocratie 18, 41, 47, 48, 56~58, 63, 76, 77, 82, 87~91, 107, 112, 138, 144, 146, 158, 159, 163, 169, 173~176, 179, 180, 182, 185~189, 201, 207, 233, 237, 238

믿음/신앙(심), 신자 foi, fidèles; fides 139

법 loi; lex, jura 32, 40, 48, 49, 55, 56, 59, 67~70, 73, 86, 93, 98, 136, 139, 141, 144, 178

벨, 피에르 Bayle, Pierre 9, 10, 16

보쉬에, 자크 베니뉴 Bossuet, Jacques Benigne 84, 115

보존(존재 안에서의 지속, 존속) conservation (durée, persévérance dans l'être) 54, 60, 66, 88, 90, 95, 97~101, 119, 126, 140, 143, 164, 190, 191, 206, 222~224, 226

보편, 보편성 universel, universalité 241

복종 obéissance; obedientia, obtemperantia 17, 25~30, 32, 34, 40, 49, 53, 54, 58, 60, 61, 64, 71, 75, 77, 97, 98, 100, 103, 107, 114, 120, 121, 132~142, 144, 146, 155~157, 173, 177, 179, 183, 199, 204

사고 pensée; cogitatio 48, 54, 79, 98, 135

사랑과 증오 amour et haine 122, 126~132, 136~141, 152, 153, 155, 156, 162, 167, 192, 193, 211

사적, 공적 privé et public 40, 50, 67, 85, 171, 184, 197

사회 상태/사회/도시 état civile/société/cité; status civilis/societas/civitas 98, 126, 127, 131, 132, 142, 184, 199, 213, 226

삶(삶의 종류, 삶의 규칙, 참된 삶) vie(genre de vie, règle de vie, vie vraie) 45, 69, 83, 95, 101, 120, 127, 139, 145, 153, 160, 162, 204

상상 imagination 34, 35, 52, 63, 122, 125, 128, 130~132, 135, 136, 138, 139, 141~143, 145, 159, 160, 162, 184, 190, 193, 194, 201, 210, 212, 216, 223, 228, 236, 244, 245

선과 악 bien et mal 119~122, 134, 137, 229

소요/선동, 내란 séditions, gierre civille 17, 49, 51, 61, 65, 101, 104

소치니, 파우스트 Socini, Faust 41, 83

수동과 능동 activité et passivité; agere/pati 59, 135, 140, 141, 190, 199, 200, 218, 226, 229

시몽동, 질베르 Simondon, Gilbert 214, 217, 227, 228

시민, 시민성 citoyen, citoyenneté 50, 57, 58, 60, 62, 73, 76, 99, 103~107, 110, 120, 130, 137, 139, 151, 158, 162, 165, 166, 168, 169, 173, 174, 176, 182, 187~189, 200, 202, 213, 233, 238, 241

신 dieu 25, 28, 30~35, 40, 51, 53, 54, 62, 69~71, 73, 76, 78, 92, 94, 99, 117, 118, 125, 136~138, 145, 155, 160, 162, 168, 203, 216

신의 loyauté; fides 84

신학, 신학적 théologie, théologique 21, 23~28, 30, 35, 42, 190

실천/관행 praxis 9, 10, 20, 54, 63, 81, 96, 107, 135, 138, 144, 146, 151, 153, 156, 157, 168, 169, 173, 185, 195, 197, 219, 229, 240

아렌트, 한나 Arendt, Hannah 206

안전 sécurité 17, 45, 67, 71, 78, 80, 84, 85, 87, 98, 100, 101, 120, 140, 151, 168, 183

알튀세르, 루이 Althusser, Louis 233, 243

암비치오/야심 ambition; ambitio 76, 78, 91, 102, 104, 108, 129, 130, 144, 211

얀센주의 Jansenisme 29

양가성 ambivalance 65, 76, 129~131, 136, 137, 150, 152~154, 162, 190, 191, 193, 196

역량 puissance; potentia 20, 31, 33, 34, 54~62, 65, 77, 86, 90~105, 108, 109, 119, 122, 124, 126, 132~136, 139, 140~144, 146, 148, 152~156, 174~178, 181, 183, 189, 191, 194, 202, 213, 215, 221, 222, 224~227, 233, 236

역사 histoire 62, 65, 66, 68, 72, 80, 102, 236, 237, 240, 242

예속 servitude 58, 156, 157, 164, 169

　예속화 sujétion 208

　자발적 예속 servitude volontaire 132, 156

오라녜 공 빌렘 Willem d'Oranje 170, 185

오웰, 조지 Orwell, George 206

요세푸스, 플라비우스 Josephus, Flavius 72

욕망 désir; cupiditas, appetitus 117, 122, 125, 127~130, 135, 138, 146, 153, 154, 156, 164, 166, 182, 190~192, 194, 199, 210, 211, 218

원인 cause 215, 216

　내재적 원인 cause immanente; causa immanens 76, 103

　외적 원인 cause(s) extérieure(s); causa externa 102, 122, 125~127, 130

유사성, 유사한 것/동류 similitude, semblable; quod simile 130, 131, 137, 142, 191, 213

유용한, 유용성, 이익 utile, utilité, intérêt 55, 59, 65, 100, 107, 112, 119, 120, 122~127, 131, 138, 140, 146, 152, 154, 158, 159, 166, 173, 180, 182, 196, 206, 211, 226

의견, 판단 opinion(s), jugement; opinio, judicium, consillium 49, 50, 51, 54, 76, 78, 79, 109~111, 131, 155, 156, 197~199, 201, 203

의존과 독립 dépendance et indépendence 95~98, 112, 140

의지 volonté 34, 86, 87, 107, 108, 133, 134

이성 raison; ratio 24, 25, 57~59, 85, 97, 117~119, 121~126, 132, 138, 140, 141, 144, 145, 228, 229

이웃 prochain 17, 25, 29, 30, 50, 71, 78, 130, 139

인간들, 인류 homme(s), humanité 64, 66, 242, 244

인간 본성 nature humaine 10, 93, 104, 106, 115, 125, 126

인게니움 ingenium → 기질, 성정

인민, 인민의 peuple, populaire 151, 152, 160, 162, 165, 166, 168~170, 172, 174, 179, 182, 187, 231~235, 244

인식 connaissance, intelligence; cognitio, intellectus/intelligere 9, 17, 25, 32, 67, 110, 111, 117, 122, 138, 140, 141, 143~146, 154, 155, 159, 162, 173, 191, 194, 195, 227

자연 nature 17, 30~33, 51, 56, 57, 62, 72, 92, 94, 100, 107, 115, 116, 119, 123, 132, 133, 138, 218, 220~223, 225, 226, 241

자연권 droit naturel(jus naturae/naturale) 56, 59, 62, 86, 92, 162, 170, 176, 187, 213, 236

자연 상태 état de nature; status naturalis/naturae 57, 62, 67, 73, 95, 96, 102, 120, 142, 211, 236

자유(필연과 대립), 자유의지 liberté, libre arbitre 19, 27~35, 136~139

자유(제약과 대립), 자유화/해방 liberté, liberation 17~19, 48~51, 54, 56, 70, 78, 83, 93, 132, 140, 146

적, 이방인 ennemi, étranger; hostis 168, 176

적대, 갈등 antagonisme, conflict 64, 66, 68, 76, 95, 105, 112, 127, 142, 153, 155~157, 168, 191, 234, 241, 243, 245

절대, 절대주의 absolu, absolutisme 18, 19, 22, 40, 47, 48, 54, 60, 61, 83, 84, 86~90, 92, 105, 112, 140, 151, 170, 177~179, 184, 185, 187, 188, 205, 206, 234, 244

정념 passion(s); passio, affectus 9, 10, 17, 64~66, 91, 97, 101, 105, 115, 122, 125~128, 130, 134, 138~141, 144, 151, 153~156, 162, 166, 167, 188~190, 193, 196, 199, 200, 218, 233, 237, 241, 244

정당한, 부당한, 정의 juste et injuste, justice 42, 53, 73, 121, 122, 132

정서 affect; affectus 117~120, 122, 129, 130, 132, 136, 137, 140, 142, 144, 145, 153, 154, 166~168, 174, 193, 194, 200, 211, 229, 245

정서 모방 affectuum imitatio 193

정신 âme; mens 9, 22, 52, 98, 107, 110, 111, 117, 129, 133~135, 137, 140, 141, 143, 153, 157, 158, 172, 173, 177, 190, 222

정치체 corps politique; imperii corpus, civitas 143, 146

제도 institution(s); institutum 50, 64, 65, 96, 98, 102, 104, 105, 115, 116, 133, 154, 168, 185, 186, 189, 236, 239

제한, 한계 limite(s), limitation 75, 142, 201

종교 religion 17, 18, 21, 25~27, 29, 32, 35, 38, 39, 45, 54, 67, 70, 73, 78, 80, 118, 138, 139, 144, 157, 163, 179, 193, 196, 197, 240
　　내적 종교 religion intérieur 39, 54, 71
　　외적 종교 religion extérieur 39, 54, 71

주권자와 신민 souverain et sujet; summa potestas, subditus 9, 39, 42, 49, 51, 53~56, 58~60, 71, 77~79, 86, 97, 98, 101, 105, 107, 108, 110, 112, 133, 138, 142, 157, 165, 185, 197, 200, 202, 203

진리, 참된 vérité, vrai 26, 78, 80

철학 philosophie 20, 21, 23, 24, 45, 78, 146

칼뱅, 장 Calvin, Jean 19, 23, 28, 29, 31, 33, 38, 40, 42, 43, 82, 201

쿠르바흐, 아드리안 Koerbagh, Adriaan 44

타키투스, 코르넬리우스 Tacitus, Cornelius 149, 186, 237

평등 égalité 96, 109, 113, 238, 239

평화, 화합 paix, concorde 80, 98, 101, 102, 105, 140, 174, 182

폭력 violence 55~57, 59, 61, 65, 104, 139, 153, 169, 196, 206

프로이트, 지그문트 Freud, Sigmund 166, 167

피히테, 요한 고틀리프 Fichte, Johann Gottlieb 194, 230, 240~244

필연 nécessité 19, 67, 144, 145, 213, 217, 245

행동, 행위 action, acte; actio, facta 18, 29, 30, 48~51, 55, 62, 70, 71, 93, 139, 146, 152, 157, 172, 197~200, 203, 216, 219

허구 fiction 31, 34, 60, 76, 77, 193

혁명(들) révolution(s) 56, 61, 82, 146, 151, 164, 165, 169, 171, 176, 205, 232, 235, 236, 238, 241~243

홉스, 토머스 Hobbes, Thomas 39, 83, 86~88, 99, 105, 115, 151, 166, 171, 172, 184, 203, 204, 210

확실성과 불확실성 certitude et incertitude 21, 23, 24, 45, 127

희망과 공포 esprit et crainte 58, 126, 127, 130, 131, 135, 138, 141, 152, 153, 163, 164, 177, 186, 189, 208